팔만대장경도 모르면 빨래판이다

대한민국 역사상식 1
팔만대장경도 모르면 빨래판이다

ⓒ 전병철, 2012

초판 1쇄 발행 2012년 7월 27일
초판 3쇄 발행 2016년 11월 11일

지은이 전병철
그림 이태수

펴낸이 김승희
펴낸곳 도서출판 살림터

기획 정광일
편집 조현주

디자인 이인희
인쇄·제본 (주)현문
종이 월드페이퍼(주)

주소 서울시 영등포구 양평로21가길 19 선유도 우림라이온스밸리 1차 B동 512호
전화 02-3141-6553
팩스 02-3141-6555
출판등록 2008년 3월 18일 제313-1990-12호
이메일 gwang80@hanmail.net
블로그 http://blog.naver.com/dkffk1020

ISBN 978-89-94445-26-7 04910
      978-89-94445-25-0 04910(세트)

* 가격은 뒤표지에 있습니다.
* 잘못된 책은 바꾸어 드립니다.
* 이 책은 저작권법에 따라 보호를 받는 저작물이므로 무단 전재와 복제를 금합니다.

팔만대장경도 모르면 빨래판이다

| 아는 것 같은데 잘 모르고 있는 역사 용어 상식 톺아보기 |

전병철 지음

대한민국
역사 상식
1

살림터

　세상이 많이 좋아졌다. 국립박물관 관람료가 없어져 무료인가 하면, 국립박물관에서는 플래시만 사용하지 않으면 문화재 사진을 마음껏 찍도록 하고 있다. 문화재청의 이런 변화에 감사할 따름이다. 그러나 아직도 사립박물관이나 일부 사찰 등에서는 사진 촬영을 금지하고 있으며, 감시까지 하고 있다. 구경하라고 전시해놓고 심지어 돈까지 받고서 사진은 찍지 말란다. 플래시를 사용하지 않고 찍겠다고 사정을 해도 안 된단다. 법당 밖에서 찍어도 뭐라고 한다. 이는 문화재에 대한 독점이자 가진 자들의 만용이 아닐 수 없다.

　문화유산은 어느 특정 단체(정부 또는 집단)나 개인의 것만이 아니다. 개인이 소장하고 있을지라도 공식 지정된 문화재라면 그것은 개인의 것임과 동시에 우리 모두의 것이다. 따라서 공유할 필요가 있으며, 특히 공개적으로 전시한 문화재, 더구나 관람료까지 받은 문화재라면 관람자 누구나 사진 찍을 권리가 있다. 개인 소유물이니 보기만 하고, 허락 없이는 사진 촬영을 절대 금지한다고 하는 것은 독재와 다름없다. 정치적 독재나 경제적 독점을 청산하는 것도 중요하지만, 문화재에 대해서도 민주화가 이루어질 필요가 있다.

학교에서 수업을 하면서 '역사를 쉽게 가르칠 수는 없을까?' 또는 '아이들이 역사를 쉽게 배울 수는 없을까?' 하는 문제가 늘 나를 괴롭혔다. 아이들은 곧잘 "역사는 재미있는 과목이지만, 외울 것이 많아 지겹고 어렵다."는 불평을 하곤 하였다. 또 교사들은 "재미있게 수업을 진행하기 위해 이야기를 하다 보면, 정작 중요한 내용들을 전달하지 못하여 알맹이 없는 수업만 하는 것 같다."는 넋두리를 털어놓기도 하였다. 나 또한 그런 교사 가운데 한 사람이었다. 고민 끝에 내린 결론은 "역사에 대해 좀 더 쉽게 접근하기 위해서는 기본 역사 용어와 역사 상식에 대한 이해가 먼저 선행되어야 한다." "역사는 아는 게 아니라 느끼는 것이다."라는 생각이었다.

아주 오래 전에 『팔만대장경도 모르면 빨래판이다』라는 이름으로 책을 발간하여 "역사책이나 사전에도 나오지 않아 궁금하던 역사 용어나 내용을 잘 정리해주어 속 시원하였다."라는 칭찬을 받기도 하고, "역사의식을 갖고 문화재를 살펴보니 훨씬 더 재미가 있었다."는 등 많은 격려를 받기도 하였다. 그러나 IMF와 출판사 사정으로 책이 절판되는 바람에 책을 구하고 싶은 독자가 있어도 책을 구하지 못하는 상황이 꽤 오래되었다.

이런 가운데 『빨래판』을 다시 출간하자는 제안이 있었지만, 게으른 탓인지, 의욕을 잃은 탓인지 그냥 해만 넘겼다. 그러다 지천명의 나이에 들어서면서 많은 생각을 하게 되었는데, 지금까지 해오던 일들을 정리하고 뭔가 인생을 다시 시작하자고 마음먹었다. 그래서 『빨래판』도 정리하기로 하였다. 기왕이면 단순히 개정만 할 것이 아니라, 크게 바꿀 필요가 있었다. 내용을 새롭게 하는 것과 함께 건축 관련 문화재를 새로 첨가하였으며, 사진이나 그림은 더 많이 소개하는 것은 물론 아예 새로 찍어 최근의 생생한 모습을 소개하였다. 무엇보다도 한 권이었던 책을 두 권으로 꾸몄다. 그럼에도 분량이 너무 많아 일부 내용은 아쉽게도 뺄 수밖에 없었다.

사실 우리나라에서 역사 용어에 대한 책은 『빨래판』이 처음이라고 해도 과언은 아닐 것이다. 또 '불상 이름 짓는 법'을 세상에 처음 소개하거나 널리 알린 것이 『빨래판』이었다고 해도 무리는 아닐 것이다. 이처럼 『빨래판』에는 그동안 역사 관련 분야에서 소홀히 했던 부분이나 알려지지 않은 내용을 무식(?)하게 이야기하고 있다. 또 '고조선이라는 나라는 애당초 없었다', '3층탑을 보면 통일신라를 생각하라', '삼국시대 초기 불상은 푼수처럼 웃고 있다', '개혁인지 혁명인지 모르면 운동이라고 하면 된다', '임진왜란이 아니라 조일전쟁이다', '마릴린 먼로를 수입할 것이 아니라 춘향이를 수출하자' 등등 과감(?)한 주장을 하곤 한다. 기존의 역사를 새롭게 보자는 의도에서 이렇게 주장하지만, 그러다 보니 편견이 심할 수 있고, 부족한 점이 많을 수 있다. 그러나 전혀 근거 없거나 설득력 없는 내용은 아니라고 본다.

여하튼 내가 보듬어온 역사가 책이 되어 세상 밖으로 나온다니 기쁘지 않을 수 없다. 그런데 생각하지 못한 고민이 생겼다. 먼저, 책을 다 쓰고 나니 주소가 도로명으로 변경되었다. 그런데 문화재 이름은 기존 주소와 관련이 많은 반면, 새로운 주소는 문화재 이름과 겉돌았다. 그렇다고 변경된 주소를 무시할 수도 없었다. 그래서 기존 주소를 바탕으로 가급적 도로명 주소를 함께 표시하였다. 그리고 내 나름대로 한다고 하여 대부분 사진을 직접 찍었지만, 찍기 어렵거나 아예 찍을 수 없는 것들이 있었다. 결국, 어쩔 수 없이 일부는 문화재청 홈페이지 사진이나 다른 분이 찍어놓은 사진을 사용할 수밖에 없었다. 넓으신 이해를 바랄 뿐이며, 사진 관련 문제 해결과 퀼러 인쇄 등 어려운 출판을 맡아준 살림터 출판사에 감사할 따름이다.

하던 일을 던지니 이제야 하늘이 눈에 들어온다. 밖에 벚꽃이 하얗다. "일하지 않으면 먹지도 마라."는 말은 아마 배부른 자가 한 말일 것이다. 나는 일하지 않고 놀기만 했으면 좋겠다. 세상이 벚꽃 천지다. 쉽게 살 수 있는데도 불구하고 굳이 함양의 백운산 골짜기로 내려가 고생하고 있는 박추원과 늘 궂은일 도맡아 하는 성품으로 오늘도 아이들과 씨름하고 있을 강희권이 곁에 있으면 좋으련만, 겨우내 책 쓴다고 방 안에 눌러앉아 온종일 나오지 않는 바람에 속옷이 다 해져도 짜증 내지 않고 도와준 아내뿐이다. 집 안에도 벚꽃이 하얗다.

그리고 꽃비가 단비로 바뀌고 장대비와 소낙비로 바뀌는 동안 틈만 나면 사진 촬영하랴 여기저기 발품을 팔며 다녔다. 내 삶의 동지이자 아우인 김선명이 살펴주기까지 하였다. 이제는 구름 한 점 없이 하늘이 푸르다. 세상이 푸르니 내 마음도 푸르다.

2012년 봄 그리고 여름, 공주에서
인간 전병철

| 차례 |

책머리에 ● 004

제1부

죽어서도 왕후장상이 따로 있었다 | 죽음 이름에 대하여 |

죽음에도 신분상의 차별이 있었다 ● 015
오늘날 신분상 구별은 없지만 차별은 남아 있다 ● 020
견우와 직녀보다 옥황상제가 문제다 ● 022
같은 묘라도 묘(墓)와 묘(廟)는 다른 것이다 ● 024
옛날 학교에서는 제사가 중요하였다 ● 041

사람 따라 무덤 이름이 달랐다 | 무덤 이름 짓는 법 |

무덤에 붙여주는 이름에도 차별이 있었다 ● 050
죽었다 깨어나 다시 죽어도 나는 전병철릉이 될 수 없다 ● 055
무덤 이름만 해도 가지가지다 ● 057
경주에 가면 볼 것이 많은데 공주에 가면 볼 것이 없다(?) ● 082
신라 무덤보다 백제 무덤은 도굴당하기 쉬웠다 ● 086
사람만큼이나 무덤도 각양각색이다 ● 090

왕이라고 다 같은 왕이 아니다 | 지배자 이름에 대하여 |

황제는 만만세, 왕은 천천세 ● 126
석기시대 우두머리는 지배자가 아니다 ● 137
우리나라에는 태왕과 대왕이 있었다 ● 140
사람은 죽어서 이름을 남기고, 왕은 죽어서 이름을 얻는다 ● 148
왕은 상감, 신하는 영감·대감 ● 166
같은 아들이라도 대군과 군이 달랐다 ● 170
알고 보면 제왕절개는 의학 용어가 아니다 ● 185

양귀비와 장희빈의 이름은 귀비와 희빈일까? | 왕실 여인의 이름에 대하여 |

고조선이라는 나라는 애당초 존재하지도 않았다 ● 206
조선시대 여인은 그야말로 남자에게 달렸다(?) ● 212
왕실 여인의 이름조차 남편에 따라 달랐다 ● 218

누구는 전두환, 누구는 김영삼 대통령 | 인물과 존칭어에 대하여 |

역사에서는 굳이 존칭이 필요 없다 ● 237
의사는 의롭게 죽은 사람, 열사는 열 받아 죽은 사람(?) ● 241
영웅보다 성웅이 높고, 성웅보다 대웅이 높다(?) ● 265
역사는 과거보다 현재를 더 중요시한다 ● 271
역사적 인물 또한 나날이 새롭게 태어나야 한다 ● 276

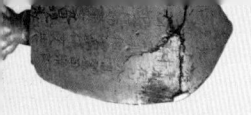

5·16은 혁명인가, 쿠데타인가? | 개혁과 혁명에 대하여 |

역사는 변화를 대상으로 한다 ● 298
그냥 바꾸는 것은 개혁, 뒤집어엎는 것은 혁명 ● 301
혁명은 과격한 것이고, 개혁은 완만한 것이다 ● 308
개혁인지 혁명인지 잘 모르면 운동이라고 하면 된다 ● 313

6·25사변인가, 한국전쟁인가? | 전쟁 이름에 대하여 |

넘버원 코리아, 세계에서 하나뿐인 분단국가 ● 321
전쟁은 무력과 한 몸이다 ● 323
전쟁도 사람만큼이나 다양하다 ● 324
종교전쟁이 더 잔인하였다 ● 328
전쟁에도 자신에게 걸맞은 이름이 있다 ● 329
나라와 나라 간의 싸움은 주로 전쟁이라고 한다 ● 332
모든 전쟁에는 시작과 끝이 있다 ● 340
전쟁 이름 붙이는 것보다 중요한 것은 평화통일 ● 347

참고 자료 ● 356

대한민국 역사 상식 2
빨래판도 잘 보면 팔만대장경이다

제1부

우리가 보는 대부분의 탑은 다 가짜(?) | 탑과 부도에 대하여 |

- 나 같은 사람을 화장해도 사리가 나올까
- 일반인들에게도 사리는 나온다
- 탑과 부도는 사리에 따라 구별된다
- 부도에는 인간적인 냄새가 배어 있어 정겹다
- 사리와 전혀 관계없는 탑도 있다

탑을 보면 그 시대 정치가 보인다 | 시대별 탑의 특징 |

- 순수예술이 오히려 더 정치적이다
- 전해지는 삼국시대 탑은 다섯 손가락 안에 있다(?)
- 3층탑을 보면 먼저 통일신라를 생각하라
- 개성(開城)이 수도인 고려, 개성(個性)이 강한 고려 탑
- 많지만 상대적으로 가치가 줄어든 조선시대 탑
- 탑을 쉽게 구분하는 법
- 탑 이름을 보면 그 됨됨이를 알 수 있다

알고 보면 외울 것도 없는 불상 이름 | 불상 이름 짓는 법 |

- 역사는 외우는 게 아니다
- 불상 이름에도 본관이 있다
- 불상 이름에는 재료가 표시되어 있다
- 불상 이름에는 자신의 신분이 나타나 있다
- 불상 이름에는 친절하게 자세까지 표시되어 있다
- 불상 이름은 부르기 쉽고 간단할수록 좋다
- 스스로 지어보는 불상 이름

불상만 봐도 그 시대 정치가 보인다 | 시대별 불상의 특징 |

불상을 보면 그 시대 사람을 알 수 있다
삼국시대 불상은 웃으랴 고민하랴 고생 많았다
멋있고 야한 불상을 보면 일단 통일신라를 생각하라
고려시대 불상은 불쌍할 정도로 못생겼다
조선시대 불상은 너무 많아 대책이 없다(?)

제2부

국보 같은데 보물이라니 | 문화재에 대하여 |

누구는 국보 1호, 누구는 보물 1호
각종 문화재는 〈문화재보호법〉에 의해 관리된다
국보와 보물의 차이는 상대적인 것이다
문화재 지정 번호는 없어도 상관없는 번호다
사적과 명승, 천연기념물은 모두 기념물이다
천연기념물은 천연기념물이 아니라 국가 지정 기념물이다
문화재가 아니라 문화유산이다
열 손가락 깨물어 안 아픈 데 어디 있으랴

건물에도 신분이 있었다 | 건물 이름에 대하여 |

건물 이름만 해도 가지가지다
집이라고 해서 다 같은 집이 아니다
사람 따라 건물에도 서열이 있다
건물에 딸린 건물 이름도 가지가지다
기왕이면 다홍치마! 집도 화장을 한다

절 건물도 주인 따라 정해졌다 | 사찰 건물에 대하여 |

사찰 건물도 이름이 가지가지다
절은 들어가는 길부터 심상치 않다
법당 이름은 불상 따라 정해진다
부처님이 사는 절도 사람이 사는 곳이다

제1부

죽어서도 왕후장상이 따로 있었다
사람 따라 무덤 이름이 달랐다
왕이라고 다 같은 왕이 아니다
양귀비와 장희빈의 이름은 귀비와 희빈일까?

대한민국 역사상식 1

죽어서도 왕후장상이 따로 있었다

죽음 이름에 대하여

죽음에도 신분상의 차별이 있었다

결혼을 해본 사람은 결혼식을 준비하면서 걸리는 게 한두 가지가 아닌 여러 가지 복잡한 문제들로 인해 "다시는 결혼 같은 거 하고 싶지 않다."라는 생각을 한번쯤 해본 적이 있을 것이다. 인륜지대사인 결혼은 그리 간단한 것이 아니니 그럴 만도 할 것이다. 그래도 결혼은 즐거운 비명이라고나 할까? 만약 집안에 어른이 돌아가시기라도 하면 이는 보통 일이 아니다. 결혼할 때 하는 고생은 돈을 주고 사서라도 할 수 있는 경사(慶事)라면, 죽은 자를 마지막 보내는 애사(哀事)는 전혀 그렇지 못하다. 예측할 수도 없이 갑작스레 벌어지는 일도 일이거니와 막상 일을 당하면 도대체 어떤 일을 어떻게 해야 하는지, 또 어떤 일부터 시작해야 하는지 모르기 때문이다. 그만큼 죽음은 한 인간의 역사를 마감하는 최대의 사건이라고나 할까? 죽음은 죽은 자에게나 남은 자에게나 결코 쉬운 일이 아니다.

사람은 누구나 죽음을 경험하지만, 그 죽음에 대한 대우는 모든 사람에게 같은 게 아니었다. 특히 옛날에는 개인의 능력보다 출신 성분이 그 사람의 출세를 좌우하는 신분 사회였다. 그 신분은 살아 있는 동안 모든 것을 결정하는 가장 중요한 잣대이기도 하였으며, 심지어 죽어서까지 따라다녔다. 따라서 사람이 죽었을 때, 그 신분에 따라 죽음을 다르게 불렀다. 죽어서도 왕후장상(王侯將相)이 따로 있었던 것이다. 죽음을 뜻하는 이름마저도 신분에 따라 달랐다. 천자, 즉 황제가 죽었을 경우는 붕(崩)을 사용하여 붕어(崩御)라 하였으며, 제후(諸侯)나 왕공(王公), 귀인(貴人)의 죽음은 훙(薨)을 사용하여 훙거(薨去)·훙서(薨逝)·훙어(薨御)라 불렀고, 대부(大夫)가 죽으면 졸(卒)을 사용하여 졸거(卒去)라 하였으며, 그 외 일반인이 죽으면 사(死)를 사용하여 사망(死亡)·사거(死去)라 불렀다.

공주 무령왕릉에서는 왕과 왕비의 지석[誌石: 기록을 남긴 돌이란 뜻으로, 묘지석을 말한다. 묘지석(墓誌石)은 죽은 사람의 이름, 생일과 죽은 날, 행적 따위를 적어 무덤 앞에 묻은 돌을 가리킨다]이 출토(왕의 것이 동쪽에, 왕비의 것은 서쪽에 있었다)되어 이 무덤의 주인공이 무령왕과 왕비였음을 알 수 있어 그 가치를 더하였다. 그리고 이들 지석은 우리나라 지석 가운데 가장 오래된 것일 뿐만 아니라 이 지석이 출토됨으로써 무령왕릉은 삼국시대의 왕릉 가운데 묻혀 있는 사람의 신원을 확인할 수 있는 유일한 무덤이 되었다.

먼저 왕의 지석을 보면, 그 앞면에 "寧東大將軍百濟斯 麻王年六十二歲癸 卯年伍月丙戌朔七 日壬辰崩到乙巳年八月 癸酉朔十二日甲申安厝 登冠大墓立志如左[영동대장군 백제 사마왕께서 62세가 되는 계묘년(523) 5월 7일에 돌아가셨다. 을사년(529) 8월 12일에 안장하여 큰 묘에 올려 모시며 다음과 같이 작성한다]"라고 새겨져 있다. 여기서 '영동대장군'은 무령왕이 중국 양(梁)나라 고조(高

▲ **무령왕릉 왕 지석(앞·뒤)** 가로 41.5cm, 세로 35cm, 두께 5cm며, 표면에 5~6cm 폭으로 선을 긋고 6행에 걸쳐 글을 새겼다. 뒷면에는 12방위를 표시하였는데, 서쪽 부분은 표시하지 않았다. 서쪽 부분을 표시하지 않은 것에 대해서는 무덤이 구입한 땅의 서쪽에 있기 때문이라거나 서방정토와 통하는 곳이기 때문이라는 등 다양한 주장이 있다. 또 중앙쯤에 뚫린 구멍에 대해서는 돈 꾸러미를 끼운 흔적이라는 주장 등이 있다.

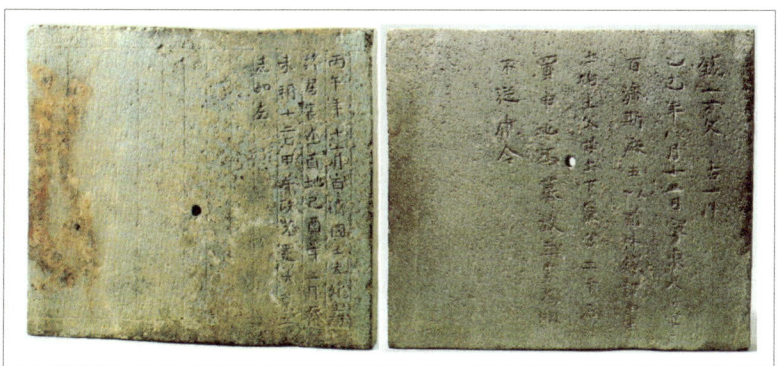

▲ **무령왕릉 왕비 지석(앞·뒤)** 가로 41.5cm, 세로 35cm, 두께 5cm이며, 표면에 2.5~2.8cm 폭으로 선을 긋고 4행에 걸쳐 글을 새겼는데, 나머지 행은 공백으로 남겨두었다. 뒷면은 매지권에 해당한다.

祖)에게서 받은 작호(爵號)이며, '사마왕'은 무령왕의 이름인데, 『삼국사기』에는 '斯摩'로, 『일본서기』에는 '斯麻'로 기록되어 있다. 또 무령왕은 죽은 뒤에 붙인 이름이고, 사마왕은 살아생전의 이름이다. 그리고 뒷면에는 면의 가장자리에 직선을 긋고, 그 선 위에 방향을 가리키는 10간(十干), 12지(十二支)를 안쪽을 향하여 남―남동―동―동북―북 순서로 "未丁午丙巳―戌―

辰乙卯甲寅 一己一 丑癸子任亥"라고 새겼는데, 서쪽에는 '申庚酉辛戌' 등의 간지를 쓰지 않고 비워두었다.

왕비의 지석을 보면, 앞면에 "丙午年十一月百濟國王大妃壽 終居喪在酉地乙酉年二月癸 未朔十二日甲午改葬還大墓立志如左[병오년(526) 11월, 백제국 왕대비가 천수를 다하고 돌아가셨다. 서쪽에 있는 땅에서 상을 지내고, 기유년(529) 2월 12일 다시 큰 묘로 옮기어 장사 지내며 다음과 같이 작성한다]"라고 기록되어 있고, 뒷면에는 "錢一萬文 右一件 乙巳年八月十二日寧東大將軍 百濟斯麻王以前件前訟土王 土伯土父母上下衆官二千石 買申地爲墓故立券爲明不從律令[돈 1만 문, 다음 1건. 을사년(525) 8월 12일, 영동대장군 백제 사마왕은 위 금액으로 토지 신들과 상하 모든 관리에게 이천 석의 남서쪽 땅(신지)을 사들여 무덤을 만들고 문서를 작성하여 증명을 삼으니, 율령에 구애받지 않는다]"이라고 적혀 있다. 실제 무령왕릉 발굴 당시 묘지석 위에, 중국 양나라 때 사용하던 오수전(伍銖錢)이라는 돈이 한 꾸러미 놓여 있었다.

이들 지석을 살펴보면, 실제 묘지석으로서의 내용보다는 매지권(買地券: 토지 매매 증서, 돌이나 항아리에 새긴 묘지 매입 문서)에 해당하기에 '무령왕릉 지석'이란 말보다 '무령왕릉 매지권'이라고 부르기도 한다. 다만 이들 지석에서 주목할 점은 무령왕의 죽음이 '薨'으로 표시되지 않고 '崩'으로 쓰인 점이다. 이는 당시 백제 왕이 비록 왕이라 칭해지긴 하였어도 실제 황제와 버금가는 위치에 있는 왕이었음을 보여주는 예라고 할 수 있다. 즉 백제 왕은 백제에 소속된 각 지역의 왕들을 통솔하는 존재였음을 우리는 무령왕릉의 지석을 통해 알 수 있다.

무령왕릉 왕과 왕비의 지석을 자세히 살펴보면, 왕의 글씨보다 왕비의 글씨가 뒤떨어진다고 한다. 왕비에게는 정성을 덜 들여서 그런지 상대적으로 졸필처럼 보인다는 것이다. 전문가가 아니고서는 이런 점을 발견하기가 쉽진 않으나, 같은 왕족 신분이라도 남녀 간 차별이 있었다. 무덤에 쓰는 글씨마저 남녀 간 차별을 하였으니 아마 살았을 때 차별은 더 심했을 것이다.

이렇듯 죽음에 대한 이름까지 신분에 따라 달랐으니 신분이 낮은 사람은 살아서는 물론 죽어서까지 한이 맺혔을 것이다. 그래서 신분이 낮은 일반인들은 조금이라도 자신을 높여 부르고 싶은 마음이 많았으리라. '서거(逝去)'라는 말이 바로 그런 게 아닌가 싶다. 흔히 사용하고 있는 '서거'라는 말은 '사거(死去)'를 높여 부르는 말로서 일반인의 죽음을 가리키는데, 일반인들이 자신을 스스로 높여 사거를 서거라고 하지 않았나 싶다. 신분상의 대접에서 소외된 자들이 찾아낸 궁여지책이랄까? 아니면 슬기로움이라고나 할까? '사람 위에 사람 있고, 사람 밑에 사람이 있던' 세상에서 사람들은 어떻게 해서든지 높은 대접을 받고자 하였고, 더욱이 지배층은 그들 나름대로 모든 면에서 일반인들과 구별하고자 하였다.

붕(崩): 오직 천자(天子: 황제)의 죽음만을 가리키는 말

훙(薨): 제후(諸侯)·왕공(王公)·귀인(貴人)의 죽음을 가리키는 말

졸(卒): 대부(大夫)의 죽음을 가리키는 말

사(死): 그 외 일반인의 죽음을 가리키는 말

특히 지배층의 최고 우두머리라고 할 수 있는 왕(또는 황제)의 경우, 죽음 이름도 이름이지만 죽어도 죽은 게 아니었다. 왕의 경우, 시체를 묻을 때도 살아생전과 똑같은 모습으로 묻었으며, 각종 장식품은 물론 왕관까지 함께 묻었다. 우리나라 무덤에서 발굴된 왕관은 그 화려함이나 정교함이 대단하고 뛰어나다. 지금까지 발굴된 우리나라 왕의 무덤에서 발견되는 재미있는 사실은, 왕의 무덤이라고 해서 모두 다 왕관이 출토되는 것은 아니지만, 대부분의 무덤에서 왕관이 출토된다는 점이다. 그런데 발굴된 왕관 대부분은 그 무덤의 주인공이 살았을 때 사용하던 것이 아니라, 죽어 묻힐 때 장식

용으로 새로 만들어 함께 묻은 장례용품이다. 이렇게 우리나라처럼 왕의 무덤에 왕관까지 함께 묻은 점은, 흔히 서양에서 왕이 죽으면 왕관은 묻지 않고 다음 계승자에게 물려줬던 것과는 크게 비교된다. 서양에서 왕관을 놓고 서로 다투던 것과는 달리, 우리나라에서는 왕위 계승의 정통성을 확보하기 위해 왕관을 차지하려고 굳이 다툴 필요가 없었다. 우리나라에서 왕관은 상징적인 것에 불과하였다.

오늘날 신분상 구별은 없지만 차별은 남아 있다

오늘날과 같은 민주 사회에서는 신분상의 구별이나 차별이 없어져 대통령도 죽으면 서민들과 똑같은 양식의 '사망신고서'를 제출하며, 그의 무덤도 일반인들과 똑같이 '묘'라 부른다. 즉 현대 사회는 '표면상으로는 사람 위에 사람 없고, 사람 밑에 사람이 없다'고 할 수 있다. 그렇다고 문제가 없는 것은 아니다. 비록 제도적 신분과 신분에 따른 차별은 철폐되었지만 다른 측면에서의 차별이 이루어지고 있다. 어쩌면 차별이라기보다는 차이라고 할 수 있는데, 잘사는 사람과 가난한 사람에 따라, 또는 권력 있는 가정에서 태어난 사람과 형편없는 가정에서 태어난 사람에 따라 차이가 있다. 살아서는 물론 죽는 데도 차이가 있고, 죽어서도 큰 차이가 있다. 비록 죽음을 가리키는 말은 모두 똑같이 '사망'이고, 누구나 '서거'라는 말을 사용할 수도 있지만, 그 장례 규모나 비용, 대접에서는 사람에 따라 엄청난 차이를 보이고 있다.

비록 능력 사회라고 하지만, 일반 가정에서 태어난 사람은 뛰어난 능력이 있어도 출세하기가 쉽지 않고, 출세를 위해서는 능력도 능력이지만 각고의 노력이 필요하다. 하지만 재벌이나 고위층 자식으로 태어난 사람은 일하지 않아도 넉넉한 생활이 보장되고, 남들과 같은 잘못을 해도 권력으로부터 더 보호받는 게 우리의 현실이다. 따라서 현실적으로 보면, 오늘날에도 사람은 출생부터 차이가 있으며, 죽을 때는 물론 죽고 나서도 분명히 차이가 있다. 돈이 없어 병원에서 치료 한번 제대로 받지 못하고 죽는 사람이 있는가 하면, 하루 용돈으로 수백만 원씩을 매일 쓰는 사람도 있다. 살아서만 그런 게 아니라 죽어서도 마찬가지다. 일반인이나 재벌이나 겉으로 봐선 별 차이가 없는 듯하지만, 실제에서는 엄청난 차이가 있다. 능력 위주의 자본주의 사회요, 민주 사회라 개인별 능력의 차이까지 부정할 수는 없겠지만 말이다.

생각해보자. 자본주의 사회가 능력 위주의 사회라고 하지만, 과연 그럴까? 자본주의 사회에서 자본가와 노동자는 애초부터 다르다. 자본가와 노동자는 단순히 능력에서 차이가 나는 게 아니라 모든 것에서 차이가 난다. 자본가야 당장 그 일을 그만둬도 먹고살 수 있지만, 노동자들은 그렇지 못하다. 노동자들은 직장에서 쫓겨나면 당장 살 길이 막막하다. 더구나 아버지 한 사람의 월급봉투만 바라보고 사는 집안은 가족 전체가 뿌리째 흔들린다. 자본가와 노동자는 다를 수밖에 없다.

흔히 이런 말들을 하곤 한다. "열심히 일하면 잘살 수 있고, 일하는 만큼 잘살 수 있다."라고 말이다. 또 "일하지 않으면 먹지도 마라."고 말하기도 한다. 그런데 이런 말을 하는 사람들을 살펴보면, 대개 먹고살 걱정이 없는 이들이 대부분이다. 지배층이거나 지도층이 이런 말들을 많이 하였다. 먹고살려고 죽어라 일하는 사람들은 오히려 이런 말들을 하지 않는다. 아니 이런 말이 있는지도 모르고 일만 하며 살았다. 그런 사람들에 의해 인류 역사는 발전되어 지금까지 왔다. 그러니 "일하지 않으면 먹지도 마라."고 함부로 말하지 않았으면 좋겠다.

오늘날 자본가들도 "일하지 않으면 먹지도 마라."고 한다. 그리고 일하지 않으면 해고해버린다. 그런데 따지고 보면, 정작 놀고 있는 사람은 노동자가 아니라 자본가 아닌가? 실제 노동자보다 더 많이 노는 게 자본가 아닌가? 언제 노동자들이 마음껏 놀기나 하였나? 마음껏은 고사하고 맘 편히 놀기나 하였나? 놀아야 한다. 놀지 않고 일만 해서는 안 된다. 놀 줄도 알아야 한다. 사실 '놀아도 먹을 수 있는 사회'가 정녕 좋은 사회 아닌가!

견우와 직녀보다 옥황상제가 문제다

노동 이야기가 나왔으니, 잠깐 이야기를 딴 방향으로 돌려보자. 견우와 직녀를 통해 다시 노동에 관한 이야기를 해보자. 세상에 견우와 직녀의 사랑처럼 억울한 게 있을까? 사실 그들은 아무런 잘못도 하지 않았는데 생이별을 해야 했다. 견우와 직녀는 서로 헤어지지 않고 같이 살면서 사랑을 나누고 싶었는데, 옥황상제라는 그 사회 최고 어른에 의해 강제로 헤어져야만 했다. 옥황상제는 견우와 직녀가 '일하지 않고 놀기만 한다고 그 벌로 헤어지게 하였다.'라고 하지만, 사실 한 번 더 생각해보면 견우와 직녀가 논 것만도 아니다. 아무리 사랑에 빠졌다 하더라도 자신들이 해야 할 최소한의 일은 했다. 적어도 자신들이 먹고살 만큼의 일은 하였다. 예전만큼 일하지는 않았지만 그래도 할 일은 했다. 그런데 옥황상제 눈으로 보면 견우와 직녀는 놀기만 했는지 모른다. 예전처럼 열심히 하지 않으니, 옥황상제 눈에는 노는 것으로 보였을 것이다.

견우와 직녀는 그동안 열심히, 그것도 남에게 부러움과 칭찬을 독차지할 만큼 일을 한 이들이다. 별생각 없이 오로지 열심히 일하는 게 천직인 줄 알고 살았다. 그러다가 사랑을 하게 되었다. 사랑에 빠지고 보니 일도 일이지만 사랑이 소중한 줄 알았고, 죽어라 일만 하는 것이 인생의 전부가 아니라는 것도 깨달았다. 그래서 그들은 예전처럼 일에만 전념하지 않았다. 예전

만큼은 아니지만 일도 하면서 사랑도 하였다. 아니 사랑만 해도 충분하였다. 그동안 열심히 일한 것만으로도 이제는 사랑에 전념할 만한 충분한 자격이 있었다.

견우와 직녀가 그동안 벌어놓은 노동의 대가에 대한 이야기는 한마디도 없이 빼버리고, 일하지 않는다고 혼내기만 하니 어찌 된 일인가? 그동안 열심히 벌어놓은 노동의 대가는 누가 훔쳐 가버렸단 말인가? 혹 옥황상제가 빼앗은 것은 아닐까? 그리고 견우와 직녀가 예전처럼 열심히 일하지 않고, 최소한 먹고살 만큼의 일만 하니 이제 먹고 남는 것(잉여생산물)이 없고, 남는 게 없다 보니 더는 빼앗을 수 없게 되어, 그래서 견우와 직녀를 '게으르다'고 나무라고, '논다'고 호통친 게 아닐까? 그리 혼내도 말을 듣지 않고, 여전히 먹고살 만큼의 일만 하니 그래서 쫓아버렸던 게 아닐까? 이제는 이용 가치가 없어져버렸기 때문에.

역사 속에서 폭군이나 독재자들이 그랬다. 그들은 오로지 빼앗기만 일삼고, 너그러운 마음으로 남을 아낄 줄 모르는 그런 존재였다. 달면 삼키고, 쓰면 뱉어버리는 그런 인물들이었다. 또 그들은 세상의 모든 것을 자신의 관점으로만 파악하는 편협한, 그래서 쫀쫀한 존재였다. 원래 옥황상제는 그런 분이 아니지만, 견우와 직녀 이야기 속에 나오는 옥황상제는 노동 속에서 만난 젊은 남녀가 진실하고 당당하게 사랑하는 것을 보고 어쩌면 배가 아팠을지도 모른다. 자신은 별짓 다 하며 놀아도 정작 사랑이라는 소중한 알맹이가 없이 놀기만 하였을 것이니. 그래서 견우와 직녀의 진실한 사랑을 보고, 겉으로는 '게으르다', '법을 안 지켰다' 운운하며 호통을 치면서도 속으로는 배알이 뒤틀렸을 것이다. 언제나 그래왔다. 지배자들은 겉으로 '국가'를 들먹이며 '착하게 살아라', '부지런해라', '열심히 일하라'고 하면서 큰소리치지만, 막상 자신들은 먹고 노는 데 천재였다. 그러면서도 만약 노동자들이 열심히 일하다 조금만 놀아도 '법'과 '칼'을 들이댄 경우가 역사 속에서 한두 번이 아니다. 지배자들은, 가진 자들은 늘 그래왔다.

견우와 직녀도 먼 이야기가 아니다. 오늘날 우리들의 모습이며, 오로지 노동 하나로 먹고살고 있는 노동자들의 현실 그대로이다. 견우와 직녀는 죽어서 먼 나라에 있는 사람이 아니다. 한반도 어디 후미진 구석에서 하루하루 소박하게 살아가는 이들이 바로 견우 직녀요, 뜨거운 여름날 논을 매고 있는 우리 아버지 어머니가 바로 견우 직녀다. 무엇보다도 열악한 환경에서 맘 놓고 편히 쉬지도 못하고 먹고살기 위해 일해야만 하는 노동자들이 견우요 직녀다. 요즘 갈수록 노동자들에 대한 처우가 불안해지고 심지어 일터에서 쫓겨나기까지 하는 세태에 우리는 다시 한 번 견우와 직녀 이야기를 되새겨보아야 할 것이다. 일 안 한다고 반성할 사람은 정작 노동자가 아니라 오히려 자본가일 것이다.

같은 묘라도 묘(墓)와 묘(廟)는 다른 것이다

예전부터 우리는 죽은 자에 대한 예절을 중요시하였다. 사람이 죽으면, 무덤에 묻을 때까지의 장례와 그 이후 죽은 자에 대한 제사 등 해야 할 일이 한둘이 아니었다. 그것도 제대로 하려면 생업을 내팽개쳐야 할 정도였다. 특히 조선시대 유교 전통으로 내려오는 장례 및 제사 절차는 짜증이 날 정도로 까다롭고 복잡하였다. 그 어려운 절차도 절차지만, 장례와 제사에 관련된 용어만 해도 헷갈릴 정도로 다양하였다.

장례(葬禮)는 장사(葬事: 죽은 사람을 땅에 묻거나 화장하는 일)를 지내는 일, 또는 그런 예식을 말한다. 장례에는 초상과 탈상이 있는데, 초상(初喪)은 '사람이 죽어서 장사 지낼 때까지의 일', '삼년상(三年喪)을 치를 때 그 첫해의 상'을 말한다. 이와 관련된 용어로는 복[復: 초혼(招魂)이라고도 하여 죽은 자의 흐트러진 혼을 불러들이는 일], 천시[遷屍: 시신이 차가워져 굳기 전에 지체(肢體)를 주물러서 곧게 펴고 입·코 등을 막는 등 시신을 바르게 하는 일. 수시(收屍)라고도 한다], 상주[喪主: 상례(喪禮)에 관한 일을 주관하는 사람. 보통 부모상에는 장자가 주상(主喪: 주된 상주, 즉 맏상주)이 되고, 장자가 없으면 장손이 되며, 아들이 죽었을 때는 부친이, 아내가 죽으면 남편이 된다], 호상[護喪: 상례에 관한 일을 주선하고 보살피는 일. 또는 그런 사람. 보통 상주의 친구나 친척 가운데 예를 잘 아는 사람을 호상으로 내세워 상례를 돕게 한다], 부고[訃告: 사람의 죽음을 알림. 또는 그런 글. 호상의 이름으로 죽은 이의 친척·친지 등에게 알렸다], 빈소[殯所: 죽은 사람을 매장할 때까지 유체를 안치시켜 놓는 장소, 즉 상(喪)을 당했을 때 발인(發靷) 때까지 관을 놓아두는 곳. 이 기간은 가족들이 죽은 사람이 소생할 것을 기대하여 생전과 똑같이 음식을 차려 올렸다], 염[殮: 시신을 정결하게 씻기는 일]과 습[襲: 시신을 씻긴 뒤 수의를 입히는 일], 성복[成服: 상복을 입는 일. 염습 뒤에 상복을 입는다], 발인[發靷: 장사를 치르기 위해 사자가 빈소를 떠남. 또는 그런 절차. 발인하면 장지로 향하게 되는데, '명정―공포―혼백―상여―상주―복인―조객과 만장' 순으로 나간다], 명정[銘旌: 죽은 사람의 관직과 성명 따위를 적은 깃발. 대개 깃대는 대나무, 깃발은 붉은 비단으로 만들었는데, 신분에 따라 크기가 달랐다], 공포[功布: 장례식에서 관을 묻을 때 관을 닦는 데 쓰는 삼베 헝겊], 혼백[魂帛: 신주를 만들기 전에 임시로 명주나 모시를 접어서 만든 신위. 초상에만 쓰고 장사 뒤에는 신주를 쓴다], 상여[喪轝: 시신을 모시고 옮기는 도구], 복인[服人: 상복을 입은 사람], 조객[弔客: 조문하러 온 사람, 즉 조문객]과 만장[輓章·挽章: 죽은 이를 슬퍼하여 지은 글. 또는 그 글을 비단이나 종이에 적어 기처럼 만든 것. 주검을 산소로 옮길 때 상여 뒤를 따르고 장례가 끝나면 상청에 보관한다], 장지[葬地: 장사하여 시체를 묻는 땅], 위패[位牌: 죽은 사람의 위(位)를 모시는 나무 패, 신주(神主)라고도 한다. 신주는 장사를 마치고 나서 붓으로 써서 작성하는데, 이것을 제주(題主)라고 한다], 상청[喪廳: 죽은 이의 영(靈) 또는 신주를 모셔두는 곳으로, 궤연(几筵)이라고도 한다. 장사를 마친 후 제주(題主)한 신주를 받들고 집으로 돌아와 궤연에 모셨다가 삼년상을 마친 뒤에 사당에 봉안한다] 등이 있다.

 탈상(脫喪)은 장례를 끝내고 상복을 벗는 일을 말하는데, 예전에는 보통 삼년상을 마치고 탈상하였으나 시대의 변화에 따라 1년 탈상, 100일 탈상[소상탈상(小祥脫喪)], 49일 탈상[49재: 사람이 죽은 뒤 49일째에 치르는 불교식 제사로, 7·7재(七七齋)라고도 한다. 불교와 유교 사상이 절충된 형태이다], 삼우탈상[三虞脫喪: 삼우제를 마치면서 하는 탈상으로, 5일장을 하면서 삼우제 때 탈상하면 7일 탈상, 3일장을 하면서 삼우제 때 탈상하거나 오일장을 하면서 동시에 탈상하면 5일 탈상이 된다], 3일탈상[삼일장을 하면서 동시에 하는 탈상] 등 그 기간이 줄어들고 간소화되고 있는 편이다. 그리고 장례를 매장으로 하면 때에 따라 성묘[省墓: 조상의 무덤을 찾아가서 살펴보며 돌봄. 또는 그런 일. 주로 설, 추석, 한식에 하였다]를 하고, 벌초[伐草: 무덤에 난 잡초를 베고 깨끗하게 정리하는 일]와 사초[莎草: 오래되거나 허물어진 무덤에 때-잔디의 사투리-를 입히어 잘 다듬는 일]를 하였다. 벌초는 금초[禁草: '금화벌초(禁火伐草)'의 준말로서, 무덤에 불이 나지 않도록 조심하고, 무덤에 난 잡초를 베어 깨끗하게 정리하는 일]라고도 하는데, 한식 전에 하는 것을 금초, 추석 전에 하는 것은 벌초로 구별하여 사용하기도 하지만, 벌초와 금초를 구별하지 않고 같은 뜻으로 사용하기도 한다. 사초는 벌초나 금초와는 다른 말로 청명, 한식 때 많이 하였다.

제사(祭祀)는 신령(神靈)이나 죽은 사람의 넋에 음식을 차려놓고 정성을 보이는 일 또는 그런 의식을 말하는데, '향사(享祀)'라고도 한다. 제사와 관련된 용어를 보면, 발인제[發靷祭: 발인하며 지내는 제사], 노제[路祭: 발인 후 장지로 가는 도중에 길에서 지내는 제사], 우제[虞祭: 장례를 마친 뒤에 지내는 제사로, 초우·재우·삼우제가 있다], 초우제[初虞祭: 장사를 지낸 후 첫 번째 지내는 제사. 혼령을 위안하기 위한 제사로, 장사 당일을 넘기지 않는다], 재우제[再虞祭: 장사를 지낸 후 두 번째 지내는 제사. 초우제를 지낸 그 다음 날 아침에 지내는 제사이다], 삼우제[三虞祭: 장사를 지낸 후 세 번째 지내는 제사. 흔히 가족들이 성묘한다. 죽은 이를 사모하여 지내는 제사인 '사모제(思慕祭)'와는 다른 말이다], 소상[小祥: 사람이 죽은 지 1년 만에 지내는 제사. 연제練祭·연상練祥·기년제朞年祭·일주기라고도 한다], 대상[大祥: 삼년상을 마치고 탈상하는 제사로, 초상부터 윤달은 계산하지 않고 25개월 만에 지낸다], 담제[禫祭: 대상(大祥) 다음다음 달에 지내는 제사로, 초상으로부터 27개월 만에 지낸다. 담사(禫祀)라고도 한다], 길제[吉祭: 담제를 지낸 다음 달에 지내는 제사로, 상주는 길제를 지낸 다음 날부터 상복(喪服)을 벗고, 평상복을 입을 수 있다], 기제사[忌祭祀: 사람이 돌아가신 날에 지내는 제사로, 실제로는 돌아가시기 바로 전날 밤에 지내며 기일제(忌日祭), 기제(忌祭)라고도 한다], 시제[時祭: 한 해에 네 번, 철마다 지내는 제사. 음력 2·5·8·11월에 가묘에서 지내거나 한식 또는 10월에 5대조 이상의 묘소에서 지냈다. 시사(時祀)·시향(時享)이라고도 한다], 절사[節祀: 절기마다 지내는 제사, 연시제[年始祭: 설날 아침에 아버지와 할아버지 2대를 함께 지내는 제사], 차례[茶禮(다례): 주로 설날이나 추석날 낮(아침)에 간단히 지내는 제사로, 기제사와 달리 '무축단작(無祝單酌)'이라고 하여 축문을 읽지 않고 술도 한 번만 올리는 것이 특징이다. 또 집안마다 다르지만, 기제사에서 문을 닫는 '합문(闔門)'과 숭늉을 올리는 '헌다(獻茶)' 등을 대체로 생략한다, 제사 음식도 차이가 있는데, 밥과 국을 올리는 기제사와 달리 차례는 설날 떡국, 추석 송편처럼 비교적 가벼운 음식을 올린다], 삭망제[朔望祭: 종묘나 문묘 따위에서 매달 초하룻날과 보름날에 간략하게 지내는 제사], 묘제[墓祭: 묘에 가서 지내는 제사] 등이 있는데, 구별하기 어려울 정도로 복잡하고 다양하다. 제사를 지내는 방법 또한 복잡하고 다양하다. 요즘에는 기제사나 차례 정도 유지되고 있는 편이지만, 비교적 간단하다는 차례만 해도 막상 간단하지 않다. 우선 제기[祭器: 제사 때 쓰이는 그릇]와 신주[神主]나 지방[紙榜: 신주를 모시고 있지 않은 집안에서 차례나 기제사에 종이에 써서 모신 신위(神位)], 병풍[屛風: 바람을 막거나 무엇을 가리거나 또는 장식용으로 방 안에 치는 물건] 등을 준비하고 제수[祭需: 제사에 드는 여러 가지 재료나 음식물]를 마련하여 홍동백서[紅東白西: 붉은 과일은 동쪽, 흰 과일은 서쪽], 조율이시[棗栗梨枾: 왼쪽부터 대추, 밤, 배, 곶감 순으로 놓음], 어동육서[魚東肉西: 생선은 동쪽, 고기는 서쪽], 두동미서[頭東尾西: 생선의 머리는 동쪽, 꼬리는 서쪽], 좌포우혜[左脯右醯: 좌측 끝에는 포, 우측 끝에는 식혜] 등을 이리저리 따지며 차례상을 차리려면 시작부터 골치 아프다. 또 우리 집은 서향이라 상을 어느 방향으로 향하게 차려야 하는지, 어느 쪽이 왼쪽인지, 내가 봐서 왼쪽인지, 조상님이 봐서 왼쪽인지? 도무지 헷갈릴 뿐이다. 그리곤 강신[降神: 제주(祭主)-제사를 주관하는 사람-가 신을 부르는 제사 의식. 향을 피우고, 술을 따라 모사(茅沙)-모래와 거기에 꽂은 띠의 묶음-그릇 위에 3번 나누어 붓는다. 신주를 모시면 참신을 먼저 하고 강신을 한다], 참신[參神: 신을 뵙고 인사하는 제사 의식. 전체가 모두 두 번 절한다], 헌주[獻奏: 술을 올리는 제사 의식. 기제사와 달리 제주가 직접 상 위의 잔에 바로 술을 따르는 것이 보통이다], 유식[侑食: 혼령이 밥을 드시도록 하는 제사 의식. '삽시정저(揷匙正箸)'라고 하여 떡국이나 송편에 숟가락을, 시접(匙楪: 제사상에 수저를 담아놓는 그릇)에 젓가락을 정돈하여 놓는다. 기제사에서는 술을 첨잔한 후 밥뚜껑을 열고 숟가락을 꽂아놓는다], 시립[侍立: 전체가 잠깐 공손히 서 있는 제사 의식], 사신[辭神: 신을 보내는 제사 의식. 수저를 거두고, 뚜껑이 있다면 덮은 다음, 전체가 2번 절한다. 그리고 신주를 다시 모시거나 지방을 태운다], 철상[撤床: 상을 치우는 제사 의식. 음식은 뒤에서부터 차례로 물린다], 음복[飮福: 제수를 나누어 먹는 제사 의식] 순으로 제사를 지내면 되는데, 실제 이게 만만치가 않다. 오랜만에 하는 일이라 그런지 어색하기만 하다. 간단한 제사만 해도 이리 어려운데 예전에 그 많은 제사를 다 지내려면 꽤 힘들었을 것이다. 더구나 기제사는 제주 외에 집사[執事: 제주를 돕는 사람]가 있어 역할을 나눠 해야 하고, 술도 초헌[初獻: 제주가 처음 술을 올리는 제사 의식]·아헌[亞獻: 제주의 부인 혹은 고인과 제주 다음으로 가까운 사람이 두 번째로 술을 올리는 제사 의식]·종헌[終獻: 제주의 자식 등 고인과 가까운 사람이 세 번째로 술을 올리는 제사 의식으로, 술을 조금씩 나눠 따르도록 하여 첨잔할 수 있게 한다]이라고 하여 3번 올리고, 여기에 독축[讀祝: 축문을 읽는 제사 의식으로, 초헌 다음에 한다], 합문[闔門: 혼령이 음식을 드시도록 문밖으로 나가 기다리는 제사 의식으로, 유식 다음에 한다. 차례의 시립이 이에 해당한다], 헌다[獻茶: 식사 후 숭늉을 들도록 하는 제사 의식으로, 합문이 끝나면 한다. 헌다를 마치면 사신이 이어진다]까지 하면 훨씬 복잡하였다. 여기에 술을 따르는 방식도 다르고, 술을 올리는 방식도 다르며, 또 구체적으로는 더 많은 절차가 있어 요즘 사람들 같으면 아예 두 손 두

발 다 들 정도다. 그래서 요즘에는 많이 간소화하여 지내곤 한다.

기제사: 사람이 돌아가신 날(실제로는 돌아가시기 전날 밤)에 지내는 제사

강신-참신-초헌-독축-아헌-종헌-유식-합문-헌다-사신-철상-음복
(降神) (參神) (初獻) (讀祝) (亞獻) (終獻) (侑食) (闔門) (獻茶) (辭神) (撤床) (飮福)

차 례: 설날과 추석날 낮에 간단히 지내는 제사

강신-참신-헌주-유식-시립-사신-철상-음복
(降神) (參神) (獻奏) (侑食) (侍立) (辭神) (撤床) (飮福)

지금까지 나온 용어만 해도 이만저만 많은 게 아닌데, 이뿐만이 아니다. 장례와 제사에 관련된 묘(廟)도 있었으며, 묘만 해도 헷갈릴 정도로 그 용어가 한둘이 아니다. 우리가 흔히 '묘'라고 부르며 사용하는 말은 무덤을 가리키는 묘[墓: 사람의 무덤. 우리말로는 '뫼'라 한다. 묘가 있는 곳을 묘소(墓所)라 하는데, 대부분 산에 있기에 산소(山所)라고도 한다. 산소는 묘를 높여 부르는 말이기도 하다]를 일컫지만, 발음은 같으면서 다른 뜻으로 사용되는 말로 묘(廟)라는 것도 있다. 묘(墓)가 무덤을 가리키는 말이라면, 묘(廟)는 사당[祠堂: 조상의 신주를 모시고 제사를 지내던 집]을 가리킨다. 이 둘은 똑같이 죽음과 관련되는 용어지만, 묘(墓)는 죽은 사람의 시신을 집 밖에 모신 곳이고, 묘(廟)는 죽은 사람의 신주[神主: 위패(位牌), 신위(神位)]를 집 안에 모신 곳을 말한다. 사람이 죽으면 몸과 영혼이 분리된다고 생각하여 몸과 영혼을 모시게 되는데, 주로 몸을 모시는 일과 모시는 곳을 장례와 묘(墓)라면, 영혼을 모시는 일과 모시는 곳은 제사와 묘(廟)라고 할 수 있다. 지금은 묘(廟)보다는 묘(墓)를 더 중요하게 여기고, 묘(廟)의 의미가 갈수록 사라져가고 있지만, 예전에는 묘(廟)도 묘(墓)와 함께 중요시하였다. 묘(墓)보다 묘(廟)를 더 중요하게 여기기도 하였다.

흔히 사당은 조상의 신주[神主: 죽은 사람의 위패]나 영정[影幀: 제사나 장례를

지낼 때 위패 대신 사용하는, 죽은 사람의 얼굴을 그린 족자) 등을 모셔놓고 제사하는 곳을 뜻하는 말로, 묘(廟)에 해당하는 말이다. 이런 사당은 모신 대상에 따라, 천자·황제의 선조(先祖)를 모신 사당을 태묘(太廟), 제후(諸侯)·왕공(王公)·귀인(貴人)의 선조를 모신 사당을 종묘(宗廟), 대부(大夫)의 선조를 모신 사당을 가묘(家廟)라고 부른다. 또 공자(孔子)를 모신 사당을 문묘(文廟)라 하며, 지방의 저명한 학자·명사를 모신 사당을 향사당(鄕祠堂) 또는 사우(祠宇)·사묘(祠廟)라고 부른다. 그런데 이렇게 꼭 구분하여 부르지만은 않고, 흔히 가묘를 그냥 사당이라고 부르는 경우도 많고, 사우와 사당을 같은 의미로 사용하는 경우가 많기도 하다.

묘(廟)

묘는 조상이나 훌륭한 신인(神人) 또는 신앙의 대상이 되는 분의 신주(神主), 영정(影幀), 위판(位版), 소상(塑像) 등을 모셔놓고 제사를 지내는 집을 가리키는 말이다. 여기서 신주는 죽은 사람의 위(位)를 모시는 나무패(牌)를 말하며, 영정은 얼굴을 그려놓은 긴 그림, 위판은 위패(位牌)라고도 하여 신주의 이름을 적은 나무패를 말하며, 소상은 찰흙으로 만든 인물의 모형을 말한다. 결국 신주나 위판, 위패는 모두 같은 말이라고 할 수 있다.

묘는 '제사를 지내는 곳'이라는 일반적인 뜻으로 사당(祠堂)·사우(祠宇)와 같이 사용되기도 하였으며, 또 묘는 정전(正殿: 주가 되는 궁전. 왕이 조회하는 궁전)·정당(政堂)과 같은 뜻으로도 사용되었다. 제사를 중요시하던 시대에는 제사 지내는 것이 곧바로 정치와 같았으므로, 왕이 조회[朝會: 모든 관리가 정전에 모여 임금에게 문안을 드리고 정사를 아뢰던 일을 말하는데, 조례(朝禮)라고도 하였다]하는 정전(正殿)이나 왕이 정사(政事)를 돌보는 정당(政堂)이 바로 제사 지내는 묘처럼 중요하기에 같은 뜻으로 쓰인 것이다.

예전에는 국가와 가정마다 묘가 있어 왕실에서는 종묘, 일반 개인 집안에서는 가묘라고 하였고, 또 공자를 모시면 문묘라고 하였다. 이렇게 묘는 종묘·가묘·문묘 이외에 각 서원의 명현사우(名賢祠宇), 서울의 둑신묘, 삼척의 동해묘(東海廟), 의주의 압강묘(鴨江廟), 경원의 두만강묘(豆滿江廟) 등 그 형태나 모시는 대상에 있어서 매우 다양한 모습을 보이고 있다.

종묘(宗廟)[침묘(寢廟)] · 태묘(太廟)

'宗(마루 종 혹은 종묘 종, 사당 종)'은 '示(귀신 기 *示는 제사를 지내는 제단의 모습에서 온 글자이다)'와 '宀(집 우)'가 합쳐진 글자로, 조상신인 귀신을 모시는 집, 즉 조상에게 제사 지내는 사당을 가리킨다. 이런 宗에 사당을 뜻하는 廟가 붙은 말이 종묘인데, 결국 종묘는 종과 같은 말이다. 다만 '宗'을 '마루 종'이라고 한 데에는 '마루'가 산마루·고갯마루처럼 '꼭대기'나 '높다'는 것을 의미하여 종묘는 '낮은' 조상을 모시는 사당이 아니라 '높은' 조상을 모시는 사당임을 강조하기 위한 것이다.

그래서 종묘 하면 역대 왕과 왕비의 위패를 모시고 제사를 지내는 곳, 즉 왕실의 사당으로서 국가 최고의 사당을 가리킨다. 또한 서울특별시 종로구 훈정동에 있는 조선시대 역대 왕과 왕비, 그리고 추존[追尊: 왕위에 오르지 못하고 죽은 사람에게 왕의 칭호를 주는 일]한 왕과 왕비의 신주를 모신 사당을 직접 가리키는 말이기도 하다. 종묘는 원래 왕이 조회하는 궁전인 정전(正殿)을 가리키는 말이기도 하였으며, 역대 황제와 황후의 위패를 모시고 제사를 지내던 황실의 사당은 태묘(太廟)라 하였다.

또 종묘는 침묘(寢廟)라고도 하였는데, 침묘는 종묘나 산릉(山陵)의 재각(齋閣)을 가리키는 말이다. 보통 묘(침묘)를 지을 때는 앞·뒤 건물을 구분하여 지었는데, 뒤의 건물을 침(寢), 앞의 건물을 묘(廟)라고 하고, 전체를 침묘라 하였다. 일반적으로 침은 산 사람의 거처를 가리키는 것으로, 궁궐의 침전(寢殿)이나 일반 가정의 침실(寢室)을 뜻하는 말이다. 보통 침에다 의관(衣

▲ **종묘 정전(국보 제227호)** 조선시대 역대 왕 가운데 공덕이 있는 19분 왕과 왕비의 신주를 모시고 있는 핵심 건물로, 장식이 없는 단순한 건물이면서도 위엄이 있고 단아한 느낌이 든다.

冠: 옷과 모자)이나 제기[祭器: 제사 지낼 때 쓰는 그릇] 등을 보관하였으며, 조상의 신위(神位)와 영정(影幀)을 모신 묘에서 제(祭)를 지냈다. 따라서 묘는 조상을 만나는 곳으로서 높은 곳이기 때문에 앞에 배치하고, 침은 의관 등을 봉안하는 곳으로 묘에 비하여 낮으므로 뒤에 배치하였다.

　왕과 왕비가 죽으면 그 신주를 일단 종묘에 봉안하는데, 이곳을 정전(正殿)이라고 한다. 그 후 일정한 기간이 지나면 역대 왕이나 왕비 가운데 공덕이 높은 사람을 제외한 신주는 조묘(祧廟)인 영녕전(永寧殿)으로 옮겨 모셨는데, 이처럼 정전에서 영녕전으로 옮기는 일을 조천(祧遷)이라고 하였다. 조묘는 본래 고조(高祖) 이상의 먼 조상을 한곳에 모아 제사하는 곳을 말하는데, 종묘에서는 역대 왕이나 왕비 가운데 상대적으로 공덕이 낮은 분들을 한곳에 모아 제사하는 곳을 가리켰다.

　우리나라 종묘는 서울특별시 종로구 훈정동 1-2번지〈서울특별시 종로구 종

▲ 종묘 영녕전(보물 제821호) 영녕전은 정전의 별묘로, 조선시대 역대 왕 가운데 태조의 4대조와 정전에서 계속 모실 수 없는 12분, 총 16분의 왕과 왕비의 신주를 모시고 있다.

로)에 전해지고 있는데, 이곳은 조선시대 역대 왕과 왕비의 신위를 모신 곳으로, 조선 태조 4년(1395)에 세워졌다. 이 종묘 정전에 조선시대 초기에는 나라를 세운 태조 이성계의 4대조(목조·익조·탁조·환조) 신위를 모셨으나, 그 후 당시 재위하던 왕의 4대조(고조부·증조부·조부·부)와 조선시대 역대 왕 가운데 공덕이 있는 왕과 그 왕비의 신주를 모시고 제사하는 곳이 되었다. 현재 정전에는 서쪽 제1실에서부터 19분 왕과 왕비의 신주를 각 칸을 1실로 하여 모두 19개의 방에 모시고 있다. 이 건물은 칸마다 아무런 장식을 하지 않은 매우 단순한 구조이지만, 19칸이 옆으로 길게 이어져 단일 건물로는 우리나라에서 가장 긴 건물이다.

　시간이 흐르면서 죽은 왕의 수가 늘어남에 따라 종묘의 건물을 늘리거나 새로 지어야 할 필요가 생겼다. 이렇게 하여 정전의 별묘(別廟)로 지어진 것이 영녕전(永寧殿)이다. 영녕전은 세종 3년(1421) 정종의 신주를 종묘에 모

▲ **서울 사직단(사적 제121호)** 현재의 사직단은 일제가 원래 있던 사직단의 격을 낮추고 면적을 축소한 것이다. 사직단은 동·서 양단(兩壇)을 설치하였는데, 동쪽의 사단(社壇)에는 국사신(國社神: 正位土神)·후토신(后土神)을, 서쪽의 직단(稷壇)에는 국직신(國稷神: 正位數神)·후직신(后稷神)을 모셨다. 현재 이곳 일대를 사직공원으로 부르고 있다

실 때, 태조의 4대조와 정전에서 계속 모실 수 없는 왕과 왕비의 신주를 옮겨 모시고자 정전의 서북쪽에 세워졌다. 하여 정전은 종묘의 중심 건물로서 원래 종묘라 불렀는데, 영녕전이 세워지면서 영녕전과 구분하여 정전을 태묘라 부르기도 하였다. 현재 영녕전에는 가운데 4개의 방을 양쪽 옆에 딸린 방들보다 높게 꾸미고, 각 방에 태조의 4대조인 목조·익조·탁조·환조와 왕비들의 신주를 모셨으며, 또 서쪽 5번째 방부터 16번째 방까지 12분의 왕과 왕비의 신주를 모셔, 총 16분의 왕과 왕비의 신주를 모시고 있다.

특히 종묘는 건축 양식이 아주 특이하고 뛰어나며, 그 유례를 찾기 어려운 점에서 관심을 끌기 충분하고, 이곳에서 이루어지고 있는 제례 의식 또한 보존할 만한 가치가 충분하였다. 이에 종묘는 1995년 우리나라에서 처음으로 세계문화유산으로 등재된 것 가운데 하나가 되었으며, 2001년 종묘 제례 및 종묘 제악이 인류무형문화유산 걸작으로 선정·지정되었다.

▲ 산청 단성 사직단(경상남도 기념물 제255호) 조선 초기에 건립된 지방 사직단으로 파악되며, 중앙에 토지신과 곡물신에게 제사하기 위한 제단이 마련되어 있으며, 동·서·남 세 방향 중간에 각각 3층으로 이루어진 섬돌이 남아 있다. 사직단 남쪽에 있는 1칸 건물의 신실(神室)에는 사직신 위패 2점을 봉안하고 있는데, 이 또한 조선 초기에 제작된 것으로 전해져 온다.

　　조선시대 역대 왕들에게 제사 지내기 위해 마련한 종묘는, 토지신(土地神)인 '사(社)'와 곡물신(穀物神)인 '직(稷)'에게 제사 지내는 곳인 사직단(社稷壇)과 더불어 국가의 가장 중요한 제례의 대상이었다. 따라서 유교 사상을 근본으로 하고, 농경이 가장 중요한 산업 기반이었던 조선시대에는 왕실에 제사를 지내는 종묘와 농사의 풍요를 기원하기 위해 제사를 지내는 사직을 잘 지키는 일이야말로 왕실의 위엄을 세우고 백성을 잘 다스리는 가장 중요한 일이었다. 따라서 사직을 잘 지키는 것이 국가를 잘 다스리는 것이므로, '사직'이란 말이 곧 '국가'를 가리키는 말로 쓰이기도 하였다. 그래서 종묘사직을 잘 지키는 일이 곧 나라를 잘 다스리는 것이므로, '종묘사직을 잘 지킨다.'라는 말은 '나라를 잘 다스린다.'라는 말로 쓰이게 되었다. 우리나라 사직단은 서울특별시 종로구 사직동 1-28번지(서울특별시 종로구 사직로)에 전해지고 있는데, 사직단은 경복궁의 서쪽(오른쪽)에 자리 잡고 있다. 이에 비해 종묘는 동쪽(왼쪽)에 자리 잡고 있다. 이는 중국 고대로부터 내려오는 도시를 만드는 기본 원칙 가운데 하나인 좌묘우사[左廟右社: 묘는 왼쪽에, 사는 오른쪽에 배치]에 따른 것이다.

종묘가 서울에만 있는 것에 비하여 사직단은 서울에만 있지 않고, 조선 태종 이후에는 지방에도 사직단이 세워져 전국적으로 10여 곳이 되었다 한다. 하여 서울이 아닌 지역의 사직단도 전해지고 있다. 전해지는 사직단으로는 서울 사직단(사적 제121호) 이외에 산청 단성 사직단(경남 산청군 단성면 사월리〈산청군 단성면 사직단로〉, 경상남도 기념물 제255호), 노변동 사직단(대구 수성구 노변동〈대구 수성구 유니버시아드로〉, 대구광역시 기념물 제16호), 남원 사직단(전북 남원시 향교동〈남원시 용정안길〉, 전라북도 기념물 제79호) 등이 있다.

서울 사직단은 조선을 세운 태조가 한양에 수도를 정하고, 궁궐과 종묘를 지을 때 함께 만든 것으로, 좌묘우사 제도에 따라 경복궁 동쪽(왼쪽)에 종묘를, 경복궁 서쪽(오른쪽)에 사직단을 배치하였다. 사직단은 조선시대 이전에도 있었는데, 조선은 1395년 고려의 제도에 따라 토지의 신에게 제사 지내는 국사단(國社壇)은 동쪽에, 곡식의 신에게 제사 지내는 국직단(國稷壇)은 서쪽에 배치하였으며, 신좌(神座)는 각각 북쪽에 모셨다. 왕은 이곳에서 정기적으로 제사를 지냈으며, 나라에 큰일이 있을 때나 비가 내리길 기원하는 기우제(祈雨祭), 풍년을 비는 기곡제(祈穀祭) 등을 이곳에서 지내기도 하였다.

원래 기우제와 기곡제는 사직단에서 지내던 것이 아니었다. 오래전부터 농사의 풍년을 기원하는 제사로 기곡제와 선농제[先農祭: 풍년을 기원하여 입춘 뒤 해일亥日에 지내는 제사]·중농제[中農祭: 풍년을 기원하여 입하 뒤 해일에 지내는 제사]·후농제[後農祭: 풍년을 기원하여 입추 뒤 해일에 지내는 제사]가 있었다. 선농제는 그 기원이 신라 때까지 거슬러 올라가며, 고려시대에 이어 조선시대에도 태조 이래 역대 왕들은 음력 정월 첫 번째 해일(亥日)에 세자 및 문무백관 등과 함께 동대문 밖 전농동[典農洞: 현 동대문구 제기동(祭基洞)]에 있는 선농단[先農壇: 풍년이 들기를 빌던 제단. 신농씨(神農氏)와 후직씨(后稷氏)를 주신(主神)으로 제사를 지냈다]에 나가 풍년이 들기를 기원하는 제사를 몸소 지냈다[친제(親祭)]. 또 친제 후, 그곳에 마련한 적전(籍田·耤田: 임금이 몸소 농민을 두고 농사를 짓던 논밭)에서 직접 농사를 지어[친경(親耕)] 보임으로써 농사의 소중함을 만백성에게 알리는 의식을 행하였다. 친경 후에는 모여든 백성들에게 잔치를 베풀었는데, 이때 마련된 음식으로 쇠뼈를 곤 국물에 밥을 말아낸 것이 '선농탕(先農湯)'이며, 선농탕의 음이 변한 게 오늘날의 '설렁탕'이다. 이런 선농단 친경 의례는 대한제국 말기까지 계속되었으나, 일제강점기 직전인 융희 2년(1908)에 선농단의 신위가 선잠단[先蠶壇: 누에 농사가 잘되도록 기원하고자 잠신(蠶神: 누에 치기를 처음 시작했다는 신)으로 알려진 중국 고대 황제의 비(妃) 서릉씨(西陵氏)를 배향(配享)하기 위해 단(壇)을 쌓고 제사 지내는 곳. 서울특별시 성북구 성북동에 있는 조선시대 유적지로 사적 제83호]과 함께 사직단으로 옮겨짐으로써 제향이 폐지되었다. 이

▲ 선농단(先農壇) 서울특별시 동대문구 제기2동(서울특별시 동대문구 왕산로19길)에 있는, 조선시대에 풍년이 들기를 기원하며 '농사짓는 법을 가르쳤다고 전해지는 고대 중국의 제왕인 신농씨와 후직씨'에게 제사 지내던 곳이다.

후 선농단 일원은 국유화되고 선잠단 일원은 민유화(民有化)되었는데, 일제는 선농단이 위치한 곳에 청량대(淸凉臺) 공원을 조성하고 학교를 세워 선농제의 역사적·문화적 의미를 말살하였다. 폐지된 제향행사는 1979년에 지역 주민으로 구성된 선농단친목회에 의해 비로소 재개되었으며, 1992년부터는 동대문구에서 인수받아 매년 선농제를 모시고 있다.

그리고 기곡제는 원구단[圓丘壇: 천자가 하늘에 제사를 지내던 곳. 원단(圓壇), 환구단(圜丘壇)이라고도 한다]에서 이루어졌는데, 기곡제는 원구단이 설치된 고려시대에 시작된 것으로 파악된다. 원구단에서는 해마다 정월 첫 신일에 풍년을 비는 기곡과 4월 중 적당한 날을 택하여 비가 내리기를 비는 기우의 제사를 담당하였다. 원구기곡제는 국왕이 직접 제사를 주관하였고, 이에 관리들은 그 직분을 다할 것을 맹세하였는데, 고려의 원구기곡제는 대사(大祀)로서 가장 중요한 국가 제례 가운데 하나였다. 조선시대에는 원구단이 원단으로 개칭되어 기곡제가 계승되었으나, 반대 의견으로 제대로 거행되지 못하거나 아예 폐지되었다가 다시 부활하기도 하면서 오랜 논란 끝에 원구단이 폐지되었다. 이에 기곡제는 흉년이 극심할 때 임시로 거행되거나 선농단에서 거행되었는데, 숙종 21년(1695)에 부활이 논의되기 시작하여 정월 상신일에 사직단에서 매년 거행하도록 하였다. 사직단은 삼국시대 이래 역대 왕조마다 중요하게 여긴 제단으로, 숙종 이후에는 여기에서 기곡제가 이루어졌다.

서울 사직단은 1897년 고종이 황제에 오르자 이곳을 태사(太社)·태직(太稷)이라고 고쳐 부르기도 하였다. 1902년 사직단과 사직단의 임무를 맡는 사직서(社稷署)가 다른 곳으로 옮겨졌는데, 일제는 우리나라의 사직을 끊고, 우리 민족을 업신여기기 위하여 사직단의 격을 낮추고 면적을 축소하여 1940년 공원으로 삼았다.

사직단은 지명에도 많은 영향을 남기고 있는데, 지금의 서울특별시 종로구 '사직동'이란 지명은 이곳에 사직단이 있어서 붙여진 이름이다. 충북

▲ **공주 계룡산 중악단(中嶽壇)** 무학대사의 꿈에 산신이 나타났다는 말을 듣고 태조 3년(1394)에 처음 제사를 지냈다고 전하며, 효종 2년(1651)에 제단이 폐지되었다. 고종 16년(1879)에 명성황후의 명으로 다시 짓고 중악단이라 하였다.

청주시 흥덕구 '사직동'은 고려 공민왕이 홍건적의 난을 피해 청주에 와서 머물면서 이 산에 사직단을 설치하여 유래한 지명이며, 부산광역시 동래구 '사직동'은 조선시대 이곳에 자연마을이 형성되어 있었는데, 1916년에 이곳에 있던 사직단의 이름을 따서 지어진 지명이다. 또 광주광역시 남구 '사직동', 충남 천안시 동남구 '사직동', 강원 삼척시 '사직동' 등도 마찬가지로 이곳에 사직단이 있어서 생긴 이름이다.

건물 자체를 단으로 사용하는 경우도 있다. 충청남도 공주시 계룡면 양화리〈공주시 계룡면 신원사로〉 신원사(新元寺)에 있는 중악단(中嶽壇·中岳壇, 1999년 3월 2일 보물 제1293호로 지정)이 바로 그런 경우인데, 이 건물은 일종의 산신각(山神閣)으로 계룡산 산신을 모시던 제단(祭壇)으로, 산신각 중에서는 우리나라 최대 규모이다. 조선 이성계는 태조 3년(1394) 북쪽 묘향산에 상악단(上嶽壇·上岳壇), 남쪽 지리산에 하악단(下嶽壇·下岳壇)과 함께 예로부터 영산

(靈山)으로 꼽히는 3악(三嶽·三岳)의 하나인 계룡산의 신원사 경내에 계룡단(鷄龍壇)이라는 단을 모시고 산신에게 제사를 지냈다. 현재 상악단과 하악단은 전해 오지 않고 있으나, 중악단은 잘 보존되어 지금에 이르고 있다.

사직단: 토지신 '사(社)'와 곡물신 '직(稷)'에게 제사 지내는 곳
원구단: 천자(황제)가 하늘에 제사 지내는 곳-기우제, 기곡제
선농단: 신농씨(神農氏)와 후직씨(后稷氏)에게 제사 지내는 곳-선농제·중농제·후농제

가묘(家廟)[사당(祠堂)]

가묘는 조상의 신위를 모시고 제사를 지내던 집으로, 특히 조선시대 사대부들이 고조(高祖) 이하 4대조의 위패를 모셔놓고 제사를 지내던 곳이다. 가묘라는 말보다는 그냥 사당이라는 말을 더 많이 사용하였는데, 아무래도 가묘는 '집 안에 모신', '가문의 조상을 모신' 사당이라는 의미가 강한 용어라 할 수 있다.

가묘는 보통 집의 왼편 뒤쪽(동쪽이나 북동쪽)에 집과 연결되는 곳이나 집 가까운 곳에 신주를 남향으로 하여 건물을 지었다. 또 건물 안에는 방위에서 상위인 서쪽으로부터 고조-증조-조-부 순으로 감실(龕室) 안에 위패를 봉안하였다.

또 사당은 하늘을 숭상하고 조상 섬기는 것을 중요시하는 유교의 예법 중에서도 특히 제례(祭禮)를 수행하던 곳이었으므로, 유교 국가였던 조선시대에 가묘는 무엇보다도 중요한 곳이었다. 이에 조선시대 사대부 가운데 살 만한 사람들은 가묘에 별도의 토지와 노비를 소속시켜 영구히 관리토록 하였다. 만약 가묘를 설치하지 않은 자들은 국가로부터 문책을 당하기까지 하였다.

보통 집안에 사당을 모시고 있으면 마치 살아 있는 어른들을 모시는 것

과 같이 생활하며 그 격식을 차렸다. 아침에 일어나 사당을 찾아 인사 올리고, 외출하거나 밖에서 돌아오면 이를 사당에 고하였다. 매월 정기적으로 사당에 참배하였으며, 철마다 새로 나온 음식을 사당에 올리고, 집안에 무슨 일이 생기면 그 내용도 사당에 고하였다.

▲ 가묘(대전광역시 유형문화재 제3호 동춘 선생 고택) '동춘 선생 고택'은 동춘당 송준길(宋浚吉: 1606~1672) 선생이 관직에서 물러나 거처하던 곳으로, 고택 오른쪽에 사당인 가묘와 별묘가 배치되어 있다. '宋氏家廟'라 쓰인 현판이 있으며, 고택 앞에 동춘당(보물 제209호) 건물이 있다.

옛날 학교에서는 제사가 중요하였다

문묘(文廟)

문묘는 공자(孔子)를 받드는 묘우(廟宇)를 가리키는 말로서, 공자묘(孔子廟)·성묘(聖廟)라고도 하는데, 한마디로 공자를 모시는 사당이다. 이곳에서는 공자뿐만이 아니라 증자(曾子), 자사(子思), 맹자(孟子) 및 학덕 있는 이들의 신주를 모셔 받들기도 하였다.

유교를 숭상한 조선시대에는 중앙의 성균관(成均館: 오늘날의 국립대학교)이나 지방의 향교(鄕校: 오늘날의 국립중등학교)에 마땅히 문묘가 설치되기 마련이었는데, 대성전(大成殿)이 바로 그것이다. 이 대성전은 종묘의 정전(正殿)에 비견될 정도로 성균관이나 향교에서 가장 중요한 구실을 차지하였다.

보통 문묘는 제사를 지내는 곳인 대성전을 가리키지만, 문묘에는 제사를 지내는 건물만 있지 않고 교육을 담당하는 건물도 함께 있었다. 교육을

▲ **서울 문묘 대성전** 서울 종로구 명륜동 성균관대학교 내에 있는 '서울 문묘(보물 제141호)'는 크게 대성전과 동무·서무, 삼문, 명륜당과 동재·서재 등으로 구성되어 있는데, 대성전이 가장 중심 건물이다.

담당한 건물로 대표적인 것이 명륜당(明倫堂)인데, 넓은 의미의 문묘는 대성전은 물론 명륜당 등을 포함하는 일대의 모든 시설을 가리키는 말이다. 그래서 문묘는 대성전을 비롯하여 동무(東廡)·서무(西廡) 등 제사를 위한 공간인 '대성전 구역'과, 명륜당과 동재(東齋)·서재(西齋) 등 교육을 위한 공간인 '명륜당 구역'으로 나뉘기도 한다.

이처럼 대성전 구역과 명륜당 구역으로 나뉘는 것은 성균관이나 향교 모두 마찬가지이나, 성균관에서는 대성전 구역이 앞에 있고 뒤에 명륜당 구역이 있는 것[전묘후학(前廟後學)]과 달리 향교는 대체로 명륜당 구역이 대성전 구역보다 앞에 위치[전학후묘(前學後廟)]한다. 이렇게 그 배치가 다른 것은 원래 전묘후학의 배치가 원칙이나 우리나라는 지형상 평지보다 산지가 많고, 향교를 짓는 땅 역시 산을 배경으로 하는 경우가 많아 높은 곳에 묘를 배치하고 낮은 곳에 공부하는 곳을 배치하는 것이 타당하여 그리하였다고 한다. 결국, 윗자리는 어른들이 앉도록 하는 게 도리라고 할까! 그러나 모든 향교가 이런 것은 아니며, 원칙을 고수하여 전묘후학의 구조를 한 향교

▲ **서울 문묘 명륜당** 서울 종로구 명륜동 성균관대학교 내에 있는 건물로, 문묘에서 교육을 담당하던 대표적 건물이다. 이 일대의 지역 이름이 명륜동인 것은 바로 이 명륜당에서 온 것이다.

도 있다. 대체로 조선 전기까지는 전묘후학이 지켜졌으나, 사회 변화에 따라 조선 후기부터는 우리나라 지형과 관련하여 전학후묘의 향교가 많이 조성되었다. 마찬가지로 서원도 대부분 전학후묘의 구조를 많이 취하고 있다.

    현재 문묘라는 이름으로 전해지는 것으로는, '서울 문묘'와 '강릉 문묘'가 있으며, 다른 지역은 대개 'ㅇㅇ 향교'라는 이름으로 전해지고 있다. 사실 강릉 문묘도 강릉 향교에 해당하는 것이다. 다만 성균관을 제외한 지방 향교 가운데 강릉향교가 가장 컸기 때문인지 강릉 향교라는 이름 대신 강릉 문묘라는 말을 사용하곤 하였다. 그러나 최근에는 강릉 문묘 대신 강릉 향교라는 말을 사용하고 있다. 공식 이름도 '강릉 문묘 대성전'에서 '강릉 향교 대성전'으로 바뀌었다.

    우리나라 문묘 가운데 가장 대표적인 서울 문묘는 서울 종로구 명륜동(서울 종로구 성균관로, 이곳에 명륜당이 있어서 명륜동이라는 이름이 붙여졌다)에 있는 문묘로, 조선 태조 7년(1398)에 처음 세워졌으나 불에 타버렸고, 현재 전해지는 건물들은 임진왜란 이후에 다시 지은 것이다. 대성전에는 공자를 비롯

▲ 강릉 문묘 대성전(강원 강릉시 교동(강릉시 명륜로), 보물 제214호) 강릉향교의 대성전으로, 처음 고려 말에 세워졌으나, 지금의 대성전은 조선 초에 세워진 것이다. 전학후묘의 배치를 하고 있는데, 공자와 중국 선현들의 위패를 모시고 있다. 바로 옆에 강릉명륜고등학교가 있어 신구 학교가 함께 있는 모습이 새롭다.

해 증자·맹자·안자·자사 등 4대 성인과 공자의 뛰어난 제자들인 10철(十哲: 공자 제자 가운데 뛰어난 열 분인 안회, 민자건, 염백우, 염옹, 재아, 자공, 염구, 자로, 자유, 자하), 송조 6현(宋朝 六賢: 중국 송나라 때 유학자로 이름난 여섯 분인 주돈이, 정호, 정이, 소옹, 장재, 주희), 그리고 우리나라 명현(名賢) 18인(최치원, 설총, 안향, 정몽주, 김굉필, 정여창, 조광조, 이언적, 이황, 이이, 성혼, 김장생, 송시열, 송준길, 박세채, 김인후, 조헌, 김집)의 위패를 모시고 있다. 또 대성전 앞에 마주해 있는 동무와 서무는 공자의 제자는 물론 중국과 우리나라 선현(先賢)들의 위패를 모시고 있다. 그리고 교육 공간인 명륜당은 대성전의 뒤편에 있는데, 가운데 중당(中堂)보다 양옆에 있는 익실(翼室: 옆방 또는 본채의 좌우 양편에 딸려 있는 방)이 조금 낮게 구성되어 위계(位階)를 이루고 있다. 명륜당 앞에 마주하여 남북으로 길게 배치된 동재·서재는 기숙사 공간인데, '성균관'이라고 알려진 곳이다. 이렇게 성균관은 서울 문묘의 기숙사 공간을 가리키는 말이지만, 보통 성균관 하면 조선시대 교육기관으로서 교육을 담당하던 명륜당과 동재·서재 등을 모두 포함하여 부르는 말이기도 하며, 또 문묘 전체를 지칭하는 용어로 사용하는 말이기도 하다.

이렇듯 옛날 학교에서는 학문 연구와 함께 선현에 대해 제사를 올리는 것을 아주 소중히 하였다. 국립학교인 성균관과 향교는 물론 사립학교였던 서원(書院: 오늘날의 사립중등학교)에서도 제사 기능을 담당하였다. 다만 성균관이나 향교와 달리 서원에서는 대개 중국 선현을 배향하지 않고 우리나라 선현만을 배향하였다는 점에서 큰 차이가 있다. 그렇다고 서원이라고 해서 모두 우리나라 선현만을 모신 것은 아니었다. 충남 공주시 반포면 공암리(공주시 반포면 공암장터길)에 있는 충현서원(忠賢書院)처럼 중국의 주자(朱子) 등을 모신 서원도 있다.

예전 우리나라 학교에서는 교육과 함께 제사를 중요시하였다. 이런 점은 성균관이나 향교, 서원 모두 같았다. 그러나 이런 전통이 제대로 계승되지 못하고 오늘날 학교는 단순히 지식이나 전달하고 입시 위주의 교육에 치중하고 있다. 그러다 보니 요즘 학교에서는 인성이 메말라가고, 심지어 비인간적인 일들이 벌어지면서 이런 것들이 화제가 되기도 한다. 교육을 걱정한다면, 옛 학교의 제사 기능을 오늘날 입장에서 한 번쯤은 생각해볼 필요가 있을 것이다.

또 요즘에는 학교 교육의 문제점을 해결하고자 대안교육 등이 널리 실천되고 있는데, 대안교육으로서 옛 서당(書堂: 오늘날의 초등학교)식 교육을 참고하여 학교 교육과 연결하려는 노력도 계속되고 있다. 서당이든 향교나 서원이든 성균관이든 옛 교육기관에서는 교육을 단순히 지식 전달이 아니라 인간 완성에 두었던 점, 책 공부만 하는 게 아니라 몸공부·마음공부도 함께 하였던 점을 오늘날 되새겨볼 필요가 있을 것이다.

사묘(祠廟)[사우(祠宇)]

사묘는 선조 혹은 선현의 신주나 영정을 모셔두고 제사 지내는 건물로, 보통 사우(祠宇)라 불렸으며, 향현사(鄕賢祠)·향사(鄕祠)·이사(里祠)·영당(影堂)·별묘(別廟)·세덕사(世德祠)·유애사(遺愛祠)·생사당(生祠堂) 등으로도 불렸다. 주로 지방의 저명한 학자·명사를 모신 사당을 사우 또는 사묘라 부르는 경우가 많았다. 크게 보면 사당이나 사우, 가묘나 사묘 모두 같은 말이지만 아무래도 가묘가 '집안의 조상을 모신' 사당을 강조한 것이라면, 사묘는 '특정 위인이나 선현을 모신' 사당인 점을 강조했다고 할 수 있다.

사묘의 풍습은 성리학이 본격적으로 전해지지 않은 삼국시대에도 있었으나, 자리 잡기 시작한 것은 고려 말 성리학의 도입과 함께『주자가례(朱子家禮)』가 널리 퍼지면서부터이다. 이후 조선시대에 들어서 유교 이념이 점차 정착됨에 따라 사묘 건립이 크게 확산하여 조선시대 중·후기에는 크게 유행하였다.

특히 조선시대에는 사우의 건립과 함께 서원도 많이 건립되었는데, 처음에는 사우와 서원은 그 설립 목적과 기능에서 크게 구별되는 것이었다. 사우는 처음부터 선현에게 제사 지내는 것만을 목적으로 하였지만, 서원은 학문 연구가 주목적이었다. 비록 서원도 선현에게 제사 지내는 사(祠)와

▲ 충헌공 윤전 사우(충남 공주시 계룡면 유평리(공주시 계룡면 유평양달길), 충청남도 문화재자료 제283호) 조선 중기 문신으로, 병자호란 때 강화도에서 순절한 충헌공 윤전(忠憲公 尹烇; 1575~1636)의 제사를 모시는 곳이다.

자제를 교육하는 재(齋)가 결합한 형태이긴 하지만, 무엇보다도 인재 양성과 학문 연구가 주목적이고, 선현에 대한 제사는 이차적인 것이었다. 사우에 모셔지는 인물이 충성과 효심이 뛰어나 존경할 만한 대상인 반면, 서원에 모셔진 인물은 도덕과 학문이 뛰어나 사표가 될 만한 분들이었다. 그러나 서원이 마구 세워지던 17·18세기에는 사우와 서원의 차이가 모호해지면서 서원과 사우가 같은 것으로 여겨졌다. 이는 시간이 흐를수록 서원과 사우에 모시는 인물의 구별이 없어지고, 인재 양성과 학문 연구가 일차적 목적이던 서원이 선현에게 제사 지내는 일을 더 중요시하게 되면서 나타난 현상이었다. 아예 사우 또는 사묘로 불러야 할 것도 서원이라 부르기도 하였다.

태묘(太廟): 천자(天子: 황제)의 선조를 모신 사당
종묘(宗廟): 제후(諸侯)·왕공(王公)·귀인(貴人)의 선조를 모신 사당 [침묘寢廟]
가묘(家廟): 대부(大夫)의 선조를 모신 사당 [사당祠堂]
문묘(文廟): 공자(孔子)를 모신 사당 [대성전/명륜당] 성균관·향교
사묘(祠廟): 특정 위인이나 선현을 모신 사당 [사우祠宇] 서원

죽음에 대한 이름도 사람마다 다르고, 장례와 제례에 관련된 용어만 해도 다 기억하기 어려울 정도로 많고, 묘(墓)와 묘(廟)가 우리나라 곳곳에 많이 있는 것을 보면, 예전에는 죽은 자에 대한 대접이나 예절을 아주 중요하게 여겼음을 짐작할 수 있다. 그러다 보니 제사 지내는 공간도 다양하고, 제사를 지내는 일도 많았으며, 제사를 지내는 방법도 다양하고 매우 복잡하였다. 이런 장례와 제례가 그 당시는 그 나름대로 의미가 있었을 것이다. 그러나 요즘 사람들이 보면 이해할 수 없을 정도로 장례와 제례 의식이 지나쳤다. 아무리 좋은 것도 지나치면 문제가 되는 법이다. 지나치다 보니 사람을 위해 만든 장례와 제례가 오히려 장례와 제례를 위해 사람이 있는 것처럼

되기까지 하였다. 하여 서로 다른 장례와 제례 문제로 다투기까지 하고, 심지어 생각이 다른 상대방을 죽이기까지 하였다.

아무리 좋은 예절일지라도 그것을 강요해서는 안 되며, 또 아무리 좋은 것이라도 절대적인 것은 없다고 생각한다. 세상이 변하고 사람들의 생각이 바뀌면 아무리 좋은 장례와 제례일지라도 변해야 하며, 그 시대 사람들에게 맞는 장례와 제례로 계승·발전되어야 한다. 사실 장례와 제례는 단순히 예절상의 문제만이 아니라 그 시대 사람들의 생각이나 생활, 세계관, 정치관이 반영된 종합적인 문제이다. 따라서 세상이 바뀌고 정치 구조나 사람들의 생활 방식이 바뀌면 그에 걸맞은 것으로 새롭게 정립되어야 한다. 따라서 요즘 사람들의 처지에서 볼 때 예전 방식대로 장사와 제사를 지낸다는 것은 무리일 수밖에 없다. 요즘 시대에 맞도록 지나친 것을 버리며 간소화하는 게 당연하다.

그렇다고 예전의 장례와 제례를 무시하는 것은 바람직하지 않다. 예전의 장례와 제례는 예전 방식대로 의미가 있다. 그것을 지금 실정에 맞게 고치면 된다. 그러기 위해서는 예전의 장례와 제례에 담긴 근본정신과 예전에 치러지던 장례와 제례의 원리를 잘 파악하여 요즘에 맞게 계승하면 된다. 사실 원리를 알면 제사상 차리는 방법이나 제사 지내는 방법이 그리 어려운 것도 아니다. 원리를 알면 길이 보이는 법이니 원리에 어긋나지 않게 옛것을 오늘에 되살려 간소화하면 될 것이다.

이렇게 생각해보면 어떨까? 우리가 식사할 때 먼저 술 한 잔 마시고, 밥을 먹고, 후식을 먹는다고 하자. 그러면 상을 차릴 때 자신이 앉은 자리에서 가장 앞자리에 밥과 국을 놓고, 그 앞에 술잔과 안주가 될 만한 것들, 그다음이 밥과 함께 먹을 반찬, 그리고 맨 끝에 과일과 같은 후식거리, 이런 순서대로 있으면 먹기 편할 것이다. 제사도 죽은 사람이 식사한다고 생각하여 산 사람이 먹는 것과 마찬가지로 이런 식으로 제사상을 준비하면 될 것이다.

그리고 음식물의 종류는 자신의 처지나 조상님이 즐겨 드시던 것을 중심으로 준비하면 될 것이다. 먹지도 않을 것을 제수음식이라며 장만하였다가 잘 먹지도 않고 버리는 일을 구태여 할 필요는 없을 것이다. 다만 전통 음식 가운데 큰 부담 없이 장만할 수 있는 것이라면 되도록 계승할 필요는 있다고 본다.

제사를 지내는 방식도 이렇게 생각해보면 어떨까? 우리 집에 반가운 손님이 온다고 할 때, 우선 손님을 모셔 들이고[강신], 인사를 한[참신] 다음, 술을 대접[헌주]한다. 그러다 때가 되면 밥을 내놓아[유식] 찬찬히 들도록[시립] 하면서, 후식까지 대접한다. 그리곤 손님을 떠나보내고[사신], 상을 치우면서[철상] 남은 음식을 제자리에 잘 정리한다[음복]. 이런 식으로 말이다. 제사 역시 '손님을 맞이하여 정성스레 대접하여 보내는' 이런 원리에 따르면 이해하기 훨씬 쉬울 것이다. 그리고 이런 원리에 따라 앞으로 자신의 처지나 조상님이 즐기던 것을 중심으로 제사를 지내면 될 것이다. 즉 필요 없는 것은 빼버리고, 새로 첨가하고 싶은 것이 있으면 과감히 넣어 지내면 될 것이다. 조상님이 살아생전에 전혀 술을 못하셨는데 제사에서 술을 올린다는 것은, 그것도 초헌·아헌·종헌하며 3번씩이나 올린다는 것은 불효일 수 있다. 필요하다면 술 대신 차를 올리는 것이 효도일 것이다. 이처럼 장례와 제례로부터 자유로워질 필요가 있다. '조상님을 잊지 않고 맞이하여 정성스레 대접한 후 편히 가시도록 하는' 근본정신(원리)에 맞춰 제사를 지낸다면 그 방법이야 문제가 되지 않는다고 본다. 눈에 보이는 것이 중요한 만큼 눈에 보이지 않는 것도 중요한 법이며, 형식도 중요하지만 마음이 중요한 법이다. 변하는 게 역사요, 세상은 변하면서 발전하는 것이다.

대한민국 역사상식 2

사람 따라 무덤 이름이 달랐다

무덤 이름 짓는 법

무덤에 붙여주는 이름에도 차별이 있었다

별로 잘난 것 없는 나 같은 사람이 죽었을 경우, 그 무덤 이름을 '전병철릉' 이라고 부르면 될까? 어째서 요즘에는 대통령과 같은 높은 분들이 돌아가셨을 때 'ㅇㅇㅇ릉'이라고 부르지 않는 것일까? 또 역사유적지에 가보면 'ㅇㅇ릉', 'ㅇㅇ총', 'ㅇㅇ분' 등 서로 다른 이름의 많은 무덤이 있는데, 이 무덤 이름은 도대체 어떻게 구별되는 것인가? 만약 주변에서 어떤 무덤을 발견하였을 때, 이 무덤 이름을 어떻게 지으면 되는지, 내 마음대로 이름 지어도 되는지? 막막할 뿐이다. 사정이 이러니 이름 지을 생각은커녕 문화재만 보면 입부터 다물어진다.

역사는 복잡한 것 같고 외울 것도 많아 아예 역사 공부를 포기하고 싶은 생각이 한두 번이 아니었을 것이다. 어디 역사 현장을 놀러가 봐도 남들에게 설명해주는 것은 고사하고 쓰여 있는 안내문의 내용이나 심지어 남이 설명해주는 내용을 이해하지 못해 창피하고, 혹여 누가 물어볼까 봐 겁부터 먹은 경우가 종종 있다. 그러니 자식들과 함께 역사유적지를 찾아간다는 것은 썩 내키지 않을뿐더러 큰맘 먹어야 가능하기도 하였다. 요즘에는 박물관이나 유명 사찰, 역사유적지마다 문화재 해설사가 있어 예전만큼 고민되지는 않지만, 그래도 모르는 것이 많아 답답하기도 하다.

그러나 역사는 그렇게 겁나는 것도 아니고, 반드시 달달 외워야만 하는 학문도 아니다. 무덤 이름도 그 원리(원칙)를 알고 보면 간단하고, 그 원리에 대해 조금이라도 들은 풍월만 있다면 전문가 수준은 아니더라도 주변 사람들에게는 나름 자신 있게 설명할 수 있다. 중요한 것은 무조건 외우는 것이 아니라 원리를 아는 것이다. 무덤 이름도 그 원리만 알면 외우지 않아도 되고, 원리만 알면 겁날 게 없다. 또 만약 어떤 무덤을 발견했을 때, 무덤 이름에 대한 원리를 알고 있다면 그 무덤 이름도 자신 있게 지을 수 있다.

출신 성분에 따라 부르는 죽음에 대한 용어마저 차별이 있었던 것처럼 신분 사회에서는 무덤에 붙이는 이름에도 차별이 있었다. 신분 사회에서는 무덤이라고 다 같은 무덤이 아니었다. 신분에 따라 무덤 이름도 엄격한 차별이 있었다. 즉 왕족의 무덤 이름은 일반 평민의 무덤 이름과 똑같을 수 없었으며, 같은 왕족이라도 왕의 무덤 이름과 왕자의 무덤 이름이 달랐다. 심지어 같은 왕자라도 태자로 봉해진 자와 그렇지 못한 자에 따라 무덤에 붙이는 이름이 달랐다. 결국 살아생전에만 차별이 있었던 게 아니라 죽어서도 차별이 있어 무덤에 붙여주는 이름까지 철저히 구분되었다.

무덤과 관련하여, 중국 하(夏)나라 때부터 전해져 내려오는 것으로 우리나라에서는 고구려 때부터 확립되었다고 여겨지는 '능원(陵園) 제도'라는 게 있었다. 능원은 왕족의 무덤을 가리키는 말로, 능원의 조성 시설과 규모는 지위에 따라 다르고 또한 구별되었다. 능원제도에 따르면, 능(陵)은 제왕(帝王)과 그 후비(后妃)의 무덤에 붙여지는 말이며, 원(園)은 왕세자(王世子)·왕세자빈(王世子嬪), 왕세손(王世孫)·왕세손빈(王世孫嬪), 왕의 생모(生母)인 빈(嬪), 왕의 사친(私親)의 무덤에 붙여지는 이름이다. 그리고 묘(墓)는 왕의 생모인 빈 이외의 빈(嬪), 왕자·공주·옹주(翁主)에 해당하는 무덤이다. 그리고 나머지 일반인들의 무덤은 당연히 묘에 속하였다. 쉽게 말해 왕족이 아닌 일반인들의 무덤은 모두 묘(墓)라 불렀으며, 왕족은 왕위 계승에 따른 그 지위의 고하에 따라 무덤 이름을 능·원·묘로 구별하여 사용하였다.

그리고 단(壇)·단소(壇所)라는 게 있다. 일반적으로 단은 사직단(社稷壇)·제단(祭壇)의 예처럼 제사 등을 지내기 위해 흙이나 돌로 쌓아 '평탄하게 만들어놓은 장소', 연단(演壇)·교단(敎壇)·강단(講壇)의 예처럼 '높직하게 만들어놓은 장소'를 가리키는 용어로 많이 사용되는 말이다. 그리고 단소는 '제단이 있는 곳', '제사를 지내는 곳'을 뜻하는 말이다. 그런데 무덤처럼 해놓고 단 또는 단소라고 하는 때가 있다. 죽은 사람의 시신이 없는 경우, 무덤을 만들 수 없기에 대신 그의 영혼을 모시는 단을 마련하곤 하는데, 이런 때에는 단만 만들지 않고 죽은 자의 유품 등을 넣은 허묘(墟墓: 가짜 묘)를 만들기도 하며, 아예 단을 묘처럼 만들기도 한다. 이러다 보니 가짜로 만든 무덤 자체가 단소 역할을 하게 되어 '시신이 없어 죽은 자의 영혼이나 유품 등을 모신 무덤'을 단소라고 부르기도 한다. 이처럼 단소는 봉분이 있는 묘와 다른 것이지만 묘처럼 쓰이기도 한다. 결국 묘가 '죽은 자의 시신을 모신 무덤'이라면 단은 '시신이 없는 죽은 자의 영혼을 모신 무덤'이라고 하겠다. 그리고 시신이 없어 죽은 자의 영혼을 모신 묘라는 뜻에서 혼묘(魂墓)라는 말도 있는데, 충남 천안시 동남구 병천면 탑원리(천안시 동남구 병천면 유관순길) 매봉산 기슭에 있는 유관순 열사의 초혼묘(招魂墓) 등이 그 예이다.

| 무덤의 주인공을 알 수 있을 경우 |

- **능(陵)**: 왕·왕비/황제·황후의 무덤
- **원(園)**: 왕세자·왕세자빈/왕세손·왕세손빈의 무덤

    왕의 생모인 빈(嬪)의 무덤

    왕의 사친(私親)의 무덤

- **묘(墓)**: 빈(嬪)의 무덤

    왕자·공주·옹주의 무덤

    기타 일반인의 무덤

- **단(壇)**: 시신이 없는 죽은 자의 영혼을 모신 무덤

    능·원·묘·단은 그 무덤의 주인공이 누구인지 알 때에 사용하는 용어이다. 그런데 우리가 알고 있는 무덤 가운데에는 그 무덤의 주인공이 왕족은커녕 누구인지조차 모르는 경우도 많다. 이런 무덤은 이름이 어떻게 지어졌을까? 만약 주인공이 누구인지 알 수 없는 무덤을 발견하였을 때 이 무덤 이름을 뭐라고 지으면 될까? 혹 주인공이 누구인지 모르니 이 무덤을 처음 발견한 사람의 이름을 따라서 정하면 되지 않을까? 아니면 누구의 무덤인지 아무도 모를 터이니 편하게 엿장수 마음대로 아무렇게나 정하면 될까? 이도 저도 아니면 이런 무덤도 일정한 방식(원리)으로 이름 짓는 법이 따로 있는 것일까?

    주인공이 누구인지 모르는 무덤을 발견하였을 경우, 사실 무덤 이름 짓는 특별한 법칙이 있는 것이 아니므로 마음대로 이름 지어도 될 것이다. 그러나 그렇다고 함부로 이름 지을 수는 없다. 정해진 법칙이 없다고 해서 무조건 마음대로 할 수 있는 것은 아니다. 비록 정해진 법이 없어 제 마음대로 무덤 이름을 지었다 하더라도 다른 사람들이 인정할 수 있는 보편적이고 객관적인 기준은 있어야 한다. 무덤 이름 짓는 데에도 나름대로 기본적인 원

칙이 있는 법이다.

흔히 무덤의 주인공을 알 수 없는 경우, 그 무덤이 다른 무덤과 구분될 수 있는 어떤 특징을 중심으로 무덤 이름을 짓는 것이 일반적이다. 가령 무덤의 주인공은 모르지만, 그 무덤에 다른 무덤과 구별되는 그림 등이 그려져 있거나, 다른 보통 무덤과는 색다르게 기둥 같은 것이 있거나, 다른 무덤과 구별될 수 있는 독특한 것이 있다면 그 특징을 중심으로 이름을 짓는다. 이 경우, '○○총'처럼 총(塚)이라는 용어가 사용되는데, '무용총(舞踊塚: 무용하는 그림이 그려진 무덤)', '각저총(角抵塚: 씨름하는 그림이 그려진 무덤. 각저는 씨름을 가리키는 한자어이다)', '쌍영총(雙楹塚: 무덤 양쪽에 기둥이 있는 무덤)' 등이 그 예이다. 또 패총(貝塚: 조개무덤), 토총(土塚: 흙무덤), 석총(石塚: 돌무덤)처럼 재료에 따라 무덤을 구분하는 때에도 사용되고 있다. 이처럼 총은 무덤을 가리키는 일반적인 용어로 사용되기도 한다.

그러면 무덤의 주인공도 모르고, 또 다른 무덤과 구별될 수 있는 특징도 없는 경우에는 어떻게 이름을 지어야 할까? 이 경우, '○○○ 고분'처럼 '옛날 무덤', '오래된 무덤'을 뜻하는 고분(古墳)이라는 용어를 사용한다. '덕흥리 고분(덕흥리에 있는 옛 무덤)', '부여 능산리 고분군[부여 능산리에 있는 옛 무덤들. 여러 무덤이 함께 있는 것을 가리키는 '고분군(古墳群)'을 요즘에는 우리말로 바꿔 '무덤밭', 또는 '무덤떼'라고도 부르는데, 이를 반영하여 될 수 있으면 무덤밭이라고 하였다]' 등이 그 예이다.

분은 무덤이 하나가 아니고 여럿 있을 때, 공주 송산리 1호분·2호분·3호분의 예처럼 일련번호 순으로 무덤 이름을 지을 때에 사용되며, 전축분(塼築墳: 벽돌을 쌓아 만든 무덤), 석실분(石室墳: 돌로 만든 방으로 된 무덤) 등의 예처럼 무덤을 가리키는 일반적인 용어로 쓰이기도 한다. 무덤을 가리키는 일반적인 용어로 사용되는 경우는 분은 물론 총과 묘도 마찬가지이다. 토총(土塚)·석총(石塚)과 분묘(墳墓: 무덤)·대묘(大墓: 큰 무덤)의 경우처럼 총과 묘도 무덤을 가리키는 일반적인 용어로 쓰인다. 즉 무덤을 가리키는 일반적인 용어로는 분, 총, 묘 모두 사용된다.

| 무덤의 주인공을 알 수 없을 경우 |

- **총(塚)**: 어떤 특징이 있을 때 사용하는 말

  다른 무덤과 구별되는 무덤-그림, 기둥 등

  또는 무덤에 관한 일반적인 용어로 사용하는 말

- **분(墳)**: 어떤 특징도 없이 그냥 옛날 무덤을 뜻할 때 사용하는 말

  일련번호 순으로 사용하는 말

  또는 무덤에 관한 일반적인 용어로 사용하는 말

죽었다 깨어나 다시 죽어도 나는 전병철릉이 될 수 없다

사실 알고 보면 무덤 이름을 짓는 것은 간단하다. 만약 주변에서 역사적 가치가 있다고 여겨지는 무덤이든 별 의미 없는 무덤이든 무덤 하나를 새로 발견하였다고 하자. 이 무덤의 이름을 무엇이라고 지으면 될까? 전혀 당황할 필요가 없다. 조금만 따져 생각하면 쉽게 해결할 수 있다.

만약 무덤에서 다행히 무덤의 주인공이 누구인지 알 수 있는 유물이 나왔을 경우, 그 사람의 신분이 무엇인지 알기만 하면 된다. 만약 왕이었다면 '○○왕릉(병철왕릉, 전병철왕릉, 만약 죽은 후에 받은 이름이 강산이라면 강산릉)'이라고 하면 되고, 왕이 아니고 왕세자나 왕세손이면 '○○원(병철원, 만약 죽은 후에 받은 이름이 강산이었다면 강산원)'이라고 지으면 된다. 그리고 나머지 사람들은, 쉽게 생각하여 왕이나 왕위 계승자가 아닌 신분, 즉 그 사람이 왕의 아들이었든 아니든 또 양반이었든 천민이었든 간에 무조

건 '○○묘(전병철묘)'라고 지으면 된다. 이렇게 지으면 80퍼센트 정도는 틀림없다.

만약 그 무덤의 주인공을 알 수 없는 경우, 다행히 그 무덤에 수영하는 그림이 그려져 있으면 수영총이라고 부르면 되고, 다른 무덤에서 흔히 볼 수 없는 아주 특이한 특징이 있다면 그 특징을 중심으로 이름 지으면 된다.

그림 등과 같은 아무런 특징도 없을 때는 그냥 '○○○ 고분'이라는 식으로 이름 지으면 된다. 무덤이 발견된 지역을 함께 표기하여 다른 무덤과 구별될 수 있도록 하면 되고, 혹 여러 개의 무덤이 발견되었을 경우라면 일련번호를 붙여 1호분·2호분·3호분…… 이렇게 지으면 된다. 무덤이 발견된 지역이 충남 공주시 중학동〈공주시 공주고담길〉 공주고등학교였다면 '공주 중학동 고분' 또는 '공주 중학동 무덤' 등이라고 지으면 된다. 만약 여럿이 나왔다면, '공주 중학동 고분군' 또는 '공주 중학동 무덤군', '공주 중학동 무덤밭'이라고 이름 짓고, '공주 중학동 1호분·2호분·3호분……'이라고 부르면 된다.

요즘 사람들은 아무리 출세를 하여도 그 사람의 무덤을 '○○릉'이라고 이름 짓지 않는다. 그냥 '○○묘'라고 할 뿐이다. 대통령도, 나처럼 일개 시골 학교 선생으로 지내는 사람도 다 '○○묘'라고 한다. 심지어 애완동물이 죽어도 '○○묘'라고 할 수 있다. 요즘에는 왕이 없고, 왕세자가 없으므로 '능'이나 '원'이라는 용어를 사용할 수 없으며, 결국 모두 다 '묘'라는 용어를 사용할 뿐이다. 따라서 나 같은 사람이 아무리 크게 출세해도 내가 죽어 묻힌 무덤 이름은 전병철묘일 뿐이지 결코 전병철릉이 될 수 없다.

이렇게 '○○묘'로 무덤에 붙여지는 용어가 하나뿐이니, 어떤 면에서 모든 사람이 평등한 민주 사회는 편하기도 하다. 굳이 무덤 이름까지 구분하면서 공부할 필요가 없을 터이니. 아마 요즘 사람들을 대상으로 역사를 공부하는 이는 적어도 무덤 이름 외우는 일로 골치 아플 이유는 없을 것이다.

무덤 이름만 해도 가지가지다

주인공을 아느냐 모르느냐에 따라, 주인공을 알면 그 주인공이 누구냐에 따라, 주인공을 모르면 특징이 있느냐 없느냐에 따라 무덤에 붙여지는 이름이 다르다고 하였다. 또 분과 마찬가지로 총과 묘도 무덤을 가리키는 일반적인 용어로 사용된다고 하였다. 이런 구분 이외에도 무덤을 구분하는 방법이나 무덤의 종류는 다양하다.

무덤을 크게 구분하면, 무덤을 만든 방식에 따라 ① 돌을 쌓아 만든 돌무덤[석총(石塚)=석묘(石墓)]과 ② 무덤 위를 흙으로 덮어 만든 흙무덤[토총(土塚)=토묘(土墓)]으로 나눌 수 있다. 무덤 위를 덮은 흙을 봉토(封土)라 하는데, 돌무덤은 봉토가 없는 무덤이고, 흙무덤은 봉토가 있는 무덤이다.

돌무덤은 돌을 쌓아 만든 무덤으로, 계단식으로 쌓기도 하지만 그냥 차곡차곡 돌을 쌓아 만들기도 한다. 또 돌무덤은 돌을 위주로 하여 쌓은 무덤으로, 돌무지무덤이나 고인돌, 돌널무덤, 돌덧널무덤 등이 이에 해당한다.

흙무덤은 봉토를 기준으로 하여 부르는 무덤이다. 따라서 흙무덤이라고 하여 흙으로만 쌓은 무덤만을 가리키는 것은 아니다. 흙무덤은 순전히 흙으로 만들기도 하지만, 흙무덤에 돌이 함께 사용되기도 한다. 돌로 방을 만들어 그 위를 흙으로 덮은 무덤도 흙무덤에 속하고, 또 흙과 자갈을 섞어 쌓은 후 그 위에 다시 흙으로 덮어 만든 무덤도 흙무덤에 속한다. 즉 돌방무덤이나 돌무지덧널무덤은 흙무덤에 해당하는데, 보는 견해에 따라 돌널무덤이나 돌덧널무덤까지 흙무덤으로 보기도 한다. 여하튼, 흙무덤은 흙으로 만든 무덤이라는 뜻도 있지만, 좀 더 구체적으로 말하면 무덤의 외부를 흙으로 덮은 무덤을 가리킨다. 그래서 흙무덤을 봉토무덤[봉토총(封土塚)]이라고 부르기도 한다.

돌무덤[석총] : 돌을 쌓아 만든 무덤

흙무덤[토총] : 흙[봉토(封土)]으로 덮은 무덤

 무덤을 구분하는 또 다른 방식으로는, 무덤의 쌓아 올린 부분인 봉분(封墳)의 형태에 따라 ① 방형분(方形墳), ② 원형분(圓形墳), ③ 전방후원분(前方後圓墳) 등으로 나누기도 하며, 봉분의 재료에 따라 ① 구덩무덤[토장묘(土葬墓)], ② 고인돌[지석묘(支石墓)], ③ 돌무지무덤[적석총(積石塚)=적석분], ④ 돌무덤[석총(石塚)], ⑤ 흙무덤[토총(土塚)], ⑥ 벽돌무덤[전축분(塼築墳)] 등으로 구분하기도 한다. 또 무덤 속 시체를 고정하거나 보관하기 위해 만든 시설인 유구(遺構)의 재료에 따라 ① 나무널무덤[목관묘=나무널움무덤], ② 나무덧널무덤[목곽분=목곽묘], ③ 돌널무덤[석관묘(石棺墓)], ④ 돌덧널무덤[석곽분(石槨墳)=석곽묘=돌곽무덤], ⑤ 독무덤[옹관묘(甕棺墓)], ⑥ 도자기널무덤[도관묘(陶棺墓)] 등으로 나누기도 한다.

 자주 입에 오르내리는 사국시대(고구려·백제·신라 3국과 가야, 여기에 부여까지 포함하면 오국시대가 된다) 무덤을 매장시설의 형식에 따라 구분해보면, 고구려는 돌무지무덤·굴식돌방무덤[횡혈식돌방무덤(橫穴式石室墓)] 등이 많은 편이고, 백제는 돌무지무덤·굴식돌방무덤·구덩식돌방무덤[수혈식석실묘(竪穴式石室墓)]·굴식벽돌무덤[횡혈식전축분(橫穴式塼築墳)]·돌덧널무덤·널무덤·독무덤 등이 많은 편이며, 신라는 돌무지덧널무덤[적석목곽분(積石木槨墳)]·돌덧널무덤·굴식돌방무덤·구덩식돌방무덤·앞트기식돌방무덤[횡구식(橫口式石室墓)] 등이 많고, 가야는 널무덤[나무널무덤·나무덧널무덤]·돌널무덤·돌덧널무덤·구덩식돌덧널무덤[수혈식석곽분(竪穴式石槨墳)]·굴식돌방무덤·구덩식돌방무덤·앞트기식돌방무덤 등이 많이 발굴되는 편이다.

 그리고 부르는 이름에 무덤이라는 말을 사용하고는 있지만, 막상 무덤이 아닌 경우가 많은 것으로 조개무지[패총(貝塚)]가 있다. 패총은 말 그대로

조개무덤이란 뜻으로, 일반적으로 먹고 난 조가비(조개껍데기)를 쌓아둔 것인데, 조개더미 유적 또는 흔히 조개무지라 부르기도 한다. 역사적인 해석으로서의 패총은 원시인들이 먹고 버린 조가비와 생활쓰레기가 쌓여 층(層)을 이루고 있는 유적을 말하는데, 패총의 층 가운데에는 함께 버려진 토기나 석기 등의 유물이 함께 나오기도 한다. 대개 조가비가 버려진 장소는 살던 곳에서 가까운 데 있었으므로 패총 아래에 주거지가 있거나 온돌지(溫突址)가 있는 것도 있고, 매장된 인골(人骨)이 함께 출토되는 일도 있다. 그래서 조개무덤이라고도 부르는데, 인골이 나오는 경우가 많지 않아 무덤으로서의 의미는 다소 부족하다고 할 수 있다. 다만 통상적으로 조개무지와 조개무덤을 같은 의미로 사용하고 있다.

조개무지로 많이 알려진 유적지로는 부산 동래 패총[부산 동래구 낙민동〈부산 동래구 온천천로 319번길〉, 사적 제192호], **부산 동삼동 패총**[부산 영도구 동삼동〈부산 영도구 태종로〉, 사적 제266호], **통영 연대도 패총**[경남 통영시 산양읍 연곡리 연대도(煙臺島)〈통영시 산양읍 연대길〉, 사적 제335호], **통영 욕지도 패총**[경남 통영시 욕지면 동항리 욕지도(欲知島)〈통영시 욕지면 중촌길〉, 경상남도 기념물 제27호]·**통영 상노대도 패총**(경남 통영시 욕지면 노대리 상노대도(上老大島)〈통영시 욕지면 중촌길〉, 경상남도 기념물 제27호], **마산 외동 성산(城山) 패총**[경남 창원시 성산구 외동〈창원시 성산구 성산패총로〉, 사적 제240호], **해남 군곡리 패총**[전남 해남군 송지면 군곡리〈해남군 송지면 군곡길〉, 사적 제449호], **창녕 비봉리 패총**[경남 창녕군 부곡면 비봉리〈창녕군 부곡면 비봉길〉, 사적 제486호], **김해 봉황동 유적**[경남 김해시 봉황동〈김해시 가락로 63번길〉, 사적 제2호]의 회현리 패총 등이 있다.

부산 동삼동 조개무지는 서울 암사동 유적지와 더불어 신석기를 대표하는 유적지 가운데 하나이자 지금까지 우리나라 남부지방에서 발견된 신석기시대 유적 가운데 가장 오래된 유적이다. 또 1929년 발견되어 부산 지역 발굴 역사의 시작이 되는 유적지이기도 하다. 이곳은 동삼동 바닷가 언

▲ **부산 동삼동 패총** 왼쪽 위 사진은 발굴 모습이고, 왼쪽 아래는 현재 모습이다. 오른쪽 위는 패총의 실제 모습이고, 오른쪽 아래 사진은 동삼동패총전시관에 모형으로 만들어놓은 패총 모습이다. 이곳에서는 빗살무늬토기를 비롯한 다양한 토기와 석기, 짐승 뼈, 고기잡이와 농사짓기에 필요에 필요한 연장, 조개가면·팔찌 같은 다양한 장신구 등이 출토되었다.

덕 비탈에 있는데, 이곳에서 석기, 짐승 뼈, 조가비들로 된 살림살이 유물과 농사짓는 데 쓰이는 연장 등이 나왔다. 특히 이른민무늬토기[원시무문토기(原始無文土器)], 덧무늬토기[융기문토기(隆起文土器)]를 비롯해서 신석기시대의 대표적인 토기인 빗살무늬토기[즐문토기(櫛文土器)]가 출토되어 당시의 생활상과 문화상들을 연구하는 데 큰 도움을 주었다. 현재 이곳에 동삼동패총전시관 등이 조성되어 있다.

통영 연대도 조개무지 또한 널리 알려진 신석기 유적지로, 연대도 봉화대가 있는 높은 곳에서 북동쪽으로 얕은 밭에 걸쳐 있는데, 북쪽은 바닷가로 비스듬히 이어지고 동쪽은 가파른 언덕을 이루고 있다. 1988년 태풍의 영향으로 이곳 지층이 유실되면서 발견되었는데, 덧띠토기, 빗살무늬토기, 짧은빗금무늬토기와 자기, 석기, 주춧돌 등 신석기시대 유물이 많이 나

▲ **김해 봉황동 유적** 회현리 패총, 김해 패총이라고도 부르는 이곳에서는 김해토기로 이름 지어진 다양한 토기와 동물의 뼈와 뿔로 만든 도구, 석기, 가락바퀴, 불에 탄 쌀, 중국 화폐 등이 출토되었다. 왼쪽 사진은 회현리 패총의 현재 모습이며, 오른쪽 사진은 노출전시관(왼쪽 사진의 오른쪽에 있는 건물)의 조개무지 모습이다.

왔으며, 신석기시대 무덤 구조를 파악할 수 있는 돌무지 시설과 여러 사람의 뼈 화석이 나왔고, 오른쪽 팔뼈에 조가비 팔찌가 끼워진 채로 발굴되기도 하였다.

회현리 패총[김해 패총]은 경남 김해시 회현동에 있는 삼한시대의 조개무지로, 우리나라 고고학사상 최초로 발굴된 패총이다. 1907년 발견된 이래 몇 차례의 발굴을 통해 우리나라 선사시대 유적지 가운데 학술적 가치가 높은 유적지로 밝혀졌는데, 2001년 금관가야의 집단 취락지인 봉황대(鳳凰臺: 김해시 중심에 있는 작은 구릉으로 경상남도 문화재자료 제87호. 회현동과 바로 이웃하여 있다)와 합쳐져 '김해 봉황동 유적'으로 확대·지정되었다.

김해 봉황동 유적은 초기 철기시대 우리나라 남부지방의 1~4세기경 생활모습을 짐작할 수 있는 유적이다. 높이가 7m, 동서의 길이 약 130m, 남북의 너비 약 30m의 낮은 언덕 위에 이루어져 있는데, 구릉의 남쪽에는 회현동의 마을이 인접해 있고, 북동쪽 낭떠러지 밑에도 민가가 들어서 있어 패각층이 드러난 단면과 구릉 위에 흩어진 흰 조개껍데기를 직접 볼 수 있는 유적이기도 하다. 노출전시관까지 설치해놓았다.

회현리 조개더미에서는 토기, 뼈·뿔 도구, 석기, 가락바퀴, 불탄 쌀[탄화미(炭火米)], 중국 화폐인 화천(貨泉), 짐승 뼈 등이 출토되었다. 출토된 도구에는 사슴뿔이나 뼈를 가공해 만든 칼자루가 많으며, 불탄 쌀은 고대사회 농경 연구에 큰 도움이 되는 자료다. 화천은 중국 신(新)나라를 건국한 왕망(王莽)이 기원전 14년에 만든 화폐로, 이 유적이 형성된 연대를 파악하는 데는 물론 당시 이곳과 중국과의 왕래를 짐작할 수 있는 중요한 자료이다. 또 조개더미의 동쪽에서 고인돌, 항아리에 뼈를 넣었던 독무덤, 집터가 발견되었는데, 무덤들은 청동기시대 후기에 만들어진 것으로 밝혀졌다. 특히 이곳에서 발굴된 토기는 청동기시대 민무늬토기와는 달리 고운 찰흙의 경질 토기인 점과 두드려 만든 무늬[두드림무늬토기]에 적갈색 또는 회청색을 띤 토기라는 점에서 큰 차이를 보이고 있는데, 이런 토기가 김해 회현리 패총[봉황동유적]에서 처음 확인되어 '김해토기'라 부르고 있다. 김해토기는 청동기시대와 삼국시대 토기의 중간 단계로서 가야토기와 신라토기의 원형으로 보기도 하는데, 이런 점에서 김해토기를 '원시신라토기'라고도 한다.

한편, 시체를 매장하기 위해서는 여러 가지 시설이 사용되었다. 이런 시설 가운데 중요한 매장 시설로는 시체를 직접 넣어두는 널[관(棺)]과 이 널을 안전하게 놓아둘 수 있는 보호 시설로서 덧널[곽(槨)]이 있으며, 또 덧널의 외부 시설로 방[실(室)]이 있다.

널은 시체를 직접 넣어둘 수 있는 상자로 이동할 수 있는 반면, 덧널은 움직일 수 있는 것이 아니므로 널과 덧널이 쉽게 구분된다. 덧널은 바깥널[외관(外棺)]의 뜻으로 쓰이기도 한다. 그러나 덧널과 방의 구별은 간단하지 않다. "널이 커져서 사람이 드나들 수 있는 정도의 출입구가 생기면 방이다."라고 보는 견해를 비롯하여 널과 방을 구별하는 기준은 다양하지만, 가장 일반적인 기준은 문의 개폐 여부이다. 즉 덧널은 한 번 묻으면 다음에 추가하여 묻을 수 있는 문 시설이 없는 데 비해, 방은 한 번 묻고 난 후에도 시신을 추가로 묻을 수 있는 문 시설이 있다.

- **널[관棺]**: 시체를 직접 넣어두는 기구
  - 이동 가능
- **덧널[곽槨=외관外棺]**: 널을 보호하는 시설
  - 고정됨   · 문이 없음-1회 사용뿐
- **방[실室]**: 덧널의 외부 시설
  - 고정됨   · 문이 있음-추가 사용 가능

타제석기(打製石器)를 '뗀석기', 마제석기(磨製石器)를 '간석기'로 부르는 것처럼 요즘에는 역사 용어가 참 재미있게 변하고 있다. 예전에는 주로 한자를 사용하였지만, 최근에는 한글을 사용하는 쪽으로 바뀌고 있다. 한자를 어느 정도 아는 사람은 한자로 된 용어를 쉽게 해석하여 이해하기 쉽지만, 한자를 잘 모르는 사람들은 도대체 무슨 말인지 이해하기 어렵다. 또 한자를 잘 모르는 이가 역사 공부를 하다 보면 용어 때문에 고생하는 적이 많다. 어떤 때는 두꺼운 옥편[玉篇: 한한대자전(漢韓大字典)·한자대자전(漢字大字典)]까지 찾아야 할 정도로 불편한 게 많고, 옥편을 찾아도 알 수 없는 것도 있어 답답하기 그지없다. 이제는 역사 용어가 점차 한글로 바뀌고 있다니 '역사의 대중화'라는 측면과 '우리글 사랑'이라는 입장에서 여간 반갑고 다행스러운 일이 아닐 수 없다. 예전에 역사를 배운 사람들에겐 한글로 바뀐 역사 용어가 오히려 낯설고 헷갈리는 경우가 많기도 하겠지만 말이다.

뗀석기는 '떼어내서 만든 석기'를, 간석기는 '갈아서 만든 석기'를 뜻하는 것처럼 한글로 된 용어는 조금만 생각하면 쉽게 이해할 수 있다. 또한 호모 에렉투스[Homo Erectus: 직립원인(直立猿人)]를 '곧선사람', 호모 사피엔스

[Homo Sapiens: 구인류]를 '슬기사람', 호모 사피엔스 사피엔스[Homo Sapiens Sapiens: 현생인류]를 '슬기슬기사람'이라고 부르는 것처럼 한글로 된 용어들을 잘 살펴보면 재미있는 것들도 많다. 어떤 것은 재미있기보다 잘 어울리지 않은 말처럼 느껴지는 것들도 있다. '널무덤', '덧널무덤', '돌방무덤' 같은 것들은 그래도 이해하기 쉽지만 '널길달린돌방무덤[굴식돌방무덤을 이렇게 부르기도 하는데, '널길'은 무덤으로 들어가는 통로를 가리키는 연도(羨道)를 한글로 표현한 것이다]' 같은 말은 자주 사용하지 않아 그런지 아직 어색하고 부자연스럽기도 하다.

그리고 뗀'석기'와 간'석기'는 물론 돌'곽'무덤, 구덩'식'벽돌무덤, 앞트기'식'돌'곽'무덤의 경우처럼 한글에 한자가 섞여 있기도 한데, 어디까지 한글을 써야 하는지? 그 기준이 모호하기도 하다. 또 같은 것을 두고 '굴식돌방무덤', '널길달린돌방무덤'처럼 서로 다르게 불러서 혼동되기도 한다. 이렇게 한자로 된 용어를 한글로 바꾸는 데 있어서 문제가 나타나기도 한다. 아마 이 같은 문제들은 아직 역사 용어의 한글화가 제대로 정착하지 못한 데 그 원인이 있다고나 할까? 어차피 한자 용어를 한글로 바꿀 때 혼동이 있는 것은 당연할 수밖에 없지만, 기왕 바꿀 바에는 최소한의 통일된 기준이라도 있어야 할 것이다. 그래야 혼동을 최소로 줄일 수 있지 않을까 싶다.

| 고분 관련 개정 용어 |

- 널 ← 관(棺)
- 덧널 ← 곽(槨)
- 널길 ← 연도(羨道)
- 널방 ← 현실(玄室)

- 구멍무덤 ← 토장묘(土葬墓)
- 널무덤 ← 토광묘(土壙墓)
- 덧널무덤 ← 토광목곽묘(土壙木槨墓)

- 돌무지 ← 적석(積石)

- 돌널무덤 ← 석관묘(石棺墓)
- 돌덧널무덤 ← 석곽분(石槨墳)

- 구멍식 ← 수혈식(竪穴式)
- 굴식 ← 횡혈식(橫穴式)
- 앞트기식 ← 횡구식(橫口式)

- 껴묻거리 ← 부장품(副葬品)

- 돌무지무덤 ← 적석총(積石塚)
- 돌무지덧널무덤 ← 적석목곽분(積石木槨墳)
- 돌방무덤 ← 석실분(石室墳)

- 벽돌무덤 ← 전축분(塼築墳)
- 독무덤 ← 옹관묘(甕棺墓)

고인돌[지석묘]

고인돌은 한두 개 이상의 돌을 밑에 세우고 그 위에 넓은 돌을 올려놓은 형태로 만들어진 무덤으로, 청동기시대의 대표적인 무덤의 하나이다. 고인돌을 흔히 지석묘(支石墓)라고 부르기도 하는데, 이는 주로 일본에서 부르는 이름이다. 중국에서는 석붕(石棚) 또는 대석개묘(大石蓋墓)라고 하며, 영어로는 돌맨(Dolmen)이다. 고인돌은 거석기념물(巨石紀念物, Megalithic Monument)의 하나로, 이집트의 피라미드(Pyramid)·오벨리스크(Obelisk), 영국의 스톤헨지(Stonehenge) 프랑스의 알리뉴망(A'lignuments, 열석列石) 등과 같은 것으로 보기도 한다. 고인돌이라는 말은 순수한 우리말인데, 대개 큰 돌을 서너 개의 작은 돌들로 괴어놓고(고여놓고) 있어 '고여 있는 돌'을 뜻하는 말에서 '고인돌'이 되었다고 한다.

고인돌은 주로 경제력이 있거나 권력을 가진 지배층의 무덤으로 파악된다. 고인돌을 만드는 데 드는 돌을 옮기기 위해서는 상당수의 인원이 동원되어야 했다. 어떤 고인돌은 위에 올려놓은 돌 하나만 해도 그 무게가 40톤이 넘는다고 하는데, 오늘날 대형 화물 트럭이 10대 정도 있어야 움직일 수 있는 무게이다. 이런 큰 돌을 사람의 힘으로 움직여 고인돌을 만들려면 힘센 장사 수백 명이 필요했을 터인데, 당시 이런 정도의 인원을 동원할 수 있는 이는 그 집단의 지배층이 아니고서는 어려웠다. 그래서 고인돌의 무덤

▲ **고인돌 만드는 과정(상상도)** 먼저 흙을 쌓아놓았다가 그 흙을 이용하여 돌을 높은 곳으로 올린 후, 쌓아놓은 흙을 제거하는 방식이다. 이집트의 피라미드를 쌓는 방식과 비슷하다.

을 지배층의 무덤이라고 생각하였다. 그러나 고인돌이라고 큰 것만 있는 게 아니라 작은 규모의 고인돌도 적지 않게 발견된다. 하여 고인돌은 지배층뿐만 아니라 일반인의 무덤으로도 사용된 것으로 파악되고 있다.

고인돌은 묘실(墓室: 시신이 있는 방. '무덤방')의 위치나 축조 방법, 형태에 따라 보통 탁자식(卓子式)·바둑판식·개석식(蓋石式) 세 가지로 구분하는데, 탁자식은 지상에 3~4개의 받침돌[지석(支石) 또는 판석(板石)]을 세워 묘실을 구성한 뒤, 그 위에 큰 덮개돌[상석(上石)]을 올려놓는 방식이다. 바둑판식은 지하에 묘실을 만들어 뚜껑돌[개석(蓋石)]로 덮은 다음, 그 위에 4개에서 8개 정도의 작은 받침돌로 괴어 덮개돌을 올려놓는 방식으로, 기반식(碁盤式)이라고도 부른다. 탁자식은 대개 한반도 중부 이북 지역에, 바둑판식은 중부 이남 지역에 집중적으로 발견되어 이들을 각각 북방식(北方式)과 남방

▲◀ **탁자식 고인돌** 인천 '강화 지석묘', 흔히 '부근리 고인돌'로 불리는 것으로, 전체 높이 2.6m, 덮개돌은 길이 6.5m, 너비 5.2m, 두께 1.2m의 거대한 크기의 고인돌이다

▲▶ **바둑판식 고인돌** 전북 '고창 지석묘군(群)'에는 탁자식·바둑판식·개석식 등 여러 모양의 고인돌 약 440여 기가 함께 있는데, 사진은 '바둑판식' 고인돌에 해당하는 것이다.

▼ **제주도 고인돌** 제주시 용담2동(제주시 서천길)에 있는 '용담 지석묘 제6호'(제주도 기념물 제2-6호)는 외형은 바둑판식인데 지상에 묘실이 있어 일반 바둑판식 고인돌과 다른 형태를 하고 있다.

식(南方式)이라고 부르기도 하였으나, 지역에 따라 탁자식·바둑판식이 함께 있는 경우도 많아 요즘에는 북방식·남방식이란 용어를 거의 사용하지 않는다. 이 밖에도 지하에 묘실을 만들었으나 바둑판식 고인돌과는 달리 돌로 괴지 않고 묘실 위에 바로 덮개돌(뚜껑돌)을 올린 방식도 있는데, 이를 개석식(蓋石式)이라고 한다. 개석식 고인돌은 '무지석식(無支石式) 고인돌', '뚜껑식 고인돌', '놓인형 고인돌', '변형 고인돌'이라고도 부르는데, 때에 따라서는 개석식을 바둑판식에 포함하기도 한다.

  탁자식 고인돌은 시신이 매장되는 묘실이 지상에 있는 것과 받침돌이 땅속에 깊이 묻혀 있는 게 특징이라면, 바둑판식은 묘실이 땅속에 있는 것과 받침돌이 땅속에 묻혀 있지 않고 덮개돌을 괴고 있는 게 특징이다. 그러나 제주도 고인돌은 형태상으로 보아 바둑판식에 해당하지만, 시신을 안치하는 묘실의 위치가 바둑판식 고인돌과는 달리 지상에 있는 것들이 많다. 이는 제주도 고인돌이 일반적인 바둑판식 고인돌과 다른 특별한 점이라고 할 수 있는데, 이런 제주도 고인돌처럼 여러 개의 받침돌이 덮개돌 아래를 빙 돌아가며 탁자식을 띠면서도 지상에 묘실이 있는 형태를 '위석식(圍石式)'이라고 부른다. 그래서 아예 고인돌을 탁자식·바둑판식·개석식·위석식 이렇게 크게 네 가지로 구분하기도 한다.

대표적인 유적으로는 인천 강화군 하점면 부근리〈강화군 하점면 강화대로〉 '강화 지석묘'(사적 제137호)와 '강화 부근리 고인돌군'(인천광역시 기념물 제44호), 인천 강화군 강화읍 대산리〈강화군 강화읍 대산길〉 '강화 대산리 고인돌'(인천광역시 기념물 제31호), 경기 파주시 월롱면 덕은리〈파주시 월롱면 옥돌내길〉 '파주 덕은리 주거지 및 지석묘군'(사적 제148호), 충남 금산군 제원면 천내리〈금산군 제원면 천내1길〉 '금산 천내리 고인돌'(충청남도 문화재자료 제335호), 전북 부안군 하서면 석상리〈부안군 하서면 구암길〉 '부안 구암리 지석묘군'(사적 제103호), 전북 고창군 고창읍 죽림리〈고창군 고창읍 송암길〉 '고창 지석묘군'(사적 제391호), 전남 화순군 도곡면 효산리〈화순군 도곡면 고인돌2로〉 '화순 효산리 및 대신리 지석묘군'(사적 제410호) 등이 있다. 이외에도 전국 각지에서 고인돌이 많이 발견되고 있다.

인천 강화군 하점면 부근리에는 낮은 구릉과 평지에 수십 기의 고인돌이 있는데, 이 일대가 '강화 부근리 고인돌군'이다. 강화 부근리 고인돌군은 인천광역시 기념물 제44호로 지정(1999. 04. 26.)되었는데, 또 이곳에는 '강화 지석묘'라는 이름으로 이미 지정(1964. 07. 11.)된 사적 제137호가 있다. '강화 지석묘'는 흔히 '부근리 고인돌'이라고 부르며, 그 규모가 아주 큰 것으로도 유명한데, 전체 높이 2.6m, 덮개돌은 길이 6.5m, 너비 5.2m, 두께 1.2m 정도이다. 북방식 고인돌의 면모를 아주 잘 보여주는 대표적인 지석묘로 널리 알려졌다.

'고창 지석묘군(群)'은 전북 고창군 고창읍 죽림리 매산마을과 아산면 상갑리 일대를 중심으로 약 1.8km에 이르는 야산 기슭에 무리 지어 있는 440여 기의 고인돌을 가리킨다. 이곳에는 바둑판 모양의 바둑판식 고인돌, 탁자 모양의 탁자식 고인돌, 그리고 덮개돌만 있는 개석식 고인돌 등 우리나라에서 볼 수 있는 다양한 형식의 고인돌이 함께 있어 고인돌 연구에서 결코 소홀히 할 수 없는 중요한 곳이다.

고인돌은 전 세계에 분포하고 있으며, 그 가운데 동북아시아 지역에, 그것도 우리나라에 밀집되어 있다. 또 우리나라에서도 북한의 대동강 유역과 전남의 영산강 유역을 중심으로 많이 분포하고 있는데, 특히 전남 지역에서 가장 밀집된 분포를 보이고 있다. 이렇게 우리나라에 고인돌이 밀집되어 있고, 형식의 다양성은 물론 독특한 특색 등으로 선사시대 연구에 중요한 자료가 되는, 보존가치가 높은 유적이라는 점이 인정되어 2000년 12월 고창·화순 고인돌 유적과 함께 강화 고인돌 유적이 세계문화유산으로 등록되었다.

돌무지무덤[적석총]·돌무덤[석총]

돌무지무덤은 '돌을 쌓아 만든 무덤'으로, 적석총(積石塚) 또는 적석분(積石墳)을 말한다. 고인돌의 덮개돌이 점차 없어지면서 돌무지무덤으로 변한 것으로 보는 견해도 있고, 고인돌도 돌무지무덤의 한 형태로 보기도 하지만, 고인돌과 돌무지무덤은 그 모양에서 큰 차이를 보인다. 즉 고인돌은 몇 개의 받침돌이 하나의 큰 덮개돌을 받치고 있거나 괴고 있는 모습이지만, 돌무지무덤은 많은 돌을 함께 쌓아놓은 형태를 이루고 있다.

돌무덤도 '돌을 쌓아 만든 무덤'을 뜻하는데, 보통 돌무덤은 무덤 위를 흙으로 덮어 만든 흙무덤과 구별되는 용어이다. 다만 넓은 의미에서의 돌무덤은 돌무지무덤을 포함하는 것이지만 좁은 의미에서의 돌무덤은 돌무지무

▲ **장군총** 고구려 돌무지무덤을 대표하는 무덤 가운데 하나로, 약 1km 거리에 광개토대왕릉비가 있어 광개토대왕릉이라고 추정하기도 하지만 장수왕릉이라는 주장도 만만치 않다.

덤과 구별하여 사용하기도 한다. 즉 넓은 의미의 돌무덤은 '돌로 만든 무덤'이란 뜻에서 선사시대의 돌무지무덤, 고인돌, 돌널무덤, 고구려 장군총과 같은 돌무덤 모두를 포함하는 말이지만, 좁은 의미에서의 돌무덤은 고구려 초기의 돌무덤을 가리킨다. 선사시대 돌무지무덤은 보통 구덩이를 파거나 구덩이 없이 시체를 놓고 그 위에 돌을 막 쌓은 형태였다면, 고구려 초기의 돌무덤은 처음에는 냇돌[천석(川石)]을 네모지게 깔고 그 위에 널(棺)을 넣은 후 다시 냇돌을 쌓은 형태였는데, 점차 냇돌 대신 모난 깬돌[할석(割石)]이나 자른돌[절석(切石)]을 써서 벽이 무너지지 않게 계단이 있는 형태[기단식(基壇式)=계단식(階段式)]로 발전하였으며, 나중에는 널길[연도(羨道)]과 돌방[석실(石室)]이 있는 기단식으로 발전하였다. 이렇게 돌을 막 쌓은 선사시대 '돌무지무덤'과 계단식으로 쌓은 고구려 초기 '돌무덤'을 따로 구분하기도 하지만 고구려 초기 '돌무덤'도 돌무지무덤으로 보는 게 일반적이다. 즉 돌을 막 쌓은 것이든, 계단식으로 쌓은 것이든 다 돌무지무덤이라고 부른다.

고구려의 수도였던 졸본(卒本)과 국내성(國內城)의 위치로 추정되는, 압록강의 지류인 혼강(渾江) 유역의 요녕성(遼寧省) 환인시(桓仁市)와 압록강 유역인 길림성(吉林省) 집안시(集安市) 등지에 수천 또는 수만 기의 무덤이 밀집되어 분포하고 있다. 이 가운데 유명한 것으로는 태왕릉, 장군총, 무용총, 각저총, 삼실총, 사신총, 오회분, 장천 1호분 등이 있다. 또 고구려의 수도였던 대동강 유역의 평양 지역에도 밀집되어 분포하고 있는데, 널리 알려진 것으로 동명왕릉, 쌍영총, 수산리 고분, 덕흥리 고분, 강서 삼묘(소묘·중묘·대묘), 안악 1·2·3호분, 진파리 1·4호분 등이 있다.

중국 길림성 집안시 통구(通溝) 용산(龍山)에 있는 장군총(將軍塚)은 맨 아래 기단의 길이가 29.34m, 전체 높이가 13m 정도 되는 거대한 피라미드형의 돌무지무덤이다. 잘 다듬은 화강암으로 7층의 모난 기단을 계단식으로 쌓아 올리고, 5층의 기단에서 무덤 안에 만들어진 방으로 들어가는 통로가 있어 보다 정확히 구분하면 기단식 돌방돌무지무덤(基壇式 石室積石塚)에 해당한다. 4세기 말에서 5세기 초에 축조된 것으로 파악되는 장군총은 그 규모로 보아 왕릉으로 추정되었는데, 약 1km 거리에 광개토대왕릉비(廣開土大王陵碑)가 있어 광개토대왕릉으로 생각하였다. 그러나 무덤의 주인공이 장수왕이라는 주장도 있다. 이렇게 장군총의 주인공에 대해서 여러 가지 설이 있으나, 북한과 중국의 학자들은 대체로 태왕릉을 광개토대왕릉으로, 장군총을 장수왕릉으로 추정한다고 한다.

장군총의 각 면에는 크기가 3~5m 정도 되는 돌기둥 같은 모양의 호석(護石)이 3개씩 적당한 간격으로 비스듬히 놓여 있다. 이것은 붕괴를 방지하기 위한 시설로 보기도 하고, 종교적인 의미로 해석하여 신라 왕릉의 십이지신상과 같은 것으로 보기도 한다. 왜 이런 호석을 세워놓았는지 한번 생각해볼 만하다.

돌무지무덤은 백제의 수도였던 서울의 석촌동과 가락동, 방이동 등지

▲ **서울 송파구 석촌동**(서울 송파구 백제고분로) 무덤밭에 있는 4호분으로, 한 면의 길이가 17m, 높이가 약 3m 정도의 크기로 복원된 것이다. 고구려 장군총이나 태왕릉의 기본 구조와 같은 돌무지무덤이다.

에서도 많이 발견되고 있다. 특히 서울특별시 송파구 석촌동에는 여러 기의 무덤이 떼를 지어 있는 무덤밭이 있는데, 공식 이름은 '석촌동 백제 초기 적석총(사적 제243호)'이다. 송파구 일대는 원래 돌이 나오지 않는 넓은 충적평야, 즉 광주(廣州)라고 하였는데, 이곳에는 돌이 많이 있다 하여 '돌마을', '석촌동(石村洞)'이라는 이름이 붙었다. 이 돌들이 바로 무덤이었는데, 일제강점기인 1916년 이곳에는 돌무지무덤 23기, 흙무덤 66기 등 모두 89기의 무덤이 있었다. 그러나 이들 무덤은 개발로 말미암아 거의 다 없어지고 1987년 복원할 당시에는 석촌동 3호분과 4호분의 2기밖에 남아 있지 않았으며, 발굴 결과 내원외방형적석총(內圓外方形赤石冢: 사각형의 기단을 계단식으로 쌓으면서 맨 위에 원형으로 조성한 돌무지무덤. 즉 안은 원형이지만 밖은 사각형을 이루고 있는 형태의 돌무지무덤이다) 흔적이 확인되었다.

이곳 무덤밭에는 3호분과 같이 왕릉처럼 보이는 것이 있지만, 소형 움무덤(토광묘)과 같이 일반 관리나 서민의 것으로 추정되는 것도 섞여 있어, 시기를 달리하며 많은 무덤이 만들어진 것으로 보인다. 무엇보다도 3호분은 긴 변이 49.6m, 짧은 변이 43.7m, 높이는 4.5m 정도로 고구려의 장군총보다 긴 편이다. 따라서 이 무덤은 고구려 사람들이 남쪽으로 내려와 한강 유역에 백제를 세웠을 무렵에 절대 권력을 행사한 자의 무덤

▲ 전(傳)구형왕릉(경남 산청군 금서면 화계리〈산청군 군서면 구형왕릉로〉, 사적 제214호) 가야 10대 임금이자 가락국의 마지막 왕인 구형왕의 무덤이라고 전해지는 돌무지무덤이다. 흔히 보던 능과는 전혀 다른 특이한 형태인데, 돌탑이라는 주장도 있다. 구형왕릉이 위치한 곳의 아래에 구형왕과 왕비의 위패를 모시고 제사를 지내는 덕양전(德讓殿)이 따로 있다.

으로 파악된다. 3호분 바로 앞에 있는 4호분은 동쪽 면에서는 5개(혹은 6개)의 이른바 호석이 발견되어 고구려의 장군총이나 태왕릉의 기본 구조와 같음을 보여주고 있다. 이처럼 백제 초기 무덤이 고구려 무덤 양식과 같은 것으로 보아 고구려인이 남하하여 세운 나라가 백제임을 확인할 수 있는 근거가 되었다.

구덩무덤[토장묘]·널무덤[토광묘]

말 그대로 하면 '땅에 구덩이를 파서 시신을 묻은 무덤'이라는 뜻인데, 정확히 설명하면 '얕게 판 땅속에 별다른 구조물을 만들지 않고 그냥 시체를 간단히 묻는 형태의 무덤'을 가리킨다. 한자어로는 토장묘(土葬墓)라고 부른다. 혹 다른 의미에서 구덩무덤은 '구덩식[수혈식(竪穴式): 무덤을 만드는 방법 가운데 위에서 밑으로 주검을 넣게 되어 있는 형식]으로 된 모든 무덤'을 뜻하는 말일 수도 있지만, 흔히 구덩무덤은 널이나 덧널과 같은 시설 없이 단순하게 땅

▲ **널무덤** 서울 석촌동 무덤밭 안에 모형으로 만들어 전시하고 있는 토광묘 모습이다. 이곳에서는 여러 기의 널무덤이 발굴되었다.

을 작고 얕게 파서 주검을 묻은 무덤을 가리킨다.

이런 구덩무덤은 인류 역사상 초기의 무덤 형태로 여겨지는데, 선사시대부터 현재에 이르기까지 가장 일반적인 무덤의 형태이자 가장 보편적인 매장법이라고 할 수 있다. 다만 구덩무덤은 그 구조가 간단하고 허술하여 현재까지 확실하게 남아 있는 경우가 드물며, 또 시체가 쉽게 썩어 없어지므로 현재 그 예를 찾아보기가 쉽지 않다.

널무덤은 구덩무덤이 발전하여 땅을 일정한 형식으로 파서 광(壙)을 만들고 그곳에 직접 시체를 묻는 형태인데, '움무덤'이라고도 하며, 토광묘(土壙墓)를 가리킨다. 일반적으로 땅을 파서 시신을 묻는다는 면에서 구덩무덤과 널무덤은 같아 보인다. 그러나 구덩무덤은 간단히 구덩이를 파서 아무 시설 없이 시신만 간단히 묻는 데 비하여 널무덤은 첫째, 시신을 넣을 구덩이를 분명하게 파서 바닥·벽면·뚜껑 등을 명확히 한다는 점과 둘째, 관이나 곽 같은 시설을 갖추어 그 안에 시신을 넣는 점에서 구덩무덤과 다르다. 아무래도 구덩무덤은 널무덤보다 구조가 간단하고 빈약하다.

나무널무덤[목관묘] · 나무덧널무덤[목곽묘]

나무널무덤과 나무덧널무덤은 땅을 일정한 형식으로 판 광(壙)에 시신을 그냥 넣지 않고, 관(棺)이나 곽(槨) 같은 시설을 갖추어 그 안에 시신을 넣어 묻는 무덤을 말한다. 그런데 대부분 널무덤은 광에 시신을 그냥 넣지 않고 나무관이나 나무곽 같은 시설을 갖추어 넣는 것이 일반적이다. 그래서 나무널무덤을 그냥 널무덤과 같은 것으로 취급하며, 나무덧널무덤을 그냥 덧널무덤과 같은 것으로 취급하기도 한다.

또 널무덤은 본래 그 안에 널이나 덧널을 사용하지 않는 것(이를 순수 널무덤이라 한다)이었으나, 흔히 나무널이나 나무덧널을 사용한 것까지 포함하기도 한다. 하여 나무널무덤이나 나무덧널무덤을 그냥 널무덤으로 취급하기도 한다. 다만 널무덤·덧널무덤·나무널무덤·나무덧널무덤은 개념상 구분할 뿐이다.

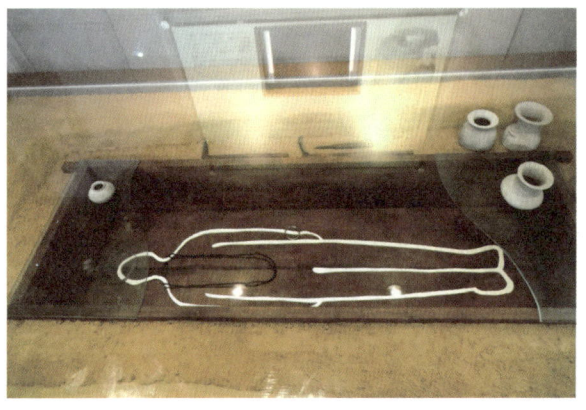

▲ **나무널무덤** 대성동고분박물관에 모형으로 제작·전시하고 있는 목관묘의 모습이다. 보통 널무덤이나 나무널무덤·돌널무덤에서 부장품은, 관 안에는 주로 몸에 지니는 장신구만 넣고, 다른 것들은 관 밑이나 관 밖, 관 위에 두는 경우가 많다.

▲ **나무덧널무덤** 왼쪽 사진은 대성동고분박물관에 전시된 '목관묘 축조과정' 모습이며, 오른쪽 사진은 대성동고분박물관 노출전시관에 복원·전시하고 있는 김해 대성동 39호 목곽묘 발굴 당시 모습이다.

무덤나무널무덤은 나무널움무덤이라고도 하며, 목관토광묘(木棺土壙墓) 또는 토광목관묘(土壙木棺墓)를 가리키고, 간단히 목관묘라고도 한다. 또 나무덧널무덤은 나무덧널움무덤이라고도 하며, 목곽토광묘(木槨土壙墓) 또는

▲ 돌널무덤 공주대학교 박물관이 1998년 공주~부여 간 국도 확장 공사를 하기 위해 충남 공주시 이인면 산의리 일대를 발굴하면서 나온 무덤이다. 이곳에서는 청동기시대 주거지를 비롯한 백제시대 유적이 발굴되었다.

▲ 돌덧널무덤 한신대학교 박물관이 2002년 경기 화성시 매송면 천천리 일대를 발굴하면서 나온, 통일신라시대 석곽묘로 파악되는 무덤이다. 이곳은 국내 최대 규모의 청동기시대 마을 유적으로 밝혀졌는데, 동시에 백제와 통일신라, 조선시대의 유적도 발굴되었다.

토광목곽묘(土壙木槨墓)를 가리키고, 간단히 목곽묘 또는 목곽분이라고도 한다. 특히 목곽분 가운데 봉토를 돌로 쌓아 만든 무덤을 돌무지덧널무덤[적석목곽분(積石木槨墳)]이라고 한다.

널무덤도 구덩무덤과 같이 가장 보편적인 무덤 양식의 하나로, 오늘날 가장 흔하게 볼 수 있는 무덤이다. 특히 요즘에는 나무널 대신 돌널을 사용하는 경우도 있는데, 이럴지라도 돌널무덤으로 보지 않는 게 일반적이다. 즉 주변에서 어느 정도 잘사는 집안에서 사람이 죽었을 때 땅을 광처럼 파고 그 안에 돌널[석관(石棺)]을 설치한 후 시체를 넣은 다음 흙으로 쌓아 매장하곤 하는데, 이처럼 석관을 사용하였다 하여 이를 석관묘라고 생각하기 쉽다. 또 그렇게 생각하여 석관묘라고 부르기도 하지만, 그러나 석관묘가 아니다. 비록 석관을 하였을지라도 이 무덤은 널무덤에 해당한다. 혹 이런 경우를 석관토광묘(石棺土壙墓)라고 할 수도 있지만, 굳이 그렇게 부르지도 않는다. 석관토광묘든 목관토광묘든 모두 널무덤에 해당한다. 그런데 목관토광묘는 목관묘라고 부르기도 하지만, 석관토광묘를 석관묘라고 부르지는 않는다. 석관묘라고 하는 것은 따로 있다.

돌널무덤[석관묘]·돌덧널무덤[석곽분]

돌널무덤은 땅을 넓게 파서 그곳에 돌로 장방형의 시설을 만든 다음 부장품과 함께 시신을 넣어 묻는 방식의 무덤으로, 보통 석관묘라고 말하는 것이 바로 이것이다. 특히 돌널무덤은 무덤 위로 봉토를 하지 않는다는 점에서 널무덤과 구별되는데, 따라서 쉽게 발견되지 않는 것도 특징이라면 특징이다.

흔히 돌널무덤을 널무덤의 하나로 보아 흙무덤으로 생각하기 쉽지만, 돌널무덤은 흙무덤이 아닌 돌무덤에 속한다. 그리고 주의해야 할 것은 일반인들이 말하는 석관묘라고 부르는 것과 역사학에서 말하는 석관묘는 다르다는 점이다. 일반인들이 말하는 석관묘는 석관을 쓴 널무덤[석관토광묘]을 가리키는 것으로서 흙무덤의 범주에 속하는 것이고, 역사학에서 말하는 석관묘는 돌널무덤으로서 돌무덤의 범주에 속하는 것이다. 보통 목관토광묘[나무널무덤]·목곽토광묘[나무덧널무덤]를 목관묘·목곽묘로 간단히 부르기도 하여 석관토광묘를 석관묘[돌널무덤]로 생각할 수 있으나 그렇지 않다. 석관토광묘는 석관묘가 아니라 널무덤에 해당한다. 석관토광묘는 비록 나무 대신 돌을 관으로 사용하였어도 그 형태가 널무덤이기에 그냥 널무덤이라고 한다.

돌덧널무덤은 돌널 대신 돌덧널을 사용하여 만들어진 무덤으로, 석곽분 또는 석곽묘를 가리키는데, 돌곽무덤으로도 불린다. 그리고 앞트기식돌덧널무덤은 돌덧널의 세 벽을 돌로 먼저 쌓은 다음 시체나 널을 옆으로 넣은 후, 마지막 벽을 쌓아서 입구를 막는 방식으로 만든 무덤으로 횡구식석곽묘(橫口式石槨墓)를 말한다. 이에 비해 수혈식석곽묘(竪穴式石槨墓)는 구덩식돌덧널무덤으로, 입구가 위쪽에 있는 형태를 말한다.

돌방무덤[석실분]·벽돌무덤[전축분]

돌방무덤은 돌로 입구와 방을 만들어 그 공간에 관을 넣은 후 흙으로 덮은 형태의 무덤인데, 돌 대신 벽돌로 만든 무덤을 벽돌무덤이라 한다. 돌방무덤은 석실분 또는 석실묘를 가리키며, 벽돌무덤은 전축분(塼築墳)을 가리킨다. 이 두 종류의 무덤은 무덤 내부에 넓은 공간과 벽이 있으므로 부장품을 넣기 좋고, 벽화를 그릴 수 있으며, 문만 열고 다른 시체를 추가하여 묻을 수 있다는 점에서 큰 장점이 있다.

▲ **굴식돌방무덤** 공주대학교 박물관이 1991년 충남 공주시 신기동 일대를 발굴하면서 나온 석실묘이다. 발굴을 통해 백제와 고려시대 고분들이 확인되었는데, 이미 도굴되어 유물은 거의 출토되지 않았다.

돌방무덤·벽돌무덤의 형식에서 굴식(橫穴式)은 무덤의 방으로 들어가는 길을 가로 형태로 만들어 옆에서 들어가는 방식이며, 구덩식(竪穴式)은 무덤의 방으로 들어가는 문을 위에다 만들어놓은 방식이다. 하여 굴식돌방무덤[횡혈식석실분(橫穴式石室墳)]과 구덩식돌방무덤[수혈식석실분(竪穴式石室墳)], 굴식

▲ **굴식벽돌무덤의 벽화** 공주 송산리 6호분 서쪽 벽에 그려진 백호도(白虎圖)이다. 오수전(五銖錢)이 새겨진 벽돌로 쌓은 6호분에는 벽면에 7개의 등(燈) 자리와 함께 사신도·일월도 등 그림이 그려져 있다.

벽돌무덤[횡혈식전축분(橫穴式塼築墳)]과 구덩식벽돌무덤[수혈식전축분(竪穴式塼築墳)]이라고 부른다. 굴식돌방무덤은 '널길달린돌방무덤'이라고도 부르는데, 여기서 말하는 '널길'은 무덤 안으로 들어가는 통로를 말하는데, 한자어로 연도(羨道·埏道)라 한다. 돌방무덤은 고구려와 백제 지역에서, 벽돌무덤은 백제 지역에서 많이 나타나고 있다.

돌무지덧널무덤[적석목곽분]

돌무지덧널무덤은 '널'보다는 크고 '방'보다는 작은, '덧널'이라고 하는 공간을 주로 나무로 만들어 그 안에 널을 넣고 덧널 위를 돌로 쌓아 덮은 다음 다시 흙으로 덮은 형태의 무덤으로, 적석목곽분(積石木槨墳)을 가리킨다. 즉 돌무지 형태와 덧널 형태가 합해진 무덤이라고 할 수 있다.

▲ **경주 황남리 무덤밭[황남동 무덤밭] 전경** 경북 경주시 황남동에 있는 신라 무덤들이다. 현재 땅 위로 봉분이 남아 있는 게 20여 기 정도지만, 땅속에 작은 무덤들이 더 있을 것으로 보고 있다. 사진은 국립중앙박물관 벽면에 안내하고 있는 무덤에 대한 그림의 일부이다.

▲ **돌무지덧널무덤** 국립중앙박물관 벽면에 안내하고 있는, 경주 황남리 무덤밭의 제98호분인 황남대총 발굴 모습이다. 입구나 시신이 있는 방이 따로 없어 흙과 돌을 모두 들어내야 시신이 있는 관을 만날 수 있다. 황남대총에서는 금관을 비롯한 각종 장신구와 유리잔, 토기, 철제 무기 등이 출토되었다.

돌무지덧널무덤은 주로 신라 지역에서 많이 나타나고 있는데, 대표적인 것으로는 경북 경주시 황남동(경주시 계림로)에 있는 '대릉원(大陵園)'이라고 이름 붙여진 고분공원에 있는 무덤밭(공식 이름은 '경주 황남리 고분군', 사적 제40호)이 있다. 대릉원이란 이름은 "미추왕을 대릉(大陵)에 장사 지냈다."라는 『삼국사기』의 기록에서 딴 것이라고 하는데, 이곳에는 천마총(황남동 제155호 고분)과 황남 대총(황남동 제98호 분), 미추왕릉(사적 제175호)이라고 전하는 무덤 등을 포함하여 크고 작은 무덤 20여 기가 전해지고 있다.

황남대총은 두 개의 무덤이 표주박 모양으로 연결되어 있는데, 남쪽 무덤의 주인공은 남자, 북쪽 무덤의 주인공은 여자로, 부부의 무덤을 붙여 만든 것으로 추정하고 있다. 특히 황남대총은 대총(大塚), 즉 '큰 무덤'이라고 이름 붙여진 것처럼 남북 길이 120m, 동서 길이 80m, 남분 높이 23m, 북분 높이 22m로 경주에서 가장 큰 무덤이다. 황남 대총에서는 금관을 비롯한 금제 허리띠, 금제 귀걸이 등과 각종 장신구, 유리잔, 토기, 철제 무기 등이 출토되어 신라 문화를 연구하는 아주 귀중한 자료가 되었다.

독무덤[옹관묘]

독무덤은 독이나 항아리에 시신을 넣어 땅에 묻는 방식의 무덤으로, 옹관묘(甕棺墓)를 가리킨다. 한 개의 독 안에 시신을 넣어 묻기도 하지만 여러 개의 독, 보통 크고 작은 서로 다른 두 개의 독을 연결하여 묻기도 하였다. 두 개의 항아리를 서로 연결하여 사용한 독무덤은 그 크기가 엄청난 것도 있는데, 지배자의 무덤으로 추정된다.

우리나라 독무덤은 청동기시대 이래 전 시대에 걸쳐 사용된 것으로 파악되며, 또 전국적으로 발견되고 있다. 대표적인 유적지로는 신라 지역에서는 경주 조양동·인왕동·황남동, 가야 지역에서는 김해 예안리, 부산광역시 오륜대·괴정동, 대구광역시 복현동, 경산 내리리·임당리, 백제 지역에서는 부여 송국리·염창리, 서울특별시 석촌동·가락동, 남원 두락리, 고창 신월리, 공주 봉정리, 나주 반남면 일대, 영암 내동리, 함평 마산리 등이 있다. 특히 전남 나주시 반남면 대안리·신촌리·덕산리 일대에 집중적으로 분포된 '나주 대안리 고분군(사적 제76호)'·'나주 신촌리 고분군(사적 제77호)'·'나주 덕산리 고분군'(사적 제78호)[이들 모두를 합쳐 '나주 반남 고분군'이라고 부른다]처럼 영산강 유역의 독무덤은 다른 지방의 고분들과는 달리 독자성

▲ **독무덤** 왼쪽은 공주대학교박물관이 발굴한 옹관묘로, 반통형인 큰 독 입구에 작은 독 입구를 집어넣고, 맞닿은 부분을 두껍게 진흙으로 바른 합구식옹관(合口式甕棺)이다. 오른쪽은 1998년 충남 공주시 이인면 산의리 일대를 발굴하면서 나온 옹관묘로, 송국리형 토기를 바로 세워놓고 그 안에 시신을 넣고 위에서 뚜껑돌로 덮은 단순한 형태이다.

이 뚜렷하고 고도의 토기 제작기술이 아니면 만들 수 없는 아주 큰 독을 사용하고 있어 당시 중앙 권력과 지방 세력과의 관계를 파악할 수 있는 중요한 자료가 되고 있다.

독무덤에는 작은 항아리에 뼈만 담아 묻은 예도 있었다. 보통 뼈만 묻는 방식을 세골장(洗骨葬) 또는 골장제(骨葬制)라고 하는데, 여러 명을 함께 묻는 합장(合葬)에 골장제가 많이 이용되었다. 오늘날 예전과 같은 독무덤은 사라졌으나 지금도 태아(胎兒)나 어린아이가 죽으면 항아리에 넣어 묻는 풍습이 남아 있으며, 굳이 독무덤이라고 하기는 그렇지만 화장한 유골을 작은 단지나 항아리에 담아 사찰이나 봉안당[奉安堂: 흔히 납골당(納骨堂)이라고 하지만, '납골'은 일본어에서 온 말로 KS 규격에 따라 '봉안'으로 순화하여 봉안당이라고 하는 게 바람직하다고 한다] 등에 모시기도 한다.

경주에 가면 볼 것이 많은데 공주에 가면 볼 것이 없다(?)

학창시절, 설레는 일이 있었다. 수학여행이었다. 예전에 초·중·고 저학년들은 대개 걸어서 소풍을 갔지만, 초등학교 6학년이나 중학교·고등학교 3학년은 차를 타고 먼 곳으로 떠나는 수학여행(졸업여행)을 갔다. 날마다 손꼽아 기다리다가 하룻밤만 더 자면 수학여행이라는 생각에 밥 먹을 정신도 없이 오직 그날 비나 오지 않았으면 하는 생각뿐이었다. 촌놈에게 서울 어린이대공원이나 경주, 설악산 등을 간다는 것은 그야말로 부푼 꿈이었으니 말이다. 이런 이야기에 요즘 아이들은 웃을지도 모른다. 소풍도 차를 타고 가고, 수학여행은 보통 제주도요, 외국으로도 가는 실정이니…….

어쨌든 경주는 수학여행지나 관광지로 유명한 곳이었고, 지금도 많은 사람들이 찾는 곳이다. 가보면 신라의 도읍지여서 그런지 볼 것이 참 많다.

하루 만에 경주 지역 문화를 세세히 살펴볼 수는 없겠지만, 적어도 하루 온종일 정도는 투자해야 그 대강이나마 구경할 수 있다. 그렇게 해도 본 것보다 봐야 할 것이 더 많은 데가 경주다. 그래서 경주 관광은 대개 1박을 하게 된다. 슬쩍 보고 지나칠 수 있는 관광지가 아니기 때문이다. 또 찾아가는 곳마다 볼 것도 많고, 귀한 문화재도 많은 곳이기 때문이다.

그러나 백제의 도읍지였던 공주는 경주와 딴판이다. 경주와 비교하면 관광객 수가 훨씬 적고, 그나마 관광객들이 하룻밤도 머무르지 않고 지나쳐 버린다. 며칠 동안은 살펴봐야 공주의 문화유산을 제대로 꿰뚫어볼 수 있음에도, 막상 가볼 만한 몇 곳을 제외하면 더는 눈에 띄지 않는다. 역사에 대한 관심이 많지 않은 일반인들이 공주에 오면 주로 국립공주박물관, 무령왕릉과 공주산성을 보고 나면 달리 관광할 데가 없다. 주변에 갑사와 마곡사·동학사가 있어 그곳을 갔다 오면 공주 관광은 거의 끝나버린다. 그러고는 부여로 여정을 옮겨 그곳에서 1박을 하는 경우가 많다. 관광만이 목적이 아닌 역사에도 관심이 많은 사람들이 우금티전적지를 찾기도 하고, 구석기 유적지로 유명한 석장리를 찾기도 하지만 막상 그곳에 가도 볼 것이 별로 없다. 2006년 공주 석장리에 석장리박물관이 개관하여 그나마 볼 것이 생기고, 현재 우금티전적지 근처에 우금티기념미술관이 건설되고 있긴 하지만 그래도 공주에서 1박을 하며 관광을 하는 이들은 대체로 없는 편이다.

경주가 신라의 도읍지였던 것과 마찬가지로 공주가 백제의 도읍지였음에도 공주에서 관광할 곳이나 구경할 것들이 그리 많지 않은 것은 무슨 이유일까? 그거야 공주가 경주보다 관광지로 훨씬 덜 개발되고, 그만큼 시설이 부족하다는 점을 들 수 있지만, 그리 속단할 것만도 아니다. 역사적인 측면에서 살펴본다면, 무엇보다도 백제는 신라보다 역사가 짧다. 신라에 의해 멸망한 백제는 당연히 신라보다 유적지나 유물 면에서 풍부하지 못할 것이다. 더욱이 공주는 백제의 수도라고 하지만 그 기간마저 얼마 되지 않는다.

680년(BC 18~AD 660) 정도 되는 백제의 역사에서 한강 유역에 수도가 있었던 시기는 근 500년(BC 18~AD 475) 정도이고, 나머지 180년(475~660) 동안은 금강 유역에 수도가 세워졌다. 또 180년 가운데 수도가 웅진(熊津: 공주)에 있던 시기는 60년(475~538) 정도이고, 사비(泗沘: 부여)에 있던 시기는 120년(538~660) 정도이니, 세 군데 중에서도 공주가 가장 짧았다. 그러니 문화유산이 적을 수밖에 없을 것이다. 꼭 기간이 짧다고 문화적 수준이 떨어지거나 문화유산의 양이 적은 것은 아니지만, 아무래도 문화유산의 양은 세월과 무관하지는 않을 것이다.

더 중요한 점은 공주 지역의 무덤은 대부분 도굴을 당했다는 것이다. 공주 지역의 무덤은 주로 일제강점기 일본인 학자들에 의해 발굴되었는데, 백제 무덤을 발굴한 일본인들은 무덤 속에 있던 유물들을 거의 다 빼돌리고, 별다른 유물이 발견되지 않았다고 발표하였다. 공주 송산리 무덤밭[무덤군(群)·고분군(古墳群)]에 유물 없이 자리만 자치하고 있는 1호분·2호분·3호분·4호분·5호분(이상 돌방무덤)·6호분(벽돌무덤) 등이 바로 그것이다. 다행히 1971년 여름 5호분과 6호분의 배수 시설 공사를 하면서 정말 우연히 백제 문화의 면모를 보여줄 수 있는 유물을 그대로 간직한 무덤을 발견·발굴하였는데, 이 무덤이 바로 그 유명한 무령왕릉(송산리 7호분으로 벽돌무덤)이다.

무령왕릉은 처녀분(處女墳: 도굴당하지 않은 채 처음 발굴되는 무덤으로, 처녀무덤이라고 부른다. 무덤에도 처녀가 있다니 그러면 아줌마무덤도 있을까? 참 재미있는 말이다)으로서 우리나라 사람들의 손에 의해 직접 발굴되었는데, 어찌 보면 일본인들이 미처 발견하지 못한 덕이라고 할 수 있다. 일설에 의하면, 이렇게 중요한 무령왕릉 발굴이 박정희 정권의 정치적 이용으로 세계 발굴사상 가장 부끄럽다고 할 정도로 형편없는 발굴 작업이 펼쳐졌다고 한다. 그 중요한 유적을 밤을 새워가며 발굴하는 것은 물론 비가 오는데도 불구하고 발굴을 하

▲ **공주 송산리 무덤발 전경** 공주시 금성동(옛 지명은 공주읍 송산리)(공주시 왕릉로)에 있는 백제시대 왕들의 무덤이 모여 있는 곳이다. 무령왕릉을 포함하여 이 일대에 모두 7기의 무덤이 전해지고 있다.

였다는 것이다. 그러고는 다음 날 신문에 크게 보도하면서 당시의 정치적 수세를 문화면으로 관심을 돌려 잊도록 했다는 것이다.

    그러나 이 같은 이야기는 와전된 것이라고도 한다. 정치적 이용이 아니라, 해방 후 우리나라에서 처음으로 이루어지는 최대의 발굴이고, 그렇게 중요한 발굴이다 보니 흥분과 긴장이 앞서 정신없이 발굴하게 되었고, 몰려드는 보도진과 사람들로 말미암아 발굴을 일찍 끝낼 수밖에 없었다는 것이다. 여하튼, 몇 달에 걸쳐 발굴해도 부족한 판에 불과 2~3일 만에 발굴을 끝냈다는 점과 그것도 비가 온 다음 날 곧바로 발굴을 한 점은 사실인 게 분명하다. 한순간이라도 빨리 발굴하고 싶은 그 심정! 이해할 수 없는 것은 아니다. 하지만, 생각해보라. 아무리 급해도 단 이틀 만에 발굴을 다 끝냈다는 게 어디 말이 될 법한가! 어처구니없고, 누가 뭐래도 변명할 여지조차 없는, 창피한 일이 아닐 수 없다.

1974년 발견된 중국 진시황제의 능은 현재까지도 발굴이 계속되고 있는 것에 비해, 우리나라는 얼마나 속전속결하였는지! 중국인의 발굴 기술이 우리나라보다 한참 뒤떨어져 아직도 발굴하고 있는 것은 아닐 것이다. 역시 우리나라의 '속전속결'은 발굴에서도 그 기량을 충분히 보여주었으니······. 무령왕릉 발굴만 생각하면 이만저만 아쉬운 게 아니다.

신라 무덤보다 백제 무덤은 도굴당하기 쉬웠다

　　경주와 비교하여 공주 지역 무덤에서 출토된 유물이 적은 이유는 일본인들에 의한 도굴도 도굴이지만, 백제 무덤은 신라 무덤과 비교하면 애초부터 도굴당하기 쉬운 약점을 갖고 있었다. 삼국의 무덤 형태를 보면, 고구려는 주로 돌무지무덤과 굴식돌방무덤이 많이 나오고 있으며, 백제는 고구려의 후예들에 의해 세워진 나라인 만큼 고구려와 같이 돌무지무덤과 굴식돌방무덤, 그리고 굴식벽돌무덤 형태가 주로 나타나고 있다. 다만 신라는 돌무지덧널무덤 형태가 유행하였다.

　　고구려 무덤은 초기에 돌무지무덤과 같은 돌무덤이 유행하다가 점차

▲ 돌무지무덤 구조도(장군총)

굴식돌방무덤의 흙무덤으로 바뀌었다. 그런데 이 같은 경향은 주로 지배자들의 무덤에 해당하는 것이고, 일반인들은 달랐다. 일반인들의 무덤은 초기부터 널무덤이나 돌널무덤 같은 형태가 널리 유행하였다.

고구려 돌무지무덤의 형태로 유명한 것으로는 태왕릉, 장군총 등이 있으며, 굴식돌방무덤으로는 무용총, 각저총, 쌍영총, 수산리 고분, 덕흥리 고분, 강서 삼묘 등이 있다. 특히 돌방무덤에는 무덤 안에 방이 있어 그 방의 벽면에 그림을 그릴 수 있다. 따라서 돌방무덤에서는 벽화가 나오는 게 특징인데, 흔히 벽화를 중심으로 무덤 이름을 짓기도 한다.

▲ 굴식돌방무덤 구조도(송산리 1호분)

백제는 고구려인들이 남쪽으로 내려와 세운 나라였던 만큼, 백제 무덤은 그 양식이 고구려 무덤과 비슷하게 발전하였다. 수도가 한강 유역에 있었던 시기에는 돌무지무덤이 유행하다가, 금강 유역으로 수도를 옮긴 웅진시대와 사비시대에는 굴식돌방무덤이 유행하였다. 특

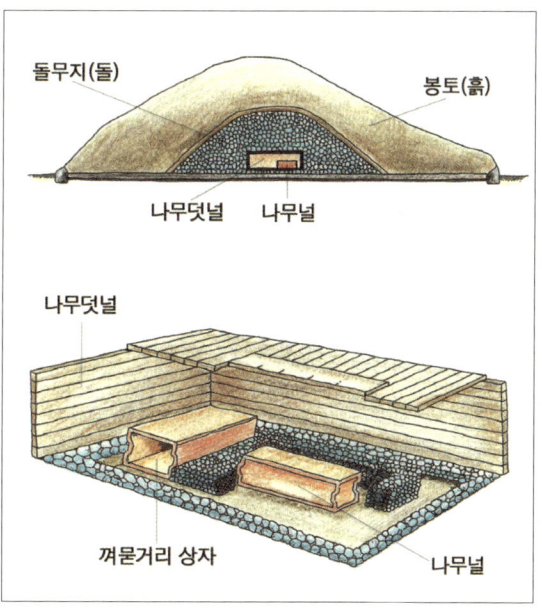
▲ 돌무지덧널무덤 구조도(천마총)

히 웅진시대 이후에는 중국의 영향으로 굴식벽돌무덤도 만들어졌다. 벽돌무덤도 돌방무덤의 경우와 마찬가지로 방이 있으므로 벽화가 나오는 것이 특징이다.

백제의 대표적인 무덤은 '서울 석촌동 무덤밭[석촌동 백제 초기 적석총]'(사적 제243호), '공주 송산리 무덤밭'(사적 제13호), '부여 능산리 무덤밭'(사적 제14호), '나주 대안리 무덤밭'(사적 제76호)·'나주 신촌리 무덤밭'(사적 제77호)·'나주 덕산리 무덤밭'(사적 제78호) 등이 있다. 공주 송산리 무덤밭의 대표적인 무덤인 송산리 7호분 '무령왕릉'은 굴식벽돌무덤의 형태를 이루고 있다.

신라 무덤의 기본형은 돌무지덧널무덤이다. 이것은 시체를 둔 관을 덧널 안에 넣고, 덧널 위를 돌로 쌓은 후 다시 진흙으로 덮은 형태의 무덤이다. 통일 전에는 주로 이 같은 형태가 유행하다가, 통일 후 고구려와 백제의 영향으로 굴식돌방무덤이 널리 퍼졌다.

굴식돌방무덤은 방과 벽이 있어 벽화를 그릴 수 있었지만, 돌무지덧널무덤은 방이 없으므로 벽화를 그릴 수 없다. 비록 나무로 된 덧널이나 껴묻거리에 그림을 그릴 수는 있지만, 그래도 이렇게 그려진 그림은 벽화에 해당하지 않는다. 흔히 천마총 '천마도'를 무용총의 '무용도'나 '수렵도'처럼 벽화로 보기 쉬운데, 천마도는 벽화가 아니라 껴묻거리로 넣어놓은 장니(障泥: 말을 탄 사람에게 흙 따위가 튀지 않게 하려고 말의 안장 양쪽에 늘어뜨리어 놓은 물건)에 그려진 그림일 뿐이다.

신라의 대표적 무덤으로는 경북 경주시 노동동에 있는 '경주 노동리 무덤밭'(사적 제38호), 경주시 노서동 '경주 노서리 무덤밭'(사적 제39호), 경주시 황남동 '경주 황남리 무덤밭'(사적 제40호), 경주 황오동 '경주 황오동 무덤밭'(사적 제41호), 경주 인왕동 '경주 인왕리 무덤밭'(사적 제42호), 경주시 건천읍 금척리 '경주 금척리 무덤밭'(사적 제43호) 등이 있다.

- [고구려] 돌무덤→흙무덤

    (초 기) 돌무지무덤

    (후 기) 굴식돌방무덤

- [백 제] 돌무덤→흙무덤

    (한성시대) 돌무지무덤

    (웅진시대) 굴식돌방무덤·굴식벽돌무덤

    (사비시대) 굴식돌방무덤·굴식벽돌무덤

    *영산강유역: 독무덤

- [신 라] 흙무덤

    (통일 전) 돌무지덧널무덤

    (통일 후) 돌무지덧널무덤·굴식돌방무덤

신라의 돌무지덧널무덤은 그 형태부터가 복잡할 뿐만 아니라 그 안에 비어 있는 공간도 없다. 이에 비해 백제의 굴식돌방무덤이나 굴식벽돌무덤은 그 안에 넓은 공간이 있다. 따라서 위에서 무거운 쇠망치 같은 것으로 내려치면 굴식돌방무덤이나 굴식벽돌무덤은 '쿵쿵' 소리가 날 수도 있지만, 돌무지덧널무덤은 소리가 나기 어렵다. 결국 돌무지무덤은 굴식돌방무덤이나 굴식벽돌무덤에 비해 발견되기가 쉽지 않다. 또 돌무지무덤을 발견하였다 하더라도 그 속에 들어 있는 부장품을 꺼내기 위해서는 땅을 파헤치고 자갈을 들어내야 한다. 그래서 돌무지무덤은 사람들 몰래 유물을 꺼내기가 쉽지 않다. 즉 도굴이 어렵다.

하지만 굴식돌방무덤이나 굴식벽돌무덤은 사람이 무덤 안으로 들어갈 만큼의 작은 입구만 열면 쉽게 부장품을 꺼내 올 수 있다. 다른 사람들 몰래 살짝살짝 입구를 열었다 닫았다 하면서 하나씩 하나씩 빼낼 수 있기 때문에 굴식돌방무덤이나 굴식벽돌무덤은 도굴당하기 쉽다. 따라서 백제가 신라보다 유물이 적은 까닭은 도굴과 전혀 무관하지는 않을 것이다. 백제 문화유산이 적은 것은, 공주에서 1박도 하지 않고 관광을 끝내는 것은 어쩌면 무덤의 형태에서 빚어진 비극인지도 모른다.

〈굴식돌방무덤 · 굴식벽돌무덤〉
· 발견하기 쉽다.
· 도굴당하기 쉽다.
· 벽화가 나온다.
· 고구려, 백제 무덤

〈돌무지덧널무덤〉
· 발견하기 어렵다.
· 도굴하기도 어렵다.
· 벽화는 나오지 않는다.
· 신라 무덤

사람만큼이나 무덤도 각양각색이다

신분에 따라, 특징에 따라 무덤 이름에 붙여지는 용어로 능·원·묘·단·총·분이 있다고 하였다. 이런 용어가 실제 무덤 이름에 사용된 예를 널리 알려진 무덤이나 역사적 가치가 높다는 무덤을 중심으로 살펴보자.

능(陵)

제왕(帝王)과 그 후비(后妃)의 무덤에 붙여지는 용어인 능이 사용된 예로는, **동명왕릉**(고구려 동명왕의 무덤. 평남 평양시 역포구역 용산리 위치), **태왕릉**(太王陵: 광개토대왕의 무덤으로 추정되는 고구려 최대형 급의 무덤으로, 와당과 함께 '願太王陵安如山固如丘'라고 양각한 벽돌이 발견되었다. 중국 길림성 집안시 여산 위치), **무령왕릉**(백제 25대 무령왕과 왕비의 무덤. 충남 공주시 금성동 위치), **신라 무열왕릉, 신라 경덕왕릉, 신라 진덕여왕릉, 경주 괘릉**(掛陵: 신라 38대왕 원성왕의 무덤으로 추정. 경북 경주시 외동읍 괘능리 위치), **신라 성덕왕릉, 신라 헌덕왕릉, 신라 흥덕왕릉, 수로왕**

▲ **융릉(隆陵)** 융릉은 사도세자와 부인 혜경궁 홍씨의 합장 무덤이다. 사도세자는 죽음을 당하여 그의 무덤은 수은묘(垂恩墓)라 하였는데, 아들이 조선 22대 정조로 즉위하면서 영우원(永祐園), 다시 현융원(顯隆園)으로 승격되었다. 또 사도세자가 장헌세자, 다시 장종(莊宗)·장조(莊祖)로 추존(혜경궁 홍씨는 헌경왕후로 추존)되면서 융릉이라 하였다. 융릉 바로 옆에는 정조와 부인 효의왕후 김씨의 합장 무덤인 건릉(健陵)이 있다.

릉(금관가야의 시조이자 김해 김씨의 시조인 수로왕의 무덤. 경남 김해시 서상동 위치), 수로왕비릉(수로왕의 부인 허황옥의 무덤. 경남 김해시 구산동 위치), 익산 쌍릉(雙陵: 근처에 미륵사가 있어서 미륵사를 처음 만든 백제 무왕과 왕비인 선화공주의 무덤일 것으로 짐작되고 있으나 뚜렷한 증거는 없다. 전북 익산시 석왕동 위치), 문무대왕릉, 신라 오릉[新羅 伍陵: 신라 시조 박혁거세와 2대 남해차차웅, 3대 유리이사금, 5대 파사이사금 등 신라 초기 4명의 박씨 임금과 혁거세의 부인 알영왕비 등 5명의 무덤. 사릉(蛇陵)이라고도 한다. 경북 경주시 탑동 위치], 신라 일성왕릉, 신라 탈해왕릉, 신라 미추왕릉, 신라 법흥왕릉, 신라 진흥왕릉, 신라 진지문성왕릉, 신라 헌안왕릉, 신라 진평왕릉, 신라 신문왕릉, 신라 선덕여왕릉, 신라 효공왕릉, 신라 효소왕릉, 신라 신무왕릉, 신라 정강왕릉, 신라 헌강왕릉, 신라 내물왕릉, 전민애왕릉(傳閔哀王陵: 신라 44대 민애왕의 무덤으로 전해지는 능. 경북 경주시 내남면 망성리 위치), 고려 공양왕릉(고려의 마지막 왕인 공양왕과 부인 순비 노씨의 무덤. 경기 고양시 덕양구 원당동 위치), 건원릉·현릉·목릉·휘릉·숭릉·혜릉·원릉·수릉·경릉의 동구릉[東九陵: 도성의 동쪽에 있는 9개의 무덤. 조선을 세운 태조의 무덤을 시작으로 무덤이 생길 때마다 동오릉·동칠릉이라 불렀는데, 철종 6년(1855)에 수릉(綏陵)이 옮겨진 이후 동구릉으로 굳어졌다. 이곳에는 1대 태조의 건원릉(健元陵)을 중심으로 5대 문종과 현덕왕후 권씨의 무덤인 현릉(顯陵), 14대 선조와 의인왕후 박씨 및 계비 인목왕후 김씨의 무덤인 목릉(穆陵), 16대 인조의 계비 장렬왕후의 무덤인 휘릉(徽陵), 18대 현종과 명성왕후 김씨의 무덤인 숭릉(崇陵), 20대 경종의 부인 단의왕후 심씨의 무덤인 혜릉(惠陵), 21대 영조와 계비 정순왕후 김씨의 무덤인 원릉(元陵), 23대 순조의 원자로서 왕으로 추존된 문조과 신정왕후 조씨의 무덤인 수릉(綏陵), 24대 헌종과 효현왕후 김씨 및 계비 효정왕후 홍씨의 무덤인 경릉(景陵) 등 9개의 무덤이 있다. 경기 구리시 인창동 위치], **헌릉 · 인릉**(獻陵 · 仁陵: 헌릉은 조선 3대 태종과 원경왕후 민씨의 무덤이며, 인릉은 23대 순조와 순원왕후 김씨의 무덤. 서울 서초구 내곡동 위치), **영릉 · 녕릉**(英陵 · 寧陵: 영릉은 조선 4대 세종과 소헌왕후 심씨의 무덤이며, 녕릉은 17대 효종과 인선왕후 장씨의 무덤이다. 경기 여주군 능서면 왕대리 위치), **장릉**(莊陵: 조선 6대 단종의 무덤. 강원 영월군 영월읍 영흥리 위치), **광릉**(光陵: 조선 7대 세조와 정희왕후 윤씨의 무덤. 경기 남양주시 진접읍 부평리 위치), **경릉 · 창릉 · 명릉 · 익릉 · 홍릉의 서오릉**[西伍陵: 추존된 왕인 덕종과 소혜왕후 한씨의 경릉(敬陵), 8대 예종과 계비 안순왕후 한씨의 무덤인 창릉(昌陵), 19대 숙종과 1계비 인현왕후 민씨 및 2계비 인원왕후 김씨의 명릉(明陵), 숙종의 원비인 인경왕후 김씨의 무덤인 익릉(翼陵), 21대 영조와 정성왕후 서씨의 무덤인 홍릉(弘陵)으로, 동구릉 다음으로 큰 조선왕조 왕실의 가족무덤이다. 서오릉에는 5개의 능 이외에도 조선왕조 최초의 '원'으로 명종의 첫째 아들인 순회세자의 무덤 순창원과 숙종의 후궁으로 많은 역사적 일화를 남긴 희빈 장씨의 무덤이 있다. 경기 고양시 덕양구 용두동 위치], **선릉 · 정릉**(宣陵 · 靖陵: 선릉은 조선 9대 성종과 부인 정현왕후의 무덤이며, 정릉은 11대 중종의 무덤이다. 서울 강남구 삼성동 위치), **희릉 · 효릉 · 예릉의 서삼릉**[西三陵: 조선 11대 중종의 계비 장경왕후 윤씨의 무덤인 희릉(禧陵)과 12대 인종과 부인 인성왕후 박씨의 무덤인 효릉(孝陵)이 들어서면서 왕실묘지가 된 곳이다. 이후 주변에 후궁이나 대군, 공주의 무덤이 조성되었고, 25대 철종과 부인 철인왕후의 무덤인 예릉(睿陵)이 들어오면서 서삼릉이 되었다. 경기 고양시 덕양구 원당동 위치)], **태릉 · 강릉**(泰陵 · 康陵: 태릉은 조선 11대 중종의 두 번째 부인 문정왕후 윤씨의 무덤이며, 강릉은 13대 명종과 부인 인순왕후 심씨의 무덤이다. 서울 노원구 공릉동 위치), **장릉**(章陵: 조선 14대 선조의 다섯 번째 아들이자 16대 인조의 아버지로, 왕으로 추존된 원종과 부인 인헌왕후 구씨의 무덤. 경기 김포시 풍무동 위치), **장릉**(長陵: 조선 16대 왕인 인조와 인열왕후의 무덤. 경기 파주시 탄현면 갈현리 위치), **의릉**(懿陵: 조선 20대 경종과 선의왕후의 무덤. 서울 성북구 석관동 위치), **공릉 · 순릉 · 영릉의 파주 삼릉**[坡州三陵: 조선 8대 예종의 원비인 장순왕후의 무덤인 공릉(恭陵)과 조선 9대 성종의 원비 공혜왕후 한씨의 무덤인 순릉(順陵), 죽은 후에 왕으로 봉해진 영조의 첫째 아들 효장세자와 부인 효순왕후 조씨의 무덤인 영릉(永陵) 등 세 개의 무덤. 경기 파주시 조리읍 봉일천리 위치], **융릉 · 건릉**(隆陵 · 健陵: 융릉은 사도세자와 부인 혜경궁 홍씨의 무덤이며, 건릉은 조선 22대 정조와 효의왕후 김씨의 무덤이다. 경기 화성시 안녕동 위치), **홍릉 · 유릉**(洪陵 · 裕陵: 홍릉은 조선 26대 고종과 부인 명성황후의 무덤이며, 유릉은 순종과 순명효황후 민씨 및 계비 순정효황후 윤씨의 무덤이다. 경기 남양주시 금곡동 위치), **정릉**(貞陵: 조선 태조 이성계의 두 번째 부인 신덕왕후 강씨의 무덤. 서울 성북구 정능동 위치), **사릉**(思陵: 사릉은 조선 6대 단종의 부인 정순왕의 무덤. 경기 남양주시 진건면 사능리 위치), **온릉**(溫陵: 조선 중종의 부인 단경왕후의 무덤. 경기 양주시 장흥면 일영리 위치), **전구형왕릉**[傳仇衡王陵: 가야 10대 구형왕의 무덤으로 전해지고 있는 돌무덤으로, 구형왕은 구해(仇亥) 또는 양왕(讓王)이라 하는데 김유신의 할아버지이다. 경남 산청군 금서면 화계리 위치], **배리 삼릉**(拜里 三陵: 신라 8대 아달라이사금, 53대 신덕왕, 54대 경명왕 등 박씨 3왕의 능이라고 전해지는 무덤. 경북 경주시 배동 위치), **희강왕릉, 경애왕릉, 지마왕릉, 고려 고종 홍릉**(高麗 高宗 洪陵: 홍릉은 고려 23대 고종의 무덤이다. 인천 강화군 강화읍 국화리 위치), **신라 경순왕릉, 석릉**(碩陵: 고려 희종의 무덤. 인천 강화군 양도면 길정리 위치), **가릉**(嘉陵: 고려 원종의 부인 순경태후의 무덤. 인천 강화군 양도면 능내리 위치), **곤릉**(坤陵: 고려 강종의 부인 원덕태후 유씨의 무덤. 인천 강화군 양도면 길정리 위치), **명주군왕릉**(溟州郡王陵: 신라 하대의 진골 귀족으로 강릉 김씨의 시조인 김주원의 묘소. 그가 명주군왕

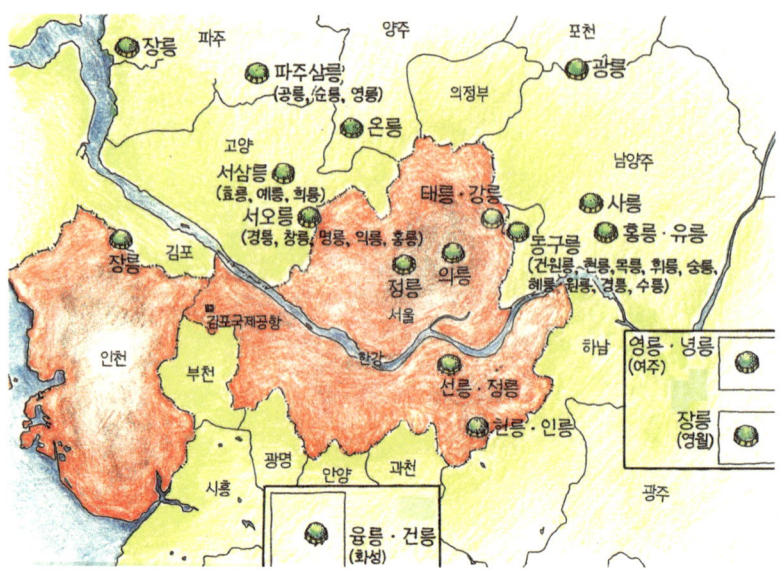

▲ **조선 왕릉의 분포도** 조선 왕족의 무덤은 모두 119기에 이르며, 이 가운데 능이 42기이고, 원이 13기이며, 묘가 64기 정도이다. 42기의 능 가운데 북한 개성에 있는 제릉, 후릉을 제외한 40기의 능이 남한에 있다.

으로 봉해졌기에 왕릉이라고 부른다. 강원 강릉시 성산면 보광리 위치), **실직군왕릉**(悉直郡王陵: 삼척 김씨의 시조이며 신라 경순왕의 손자인 김위옹의 묘소. 실직군왕이란 명칭은 고려 태조 왕건이 신라 경순왕의 복속을 받아들이고 실직군왕으로 책봉하여 대우하면서 유래한 것이다. 강원 삼척시 성북동 위치), **전사벌왕릉**(傳沙伐王陵: 사벌국왕의 능이라고 전해지는 무덤. 사벌국은 경상북도 상주지방에 있었던 삼한 소국 중의 하나로, 일명 사량벌국이라고도 한다. 신라 54대 경명왕의 여덟 왕자 중 다섯 번째 왕자인 언창이 사벌주의 대군으로 책봉되어 사벌국이라 칭하고, 11년간 이 지역을 통치하였다. 경북 상주시 사벌면 화달리 위치), **전고령가야왕릉**(傳古寧伽倻王陵: 고령가야 태조의 능이라고 전해지는 무덤. 경북 상주시 함창읍 회천리 위치), **삼척 공양왕릉**(三陟 恭讓王陵: 고려 왕조의 마지막 임금인 공양왕의 능으로 전해지는 무덤. 공양왕릉은 강원도 삼척시와 경기도 고양시 두 곳에 전해지고 있는데, 어느 쪽이 공양왕릉인지는 문헌이 부족하여 정확히 알 수 없다. 고양시의 능은 일부 기록에 나와 있고, 삼척시의 능은 민간에 전해 내려오고 있다. 강원 삼척시 근덕면 궁촌리 위치) 등이 있다.

이외에도 북한에 있는 것으로 현릉(顯陵: 고려 태조와 신혜왕후 유씨의 무덤. 경기도 개풍군 중서면 곡령리 위치), 순릉(順陵: 고려 2대 혜종의 무덤. 경기도 개성시 고려동 위치), 영릉(榮陵: 고려 5대 경종의 무덤. 경기도 개풍군 진봉면 탄동리 위치), 영릉(英陵: 고려 15대 숙종의 무덤. 경기도 장단군 진서면 판문리 구정동 위치), 명릉(明陵: 고려 29대 충목왕의 무덤. 경기도 개풍군 중서면 여릉리 명릉동 위치), 현릉(玄陵: 고려 31대 공민왕의 무덤. 경기도 개풍군 중서면 여릉리 정릉동 위치), 정릉(正陵: 고려 31대 공민왕의 비 노국공주의 무덤. 경기도 개풍군 중서면 여릉리 봉명산 위치), 정릉(定陵: 조선 태조의 아버지 환조의 무덤. 함남 함주군 동천면 경흥리 위치), 순릉(純陵: 조선 태조의 할머니 경순왕후 박씨의 무덤. 함남 함주군 서호면 능전리 위치), 숙릉(淑陵: 조선 태조의 증조모인 정숙왕후 최씨의 무덤. 함남 문천군 도초면 능전리 위치), 덕릉(德陵: 조선 태조의 고조부 목조의 무덤. 함남 신흥군 가평면 능리 위치), 제릉(齊陵: 태조 이성계의 정비 신의왕후의 무덤, 황해북도 개풍군 대련리 위치), 후릉(厚陵: 정종과 정안왕후의 무덤, 황해북도 개풍군 영정리 위치) 등이 있다.

왕릉 가운데에는 동음이의어나 같은 이름을 쓰는 무덤도 있다. 현릉은 顯陵과 玄陵처럼 동음이의어를 사용하고 있으며, 顯陵만 해도 ① 고려 태조와 신혜왕후 유씨의 능과 ② 조선 5대 문종과 현덕왕후 권씨의 능처럼 같은 이름을 쓰고 있다. 순릉은 順陵과 純陵이 있으며, 順陵만 해도 ① 고려 2대 혜종의 능과 ② 조선 9대 성종의 원비 공혜왕후 한씨의 능이 있다. 영릉은 榮陵·英陵·永陵이 있으며, 英陵만 해도 ① 고려 15대 숙종의 능과 ② 조선 4대 세종과 소현왕후 심씨의 능이 있다. 장릉은 長陵·莊陵·章陵이 있으며, 정릉은 正陵·定陵·貞陵·靖陵이 있다. 그리고 명릉(明陵)만 해도 ① 고려 29대 충목왕의 능과 ② 조선 19대 숙종과 1계비 인현왕후 민씨 및 2계비 인원왕후 김씨의 능이 있다.

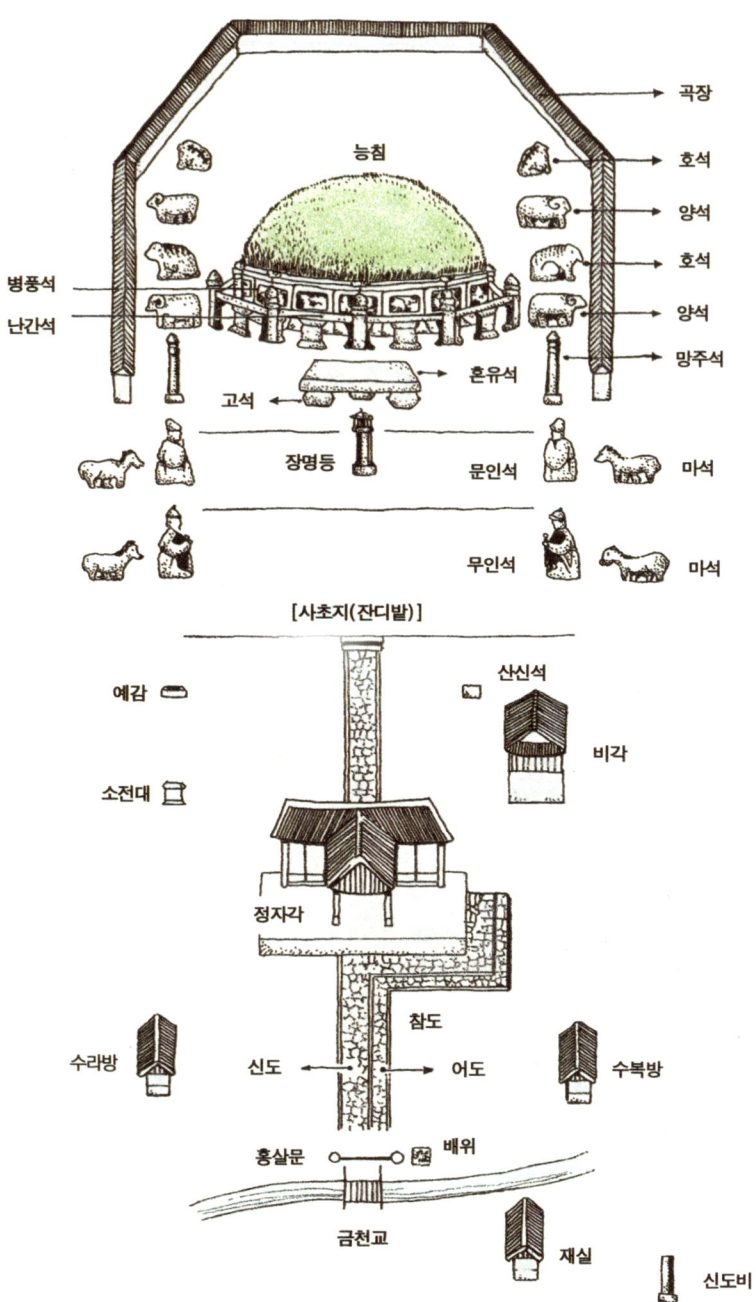

태릉은 일반인들에게도 널리 알려진 이름이다. 1966년 대한체육회가 주관하여 주로 국가대표 선수들을 전문적으로 훈련하기 위해 설립한 태릉선수촌(泰陵選手村)의 '태릉'은 바로 태릉(泰陵)에서 온 것이다. 마찬가지로 서울특별시 성북구 '정릉'동(貞陵洞)도 정릉(貞陵)에서 온 말이며, 경기도 개풍군 중서면 여릉리 '명릉'동(明陵洞)도 명릉(明陵)이 있는 곳이라는 뜻에서 붙여진 이름이다.

왕릉은 왕이나 왕비의 무덤이기에 그 규모나 모양에서도 일반 무덤과 크게 달랐다. 왕릉이 있는 곳은 최고의 명당자리일뿐더러 명당자리에 조성하는 봉분이나 각종 시설 또한 의미 있는 구조를 갖추었다. 태조 건원릉과 세종 영릉을 중심으로 조선시대 왕릉의 구조를 살펴보면 대개 다음과 같은 것들로 조성되어 있다.

◀ **왕릉 구조도**

- **곡장(曲墻)** 능을 보호하기 위해 봉분을 삼면에서 둘러싸고 있는 담장으로, 곡담이라고도 하며, 봉분 옆·뒤로 나지막하게 둘러쌓는다.

- **능침(陵寢)** 능 주인이 잠들어 있는 곳으로, 능상(陵上)이라고도 한다. 보통 흙을 둥글게 쌓아 올려서 만드는데, 봉분(封墳)이라고도 한다.

- **호석(虎石) [석호(石虎)]** 돌로 만든 호랑이로, 호랑이는 용맹한 동물로 능을 지키는 수호신 구실을 하며, 능이나 큰 무덤가에 설치한다.

- **양석(洋石) [석양(石羊)]** 돌로 만든 양으로, 양은 상서로운 동물로 죽은 이의 명복을 빌며 사악한 것을 물리치는 구실을 하며, 능이나 큰 무덤가에 설치한다.

- **병풍석(屛風石)** 봉분을 보호하기 위하여 봉분 아래를 빙 둘러가며 쌓은 돌로, 흔히 십이지신상이나 목단, 연화 문양을 새겨놓는다. 일반 무덤에서는 보통 호석(護石: 둘레돌)이라고 부른다.

- **난간석(欄干石)** 병풍석 밖에 돌로 세워놓은 난간을 말한다.

- **혼유석(魂遊石)** 말 그대로 '혼이 노는 돌(곳)'이라는 뜻인데, 망자의 혼이 나와 머물다 가는 곳이다. 일반 묘에서는 상석(床石: 돌로 만들어진 상으로, 무덤 앞 가운데 위치한다) 뒤에 혼유석이 있으나 왕릉은 정자각에서 제사를 지내기 때문에 상석은 없고 혼유석만 있다. 능의 혼유석은 일반 묘의 상석보다 더 크기 때문에 이 혼유석을 상석으로 착각하기 쉽다. 또 일반 묘에서는 상석 앞에 향을 피울 수 있는 향로석(香爐石)을 설치하는데, 왕릉은 정자각에서 제사를 지내기 때문에 혼유석 앞에 따로 향로석을 마련하지 않는다.

- **고석(鼓石)** 상석이나 혼유석을 밑에서 받치고 있는, 북 모양으로 된 돌로, 보통 두 개 또는 네 개의 받침

돌로 구성한다. 고석에는 도깨비 얼굴이나 문고리를 조각하는데, 이는 벽사(辟邪: 삿된 것을 물리침)의 의미를 뜻하거나 문을 열고 들어가는 통로임을 알리는 것이다.

- **망주석(望柱石)** 무덤의 앞 또는 좌우에 세워진 돌기둥으로, 간단히 망주(望柱), 석주(石柱)라고도 하며, 망부석(望夫石)이라고도 한다. 일반적으로 두 개가 한 쌍을 이루고 있는데, 동쪽(왼쪽) 망주석에는 다람쥐[또는 세호(細虎: '작은 호랑이'로 상상의 동물), 도롱뇽]가 올라가는 모습으로, 서쪽(오른쪽) 망주석에는 내려오는 모습으로 조각되어 있고, 망주석의 윗부분은 연꽃 봉우리 모양으로 되어 있다. 망주석에 새겨진 동물이 올라가는 모습과 내려가는 모습을 하고 있는 것에 대해 동쪽은 촛불을 켜기 위해 올라가고 서쪽은 불을 끄고 내려오는 것을 의미한다고 해석하기도 하고, 또 죽은 자의 영혼이 한쪽으로 나갔다가 이 망주석을 보고 자신의 무덤인 것을 알고 다른 쪽으로 들어온다고 해석하기도 하며, 이외에도 다른 해석을 하는 등 의견이 다양하다.

- **명등석(明燈石) [장명등(長明燈)]** 무덤 앞에 불을 밝히기 위해 돌로 만든 등으로, 사악한 기운을 쫓는다는 벽사의 기능을 하기도 한다. 조선시대에는 1품 이상인 계층만 장명등을 세울 수 있었다.

- **문무석(文武石)** 문인석(文人石)과 무인석(武人石)을 말하는데, 죽은 왕을 지킨다는 상징성을 가진다. 능 앞에 장명등을 중앙으로 하여 한 계단 아래 좌우측에 각각 문관과 무관을 한 줄씩 돌로 조각하여 세운다. 보통 문인석이 무인석보다 위쪽에 있으며, 보통 문무석 뒤에 '돌로 만든 말'인 마석[馬石, 석마(石馬)]을 함께 설치한다. 문인석은 두 손으로 홀(笏: 의식 때 신하가 두 손에 모아 쥐고 임금 앞에서 예를 갖추던, 긴 직사각형 모양의 패)을 쥐고 서 있으며, 무인석은 두 손으로 장검(長劍: 긴 칼)을 짚고 위엄 있는 자세로 서 있다. 왕릉 대부분에는 문인석과 함께 무인석이 세워져 있다. 보통 무인석은 왕릉에만 세울 수 있었다고 하지만, 왕의 무덤이 아닌 일반 묘에도 무인석이 세워져 있는 곳도 있다.

- **사초지(莎草地)** 무인석이 있는 위치부터 아래 정자각이 있는 곳까지 경사가 급한 지역을 말하는데, 대개 잔디밭으로 조성한다.

- **예감(瘞坎)** 제례를 마치고 지방이나 축문을 비롯한 제물을 태워서 땅에 묻는 곳으로, 네모난 돌 상자 모양으로 설치한다. 홍살문에서 정자각을 바라보아 능 아래 정자각 뒤편 왼쪽 모퉁이에 위치한다.

- **산신석(山神石)** 장사 후 3년간 후토신(后土神: 땅을 관장하는 신)에게 제사를 지내는 곳으로, 넓찍한 돌을 사용하였다. 홍살문에서 정자각을 바라보아 능 아래 정자각 뒤편 오른쪽, 예감과 마주 보는 곳에 설치한다.

- **소전대(燒錢臺)** 제례를 마치고 지방(紙榜)이나 축문[祝文: 제사 때에 읽어 신명(神明)께 고하는 글]을 불태우는 곳으로, 돌로 만들어놓았으며, 망료(望燎)라고도 한다. 홍살문에서 정자각을 바라보아 능 아래 정자각 뒤편 왼쪽에 위치한다. 처음에는 이렇게 지방이나 제문을 불에 태웠으나 불이 날 염려 때문에 나중에는 묻는 것으로 바뀌어 예감이 설치되고 소전대는 생략되었다.

- **비각(碑閣)** 묘주(墓主: 무덤 주인, 즉 무덤의 주인공)의 비석이나 신도비(神道碑: 무덤 주인의 업적을 기록한 비석)를 보관하는 건물로, 홍살문에서 정자각을 바라보아 능 아래 정자각 뒤편 오른쪽에 위치한다. 일반 묘에서는 묘비(墓碑)를 봉분 앞 중앙에 설치하곤 한다.

- **정자각(丁字閣)** 능 아래 위치하여 있는 丁자형으로 지어진 건물로, 제사를 지내는 곳이다. 이곳에 신주를 모시고 제사를 지낸다. 신도(神道)와 일직선으로 배치하며, 계단은 동쪽과 서쪽에 두었는데, 이는 동쪽으로 들어가 서쪽으로 나오는 '동입서출(東入西出)'의 유교적 격식을 위한 것이다.

- **참도(參道)** 홍살문에서 정자각까지 이어진 길로, 참배로(參拜路)라고도 한다. 홍살문에서 정자각에 이르는 길은 돌[박석(薄石: 얇고 넓적하게 만든 돌)]을 깔아놓았는데, 신도(神道: 신이 다니는 길)와 어도(御道: 임금이 다니는 길)로 나뉘어 있다. 들어가는 방향에서 왼쪽이 신도이고 오른쪽이 어도인데, 신도는 신로(神路)라고도 부른다. 왼쪽의 신도는 능의 주인인 혼령이 다니는 길로서, 제사를 모시는 왕이 다니는 오른쪽의 어도보다 약간 높고 넓다. 이렇게 산 자와 죽은 자가 다니는 길을 구분하고 있는 만큼 살아 있는 이들은 결코 신도로 걸어가서는 안 된다. 길이 세 칸으로 되어 있으면 가운데 신도를 사용하면 안 되며, '동입서출(東入西出)'의 격식에 따라 들어갈 때 동쪽(보통 묘 주인이 보아 서쪽, 들어가는 사람의 방향에선 오른쪽) 길로 들어가고, 나올 때는 서쪽 길로 나와야 한다.
- **수복방(守僕房)** 능을 지키거나 관리하는 수복[守僕: 조선시대 단(壇)·묘(廟)·능(陵)·원(園)·궁(宮)·전(殿)에서 청소하는 일을 담당하던 사람]이 지내던 곳으로, 능 입구에서 정자각을 바라보아 정자각 오른쪽 능 입구에 자리한다. 수복청(守僕廳)이라고도 한다.
- **수라방(水刺房)** 제사 음식을 만들거나 제물을 준비하는 곳으로, 능 입구에서 정자각을 바라보아 정자각 왼쪽에 자리한다. 수라간(水刺間), 수라청(水刺廳)이라고도 한다.
- **배위(拜位)** 왕이 제사를 지내러 왔을 때 홍살문 앞에서 내려 이곳에서 절을 하며 망릉례(望陵禮: 능을 바라보며 제사를 지내러 왔음을 알리는 의식) 등을 행하던 곳으로, 홍살문 오른쪽에 한 평 정도 돌을 깔아놓아 설치한다.
- **홍살문(紅-門)** 능(陵), 원(園), 묘(廟), 궁전, 관아, 서원 등에 앞에 세운, 붉은 칠을 한 문으로, 신성한 지역임을 알리는 문이다. 대개 둥근 기둥 두 개를 세우고 지붕 없이 붉은 살 위에 연달아 박은 형태를 이루고 있으며, 가운데에는 태극문양이 있다. 홍문(紅門)이라고도 부르는데, 보통 한자어로 홍전문(紅箭門)이지만 홍살문이라고도 읽는다.
- **금천교(禁川橋)** 왕릉의 금천(禁川: 조선시대에 만들어진 대부분의 궁궐 정문 안에 흐르는 물길)을 건너는 다리로, 속세와 성역의 경계 역할을 한다. 배산임수의 풍수지리에 따라 물을 가로질러 놓은 다리이다.
- **재실(齋室)** 제사 지낼 때 쓰기 위하여 무덤이나 사당 옆에 지은 집으로 '재각(齋閣)'이라고도 한다. 왕릉에서 능 제사와 관련된 전반적인 준비를 하는 곳으로, 임금님이 제사 지내러 오면 뒤를 따르는 신하들과 머물기도 하였다. 예전에는 능을 관리하는 참봉(능참봉)이 상주하였는데, 지금은 대개 능을 관리하는 관리 사무실로 쓰고 있다.
- **신도비(神道碑)** 죽은 사람의 출생부터 전 생애를 기록한 비석으로, 비각에 세우기도 하지만 무덤 입구에 세우기도 한다. 신도비를 세우는 목적은 죽은 사람의 뛰어난 업적을 후세에 전하여 본보기가 되도록 하기 위함이다. 처음에는 왕릉에도 신도비를 세웠지만 5대 문종의 능부터 신도비가 생략되었다. 왕은 왕조실록에 너무도 자세하게 왕의 일거수일투족이 기록되어 있으므로 굳이 따로 신도비를 세울 필요성이 없었기 때문이다.

해중릉(海中陵)이라는 게 있다. 바다 가운데 시신을 묻은 무덤을 말하는데, 수중릉(水中陵: 바다 속에 있는 무덤)이라고도 부른다. 널리 알려진 것으로 경

▲ **문무대왕릉(사적 제158호)** '대왕암(경주 대왕암)', '문무왕 해중릉'이라고도 부르는 무덤으로, 육지로부터 200m 떨어진 바다에 있다. 왼쪽 사진은 봉길해수욕장에서 바라본 원경이고, 오른쪽 사진은 위에서 본 내부 모습이다. 왕의 무덤이 바다에 있다고 하니 의아하기도 하다.

북 경주시 양북면 봉길리〈경주시 양북면 봉길해안길〉 대본부락(대본마을)에서 200m 정도 떨어진 바다에 20m 정도의 바위섬을 이룬 곳이 있다. 흔히 이곳을 '대왕암(大王巖)'이라고 부르는데, 공식 이름은 문무대왕릉(文武大王陵)이다. 『삼국사기』에 따르면 "문무왕은 자신을 화장해 동쪽 바닷가에 수장해 나라를 지키도록 하라."라는 유언을 남겼다고 한다. 신라오악조사단 소속 사람들이 이 지역을 돌아다니다 무덤 비슷한 곳을 우연히(?) 발견하여 이곳이 바로 『삼국사기』에서 말하는 문무왕의 수중릉이라고 주장하였다. 이후 널리 알려지면서 1967년 7월 24일 사적 제158호로 지정되었다. 대왕암은 자연 바위를 이용하여 만든 것으로, 그 안은 동서남북으로 인공 수로를 만들어 바닷물이 동쪽에서 들어와 잔잔하게 있다가 서쪽으로 나가도록 하였다. 수면 아래에는 길이 3.7m, 폭 2.06m의 남북으로 길게 놓인 넓적한 거북 모양의 돌이 덮여 있는데, 이 안에 문무왕의 화장한 유골이 매장되어 있을 것으로 추측하고 있다.

▲ **울산 대왕암** 용의 형상으로 솟아 있는 바위섬으로, 용의 머리에 해당하는 정수리(오른쪽 원 부분)에서 일제가 박아놓은 것으로 추정되는 쇠말뚝이 발견되었다.

    이렇게 대왕암을 문무왕 해중릉이라 하여 중·고등학교 교과서에까지 사진이 소개되고 있는데, 기실 대왕암이 해중릉, 더욱이 문무대왕릉이라는 것에 대해서는 의심의 여지가 많다. 대왕암이 문무왕과 관련 있다는 사실은 분명하지만, 이곳 대왕암 자체가 문무왕의 해중릉이라는 주장에는 문제가 많다. 물론 사실을 확인하기 위하여 스쿠버다이버를 동원해서 수중 발굴까지 하였지만, 마지막 발굴 작업에서 포기하였다. 돌 뚜껑 하나만 들어 올리면 모든 것들이 밝혀질 단계에서 철수해버린 것이다. 그 이유에 대해 이 대왕암을 문무왕 해중릉이라고 처음 주장하던 이들이 발굴을 막았다는 등 말도 많고 변명도 많지만, 제대로 확인되지 않는 것들을 사실인 것처럼 이야기하고, 교과서에 사진까지 버젓이 실려 있는 것을 보면 좀 억지 같다는 생각이 들기도 한다. 또 대왕암은 인공이 아닌 자연적인 바위에 가깝다는 주장 등도 있어 대왕암을 문무왕릉으로 단정하는 것은 무리가 있다고 본다.

    대왕암은 경주에만 있는 게 아니다. 울산광역시 동구 일산동(울산광역시 동구 등대로) '대왕암공원[1962년부터 울기공원(蔚岐公園)이라고 부르다가 2004년 바꿈. '岐'는 '끝'을 뜻하는 말로, 일본식 표현이라는 지적이 있었다]'에도 대왕암(대왕바위, 보통 '댕바위'라 부름)이 있다. 바로 '울산 대왕암'이 그것이다. "일찍이 신라 문무대왕이 죽어 동쪽 바다의 한 곳에 장사 지내니 왕의 유언을 따라 왕비도 죽어 한 마리 동해 용으로 변해 하늘을 날아오르다 이곳 바위 언저리에 숨어드니 그때부터 이곳을 대왕바위라고 부르게 되었다."고 한다. 이런 울산 대왕암은 문무왕 해중릉이라고 널리 알려진 경주 대왕암에 견주어 문무왕 부인의 수중릉인 '문무대왕비릉'으로 알려져왔다.

그런데 수중탐사를 하다가 도중에 그만둔 경주 대왕암과는 달리, 울산 대왕암은 1996년 8월 울산 동구 주민이 주축이 된 울산동구향토사연구회가 주관하여 수중탐사를 마쳤다. 이때 수중 무덤으로 추정되는 석곽 궤석이 발견되어 항간에 문무대왕비릉이라고 알려져 내려오는 이야기의 진실을 밝힐 수 있는 계기가 마련되었는데, 향토사연구회에서는 "죽어서 호국용이 되겠다던 신라 문무왕의 수중릉은 경주 감포의 대왕암이 아니라 울산 동구의 대왕암이 맞다."는 주장을 제기해 관심을 끌었다. 하지만 울산 대왕암이 문무왕 해중릉인지, 아니면 문무대왕비릉인지, 진짜 해중릉이 맞는지, 아직까지 결론이 나지는 않은 채 그냥 경주 대왕암은 문무대왕의 해중릉, 울산 대왕암은 문무대왕비의 해중릉으로 많이 소개되고 있다.

한편 울산 대왕암은 용의 모습을 하고 있어 용추암(龍墜巖: 용이 승천하려다가 떨어져 된 바위, 용이 물에서 떨어져 나가려는 모습을 한 바위)이라고도 부르는데, 1997년 울산동구향토사연구회는 대왕암에서 용의 머리에 해당하는 용추암 정수리 부분에서 쇠말뚝을 발견하였다. 이 쇠말뚝은 우리 민족의 정기(精氣)를 꺾고자 일제가 심어놓은 것으로 추정되어 제거하였다. 또 2010년에는 용의 입과 관자놀이, 여의주에 해당하는 곳에서 나무 혈침(穴針)을 발견하였는데, 이 혈침 또한 쇠말뚝과 마찬가지로 일제가 우리 민족의 혈(穴)을 꺾고자 박아놓은 것이어서 그동안 일제가 전국에 박아놓은 쇠말뚝을 제거해온 민족정기선양위원회 등의 자문과 고증을 받아 혈침을 제거하였다.

원(園)

왕세자(王世子)·**왕세자빈**(王世子嬪), **왕세손**(王世孫)·**왕세손빈**(王世孫嬪)이나 왕의 생모(生母)인 빈(嬪)과 왕의 사친(私親)의 무덤에 붙여지는 용어인 원이 사용된 예로는, **순강원**(順康園: 조선 14대 선조의 후궁인 인빈 김씨의 무덤. 경기 남양주시 진접읍 내각리 위치), **영회원**[永懷園: 조선 16대 인조의 장자인 소현세자의 부인 민회빈 강씨의 무덤으로, 아왕릉(兒王陵)이라고도 한다. 경기 광명시 노온사동 위치], **소령원**[昭寧園: 조선 19대 숙종의 후궁이며 21대 영조의 어머니인 숙빈 최씨의 무덤. 위패는 조선시대 역대 왕이나 추존된 왕의 생모인 7명의 후궁을 모신 칠궁(七宮) 중 육상궁(毓祥宮)에 모셨다. 경기 파주시 광탄면 영장리 위치], **수길원**(綏吉園: 조선 21대 영조의 후궁인 정빈 이씨의 무덤. 경기 파주시 광탄면 영장리 위치), **휘경원**(徽慶園: 조선 22대 정조의 후궁 수빈 박씨의 무덤. 경기 남양주시 진접읍 부평리 위치), **영휘원·숭인원**[永徽園·崇仁園: 영휘원은 조선 26대 고종의 후궁인 순헌귀비 엄씨의 무덤으로, 위패는 조선 역대 왕이나 왕으로 추존된 이의 생모인 7명의 후궁을 모신 칠궁(七宮)에 모셨다. 영휘원 안에는 영친왕의 장자 이진(李晉)의 무덤인 숭인원이 있다. 원래 이곳은 명성왕후를 모셨던 홍릉이 있었으나, 1919년

▲ **소령원(사적 제358호)** 조선 숙종의 후궁이자 영조의 어머니인 숙빈 최씨(1670~1718)의 무덤으로, 숙종 44년 49세에 사망하여 경기 파주 이곳에 묻혔는데, 처음에는 '묘'였다가 영조 29년(1753) 소령'원'으로 봉해졌다. 근처에 영조의 후궁인 정빈 이씨(1693~1720)의 무덤인 수길원(사적 제359호)이 있다.

경기도 남양주시 금곡동 고종황제의 능과 합장하기 위해 옮겼다. 서울 동대문구 청량리동 위치], **효창원**(孝昌園: 조선 22대 정조의 장자인 문효세자의 무덤으로, 서삼릉 안에 있다. 경기도 고양시 덕양구 원당동 위치) 등이 있다. 원은 능에 비해 많지 않은 편이다.

묘(墓)

일반인의 무덤에 흔히 붙여지는 용어인 묘가 사용된 예로는, **연산군묘**(燕山君墓: 조선 10대 연산군과 부인 거창 신씨의 무덤. 서울 도봉구 방학동 위치), **광해군묘**(光海君墓: 조선 15대 광해군과 부인 유씨의 무덤. 경기도 남양주시 진건면 송릉리 위치), **영창대군묘**(永昌大君墓: 선조와 인목왕후 사이에 태어난 영창대군의 무덤 경기 안성시 일죽면 고은리 위치), **숭선군묘**(崇善君墓: 조선 12대 인조의 5남 숭선군의 무덤. 충남 공주시 이인면 오룡리 위치), **남연군의 묘**(南延君墓: 흥선대원군의 아버지 남연군 이구의 묘. 충남 예산군 덕산면 상가리 위치), **흥선대원군묘**(興宣大院君墓: 조선 26대 고종의 아버지 이하응의 무덤. 경기도 남양주시 화도읍 창현리 위치), **덕흥대원군묘**(德興大院君墓: 조선 14대 선조의 아버지인 덕흥대원군의 무덤. 경기 남양주시 별내면 덕송리 위치), **명빈묘**(明嬪墓: 조선 3대 태종의 후궁 명빈 김씨의 무덤. 경기 구리시 아천동 위치), **성묘**(成墓: 조선 14대 선조의 후궁이며 광해군을 낳은 공빈 김씨의 무덤. 경기 남양주시 진건면 송릉리 위치), **안빈묘**(安嬪墓: 조선 17대 효종의 후궁 안빈 이씨의 무덤. 경기 남양주시 진건면 송릉리 위치), **영빈묘**(寧嬪墓: 조선 19대 숙종의 후궁인 영빈 김씨의 무덤. 경기 남양주시 진접읍 장현리 위치), **홍우경·정인옹주묘소**(洪友敬·貞仁翁主墓所: 조선 14대 선조의 사위인 정간공 홍우경과 부인 정인옹주의 무덤. 충북 진천군 광혜원면 실원리 위치), **양효공 안맹담과 정의공주묘역**(良孝公 安孟聃과 貞懿公主墓域: 조선 세종의 딸 정의공주의 부군인 양효공 안맹담의 무덤과 신도비. 서울 도봉구 방학동 위치), **정혜공주묘**(貞惠公主墓: 발해 3대 문왕의 둘째 공주인 정혜공주의 무덤. 중국 길림성 돈화시 육정산 위치), **정효공주묘**(貞孝公主墓: 발해 3대 문왕의 넷째 공주인 정효공주의 무덤. 중국 길림성 화룡현 용두산 위치) 등이 있다. 또한 **김유신묘**(金庾信墓: 신라 장군 김유신의 무덤. 경북 경주시 충효동 위치), **이충무공묘**(李忠武公墓: 조선 중기 장군 이순신의 무덤. 충남 아산시 음봉면 삼거리 위치), **충무공 이수일묘소**(忠武公 李守一墓所: 조선 중기의 무신인 은암 이수일 장군의 무덤. 충북 충주시 금가면 오석리 위치), **남이 장군묘**(南怡將軍墓: 조선 초기의 무신인 충무공 남이 장군의 무덤. 경기 화성시 비봉면 남전리 위치), **윤관 장군묘**(尹瓘將軍墓: 고려 중기 문신 윤관의 무덤. 경기 파주시 광탄면 분수리 위치), **권율 장군묘**(權慄將軍墓: 조선 중기의 문신이며 명장인 만취당 권율 장군의 무덤. 경기 양주시 장흥면 석현리 위치), **김종서 장군묘**(金宗瑞將軍墓: 조선 단종 때의 충신인 절재 김종서 장군의 무덤. 충남 공주시 장기면 대교리 위치), **신립 장군묘**(申砬將軍墓: 조선 중기의 무신인 충장공 신립 장군의 무덤. 경기 광주시 실촌면 신대리 위치), **임경업 장군묘소**(林慶業將軍墓所: 병자호란 때의 명장 임경업 장군의 무덤. 충북 충주시 풍동 위치), **이완 장군묘**(李浣將軍墓: 조선 중기의 무신인 매죽헌 이완 장군의 무덤. 경기 여주군 여주읍 상거리 위치), **김좌진 장군묘**(金佐鎭將軍墓: 독립운동가인 백야 김좌진 장군의 무덤. 충남 보령시 청소면 재정리 위치), **정지 장군 예장석묘**(鄭地將軍禮葬石墓: 고려 후기의 무신인 경렬공 정지 장군의 무덤. 광주 북구 망월동 위치), **사육신묘**(死六臣墓: 조선 6대 단종의 복위를 도모하다 목숨을 바친 박팽년·성삼문·이개·하위지·유성원·유응부 6명의 신하, 사육신을 모신 곳. 원래의 묘역에는 박팽년·성삼문·유응부·이개의 묘만 있었으나 후에 하위지·유성원·김문기의 묘도 만들어 함께 모시고 있다. 최근 사칠신(死七臣)으로 해야 한다는 논란이 있기도 하다. 서울 동작구 노량진1동 위치), **석주관 칠의사묘**(石柱關 七義士墓: 정유재란 때 전라도 지방의 관문이었던 석주관을 끝까지 지키다가 숨진 구례 출신 의사 7명의 무덤. 전남 구례군 토지면 송정리 위치), **영규대사묘**(靈圭大師墓: 승병장인 영규대사의 무덤. 충남 공주시 계룡면 유평리 위치), **이규보묘**(李奎報墓: 고려의 문신이자 문장가인 백운거사 이규보 선생의 무덤. 인천 강화군 길상면 길직리 위치), **성삼문의 묘**(成三問墓: 조선 전기의 문신으로 사육신의 한 사람인 매죽헌 성삼문 선생의 무덤. 충남 논산시 가야곡면 양촌리 위치), **정몽주 선생묘**(鄭夢周先生墓: 고려 후기의 충신으로 우리나라 성리학의 기초를 닦은 포은 정몽주 선생의 무덤. 경기 용인시 처인구 모현면 능원리 위치), **이색 선생묘 일원**(李穡先生墓 一圓: 고려 후기의 문인이며 학자인 목은 이색 선생의 무덤. 충남 서천군 기산면 영모리 위치), **신숙주 선생묘**(申叔舟先生墓: 조선 초기의 대학자이며 문신이었던 보한재 신숙주 선생의 무덤. 경기 의정부시 고산동 위치), **이이 선생묘**(李珥先生墓: 조선 중기의 문신이자 대학자인 율곡 이이 선생의 무덤. 경기 파주시 법원읍 동문리 위치), **채제공 선생묘**(蔡濟恭先生墓: 조선 정조 때의 문신인 번암 채제공 선생의 무덤. 경기 용인시 처인구 역북동 위치), **맹사성 선생묘**(孟思誠先生墓: 조선 세종 때의 재상인 고불 맹사성 선생의 무덤. 경기 광주시 광주읍 직리 위치), **정약용 선생묘**(丁若鏞先生墓: 조선 중기의 문신이며 실학의 대가였던 다산 정약용 선생의 무덤. 경기 남양주시 조안면 능내리 위치), **신사임당묘**(申師任堂墓: 조선시대의 대표적인 여류 예술가이자 율곡 이이의 어머니인 신사임당의 무덤. 경기 파주시 법원읍 동문리 위치), **허난설헌묘**(許蘭雪軒墓: 조선 중기의 여류시인 허난설헌의 무덤. 경기 광주시 초월읍 지월리 위치), **송강 정철묘소**(松江 鄭澈墓所: 조선 중기의 문신이며 시인인 송강 정철의 무덤. 충북 진천군 문백면 봉죽리 위치), **김정희묘**(金正喜墓: 조선 후기의 실학자이자 서화가인 추사 김정희의 무덤. 충남 예산군 신암면 용궁리 위치), **순흥 어숙묘**(順興 於宿墓: 순흥에 있는 묘로 어숙이라는 사람의 무덤. 경북 영주시 순흥면 태장리 위치 *현재 남아 있지 않음) 등이 있으며, 이외에도 주변에 널려 있을 정도로 아주 많이 있다.

그리고 일반적인 무덤을 뜻하는 용어로 묘가 사용된 예로는, **지석묘**(支石墓: 고인돌), **강서 삼묘**(대묘·중묘·소묘의 3기가 출토된 고구려 고분. 평남 강서군 강서면 삼묘리 위치), **오회분**(伍盔墳) **제4호묘·제5호묘**(중국 길림성 집안시 대왕촌 위치) 등이 있다.

남연군묘(충청남도 기념물 제80호)는 흥선대원군의 아버지 남연군 이구(李球; ?~1822)의 무덤으로, 공식 이름은 '남연군의 묘'이다. 흥선대원군 이하응이 풍수지리설에 따라 '2대에 걸쳐 왕이 나올 자리'라는 말을 듣고 원래 경기도 연천 남송정(南松亭)에 있던 무덤을 헌종 11년(1845) 충남 예산군 덕산면 상가리〈예산군 덕산면 가야산로〉로 옮긴 것이다. 원래 이곳에는 가야사(伽倻寺)라는 절이 있었고, 묘가 있는 자리에는 탑이 있었는데, 대원군은 절

▲ **남연군의 묘** 흥선대원군의 아버지 남연군 무덤으로, 풍수지리설에 따라 경기도 연천에 있던 것을 이곳 충청도 예산으로 이장하였다. 이곳은 풍수지리를 연구하는 사람이라면 한 번 정도는 반드시 찾아보는 '명당자리'로도 유명한 곳이다.

을 불태우고 탑을 부순 후 묘를 옮겼다. 묘를 옮긴 지 7년 후(1852)에 차남 명복(命福)을 낳았는데, 철종의 후사(後嗣)가 없어 가까운 종손(從孫)인 명복이 1863년 12세(만 11세)의 나이로 왕위에 오르니 이가 곧 고종(高宗)이다. 1868년 독일 상인 오페르트가 남연군의 묘를 도굴하려다 실패한 일[오페르트도굴사건, 남연군묘 도굴사건, 오페르트의 남연군묘도굴사건]이 있었는데, 이 일로 대원군은 서양에 대한 배척을 강화하는 쇄국정책을 실시하고, 천주교 탄압을 강화하였다.

남연군묘에는 비석(碑石)이 두 개가 있는데, 하나는 무덤 아래, 즉 무덤이 있는 언덕으로 올라가기 전에 있고, 또 하나는 무덤 바로 앞에 세워져 있다. 그리고 이 두 개의 비석 이외에 남연군비(南延君碑)[남연군신도비(南延君神道碑)]가 더 있는데, 남연군신도비는 남연군묘로 들어서는 길목에 있어 남연군묘와는 어느 정도 떨어져 있다.

남연군묘 근처에 있는 두 개의 비석 가운데 무덤 아래에 있는 비석[구묘비(舊墓碑)]의 뒷부분에는 "崇禎紀元後二百十年丁酉○月○日立(숭정기원후 210년정유 ○월○일 입)"이라고 쓰여 있고, 무덤 바로 앞에 있는 비석[신묘비(新墓碑)]의 뒷부분에는 처음 내린 시호인 '영희(榮僖)'를 '충정(忠正)'으로 다시 내린다는 내용과 함께 "崇禎紀元後四乙丑三月○日立(숭정기원후 사을축 삼월○일 입)"이라고 쓰여 있는데, 연도를 계산해보면 무덤 아래 비석은 1837년, 무덤 앞 비석은 1865년에 세워진 것으로 파악된다.

여기에서 숭정(崇禎)은 중국 명(明)나라 마지막 황제 의종(毅宗)이 사용한 연호이며, 의종은 1628년[무진년(戊辰年)]에서 1644년[갑신년(甲申年)]까지 17년간 재위하였다. 보통 숭정기원(崇禎紀元)은 1628년을 기준으로 1628년은 숭정기원 1년(원년)[간단히 숭정 1년(원년), 숭정기원 무진년(崇禎紀元 戊辰年)], 1629년은 숭정 2년[숭정기원 기사년(崇禎紀元 己巳年)]이 되며, 1644년은 숭정 17년[숭정기원 갑신년(崇禎紀元 甲申年)]에 해당한다. 명나라의 연호를 쓰던 당시 조선은 명나라가 멸망하지 않았을 때에는 별문제가 없었다. 그러나 1644년 명나라가 멸망한 이후부터 문제가 생겼다. 명나라가 멸망하고 청(淸)나라가 들어섰음에도 조선은 명나라의 연호를 계속 사용하곤 하였다. 그래서 '숭정기원후(崇禎紀元後)'라는 명칭을 사용하였는데, 숭정기원후는 명나라가 멸망하여 숭정 연호를 사용할 수 없음에도 숭정이라는 연호를 사용한 기간에 해당하는 연호이다.

그런데 '숭정기원후'는 간단하지 않았다. 사람마다 숭정기원후를 따지는 방식이 달랐다. 보통 숭정기원후를 '숭정기원 이후로 해석'하여, 숭정기원후 210년 같으면 '1628년을 기준으로 210년을 따져(1628+209=) 1837년으로 계산'하였다. 그런데 숭정기원후를 '숭정기원후 자체를 명나라가 멸망(1644년)한 이후로 해석'하여, 숭정기원후 210년을 '1644년을 기준으로 210년을 따져(1644+209=) 1853년으로 계산'하는 이들도 있었다. 그래서 '숭정기원후 ○○년'을 계산할 때는 조심할 필요가 있다. 단순히 '숭정기원후 ○○년'만 가지고 계산하지 말고, '숭정기원후 ○○년' 뒤에 나오는 간지[干支: 십간십이지(十干十二支)]로 된 60갑자(六十甲子)를 꼭 확인할 필요가 있다. '숭정기원후 210년정유'에서처럼 숫자인 '210년'보다 간지인 '정유'가 더 중요하다고 할 수 있다. 하여 1628년을 기준으로 210년을 따지든, 1644년을 기준으로 210년을 따지든 정유년에 해당하는 해가 '숭정기원후 210년정유'년이다.

숭정기원후를 사용한 날짜 표시는 원래, 숭정기원후 '몇년갑자'라는 표현보다 숭정기원후 '갑자' 또는 숭정기원후 '몇갑자'라는 식으로 표시하였다. 가령, '숭정기원후 3무오년(崇禎紀元後三戊午年)'은 숭정기원후 3번째 무오년에 해당하는 해를 가리키는데, 숭정기원 1628년 이후 첫 무오(戊午)년은 1678년이며, 두 번째는 60년 뒤인 1738년, 세 번째는 다시 60년 뒤인 1798년이므로 결국 1798년을 가리킨다. 다만 문제가 되는 것이 '숭정기원후 3갑술(崇禎紀元後三甲戌)'이나 '숭정기원후 5병자(崇禎紀元後伍丙子)'처럼 숭정연간(1628 무진년~1644 갑신년)에 해당하는 갑자가 나왔을 때이다. 이 경우 숭정연간에 해당하는 갑자를 첫 번째로 볼 것이냐, 아니면 숭정연간 이후부터 해당하는 갑자를 첫 번째로 볼 것이냐는 문제가 생긴다. 대개 숭정기원후라고 하였어도 숭정연간에 해당하는 갑자부터 첫 번째로 계산하곤 한다. 즉 숭정기원후라고 해서 굳이 1644년 이후부터 첫 번째, 두 번째, 세 번째······ 계산하지 않고, 숭정기원후도 그냥 1628년 이후부터 첫 번째, 두 번째, 세 번째······ 계산한다. 하여 '숭정기원후 5병자'는 숭정기원후 5번째 병자년에 해당하는 해로, 숭정기원 1628년 이후 첫 병자년은 1636년, 두 번째는 1696년, 세 번째는 1756년, 네 번째는 1816년, 다섯 번째는 1876년이므로 결국 1876년에 해당한다. 마찬가지 '숭정기원후 3갑술'년은 1634년, 1694년의 다음 번째에 해당하는 1754년이 된다.

이런 계산에 따라 남연군묘 앞에 있는 비석의 '崇禎紀元後 四乙丑'은 숭정기원 이후 을축년(乙丑年)이 1685년, 1745년, 1805년, 1865년이므로 그 가운데 네 번째에 해당하는 1865년이 되고, 남연군묘 아래에 있는 비석의 '崇禎紀元後 二百十年丁酉'는 숭정기원 1628년 이후 210년이 되는 (1628+209=) 1837년이 바로 정유년(丁酉年)이라 그대로 1837년이 된다.

그러나 충남 공주시 이인면 오룡리에 있는 조선 16대 인조의 다섯째 아들 숭선군의 무덤 비석 뒷면에 "崇禎紀元後百二十三年丙戌八月○日立(숭정기원후 백이십삼년병술 팔월○일 입)"이라고 쓰여 있는데, '崇禎紀元後 百二十三年丙戌'을 계산해보면, 보통 하던 대로 숭정기원 1628년을 기준으로 123년을 따지니(1628+122=) 1750년 경오년(庚午年)이다. 그런데 1750년은 병술년(丙戌年)이 아니다. 그래서 1644년을 기준으로 123년을 따져 보니 (1644+122=) 1766년 병술년이 되어 결국 '崇禎紀元後 百二十三年丙戌'년은 1766년에 해당한다.

이렇게 숭정기원후 연대를 계산하는 데 있어서 남연군묘 앞에 있는 비석은 1628년을 기준으로 한 것에 반해, 숭선군묘 비석은 1644년을 기준으로 하고 있다. 1644년을 기준으로 할 경우는 그 기점을 정확히 하기 위해 '숭정갑신후 76년 기해'라고 사용하기도 하였는데, '숭정갑신후 76년 기해'는 1719년(=1644+75)이 된다.

정리해보면, 명나라가 멸망한 1644년[숭정기원 17년(갑신년), 간단히 숭정 17년] 이후에도 우리나라에서는 명나라 마지막 황제의 연호인 숭정을 그대로 사용하여,

    1645년은 숭정기원후 18년[숭정기원후 을유년(崇禎紀元後乙酉年)]
                  *때에 따라서는 숭정기원후 2년
    1646년은 숭정기원후 19년[숭정기원후 병술년(崇禎紀元後丙戌年)]
                  *때에 따라서는 숭정기원후 3년

1706년은 숭정기원후 79년[숭정기원후 2병술년(崇禎紀元後二丙戌年)]
또는 　　　　　　　[숭정기원후 재병술년(崇禎紀元後再丙戌年)]
　　　　*때에 따라서는 숭정기원후 63년
1766년은 숭정기원후 139년[숭정기원후 3병술년(崇禎紀元後三丙戌年)]
　　　　*때에 따라서는 숭정기원후 123년……

하는 식으로 사용하였다. 다만 60갑자가 숭정연간(1628~1644)에 포함되는 갑자일 경우는 보통 숭정연간에 해당하는 60갑자까지 포함하여 '숭정기원병자년―숭정기원후병자년(=숭정기원후2병자년, 숭정기원후재병자년)―숭정기원후3병자년―숭정기원후4병자년……' 식으로 사용하였는데, 때에 따라서는 숭정연간 이후에 해당하는 60갑자부터 따져 '숭정기원병자년―숭정기원후병자년―숭정기원후2병자년(숭정기원후재병자년)―숭정기원후3병자년……' 식으로 사용하기도 하였다. 종합해보면, 명나라가 멸망했음에도 명나라를 섬기던 조선은 명나라가 있는 것으로 생각하면서 숭정기원을 계속 사용하여 연대를 계산하였는데, 따라서 숭정기원후의 '후'는 명나라가 끝난 이후에 사용하는 숭정기원임을 단순하게 알려주는 수식어에 불과하다고 볼 수 있다. 사람에 따라 '후'를 '명나라가 멸망한 1644년 이후'로 해석하여 연대를 계산하기도 하였다.

강서 삼묘(江西 三墓)는 남포직할시 강서구역 삼묘리(옛 강서군 강서면 삼묘리)에 있는 고구려 무덤으로, 사신도(四神圖)로 널리 알려졌다. 이곳에 주인(무덤의 주인공)을 알 수 없는 3기의 묘가 있었는데, 비록 사신도가 뛰어난 점이 특징이긴 하였으나 이미 사신총이라는 무덤이 있어, 그 지역 이름을 중심으로 큰 것부터 강서 대묘(大墓), 강서 중묘(中墓), 강서 소묘(小墓)라고 이름 지었으며, 이 셋을 합하여 강서 삼묘라고 부른다. 강서 삼묘는 맨 앞쪽에 강서 대묘가 있고, 다른 2기의 묘는 뒤쪽에 나란히 있는데, 강서 대묘는 정열적인 고구려의 기상이 아주 잘 표현된 벽화 '사신도'로 유명하다. 강서 대

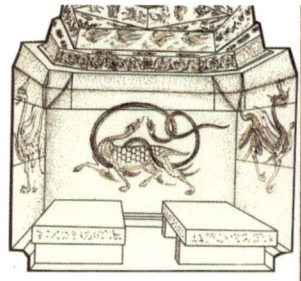 

▲ **강서 대묘 내부와 현묘도** 강서 삼묘 가운데 대묘에 해당하는 것으로, 왼쪽 그림은 무덤 내부의 모습을 그린 것(투시도)이고, 오른쪽 사진은 북쪽에 그려진 벽화(현무도) 일부이다. 거북이의 몸뚱이를 뱀이 둘둘 휘감으며 힘차게 뻗어 있는 모습에서 고구려의 패기와 정열을 느낄 수 있다.

묘 벽면에는 용[동청룡(東靑龍)-좌(左)]과 호랑이[서백호(西白虎)-우(右)], 상상의 동물 주작 두 마리[남주작(南朱雀)-전(前)], 마지막으로 거북이[북현무(北玄武)-후(後)]가 그려져 있다. 호랑이나 용의 날쌔고 위엄 있는 모습도 대단하지만, 특히 북쪽 현무도에서 '거북이와 뱀이 서로 엉켜 살아 있는 듯이 꿈틀거리는 용맹스런 모습'은 감탄사가 저절로 나올 정도로 뛰어나다.

단(壇)

단이나 단소(壇所)는 본래 제사 등을 지내기 위해 흙이나 돌로 쌓아 '평탄하게 만들어놓은 장소', '높직하게 만들어놓은 장소'를 가리키는 말이지만, '시신이 없이 죽은 자의 영혼이나 유품 등을 모신 무덤'에 사용되기도 한다. 단이나 단소라는 용어가 사용된 무덤으로는, 의자왕 단[義慈王 壇: 백제 마지막 왕인 의자왕의 넋을 기리기 위한 제단과 무덤. 태자 융(隆)의 단도 함께 있다. 충남 부여군 부여읍 능산리 무덤밭 안에 위치], 전봉준 단소(全琫準 壇所: 갑오동학농민전쟁의 지도자 전봉준의 단소. 전북 정읍시 이평면 창동리에 위치), 월성대군 단소[月城大君 壇所: 월성 박씨의 시조인 신라 박언의(朴彦儀)의 제단. 경북 경주시 내남면 용장리에 위치], 금성대군 신단(錦城大君 神壇: 조선 세조 때 단종의 복위를 도모하다가 화를 당한 금성대군과 그

▲ **의자왕 단과 부여융 단** 왼쪽에 보이는 무덤이 부여융 단이고, 오른쪽에 보이는 무덤이 의자왕 단이다. 부여융(아들)의 단이 의자왕(아버지)의 단에 비해 앞쪽으로 나와 있는데, 이는 위치상 아래쪽에 해당하는 앞쪽에 아들의 단을, 위쪽에 아버지의 단을 조성한 것이다.

와 연루되어 순절한 이들의 제단. 경북 영주시 순흥면 내죽리에 위치, 사적 제491호), 김선평 단소(金宣平 壇所: 안동 김씨의 시조 김선평의 무덤으로, '김태사 단소' 또는 '안동 능묘'라고도 한다. 경북 안동시 서후면 태장리에 위치), 김령이와 장비 단소(金令貽와 張丕 壇所: 고려 말기의 문신 김령이와 장비의 제단. 충북 영동군 양강면 남전리에 위치, 충청북도 기념물 제89호), 전씨 시조 단소 및 재실[全氏 始祖 壇所 및 齋室: 백제의 개국공신 전섭(全攝)의 사묘와 재실. 충남 천안시 동남구 풍세면 삼태리에 위치, 충청남도 문화재자료 제297호] 등이 있다.

　　의자왕 단(義慈王 壇)과 부여융 단(夫餘隆 壇)은 백제가 멸망하여 중국 당(唐)나라에 끌려가 그곳에서 죽은 백제 의자왕과 태자 부여융(夫餘隆)의 영혼을 위로하고자 부여군이 자매결연을 한 중국 낙양시의 도움을 받아 의자왕이 묻혔던 곳으로 추정되는 곳의 흙과 부여융의 묘지석(墓誌石) 복제품 등을 가져와 2000년 부여 능산리 무덤밭 안에 조성한 단이다. 두 개의 단이 함께 조성되었는데, 각각의 단에 '百濟國夫餘隆壇碑(백제국부여융단비)', '百濟國義慈大王壇碑(백제국의자대왕단비)'라고 쓰인 비석이 세워져 있다.

▲ **전봉준 단소** 동학혁명 지도자인 전봉준은 1895년 3월 서울에서 처형되어 끝내 시신이 발견되지 않았다. 60년이 지난 후인 1954년에 전봉준이 살던 장내리 집 근처인 청동리 소나무 숲에 제단이 마련되었다.

전봉준 단소는 전북 정읍시 이평면 장내리 조소(鳥巢) 마을〈정읍시 이평면 조소1길〉에 있는 전봉준 고택지(古宅址, 사적 제293호 *예전에는 '생가지'라고 하였으나, 생가는 이곳이 아니라 전북 고창이라는 주장이 제기되어 '고택지'로 부르고 있다)에서 약 200m 떨어진 소나무 숲에 있는 전봉준의 제단(祭壇)과 허묘(虛墓)이다. 동학혁명 60주년이 되는 해인 1954년 천안 전씨(天安 全氏) 문중에서 제단과 비석을 세웠으며, 동학혁명 100주년을 기념하여 1994년부터 연차적으로 확장·정비하여 시신이 없는 허묘(虛墓) 등을 조성하였다. 비석에는 '甲午民主倡義統首天安全公琫準之壇(갑오민주창의통수천안전공봉준지단)'이라고 쓰여 있다.

총(塚)

무덤의 주인공을 알 수 없지만, 그 무덤에 어떤 특징이 있을 때 주로 사

▲ **무용총 안칸 내부 모습** 무용총은 앞칸[전실(前室)]과 안칸[현실(玄室)] 두 곳으로 나뉘어 있는데, 안칸 바닥에 시신을 놓은 자리, 오른쪽(서쪽) 벽에 수렵도(사진 왼쪽에 보이는 그림), 안쪽(북쪽) 벽에 영빈도(사진 오른쪽에 조금 보이는 그림)가 보인다. 그리고 사진에는 나오지 않지만, 수렵도 반대편(동쪽.왼쪽)벽에 무용도가 있다. 무용도를 특징으로 하여 무용총이라 이름 지었다.

용되는 용어인 총의 경우, **장군총**(將軍塚: 계단식으로 된 7층의 화강암 무덤. 약 1km 거리에 광개토왕릉비가 있어 광개토왕의 무덤으로 보기도 하는데, 오히려 장수왕의 무덤으로 보기도 하여 장군총이라고 하였다. 중국 길림성 집안시 통구 용산 위치), **무용총**[舞踊塚: 무용도(舞踊圖)가 그려져 있는 무덤으로, '춤무덤'이라고도 부른다. 무용도와 함께 수렵도(狩獵圖)·영빈도(迎賓圖)=빈객접대도(賓客接待圖)가 있으며, 특히 수렵도는 아주 유명한 것이지만 수렵도는 일반 다른 무덤에서도 나오므로 이 무덤을 수렵총이라 하지 않고 무용총이라 하였다. 중국 길림성 집안시 통구 위치], **각저총**(角抵塚: 씨름도가 그려져 있는 무덤. '각저'는 우리말로 씨름을 뜻하는 한자어이며, '씨름무덤'이라고도 부른다. 중국 길림성 집안시 통구 위치), **수렵총**(狩獵塚: 사냥 그림이 그려진 무덤으로 '사냥무덤'으로도 부른다. 남포시 와우도 구역 화도리 위치, 옛 지명은 용강군 대대면 매산리로 '사신총'이라고 부르기도 하였다), **사신총**[四神塚: 사신도(四神圖)가 그려져 있는 무덤. ① 중국 길림성 집안시 통구 여산 위치

(통구 사신총), ② 평양시 역포구역 용산리 위치(호남리 사신총), ③ 평남 용강군 대대면 매산리 위치(매산리 사신총, 보통 수렵총으로 부르고 있다)], **쌍영총**[雙楹塚: 8각으로 된 기둥(楹) 2개가 양쪽(雙)에 있는 무덤으로 '쌍기둥무덤'이라고도 부른다. 특이한 무덤 형태로 서역 계통으로 파악되고 있다. 기마무사도(騎馬武士圖)가 유명하다. 남포시 용강군 용강읍 위치], **삼실총**(三室塚: 세 개의 방으로 된 무덤으로 '세칸무덤'이라고도 부른다. 길림성 집안시 통구 위치), **연화총**(蓮花塚: 큰 연꽃무늬가 그려져 있는 무덤으로 '연꽃무덤'이라고도 부른다. 평남 강서군 간성리 위치), **용강 대총**(龍岡大塚: 용강에 있는 큰 무덤으로 두 개의 방으로 되어 있다. '용강 대묘'라고도 부른다. 평남 남포리 위치), **황남 대총**(皇南大塚: 황남동 98호분으로, 2개 무덤이 이어진 신라 최대의 봉토분이다. 경북 경주시 황남동 위치), **천마총**[天馬塚: 천마도(天馬圖)가 나온 무덤. 경북 경주시 황남동 위치], **칠백의총**(七百義塚: 임진왜란 때 왜적과 싸우다 전사한 700명의 의병 무덤. 충남 금산군 금성면 의총리 위치), **만인의총**(萬人義塚: 정유재란 때 남원성을 지키기 위하여 왜적과 싸우다가 전사한 만여 명의 사람들을 함께 묻은 무덤. 전북 남원시 향교동 위치), **임진 동래의총**(壬辰 東萊義塚: 임진왜란 때 왜의 대군을 맞아 동래부사 송상현과 함께 동래성을 지키다 순절한 군·관·민의 유해를 모신 무덤. 부산 동래구 복천동 위치), **사천 조명군총**(泗川 朝明軍塚: 조명군총은 정유재란 때 선진리성에 주둔하고 있던 왜적을 몰아내기 위해 결전을 벌이다 희생된 조선과 명나라 연합군의 무덤. 경남 사천시 용현면 선진리 위치), **홍주 의사총**(洪州 義士塚:한말 홍성군 지역에서 있었던 의병활동 가운데 홍주성 전투에서 희생된 수백 의병들의 유해를 모신 무덤. 충남 홍성군 홍성읍 대교리 위치), **칠연의총**(七淵義塚: 일제와 싸우다 숨을 거둔 의병장 신명선과 그의 부하들이 묻힌 무덤. 전북 무주군 안성면 공정리 위치), **양산 부부총**(梁山 夫婦塚: 부부로 파악되는 남녀 2구의 인골과 다른 3구의 인골이 발굴된 무덤. 경남 양산시 북정동 위치), **의구총**[義狗塚: 주인을 구하려 목숨을 바친 개의 충직함을 기리기 위한 무덤. 충성스런 개의 행적을 그린 의구도(義狗圖) 4폭이 함께 보존되어 있다. 경북 구미시 해평면 낙산리 위치], **의우총**(義牛塚: 주인을 위해 호랑이와 맞서 싸우고, 주인 따라 죽은 충직한 소의 무덤. 경북 구미시 산동면 인덕리 위치) 등이 있다.

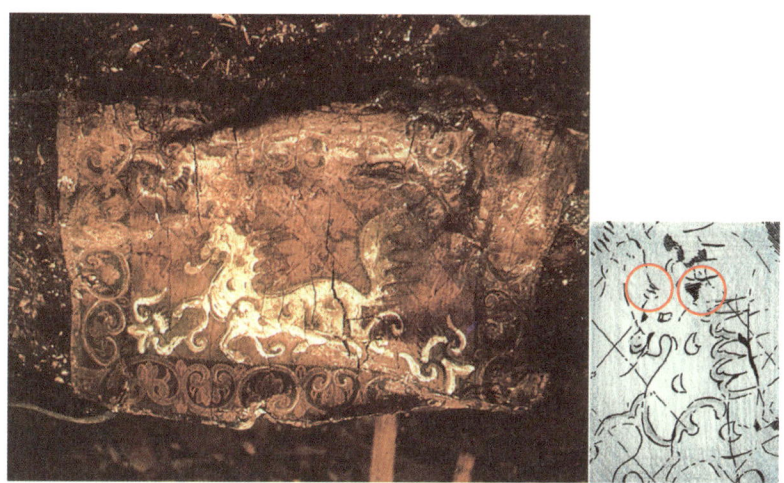

▲ **천마총 천마도와 적외선 사진** 천마총에서 나온 장니를 적외선으로 촬영해보니, 천마도에 그려진 동물은 말이 아니라 기린일 확률이 높아 '기린도'로 바꿔 불러야 할지도 모른다.

    천마총은 경주 황남동 제155호분으로 불리던 것이다. 1973년 발굴을 통해 껴묻거리로 금관, 팔찌 등 많은 유물과 함께 목판의 일종인 장니[障泥: 말을 탄 사람에게 흙 따위가 튀지 않게 하려고 말의 안장 양쪽에 늘어뜨리어 놓은 물건. '말다래' 또는 '마첨(馬韂)'이라고도 한다. 주로 가죽·헝겊 따위로 만들어졌는데 목제로 된 것도 있다]가 출토되었는데, 여기에 하늘을 나는 말이 그려져 있는 천마도(天馬圖)가 있어 이 무덤을 천마총이라 부르게 되었다. 흔히 고구려나 백제 무덤의 사신도나 수렵도·무용도 등을 생각하여 천마총에서 나온 천마도를 벽화로 생각하기 쉽다. 하지만 천마도는 벽화가 아니다. 천마총은 돌무지덧널무덤 양식이라 따로 방이 없어 벽화가 나오지 않는다. 따라서 천마도는 벽화가 아니라 껴묻거리로 넣어놓은 장니에 그려진 그림일 뿐이다.

    그동안 천마도에 그려진 동물이 말인지 기린인지 논란이 되기도 하였는데, 1997년 중앙국립박물관에서 천마도를 적외선으로 촬영해본 결과 천마(天馬)로 알려진 동물의 머리에 뿔 두 개가 대칭으로 선명하게 나 있어 말이 아닌 기린(麒麟)일 확률이 높다고 한다. 여기서 말하는 기린은 우리가 볼 수 있는 아프리카에 사는 목이 긴 실제 기린이 아니라 상상 속의 동물이다. 이런 기린은 훌륭한 인물이 세상에 나오기에 앞서 모습을 드러내는 상서로운 동물이라는 점에서 서양의 유니콘[Unicorn: 유럽에서 힘과 순결의 상징이라는 상상의 동물로, '일각수(一角獸)'라고도 하는데, 이마에 하나의 긴 뿔이 난 짐승 모습이다]과 비슷하기도 한데, 중국 문헌에는 기린에 대해 "머리에 뿔이 나 있고, 몸은 사슴 같으며, 말발굽과 갈기를 지녔다."라고 기록되어 있다.

분(墳)

무덤의 주인공도 모르고 특징도 없는 일반적인 무덤을 가리키거나 일련번호로 사용되는 용어인 분의 경우, 안악(安岳) 1호분·2호분(황해남도 안악군 대추리 위치)·3호분(황해남도 안악군 오국리 위치), 장천 1호분(장천리에 있는 무덤. 중국 길림성 집안시 위치), 덕화리 1호분·2호분(德化里古墳: 덕화리에 있는 무덤. 평남 대동군 덕화리 위치), 진파리(眞坡里) 1호분(평양시 역포구역 용산리 위치)·4호분(평양시 삼석구역 성문리 위치), 덕흥리 고분(德興里古墳: 덕흥리에 있는 옛 무덤. 남포시 강서구역 덕흥동 위치), 수산리 고분(水山里古墳: 수산리에 있는 옛 무덤으로, '곡예도'의 여인 그림이 유명하다. 남포시 강서구역 수산리 위치), 오회분 제4호묘·제5호묘(伍盔墳: 투구나 바리처럼 생긴 다섯 기의 묘가 붙어 있는 무덤. 중국 길림성 대왕촌 위치), 영월 법흥사 석분(寧越 法興寺 石墳: 법흥사 적멸보궁 뒤에 자리하고 있는 돌무덤. 강원 영월군 수주면 법흥리 위치), 경주 구정리 방형분(慶州 九政里 方形墳: 경주에서 불국사로 가는 길의 북쪽 구릉자락에 있는 통일신라시대의 무덤. 경북 경주시 구정동 위치), 하동 동리 방형분(河東 東里 方形墳: 고려 고종~충선왕 때의 인물인 하동 정씨 국룡과 그의 두 아들 지연·난연의 묘로 전해지는 것이다. 경남 하동군 적량면 동리 위치), 강화 인산리 석실분(인천 강화군 양도면 인산리 위치), 강화 능내리 석실분(인천 강화군 양도면 능내리 위치), 공주 신관리 석실고분(충남 공주시 신관동 위치), 부여 태양리 백제석실고분(충남 부여

군 구룡면 태양리 위치), 춘천 신매리 석실고분(강원 춘천시 서면 신매리 위치) 등 많이 있다.

특히 한 지역에 여러 기의 무덤이 공동묘지를 이루고 있을 때 보통 고분군(古墳群)이라는 용어를 쓰는데, 요즘에는 고분군이라 말 대신 무덤군(群)이란 말을 사용하기도 한다. 또 무덤군이란 말 대신 '무덤밭'이란 말을 쓰기도 한다. 여러 무덤이라는 의미에서 분이라는 용어가 사용된 예로는, 중국 길림성 집안시 통구 고분군, 서울 방이동 백제 고분군(芳荑洞 百濟古墳群: 백제 한성시대의 무덤들이 모여 있는 곳이다. 서울 송파구 방이동 위치), 서울 초안산 조선시대 분묘군(楚安山 朝鮮時代墳墓群: 조선시대 양반에서 서민까지 다양한 계층의 무덤 1,000기 이상과 상석, 문인석, 비석, 동자상 등 수백 기의 석물들이 있는 곳이다. 서울 노원구 월계동 및 도봉구 창동 일대 위치), 공주 송산리 1호분·2호분·3호분……의 공주 송산리 고분군(公州 宋山里古墳群: 백제 웅진시대 왕들의 무덤이 모여 있는 곳. 충남 공주시 금성동 위치), 공주 수촌리 고분군, 서산 부장리 고분군, 부여 능산리 고분군(扶餘 陵山里古墳群: 백제 사비시대 왕들의 무덤이 모여 있는 곳. 충남 부여군 부여읍 능산리 위치), 나주 대안리 고분군(羅州 大安里古墳群: 나주시 반남면 대안리에 있는 삼국시대 무덤들로, 자미산 서쪽에 있는 낮은 언덕 위에 12기의 무덤이 있었으나 현재 6기만 남아 있다. 전남 나주시 반남면 대안리 위치), 나주 신촌리 고분군(羅州 新村里古墳群: 나주시 반남면 신촌리 자미산 북쪽에 있는 마한시대의 무덤들. 전남 나주시 반남면 신촌리 위치), 나주 덕산리 고분군(羅州 德山里古墳群: 나주시 반남면 덕산리 일대에 모여 있는 삼국시대의 무덤들. 전남 나주시 반남면 덕산리 위치), 의창 다호리 고분군, 경주 황남리 고분군(慶州 皇南里古墳群: 경주 시내 평지 무덤들 가운데 서남쪽에 있는 신라 무덤들. 경북 경주시 황남동 위치), 경주 노동리 고분군, 경주 노서리 고분군, 경주 황오리 고분군, 경주 인왕리 고분군, 경주 금척리 고분군, 경주 서악리 고분군, 경주 용강동 고분, 고령 지산동 고분군(高靈 池山洞古墳群: 대가야의 무덤들로, 수백 기가 있다. 경북 고령군 고령읍 지산리 위치), 창녕 교동 고분군, 창녕 송현동 고분군, 김해 대성동 고분군(金海 大成洞古墳群: 김해건설공업고등학교와 김해공설운동장 사이의 동서로 뻗은 구릉지대에 있는 가야 무덤들. 경남 김해시 대성동 위치), 김해 구산동 고분군, 고령 고아동 벽화고분, 거창 둔마리 벽화고분(居昌 屯馬里壁畵古墳: 금귀봉의 동남쪽으로 뻗어 있는 산등성이에 자리 잡고 있는 무덤으로, 개성 근처의 법당 방에서 발견된 벽화와 함께 몇 안 되는 가치 있는 고려 벽화무덤이다. 경남 거창군 남하면 둔마리 위치), 부산 동래 복천동 고분군, 진양 오방산 조선조 팔각형 고분군(晋陽 梧芳山 朝鮮朝八角形古墳群: 조선 태종 때 문신인 하륜을 비롯한 6기의 무덤들. 경남 진주시 미천면 오방리 위치) 등등 아주 많이 있다.

여러 기의 무덤이 함께 있는 공동묘지이면서도 무덤밭, 고분군, 무덤군, 무덤떼라고 하지 않고 '줄무덤'이라고 부르는 곳이 있다. 충남 천안시 서북구 입장면 호당리〈천안시 서북구 입장면 위례산길〉 '성거산 성지(聖居山 聖地)', 충남 청양군 화성면 농암리〈청양군 화성면 다락골길〉 '다락골 성지' 등에 있는 무덤들이 이에 해당하는데, '많은 무덤이 줄지어 있어' 줄무덤 또는 줄묘라고 부른다. 다만 무덤이 줄지어 있다고 하여 줄무덤이라고 부르는 것이지, 특별한 역사적인 용어는 아니다.

충남 청양 다락골 줄무덤은 1866년 병인박해(丙寅迫害) 때 천주교를 신

▲ **줄무덤** 왼쪽은 충남 청양 '다락골' 성지, 오른쪽은 천안 '성거산' 성지에 줄지어 있는 무덤이다. 수십 기의 무덤이 몇 군데로 나뉘어 있는데, 봉분과 무명 순교자의 묘비, 기타 조형물 등은 나중에 정비되면서 세워진 것들이다.

봉·포교하다가 홍주목(洪州牧: 지금의 홍성)으로 끌려가 육시(戮屍)·참시(斬屍)의 형을 당하여 서로 섞여 있는 시신을 밤에 몰래 옮기다 대충 짝을 맞춰 묻었는데, 1982년 묘지가 정비되어 지금에 이르고 있다. 천안 성거산 줄무덤 또한 천주교 박해로 순교한 이들이 묻혀 있는 곳이다. 1801년 신유박해(辛酉迫害)와 1839년 기해박해(己亥迫害) 때 천주교 신부나 신자들이 박해를 피해 성거산 소학골에 마을을 형성하여 살고 있었는데, 1866년 병인박해 때 발견되어 많은 이들이 끌려가 죽게 되었다. 그들의 시신과 이곳에 살다 죽은 신자들의 시신이 성거산 성지에 줄지어 묻혀 있다.

부여 능산리 무덤밭은 부여 능산리에 있는 산의 남쪽 경사면에 자리 잡고 있는 백제 사비시대 왕들의 무덤이 모여 있는 곳이다. 무덤은 앞뒤 두 줄로 3기씩 있고, 뒤쪽 제일 높은 곳에 1기가 더 있어 모두 7기로 이루어져 있다. 오래전부터 왕릉으로 알려져왔던 곳으로 일제강점기에 1~6호 무덤까지 조사되어 내부 구조가 자세히 밝혀졌고, 7호 무덤은 1971년 보수공사 때 발견되었다. 능산리 무덤들은 일찍이 도굴되어 조사 당시에 약간의 유물이 수

▲ **부여 능산리 무덤밭** 무덤은 앞뒤 2줄로 3기씩 있고, 뒤쪽 제일 높은 곳에 1기가 더 있어 모두 7기로 이루어져 있다. 성왕과 성왕의 아들인 위덕왕 등의 무덤으로 추정하고 있다.

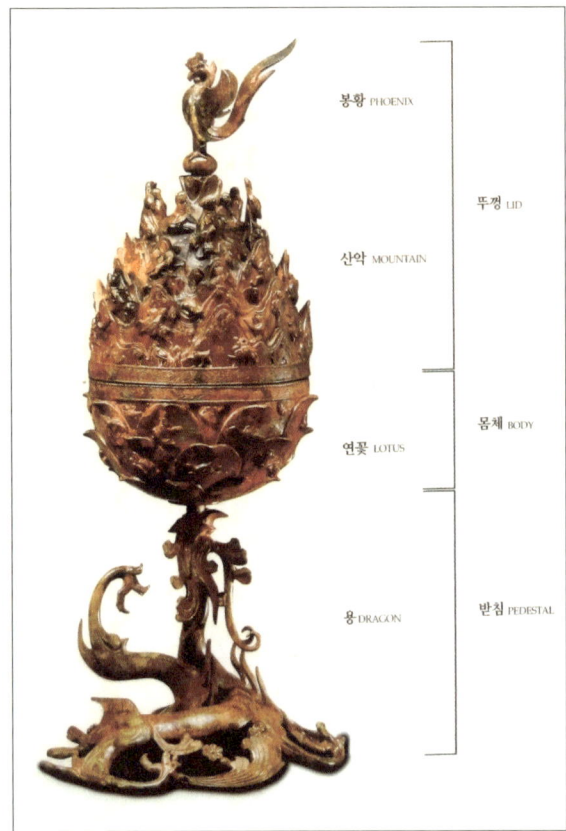

▲ **백제금동대향로** 높이 64cm, 무게 11.8kg이나 되는 대형 향로로, 뛰어난 조각 기술도 기술이지만, 당시 백제 사람들의 종교와 세계관을 짐작할 수 있는 아주 소중한 자료이다. 사진은 국립중앙박물관 벽면에 소개하고 있는 백제금동대향로에 대한 그림의 일부이다.

습되었을 뿐이다.

1993년 부여 능산리 무덤밭 근처 서쪽에서 발견된 절터를 발굴하던 도중, 백제 나성(羅城)과 능산리 무덤밭 사이 논바닥 구덩이에서 금동용봉봉래산향로(金銅龍鳳蓬萊山香爐)와 창왕명석조사리감(昌王銘石造舍利龕)이 출토되어 이곳이 왕실 묘지라는 것을 재확인하였다. 금동용봉봉래산향로의 발굴은 1971년 무령왕릉 발굴 이후 백제 문화에 대한 고고학계의 최대 성과로 꼽힐 정도로 학계에 큰 충격을 주었다. 금동용봉봉래산향로와 함께 발굴된 다른 각종 유물은 그동안 자료가 적어 실증하기 어려웠던 백제 문화의 우수성을 당당하게 밝혀줄 수 있는 귀중한 근거가 되었다. 이 향로는 공식적으로 국보 제287호로 지정(1996. 05. 30.)되어 '백제금동대향로(百濟金銅大香爐, 국립부여박물관 소장)'라고 부르게 되었다.

안악 3호분은 그 무덤의 주인(主人公)이 고구려 미천왕인지, 고국원왕인지, 아니면 묘지명에 기록되어 있는 중국인 망명객 동수(冬壽)인지 논란이 계속되고 있는 무덤이다. 안악 3호분은 여러 개의 방으로 구성되어 무덤이 마치 작은 궁궐처럼 여겨지기도 하는데, 특히 고구려인의 생활 풍속들을 생생하게 볼 수 있는 많은 벽화가 그려져 있다. 즉 묘의 주인(주인공)인 부부의 그림은 물론 주인을 호위하는 호위병, 주인에게 복무하는 무인·의장대·고취악대 등과 수박(手搏: 운동 놀이의 일종) 모습, 측근자의 생활상, 주인공의 부엌 살림살이와 수레·말·소 등이 그려져 있으며, 또 주인공을 위해 실내에서 무악(舞樂)하는 모습[무악도(舞樂圖)]이 그려져 있고, 주인공을 따라 행렬하는 모습[출행대행렬도(出行大行列圖)]이 그려져 있다. 이외에도 명복을 비는 연꽃무늬와 해·달 등이 그려져 있으며, 입구의 팔각기둥에는 벽사의 뜻을 지닌 귀면이 그려져 있다. 특히 인물 그림 옆의 묘지(墓誌)에 동수라는 이가 사망한 연월일과 간지·관직명·고향·자·나이 등이 쓰여 있어 고국원왕 27년(357)이라는 연대를 파악할 수 있었다.

덕흥리 고분은 2개의 방으로 구성된 무덤으로, 안악 3호분 다음으로 연대가 확실한 고분이다. 묘지(墓誌)에 따르면, 유주 자사(幽州 刺史)를 지냈고, 불교 신도이며, 고구려에 와서 국소대형(國小大兄)이라는 관작을 받아 408년[호태왕(好太王) 영락(永樂) 18년]에 별세한 진(鎭)이라는 사람의 무덤으로 파악되고 있다. 덕흥리 고분 또한 무덤 주인(주인공)을 그린 '묘주도(墓主圖)'와 유주 13개 군 태수가 자사에게 문안하는 그림인 '하례도(賀禮圖)' 및 '견우와 직녀도' 같은 여러 그림을 통해 당시 생활상을 알 수 있게 해주는 중요한 무덤이다.

수산리 고분은 1971년 도굴된 상태로 발견된 무덤으로, 이곳 수산리에서 동쪽으로 약 4km 지점에 강서 삼묘가 있으며, 동남방향으로 약 4km 지점에 약수리 고분이 있다. 이 일대에는 고구려의 수많은 고분군이 산재해 있는데, 이 고분은 5세기 분묘로서 별로 크지는 않다. 다만 당시 고구려 귀족의 생활 모습을 잘 파악할 수 있는 벽화가 주로 인물풍속도나 실내생활도로

▲ **수산리 고분 벽화 일부** 교예도의 모습으로, 중앙 오른쪽 우산을 쓰고 있는 여인은 무덤 주인(주인공)의 부인으로 여겨지는데, 큰머리를 하고 풍만한 둥근 얼굴에 붉은 점을 찍어서 화장하였으며, 붉은 선을 단 검은 긴 저고리에 색동치마를 입고 있다.

그려져 있는데, 문지기 장수의 모습, 주인공 부부가 장막을 친 화려한 방에서 시중을 받으면서 호화로운 생활을 하는 장면, 주인공 부부가 남녀 시중을 거느리고 교예를 구경하는 장면 및 남자들의 행렬과 양산을 든 인물·말, 누런 겉옷을 입은 주인공이 양산을 받으면서 나가는 장면 등이 섬세하고 우아하게 그려져 있다.

수산리 고분의 '교예도(巧藝圖)'를 보면, 벽화에 그려진 여자 복장이 일본 나라현 아스카촌 역사공원에 있는 다카마쓰 고분[고송총(高松塚)]의 벽화 '부인도(婦人圖)'에 나오는 여인 복장과 너무 흡사하다. 하여 수산리 고분 벽화와 다카마쓰 고분 벽화를 통해 고구려와 일본의 문화 교류, 특히 우리 문화가 일본에 전파되었음을 설명하기도 한다.

이들 벽화를 보면서 재미있는 사실은 사람의 크기가 뚜렷하게 차이가 난다는 점이다. 이는 실제 사람 키가 그림처럼 크고 작은 것이 아니라 키의 크기를 통해 그 사람의 신분을 표시한 것으로 해석된다. 즉 신분이 높은 사람은 크게 그리고 신분이 낮은 사람은 상대적으로 작게 표현한 것이다. 신분 사회에서의 신분은 살아서는 물론 죽어서까지 따라다니고 심지어 그림 속까지 따라다녔다. 어디에서도 신분을 벗어날 수 없었다. 신분이 낮으면 제아무리 키가 큰 사람일지라도 키가 작고 신분이 높은 사람에 비해 그림 속에서는 무조건 작을 수밖에 없었다. 신분이 낮아 평소 차별

▲ **다카마쓰 고분 벽화 일부** 일본 아스카에 있는 벽화로, 옷이나 그림 그리는 수법이 고구려 벽화와 너무 비슷하다. 모두 비슷한 크기와 얼굴을 하고 있어 같은 신분의 사람들로 보인다

받는 것도 서러운데 키마저 항상 작아야 했으니, 그 설움, 그 아픔이 오죽하였을까! '한 번 해병은 영원한 해병'처럼 예전에는 신분이 그랬다. 신분이야말로 질겨도 여간 질긴 게 아니었다. 신분 사회가 아닌 요즘에 살고 있는 것이 천만다행이라고 할까! 요즘에는 신분 대신 돈이 모든 것을 결정하기도 하니 한편 씁쓸하지만 말이다.

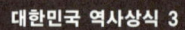

왕이라고 다 같은 왕이 아니다

지배자 이름에 대하여

황제는 만만세, 왕은 천천세

역사에 나타난 지배자나 최고 권력자와 관련된 용어는 무엇이 있을까? 쉽게 생각나는 것으로는 왕·황제·천자·군주·대통령·단군왕검이 있을 것이고, 좀 더 생각한다면 수상·수령·주석·총재·총독·거서간·차차웅·이사금·마립간 등이 있을 것이다. 이외에도 파라오·술탄·칼리프·칸·차르 등이 있을 것이고, 더 자세히 찾아보면 집정관·아우구스투스·서기장·쇼군·신지·견지·읍차·부레라는 용어까지도 여기에 포함할 수 있을 것이다.

아마 언급되지 않은 이름들이 더 많이 있으리라. 이렇게 보면 지배자에 관한 용어도 가지가지라는 생각이 든다. 다 기억하기도 쉽지 않을 이 이름들만 봐도, 역사는 다양하고 역시 세계는 넓다는 생각이 절로 들고, 어지러울 정도다.

세계의 다양한 지배자 용어 가운데에서 가장 많이 알려진 것으로 왕과 황제가 있다. 왕 하면 무엇보다도 궁금한 게 있었다. 역사책을 읽다 보면 같은 나라의 왕이라도 누구는 'ㅇㅇ왕', 또 누구는 'ㅇ조', 'ㅇ종', 'ㅇㅇ군'으로 나눠 부르고 있는데, 이 차이는 무엇인지, 어째서 이런 이름들이 지어졌는지 궁금하지 않을 수 없다. 또 어떤 왕은 이름조차 지어지지 않았다고 하는데, 어째서 같은 왕이면서 이렇게 차이가 나는지, 또 왕과 황제는 무슨 차이가 있는 것인지 궁금하다.

또한 TV 사극(史劇)을 보다 보면 잘 모르는 용어들이 나오곤 한다. 또 생소한 말들이 나오기도 한다. 때에 따라서는 연속극 속 텔런트가 '전하'라고 말하는 것인지, '저하'라고 말하는 것인지, 제대로 알 수 없어 헷갈린 적도 있다. 모르면 찾아보면 되겠지만, 누워서 TV를 보다 보니 일어나 찾아본다는 게 여간 귀찮은 일이 아닐 수 없어 그만둔 적이 한두 번이 아니다. 또 찾으려고 해도 쉽게 찾을 수 없는 것들도 있어 답답하기만 하였다. 따라서 왕과 관련된 용어들을 종합적으로 정리하는 것은 나름대로 의미가 있겠다고 생각하였다.

우선 지배자, 특히 임금에 대한 일반적인 용어로 가장 널리 쓰이는 것으로 군주나 왕이라는 용어가 있으며, 군주나 왕보다 높은 의미로 쓰이는 것으로 천자와 황제라는 용어가 있다.

군주(君主, Monarch)

군주는 '세습적으로 나라를 다스리는 최고 지위에 있는 사람'을 뜻하며, '한 사람의 지배자'라는 의미로 사용하는 말이다. 흔히 '왕'과 같은 의미의 용어로 쓰이고 있다.

보통 국민이 선출한 대표자를 원수(元首: 우두머리)로 하는 정치 체제를 공화제(共和制)라고 하는 데 비해, 군주를 원수로 하는 정치 체제를 군주제(君主制)라고 한다. 군주제의 경우, 군주가 세습되는 경우가 대부분이지만 선출되는 때도 있다. 또 군주가 가진 권한의 강약에 따라, 군주제는 무제한의 권한을 행사할 수 있는 절대군주제(絕對君主制)와 법이나 기관에 의해 제한을 받는 제한군주제(制限君主制)로 구별되기도 한다. 헌법에 규정된 범위 내에서 군주의 권한이 제한받아 행사되는 경우가 입헌군주제(立憲君主制)이다. 하여 군주제를 절대군주제와 입헌군주제로 구별하기도 한다.

군주제는 독재적인 경우가 많지만, 군주제라고 해서 꼭 독재적인 것은 아니다. 정치 체제는 군주제이면서도 민주적으로 운영될 수가 있는 것처럼 군주제 자체보다는 그 정치의 실체가 '독재적인지, 민주적인지?'라는 문제가 더 중요하다고 할 수 있다. 그리고 주권이 '국민에게 있는가, 군주에게 있는가?'라는 것도 군주제와는 별도의 문제일 뿐이다. 마찬가지로 공화제라고 해서 꼭 민주적인 것도 아니다. 단지 군주제가 공화제보다 독재적 경향이 상대적으로 많은 편이다.

과거 대다수의 나라에서는 군주제를 시행하였으나, 오늘날에는 거의 없어지고, 영국과 일본 같은 아주 소수 국가에서 국가의 상징으로 군주제가 남아 있을 뿐이다.

왕(王, King)

왕은 '우두머리', '최고 통치권자'를 가리키는 말이다. 보통 '군주'를 가리키지만, '천자(天子)'나 '큰 제후(諸侯)'의 칭호로 사용하는 용어이기도 하다. 일반적으로 보통 사람들의 경우, '같은 종류 가운데에서 우두머리'라는 뜻으로 쓰이기도 한다.

거의 모든 민족사에서 국가의 성립·발전 과정에서 왕이 출현하였다고 파악되는데, 왕에 대한 문자 상의 기록으로는 중국 은(殷)나라 갑골문(甲骨

文)에 처음 나타나고 있다. '왕(王)' 자에 대한 어원이나 그 해석은 여러 가지 있을 수 있지만, '王'의 '三'은 각각 천(天)·인(人)·지(地)를 뜻하는 '一'이 합해진 것이며, '丨'는 천·인·지를 하나로 총괄하는 최고의 인격체를 상징하는 것으로 해석하는 게 일반적이다. 즉 하늘과 땅, 그 가운데 존재하는 인간, 이들 모두는 각각 하나의 우주로서, 그 각각의 우주를 하나로 총괄하여 전체 우주를 다스리는 자가 곧 왕이라는 것이다. 갑골문에 '王'이 쓰인 그 당시부터 이런 의도가 반영되었는지는 정확히 알 수 없지만, '王'이라는 용어 자체가 우주를 지배하는 최고의 인격체를 의미한다는 사실에 대해서는 별다른 이견이 없는 편이다.

천자(天子)

천자는 '하늘의 아들'이란 뜻으로, 옛날에는 하늘[천(天) 또는 상제(上帝): 지고무상(至高無上)한 지위를 가진 천신天神을 가리키며, 절대자, 조물주라고도 한다]이 백성을 다스린다고 생각하여 하늘을 대신해서 천하를 다스리는 사람을 천자라 하였다. 주로 동양에서 사용하던 용어로, 황제를 가리키는 말이다.

천자라는 관념이 성립한 시기는 중국 주(周)나라 때로 파악되는데, 주나라 왕은 자신을 스스로 천자라 칭하여 자신들이 다스리는 지역에서 왕으로 불리는 이들과의 차별을 두고자 하였다. 이에 주나라 천자는 왕에 해당하는 지방 세력가들을 영주로 삼아, 그들에게 자치권을 인정해주고 전쟁 때 그들을 보호하였다. 그 대신 영주로부터 세금을 걷었으며, 충성을 맹세 받아 전쟁 때 군사를 지원받았다. 이른바 봉건제도가 자리를 잡아가고 있었다. 그러나 천자인 주나라 왕의 세력이 약해지자, 지방 영주에 해당하는 왕들이 야심을 품고 서로 주나라의 정통 후계자임을 자처하면서 다투게 된다. 이른바 춘추전국시대라는 분열 시대가 전개되었는데, 끝내 이 분열 시대는 진(秦)나라에 의해 통일되어 그 막을 내리게 된다.

천하를 통일한 진나라 왕 정(政)은 이전의 왕과 구별되는 다른 칭호로 황제(皇帝)라는 용어를 사용하였다. 이후 천자라는 용어는 사용하지 않다가, 한(漢)나라 때 유교가 널리 자리 잡으면서 황제에 비견되는 이름으로 천자라는 칭호를 함께 사용하였다. 황제가 지상에서 하나뿐인 현실적 지배자를 뜻하는 용어임에 비해, 천자는 하늘과 관계하는 자를 뜻하는 용어로 쓰이게 되었다. 즉 황제는 지상에서의 최고 권력자로서 군림할 때와 선조의 영(靈)을 모시는 경우 등에 쓰이고, 그리고 천자는 상제(上帝)를 중심으로 하는 천지의 신들에게 제사 지내는 경우나 천명(天命)을 받은 자로서 외국 군주와 교섭할 때 등에 쓰였다.

황제(皇帝, Emperor)

황제는 쉽게 말해 '왕 중 왕'이라는 뜻으로 사용하는 용어로, 중국은 진(秦)나라 때부터 황제가 처음 등장하여 이후 청(淸)나라 때까지 황제의 자리가 유지되었다. 여러 나라로 분열되어 서로 다투던 중국 춘추전국시대는 BC 221년 진왕(秦王) 정(政)에 의해 통일되어 중국 최초의 통일국가가 탄생하였다. 중국을 차이나(China)라고 부르는 것은 중국 최초의 통일국가인 바로 이 진(秦, Chin)나라에서 유래했는데, '차이나'라는 말은 참 재미있다. 중국 진나라는 이전의 나라와 '차이가 나'기 때문이다.

중국을 통일한 진나라 왕은 이제 이전 왕들과 같을 수 없었다. 이에 진나라 왕 정은 군주의 위호(位號)를 고치고자 하였다. 신하들은 지존(至尊)의 위호로는 천황(天皇)·지황(地皇)·태황(泰皇) 세 가지가 있지만, 그 가운데 태황이 가장 높아서 태황으로 위호를 삼을 것을 아뢰었다. 그러나 진왕 정은 '泰皇'의 '泰' 자를 떼어버리고 여기에 '帝' 자를 붙여 '皇帝'라는 위호를 사용하였다. 이후 중국 왕조의 군주는 모두 황제라고 칭하게 되었고, '왕'이란 칭호는 황제 아래의 명칭으로 변했다. '皇'은 빛나고 빛난다는 의미의 형용 사이며, '帝'란 자연계와 인간계 모두를 지배하는 최고의 신을 의미하는 명사이다. 따라서 '皇帝'라는 명칭은 '황황(皇皇, 煌煌)한 상제(上帝)', 즉 '빛나는 우주의 절대적 지배자'라는 의미로, 황제 자신을 천제(天帝)와 똑같이 여겨 '지상에서 초월적 권위를 보유한 자'를 뜻하게 되었다. 이제 군주는 '하늘의 아들', '천명을 받은 자' 정도가 아니라, '절대신' 그 자체로 여겨지게 되었다.

황제라는 말이 만들어진 것에 관한 다른 주장도 있다. 중국 역사는 3황 5제에서부터 시작됐다고 보는 것이 일반적인데, 3황(三皇)은 복희씨(伏羲氏)·수인씨(燧人氏)·신농씨(神農氏)를 가리키고, 5제(五帝)는 황제(黃帝)·전욱(顓頊)·제곡(帝嚳)·제요(帝堯)·제순(帝舜)을 가리킨다. 3황에 대해서는 복희·여와(女媧)·신농 또는 천황·지황·인황(人皇)이라는 설 등 이견이 많기도 하고, 3황 이전에 중국 최초의 임금으로 천황씨(天皇氏)·지황씨(地皇氏)·인황씨(人皇氏)·유소씨(有消氏)가 있었다고 주장하기도 하여 정확히 확인할 수는 없지만, 3황 5제는 중국 선사시대 이야기를 전설 형태로 표현한 것으로 파악하고 있다. 여하튼, 진나라 왕 정이 위호를 고치려 하자 신하들이 말하길, "임금의 덕은 3황보다 낫고 그 공적은 5제보다 높다."라고 칭송하며 논의한 결과, 3황의 '皇'과 5제의 '帝'를 합하여 '皇帝'라고 하였다고 한다. 즉 황제는 '3황 5제의 공덕을 함께 갖춘 자'라는 것이다. 이런 뜻으로 황제라는 용어가 만들어졌다고 한다.

황제라는 용어가 어찌 만들어졌든 진나라 왕 정은 중국의 첫 번째 황제, 이른바 시황제(始皇帝)였다. 시황제라는 말은 후세에 붙여진 칭호이다. 그가 살아 있을 때는 그냥 황제에 불과하였다. 진시황제라는 말은 '진나라 시황제'를 가리키며, '진나라에서 처음 시작한 황제'라는 뜻이다. 이렇게 '진시황제'라는 용어는 하나의 칭호에 불과한데, 흔히 사람들은 '진시황제'를 이름처럼 사용하곤 한다. 예컨대, "중국을 최초로 통일한 사람은 누구인가?"라는 질문에 대부분의 사람들이 '진시황제'라고 대답하는 것처럼. 이는 잘못된 대답이다. 왜냐하면 진시황제는 역사적 용어일 뿐이지, 사람 이름이 아니기 때문이다. '진시황제'라고 대답하는 것은, 혹 '대한민국 정부를 수립한 사람이 누구냐?'라고 물어봤을 때 '초대 대통령'이라고 대답하는 경우와 같은 꼴이니 말이다.

    황제는 이전의 왕과는 사뭇 다를 수밖에 없었다. 하여 진시황제 정(政)은 스스로를 가리켜 '짐(朕)'이라 하였는데, 왕은 자신을 낮추어 '고(孤)' 또는 '여(予)', 흔히 '과인(寡人)'이라고 하였다. 본래 짐이란 그 당시까지 보통 사람이 자신을 일컫던 말이었는데, 이제는 황제의 일인칭에 한해서만 사용하도록 하였다. 또 시황제 정(政)은 황제가 내리는 명령을 구분하여 명(命)은 '제(制)', 영(令)은 '조(詔)'라고 하였으며, 시호(諡號) 제도를 폐지하기도 하였다. 시호란 왕의 생전 업적을 평가하여 사후에 이름을 붙여주는 제도다. 진시황제는 이러한 제도는 아들이 부친을, 신하가 군주를 평가하는 것이므로 도리에 어긋난다고 여겼던 것이다.

    진시황제는 '옥새(玉璽)' 또한 황제의 도장[圖章: 인장(印章)]에 한해서만 부르도록 하였다. 새(璽)는 원래 일반적인 도장을 가리키는 말이었지만 진시황제가 황제의 도장에만 사용하도록 정했다. 도장은 그 형식에 따라 나름대로 구분이 되었는데, 도장의 이름은 높은 것부터 '새(璽)—장(章)—인(印)', 재질은 높은 것부터 '옥(玉)—금(金)—은(銀)—동(銅)' 순이 되었다. 하여 위계에 따라 사용하는 재질 등이 정해졌는데, 중국 한(漢)나라의 경우만 해도 백옥(白玉)으로 만든 도장은 단 하나였다. 이것이 바로 옥새로, 황제만 쓰도록 하였으며, 승상 이상은 금인(金印), 이천 석 이상의 관원은 은인(銀印), 그 이하는 동인(銅印)을 사용하도록 정해졌다. 또 위계에 따라 도장에 있는 끈, 즉 인수(印綬)를 묶는 방법이나 그 색도 달랐다. 원래 옥새(玉璽)도 '옥으로 만든 도장'이라는 뜻으로 평범하게 쓰이던 말이었지만, 진시황제는 황제의 도장에 한해서만 옥새라 부르도록 하였던 것이다. 그리고 옥새에 '受命於天

旣壽永昌(수명어천 기수영창)'이란 글을 새겼는데, 이는 '하늘에서 명을 받았으니 그 수명이 길이 번창하리라.'라는 뜻이다. 이에 비해 왕의 도장은 어보(御寶)라 하였다.

옥새와 어보가 이렇게 구별되지만, 때에 따라서는 어보를 옥새 또는 어새(御璽)라고 불러서 황제와 왕의 도장을 따로 구별하지 않고 같이 사용하기도 하였다[당나라 때 측천무후가 '새(璽)'의 발음이 '사(死)'와 비슷하다고 하여 새를 '보(寶)'로 고쳤다고 한다]. 그래서 좁은 의미의 옥새는 '황제가 사용하는 도장'을 가리키며, 특히 진시황제가 화씨지벽(和氏之璧)이라는 유명한 옥으로 만들어 직접 사용하던 옥새를 전국옥새(傳國玉璽), 전국새(傳國璽)라고 부르기도 한다. 이 전국옥새는 당(唐)나라·5대10국 때까지 전해졌다고 하는데, 전국옥새는 황제가 그것을 갖고 있을 뿐 실제로는 사용하지 않는 상징적인 것이었으며, 실제로 사용하는 옥새로는 여러 가지 종류가 있었다고 한다.

넓은 의미에서 옥새는 황제와 왕을 구별하지 않고 '왕조나 나라를 대표하는 도장'을 가리키는 말로, 국새[國璽: 국가 문서에 사용하는 도장. 국인(國印)·새보(璽寶)·어보(御寶)·대보(大寶)·어새(御璽)·옥새(玉璽)라고도 부른다]라는 말과 같은 뜻으로 사용되었다. 다만 국새는 왕조(나라)마다, 왕마다 새긴 글이 달랐는데, 부여에서는 '濊王之印(예왕지인)', 고려 말기에는 '高麗國王之印(고려국왕지인)'이 사용되었다. 그리고 조선시대에는 '朝鮮國王之印(조선국왕지인)', '大朝鮮國寶(대조선국보)', '大朝鮮大君主之寶(대조선대군주지보)' 등이 국새로 사용되었으며, 대한제국 때에는 '大韓國璽(대한국새)', '皇帝之璽(황제지새)' 등이 사용되었다. 대한민국이 건국된 이후에는 '大韓民國之璽(대한민국지새)'를 사용하였으며, 현재는 '大韓民國(대한민국)'이라고 새긴 국새를 사용하고 있다. 또 국새는 하나만 있던 게 아니라 용도에 따라 다양한 국새를 만들어 사용하였는데, 조선시대만 해도 교서(敎書: 왕이 신하, 백성, 관청 등에 내리던 문서)나

교지[敎旨: 조선시대 왕이 4품 이상의 벼슬아치에게 주던 사령(辭令:임명·해임 따위의 인사에 관한 명령)] 등에 찍는 '施命之寶(시명지보)', 유서(諭書: 관찰사·절도사·방어사 등을 임명할 때 왕이 내리던 명령서)에 찍는 '諭書之寶(유서지보)', 과거시험의 문서에 찍는 '科擧之寶(과거지보)', 교린(交隣: 이웃 나라와의 사귐) 문서 특히 대일본 관계에 찍는 '昭信之寶(소신지보)', 서적을 반포·하사할 때 찍는 '宣賜之記(선사지기)', 서책의 발간에 사용하는 '同文之寶(동문지보)', 왕이 지은 글에 찍는 '奎章之寶(규장지보)', 각신(閣臣: 규장각의 벼슬아치)의 교지에 찍는 '濬哲之寶(준철지보)', '明德之寶(명덕지보)', '廣運之寶(광운지보)' 등이 사용되었다. 다만 가장 중요한 국새는 국내에서 다양하게 제작하여 사용하는 것이 아니라, '朝鮮國王之印(조선국왕지인)'처럼 중국으로부터 받아 주로 중국과의 외교관계나 왕명으로 이루어지는 국내 문서, 왕위 계승 때 징표로 사용하던 국새였는데, 이를 보통 옥새(대보)라 하였다. 1894년 갑오경장 후에는 중국과의 사대 관계를 종식함으로써 이전의 대보를 폐지하고, '大朝鮮國寶'와 '大朝鮮大君主之寶'를 제작해 사용하였으며, 대한제국 이후에는 '大韓國璽', '皇帝之璽', '大韓民國之璽', 그리고 현재는 '大韓民國' 국새를 자체 제작해 사용하고 있다.

또 황제를 부를 때는 '폐하(陛下)'라 하였으며, 왕과 왕세자는 '전하(殿下)', '저하(低下)'라 불렀다. 일반적으로 폐하는 황제나 황후에 대한 존칭이고, 전하는 왕·왕비 등 왕족 또는 추기경 등을 높여 부르는 말이며, 저하는 왕세자에 대한 존칭이다. 이들 폐하·전하·저하는 모두 '황제나 왕, 왕세자가 각각 위치하는 건물 아래'라는 뜻에서 그 구별이 이루어지는데, 폐(陛: 섬돌 폐)는 대궐(大闕)에 올라가는 돌층계, 전(殿: 큰집 전, 대궐 전)은 높고 장엄한 건물이나 궁성(宮城)·불당(佛堂) 등을 가리키는 말이며, 저(邸: 집 저)는 집을 가리키는 말이다. 황제를 뵐 때에는 대궐·궁전(宮殿) 밑에 있는 섬돌 아래에 엎드려 뵐 수 있는 것에 비해, 왕은 폐(陛)보다는 좀 더 가까운 궁전 아래에서 뵙는다는 의미에서 전하는 폐하보다 낮은 사람에 대한 존칭임을 알 수 있다. 또 저(邸)는 궁전(宮殿)보다 규모가 작은 집인 저택(邸宅: 일반인들의 집보다는 큰 집)이라는 점에서 저하는 전하보다 낮은 사람에 대한 존칭임을 알 수 있다.

전하(殿下)는 '궁전 아래'라는 뜻으로 중국 한(漢)나라 이전에는 제후(諸侯)의 존칭이었으나, 그 이후에는 황태자(皇太子)·제왕(諸王)의 존칭으로 쓰였다. 폐하는 '섬돌 아래, 섬돌 층계 아래'라는 뜻으로 원래는 제후의 존칭으로 쓰였으나, 진시황 이후에는 오로지 천자의 존칭으로 쓰였는데, 직접 천자라고 부르는 것을 피하고 폐하라는 말로 섬돌 밑에 서 있는 호위병을 가리키는 뜻으로 사용되었다. 또 궐하(闕下)라는 용어도 있었는데, 이는 '대궐 아래, 임금이 거처하는 대궐의 정문 아래'라는 뜻으로, 임금 앞을 이르는 말이다. 그리고 저하(低下)는 '저택 아래'라는 뜻으로 폐하나 전하보다 낮다는 뜻에서 사용하는 말이었다. 이런 존칭은 대개 왕보다 아랫사람들이 사용하였는데, 왕보다 어른인 상왕(上王: 나라를 다스리고 물러난 전 임금)이나 대왕대비(大王大妃) 같은 이들이 왕을 부를 때는 '전하' 대신 '주상(主上)'이라 하여 반존대(半尊待: 반 정도 높여 부르는 말)하였다.

그리고 신하들이 황제를 직접 만나 인사의 예를 표할 때는 절을 세 번씩 하였으며, 황제를 칭송할 때는 '만세 만세 만만세(萬歲 萬歲 萬萬歲)'라고 외쳤다. 왕의 경우는 '천세 천세 천천세(千歲 千歲 千千歲)'라고 하면서 한 번만 외쳤다. 황제의 죽음은 '붕(崩)'이라 하였으며, 황제를 계승할 자를 '태자(太子)'라 하였다. 이에 비해 왕의 죽음은 훙(薨), 왕위를 계승할 자는 세자(世子) 또는 세제(世弟: 왕위를 이어받을 왕의 아우)라고 하였다. 또 황제의 옷 색깔은 노란색이었는데, 따라서 황제 이외의 사람들은 노란색 옷을 피해야 했다. 왕의 경우, 푸른색·빨간색 옷을 입었다. 그리고 황제의 국가, 즉 황제가 다스리는 국가는 '제국(帝國)'이라 하였으며, 왕이 다스리는 국가는 왕국(王國)이라고 하였다. 유의할 점은 황제와 관련된 용어일지라도 황제만 사용한 것은 아니고 실제로는 왕도 사용하였다는 사실이다. 특히 우리나라에서는 왕이라 했을지라도 황제와 관련된 용어를 그대로 쓴 경우도 많았다. 이렇게 황제와 왕과 관련된 용어 구분을 절대적인 것으로 생각해서는 안 된다. 편의상 황제와 관련된 용어와 왕과 관련된 용어로 구분하여 사용하였을 뿐이다.

[황제]
- 폐하(陛下) 짐(朕) 제(制) 조(詔)
- 황후(皇后) 태후(太后), 황녀(皇女)
- 태자(太子)·태자비(太子妃) 만세 만세 만만세, 3번의 절
- 태제(太弟)·태제비(太子妃) 태손(太孫)·태손비(太孫妃)
- 제국(帝國) 붕(崩) 노란색(옷)
- 옥새(玉璽):'壽命於天 旣壽永昌'

[왕]
- 전하(殿下) 과인(寡人)·고(孤) 명(命) 령(令)
- 왕후(王后)·왕비(王妃) 대비(大妃), 왕녀(王女)
- 세자(世子)·세자빈(世子嬪) 천세 천세 천천세, 1번의 절
- 세제(世弟)·세제빈(世弟嬪) 세손(世孫)·세손빈(世孫嬪)
- 왕국(王國) 훙(薨) 푸른색·빨간색(옷)
- 어보(御寶):옥새 '왕조마다, 왕마다 다양'

[세자] 저하(低下) / **[태자]** 전하(殿下)

석기시대 우두머리는 지배자가 아니다

역사상에 지배자가 출현하는 시기는 청동기시대라고 한다. 청동기시대 이전의 석기시대 사람들은 함께 생산하고 함께 분배하였다. 이렇게 석기시대 사회는 평등한 사회였다. 따라서 석기시대 족장(族長)은 지배자가 아니라 그들의 집단(무리·씨족)을 이끌어 가는 존재였다. 즉 석기시대 족장은 위에서 군림하는 자가 아니라, 씨족을 대표하여 씨족을 지도하는 이였다. 한마디로 지배자가 아니라 지도자였다.

보통 석기시대는 구석기시대와 신석기시대로 나뉘는데, 신석기시대 말기쯤에 그동안 점점 발달한 농업 기술로 생산량이 증가하였고, 잉여생산물까지 생겼다. 똑같이 분배하고도 먹고 남는 물건이 생기자, 남은 것에 대한 소유 개념, 즉 사유 개념이 나타났다. 이렇게 사유재산이 생기자 내 것을 더 많이 차지하기 위한 싸움이 발생하고, 점차 싸움이 가속화되면서 전쟁이 벌어졌다. 전쟁에서 이기기 위해서는 무엇보다도 무기가 중요하였는데, 돌보다 가볍고 쉽게 부러지지도 않으며, 더욱 정교하게 만들 수 있는 것으로 청동(靑銅)이 발명되었다. 이에 무기를 비롯하여 다양한 청동기가 만들어졌으며, 청동기시대가 전개되었다.

청동기시대에는 전쟁이 더욱 가속화되었다. 석기시대에도 싸움은 있었지만, 석기시대의 싸움은 부족한 식량을 얻기 위한, 주로 먹고살기 위한 전쟁이었음에 비하여 청동기시대의 싸움은 더 많은 것을 소유하기 위한 전쟁이었다. 먹고살기 부족하지 않은, 가진 자들이 더 많은 것을 가지기 위해 싸우는 전쟁이었다. 전쟁에서 이기는 자는 지배자가 되어 군림하였으며, 진 자는 피지배자가 되어 노예 신분으로 떨어졌다. 이렇게 청동기시대에는 힘센 자와 힘없는 자 간의 서열에 따라 계급이 발생하였고, 전쟁을 통해 씨족과 씨족이 통합되어 부족이 되었다. 또한 부족과 부족이 통합되어 한층 체계화된 사회, 곧 국가가 탄생하였다.

청동기시대 지배층의 우두머리인 부족장을 군장(君長)이라고 하는데, 군장이 다스리는 국가를 군장국가(君長國家), 다른 말로 부족국가(部族國家)·성읍국가(城邑國家)·읍락국가(邑落國家)라고 하며, 서양에서는 주로 도시국가(都市國家)라 부르고 있다. 또 여러 군장국가끼리 연맹하여 군장 가운데 왕을 선출하여 다스리는 국가 형태를 연맹왕국(聯盟王國)이라고 한다. 우리나라 최초의 군장국가는 조선[(朝鮮, 다른 조선과 구별하여 흔히 고조선(古朝鮮)이라 부르고 있다]이며, 조선 다음으로 세워진 군장국가 또는 연맹왕국으로는 부여·고구려·진국[震國, 흔히 삼한(三韓)이라고 부르고 있다]·옥저·동예가 있었다.

군장국가들이 계속되는 전쟁과 철기의 보급을 통해, 부족과 부족 또는 국가와 국가끼리 연맹한 형태로 발전한 연맹왕국은 초기국가라고도 부르며, 철기시대에 들어서서 연맹왕국의 건설이 촉진되었다. 연맹왕국은 여러 명의 군장(부족장)으로 구성되었는데, 그들의 우두머리인 왕[맹주(盟主)]은 하나의 군장으로서, 다른 군장들의 선출에 의해 뽑혔다. 따라서 왕의 권한은 다른 군장과 비등할 정

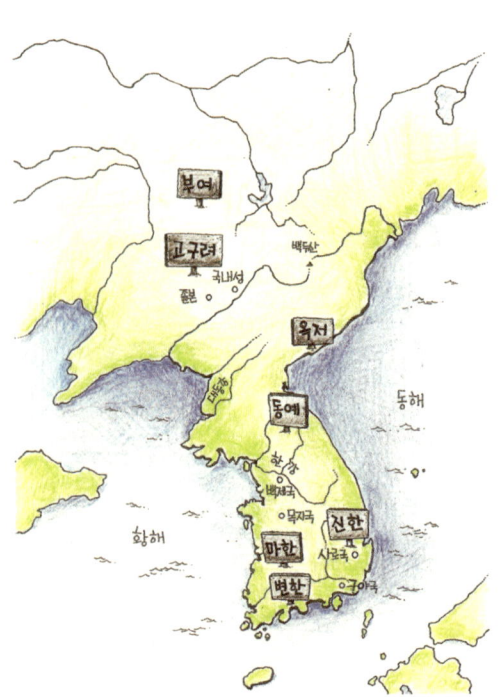

▲ **군장국가와 연맹왕국** 이 가운데 연맹왕국으로 성장한 나라는 부여, 고구려, 진국[삼한(마한·진한·변한)]이며, 고구려, 마한(백제), 진한(신라)은 중앙집권국가로 성장하였다. 옥저와 동예는 연맹체를 형성하지 못하였으며, 중앙집권국가로 발전하지도 못하였다.

도로 아직 미약할 수밖에 없었는데, 이후 영토 확장을 위한 전쟁이 계속되면서 그 권한이 점차 강화되었다.

왕의 권한이 강화되면서 왕위는 세습되었으며, 점차 지방에까지 왕의 군대와 관리가 파견되었다. 그리고 부족장 또는 군장들은 관료화되고 중앙의 귀족으로 편입되는 등 권력이 왕에게 집중되어 이제는 중앙집권국가로 변모하였다. 이런 국가를 고대왕국 또는 고대국가라 부르는데, 연맹왕국 가운데 고대왕국으로 발전한 나라는 고구려·백제·신라이다.

군장 또는 부족장과 관계되는 이름으로는 고조선의 단군왕검(檀君王儉)과 부여의 마가(馬加)·우가(牛加)·저가(猪加)·구가(狗加), 삼한의 신지[臣智=진지(秦支)=축지(踧支)]·검측(儉側)·번예(樊濊)·살해(殺奚)·읍차(邑借), 고구려의 고추가(古雛加)·상가(相加), 옥저의 삼로[三老: 거수(渠首·渠帥)의 칭호], 동예의 삼로(三老)·읍군[邑君=읍장(邑長)] 등이 있다.

여기에서 많이 나타나고 있는 가(加)는 대부족의 군장이나 왕을 의미하는 간(干, Kan)·칸(汗, Khan)보다는 그 규모나 지위가 낮은 부족장을 가리키는 의미로 해석할 수 있다. 또는 왕 아래 신하에 해당하는 관직명으로도 해석할 수 있다.

동예나 옥저에는 삼로 위로 왕이 아닌 후(候)가 있었다고 한다. 왕이 출현하지 못한 것으로 보아 옥저와 동예는 연맹왕국 단계로 발전하지 못하고 군장국가 단계에 머무른 나라임을 짐작할 수 있다.

특히 삼한의 경우, 왕 이외에 천군(天君)이 따로 있었다고 한다. 천군은 제사를 지내는 특별 지역인 소도(蘇塗: 높은 곳을 뜻하는 '솟터'를 말하며, 솟대가 있는 지역을 가리키기도 한다)를 다스리는 제사장으로서 읍마다 1인씩 있었다고 전해진다. 소도는 제사가 이루어지는 신성(神聖) 지역이자 천군이 다스리는 별읍(別邑)으로, 국법(國法)의 힘이 미치지 못하여 죄인이 이곳으로 도망하여 오더라도 그를 돌려보내거나 잡아갈 수 없어 도둑이 성행하였다고 한다. 보통 소도의 의례는 천군이 주재한 것으로 파악되는데, 소연맹국 안의 별읍이 소도여서 그곳에서는 지신(地神)이나 토템 신(Totem, 神) 등 귀신을 숭배하였고, 천신(天神)을 제사하는 천군은 국읍(國邑)에 있었다는 주장도 있다. 아무튼 제정일치 사회였던 고조선과 비교하여 삼한 사회는 천군이 따로 있었던 것으로 보아 정치와 종교가 따로 분리된 제정분리 사회였음을 알 수 있다.

우리나라에는 태왕과 대왕이 있었다

'왕'이라는 용어를 우리나라에서는 언제부터 사용하였을까? 그 기록이 없어 확실하지는 않으나, '고조선 때부터 후(侯) 또는 왕을 칭'한 사실들을 중국 문헌을 통해 알 수 있다. 다만 고조선 때에 왕을 칭한 사실이 기록에 있다 하더라도 실제 그 시대에 왕이라는 용어가 직접 사용되었는지는 정확히 알 수 없는 실정이다.

'중국식 왕'이라는 칭호와는 별도로 우리나라에는 고유의 왕 이름으로 방언왕호(方言王號)라는 게 있었다. 단군왕검(檀君王儉)이나 기자(箕子)가 그것이다. 또 백제의 어라하(於羅瑕)·건길지(鞬吉支), 신라의 거서간(居西干)·차차웅(次次雄)·이사금(尼師今)·마립간(麻立干)이 그것이다.

단군왕검은 '무당 또는 하늘'을 뜻하는 단군과 '정치적 군장'을 뜻하는 왕검이 합해진 말이다. 결국 제사와 정치적 수장의 역할을 겸하고 있던 군장으로서, 왕에 해당하는 말이다.

기자 또한 임금을 뜻하는 우리나라 고유의 호칭으로, 이때의 기자는 기자조선의 기자와는 다른 뜻으로 쓰이는 말이다. 흔히 천자문에 나오는 '王'을 '임금 왕'으로 해석하고 있지만, 오래된 천자문에는 '긔즈 왕', '긔츠 왕'으로 나타나 있다. 즉 기자는 곧 왕을 가리키는 말이었으며, '거서(巨西)'와

동의어로 여겨지는 말이다.

어라하의 '어라'는 '크다, 대(大)'를 뜻하는 '엄니', '욱리', '아리'와 관련 있는 말이며, '하'는 우두머리·수장(首長)을 의미하는 우리말의 '간(干)'·'한(翰·邯)'과 비슷하며, 부여·고구려에서 족장을 가리키는 '가(加)'와 관련 있는 말이다. 이렇게 보면 어라하는 대족장, 임금(왕)을 뜻하는 말이라고 할 수 있다.

건길지의 건은 '크다, 대(大)'를 뜻하는 말이며, 길지는 일본 기록에 나오는 길사[吉師: 백제시대 귀인 또는 대인(大人)의 호칭이며, '대군(大君)'의 뜻으로서 백제 왕을 호칭하는 말이다]나 신라의 거서간과 같이 임금을 뜻하는 말이다. 따라서 건길지는 '대왕(大王)'을 뜻하는 말이라고 할 수 있다.

간(干)은 임금을 상징하는 용어로 쓰였는데, 거서간은 '제사를 맡은 웃어른'을 뜻하고, 차차웅은 '무당'을 뜻하는 말로 둘 다 제정일치의 면모를 알 수 있는 용어다. 이사금은 치질금(齒叱今)이라고도 하는데, '이빨 자국이 가장 많은 자, 즉 연장자'를 뜻한다. 마립간은 '궐(橛: 말뚝)'을 이르는데, 궐에 대한 해석은 다양하지만, 대개 마립간은 '정치적 군장'을 뜻하는 말로 여겨지고 있다. 결국 마립간이란 말은 정치와 종교가 분리된 면모를 보여주는 용어라고 할 수 있다.

이사금이란 용어를 살펴보면 참 재미있기도 하다. 왕에 오를 대상자 가운데 이빨 자국이 가장 많은 자를 왕으로 뽑았다 하니, 요즘 사람들은 이해하기 어려운 일일 것이다. 어찌 보면 말도 안 되는 것 같기도 하고, 한편으론 민주적이고 합리적인 것 같기도 하다.

고구려와 백제는 일찍부터 중국과 접촉하였다. 따라서 중국식 왕호도 일찍부터 사용했을 것이다. 언제부터 사용했는지를 정확히 알 수 없을 뿐이다. 중국과의 교류가 자유롭지 못하고 배타성이 강하던 신라에서는 법흥왕 때부터 정식으로 중국식 왕호가 사용된 사실이 확인되고 있다. 즉 지증(왕)

까지 방언 왕호가 사용되었다는 것이다. 일반적으로 기록에 '지증왕'으로 나타나고 있는 사실을 들어 지증 때부터 중국식 왕호가 사용되기 시작하였다고 말하고 있으나, 이는 잘못된 주장이라고 한다. 기실 '지증왕'의 '왕'은, 그가 죽은 후인 법흥왕 1년(514)에 '지증(智證)'이라는 시호가 추봉되면서 함께 붙여진 말이기 때문이다.

우리나라에서 '황제'라는 칭호가 직접 사용된 예는 거의 없는 편이다. 1897년, 조선 제26대 왕 고종이 국호를 대한제국으로 바꾸고 자신을 스스로 황제라 칭한 예가 전부이다. 그러나 비록 황제라 하지 않고 왕이라 했을지라도 실제 황제처럼 여겨 황제와 관련된 붕(崩), 짐(朕), 폐하(陛下), 태자(太子) 등을 사용하곤 하였다. 그럼에도 황제라는 칭호를 직접 쓴 것은 아니었다. 다만 황제와 비견할 만한 칭호가 있었는데, '태왕(太王)'이나 '대왕(大王)'이 바로 그것이다.

▲ 광개토대왕릉비 광개토대왕릉비는 높이 6.39m에 이르는 동양 최대의 기념비로, 고구려 장수왕이 414년 아버지 광개토대왕의 업적을 기리기 위하여 세운 비석이다. 근처에 광개토대왕의 무덤으로 추정되는 태왕릉이 있다. 사진은 천안 독립기념관에 세워진 모형이다.

태왕(太王)

태왕은 고구려에서 군주(君主)를 일컫는 칭호로 쓰였다. 고구려인은 고구려가 '천하의 중심'이라고 생각하였는데, 이런 고구려인의 천하관은 각종 유적과 유물, 금석문 자료에 나타나 있으며, 천하의 중심을 다스리는 자를 단순히 왕이라 하지 않고 태왕이라고 하였다.

태왕이 사용된 예는 광개토대왕릉비문(廣開土大王陵碑文, 414년),

호우총 출토 호우명(壺杅塚 出土 壺杅銘, 415년), 태왕릉 출토 벽돌명(太王陵 出土 벽돌銘, 4~5세기), 모두루 묘지명(牟頭婁 墓誌銘, 5세기 초), 중원 고구려비문(中原 高句麗碑文, 5세기. 현재 중원 고구려비는 공식 이름이 충주 고구려비로 바뀜), 연수원년명합우(延壽元年銘 合杅, 451년) 등에서 확인된다. 즉 중국 길림성 집안시 통구의 용산에

▲ 태왕릉 광개토대왕비에서 불과 500m 정도의 거리에 있는 무덤으로, 광개토대왕의 무덤으로 추정되는 고구려 무덤이다. 와당과 함께 "願太王陵安如山固如丘"라고 양각한 벽돌이 발견되었다.

있는 광개토대왕릉비에는 "還至十七世孫 國岡上廣開土境平安好太王(환지십칠세손 국강상광개토경평안호태왕)"이라는 기록이 있으며, 경북 경주시 노서동에 있는 신라시대 고분 호우총(노서동 제140호분)에서 출토된 호우명 그릇

▲ 호우총 출토 호우명 그릇 왼쪽 사진은 국립중앙박물관 벽면에 안내하고 있는 경주 노동리와 노서리 무덤밭[노동동 무덤밭(사적 제38호), 노서동 부덤밭(사적 제39호)] 그림 일부이며, 오른쪽 사진은 노서리 무덤밭의 호우총에서 발견된 호우명 그릇이다. 호우명 그릇 밑바닥에 새겨진 글씨를 통해 당시 고구려와 신라의 관계를 파악할 수 있다.

밑바닥에는 "乙卯年國岡上廣開土地好太王壺杅十(을묘년국강상광개토지태왕호우십)"이라는 글이 새겨져 있다.

또 중국 길림성 집안시 여산에 있는 고구려시대 기단식 적석총인 태왕릉(太王陵)에서 출토된 벽돌에는 "願太王陵安如山固如丘(원태왕릉안여산고여구)"라는 명문이 새겨져 있고, 고구려 광개토대왕 때 북부여의 수사(守事)였던 모두루의 묘지로, 1935년 10월 중국 길림성 집안시 하양어두에서 발견된 모두루 묘지명에는 "國岡上聖太王 大開土地好太聖王(국강상성태왕 대개토지호태성왕)"이라는 글이 새겨져 있다. 그리고 충북 충주시 가금면 용전리 입석부락(입석마을)에 있는 중원 고구려비문에는 "高麗太王 太王國土(고려태왕 태왕국토)"라는 글이 새겨져 있으며, 원수원년명합우에도 "延壽元年太歲在辛卯三月中 太王敎造合杅 用三斤六兩(연수원년태세재신묘삼월중 태왕교조합우 용삼근육량)"이라는 명문이 새겨져 있다.

이처럼 고구려에서 태왕이란 칭호가 쓰인 시기는 대체로 광개토대왕(391~412)과 장수왕(412~491) 및 문자왕(또는 문자명왕, 491~519) 때로 파악된다. 하지만, 고고학적으로 태왕이란 칭호가 처음 등장하는 때는 모두루 묘지명에 나온 고구려의 16대 군주인 고국원왕(331~371) 때부터라고 한다. 그리고 제19대 군주인 광개토대왕이 즉위할 때는 '영락(永樂)'이라는 연호와 함께 광개토대왕릉비의 비문에서처럼 태왕이라는 칭호를 사용

▲ 중원 고구려비[충주 고구려비] 국내에 유일하게 남아 있는 고구려 석비(石碑)로, 고구려가 백제 수도 한성을 함락한 후 남한강 유역까지 공략, 충주 지역까지 개척한 것을 기념하여 세운 것으로 추정된다. 현재 비면이 심하게 마모되어 공사 중인데, 사진은 공사 중인 비석과 옆에 세운 모조품(국립충주박물관에도 있다) 모습이다.

한 것으로 확인되고 있다. 이처럼 고구려는 중국에서 사용하는 황제라는 칭호는 없었지만, 중국과 달리 고구려의 자주의식이 반영된 태왕이라는 명칭을 사용하였다.

태왕이라는 칭호는 신라에서도 사용되었다. 울주 천전리 각석(蔚州 川前里 刻石, 국보 제147호, 울산광역시 울주군 두동면 천전리〈울주군 두동면 천전각석길〉 위치)과 북한산 신라 진흥왕 순수비(北漢山 新羅 眞興王 巡狩碑, 국보 제3호, 서울 종로구 구기동 북한산 비봉에 있었던 것을 경복궁에 옮겼다가 지금은 국립중앙박물관에 소장)

▲ 울주 천전리 각석과 추명·원명 각석의 아랫부분에 300자가 넘는 글이 좌우로 나뉘어 새겨져 있는데, 먼저 새겨진 오른쪽 것을 원명[原銘·을사명(乙巳銘)], 나중에 새겨진 왼쪽 것을 추명[追銘·기미명(己未銘)]이라고 부른다. 원명은 법흥왕 12년(525)에, 추명은 법흥왕 26년(539)에 이곳에 왔다 간 내용을 기록한 것이다.

등을 통해 신라에서 태왕이라는 칭호를 사용한 것을 확인할 수 있는데, 울산 대곡리 반구대 암각화(蔚山 大谷里 盤龜臺 岩刻畵, 국보 제285호, 울산광역시 울주군 언양읍 대곡리〈울주군 언양읍 반구대안길〉 위치)가 있는 대곡천 중류의 암벽 기슭에 있는 울주 천전리 각석의 추명(追銘)에는 "另卽知太王妃夫乞支妃(모즉지태왕비부걸지비)……"라는 글이 있으며, 북한산 신라 진흥왕 순수비에는 "興太王及衆臣等巡狩管境之時記(흥태왕급중신등순수관경지시기)"이라는 글이 새겨져 있다. 이처럼 신라는 법흥왕과 진흥왕 때 태왕이라는 용어를 사용하였다. 그 이후에도 태왕이라는 칭호를 사용했는지는 확인되지 않고 있다.

▲ **북한산 신라 진흥왕 순수비**(眞興王 巡狩碑) 진흥왕 순수비는 신라 진흥왕이 정복사업을 통해 넓힌 영토를 확인하고, 또 이를 기념하기 위하여 그곳을 돌아보면서 세운 비석으로, 지금까지 창녕비(국보 33호), 북한산비(국보 3호), 마운령비, 황초령비 등 4개가 전해지고 있다. 왼쪽 사진은 서울 북한산 정상에 세워진 모습이며, 오른쪽 사진은 현재 국립중앙박물관으로 옮겨져 실내에 전시된 모습이다.

『태왕사신기』와 같은 서적이나 방송 드라마 등을 보면 고구려에서 태왕이라는 칭호가 널리 사용된 것처럼 보이지만 기록에 의해 확인되는 것을 찾아보면 그다지 널리 사용된 것으로는 보이지 않는다. 또 광개토'태왕'보다 광개토'대왕'이라는 용어를 더 많이 사용하고 있는 것처럼 태왕보다는 대왕이라는 용어에 익숙한 편이다.

대왕(大王)

대왕이라는 용어는 군장국가가 연맹왕국이나 고대국가로 발전하는 과정에서 체제가 정비되고 왕권이 강화되어가는 시기에 생긴 것으로 여겨진다. 고구려의 광개토대왕, 신라의 진흥대왕·문무대왕 같은 경우가 그 대표적인 예라 할 수 있다. 백제의 경우, 백제 왕 이외에 제후 격인 왕·후 또는 좌현왕(左賢王)·우현왕(右賢王) 등이 사용된 사실만 보아도 백제 왕은 백제대왕으로서 인식되었음을 알 수 있다. 즉 대왕이라는 말은 '왕 중 왕'의 의미가 담긴 용어로, '공적이 많은 위대한 왕'을 뜻하는 칭호로 사용되었다.

한편 고려는 황제라는 칭호를 사용하였기에 대왕이라는 용어가 거의 나타나지 않고 있으며, 조선은 왕이 죽은 뒤에 붙여지는 시호·존호에서 'ㅇ

○○……○○○대왕'이라는 식으로 대왕이라는 용어가 사용되었다. 결국 우리나라 왕들은 중국처럼 황제나 천자라는 용어를 직접 쓰진 않았지만, 일본의 천황처럼 중국과 대등한 위치에서 태왕이나 대왕이라는 명칭을 사용하였던 것으로 파악된다. 또한 왕이라고 하였을지라도 실제는 황제처럼 여기기도 하였다.

또한 후손이 선대(先代) 왕을 가리킬 때 보통 묘호 뒤에 대왕이라는 말을 붙여 함께 부르기도 하였으며, 중국의 경우 묘호에 황제라는 말을 붙여 부르곤 하였다. 즉 함부로 선대 왕의 묘호만 부르지 않았다. 그래서 태조대왕(태조황제), 태종대왕(태종황제), 세종대왕(세종황제) 등이라고 불렀던 것이다. 그런데 일반인들은 다른 왕에 대해서는 대왕이라는 말을 붙이지 않고, 주로 세종대왕에만 대왕이라는 말을 붙여 부르곤 한다. 이는 형평성에서 문제가 있으며, 결코 바람직한 자세가 아니다.

사실 따지고 보면, 태조대왕, 태종대왕, 세종대왕 같은 말은 어법상 무리가 있다. '○○왕'은 시호에 해당하고, '○조'·'○종'은 묘호에 해당한다. 이 둘을 잘 분석해보면, '조'나 '종'은 '왕'에 해당하는 것으로 여길 수 있다. 따라서 '태조대왕'의 경우 말을 바꿔 부르면 '태왕대왕'이 되고, '세종대왕'은 '세왕대왕'이 되어 그 꼴이 우습게 되어버린다. 광개토왕을 광개토대왕이라 부르는 것은 무리가 없지만, 세종을 세종대왕이라 부르는 데는 어법상 무리가 생긴다. 세왕대왕! 아무리 생각해봐도 어색하기만 하다. 따라서 '세종대왕'이라고 부르는 것보다 그냥 '세종'이라고 부르면 될 것이다. 그래도 많은 사람들이 세종대왕 하며 자주 쓰면 어쩔 수 없을 것이다. 말이란 역시 부르기 편하고 기억하기 쉬워야 하기 때문이다. 사실 태조면 어떻고, 태조왕이라고 부르면 어떻고, 태조대왕이라고 부르면 어떤가. 말이 통하고 뜻이 잘 통하면 되지. 역사에는 많은 사람들이 자주 쓰면 그것이 바로 역사로 굳어지는 경우가 많았다. 어쩌면 이런 것이 역사의 힘일지도 모른다. 또한 이런 것이 역사적 오류일 수도 있다. 하여 될 수 있으면 무리 없는 역사적 용어를 사용해야 한다. 이런 점에서 앞으로 '세종대왕'이라고 부를 게 아니라 그냥 '세종'이라고 부를 필요가 있다. 아니면 다른 왕들에게도 대왕이라는 용어를 함께 붙여 사용하든지.

사람은 죽어서 이름을 남기고, 왕은 죽어서 이름을 얻는다

예전에는 사람 이름과 관련하여 한국·중국·일본 등에서는 휘(諱)라는 게 있었다. 무덤에 세워진 비석을 보면 쉽게 눈에 띄는 휘(諱)는 '왕이나 제후 등이 생전에 쓰던 이름'을 가리키는 용어다. 보통 살아 있는 사람의 이름은 '명[名: 본명(本名)]'이라고 하였지만, 죽게 되면 '죽은 사람을 공경해 그의 생전 이름(본명)을 삼가 부르지 않는다.'라는 뜻에서 '휘(諱: 꺼릴 휘)'라는 용어를 사용하였다. 즉 죽어서는 '생전의 이름 그 자체'를 '휘'라고 하였다. 한마디로 말해 살아서는 이름을 '명(본명)'이라 하고, 죽어서는 '휘'라 하였다.

보통 죽은 사람의 이름(본명)은 비석이나 서적, 사전 등에 휘로 표시되어 있다. 예로서 남연군묘에는 비석이 두 개 있는데, 무덤 바로 앞에 있는 비석[신묘비]의 앞부분에는 "有明朝鮮國顯祿大夫南延郡兼伍衛都摠府都摠管 贈諡忠正完山李公諱球之墓 郡夫人驪興閔氏祔左(유명조선국현록대부남연군겸오위도총부도총관 증시충정완산이공휘구지묘 군부인려흥민씨부좌)"라는 글이 새겨져 있다. 이 글씨는 흥선대원군이 직접 쓴 것이라고 하는데, "贈諡忠正完山李公諱球之墓"라고 한 것에서 完山李公은 '완산 이씨인 공', 諱球는 '휘는 구'라는 뜻으로, 여기에서 성은 '이'씨, 생전 이름(본명)은 '구'임을 알 수 있다. 그리고 '忠正'은 죽어서 받은 시호(諡號)로, 결국 이 무덤은 충정공 이구

▲ **남연군묘 비석과 남연군신도비** 왼쪽 사진은 묘 바로 앞에 있는 비석[신묘비]이고, 가운데 사진은 묘 아래에 있는 비석[구묘비]이며, 오른쪽 사진은 남연군묘와 어느 정도 떨어진 길목에 세워져 있는 남연군신도비이다.

(忠正公 李球; ?~1822)의 묘임을 알 수 있다.

그리고 "有明朝鮮國"이라고 한 것으로 보아 명나라가 멸망한 조선 후기에도 여전히 중국 명(明)나라를 섬기고 있었음을 짐작할 수 있으며, "顯祿大夫南延郡兼伍衛都摠府都摠管"이라고 한 것을 보아 정1품에 해당하는 현록대부 품계와 함께 봉작을 받은 남연군은 또 오위도총부 도총관의 벼슬을 겸했음을 알 수 있다. 더욱이 "郡夫人驪興閔氏祔左"라고 한 것으로 보아 부인과 합장[合葬: 여러 사람의 시체를 한 무덤에 묻음. 합폄(合窆)이라고도 한다]한 무덤임을 알 수 있는데, 여기에 나오는 부좌는 '왼쪽에 합장하였다.'라는 뜻이다. 흔히 무덤에서 왼쪽·오른쪽의 기준은 무덤을 바라보는 살아 있는 사람이 아니라 살아 있는 사람을 바라보는 무덤이 기준, 즉 무덤 뒤쪽(봉분 뒤쪽)이 그 기준이다. 따라서 '부좌'는 살아 있는 사람이 무덤을 바라보는 방향에서 보면 오른쪽에 해당한다. 하여 남연군묘에 자리 잡은 시신은, 살아 있는 사람이 무덤을 바라보는 방향에서 보면 남연군은 왼쪽, 부인은 오른쪽에 있다.

또 남연군묘 아래에 있는 비석[구묘비]의 앞부분에는 "有明朝鮮國顯祿大夫南延郡兼伍衛都摠府都摠管 贈諡榮僖完山李公諱球之墓 郡夫人驪興閔氏祔左(유명조선국현록대부남연군겸오위도총부도총관 증시영희완산이공휘구지묘 군부인려흥민씨부좌)"라고 쓰여 있는데, 남연군묘 바로 앞에 있는 비석의 내용과 거의 같다. 다만 시호가 영희(榮僖)로 되어 있다. 이 비석이 남연군묘 바로 앞에 있는 비석보다 오래된 것으로 파악되는데, 이 두 개의 비석을 통해 남연군의 시호가 '영희'에서 '충정'으로 다시 내려진 것을 짐작할 수 있다. 시호가 '영희'에서 '충정'으로 다시 내려진 사실은 남연군묘 바로 앞에 있는 비석의 뒷부분에 새겨진 글을 통해서도 확인된다.

남연군묘와는 어느 정도 떨어진, 남연군묘로 들어서는 길목에 비석이 하나 더 있는데, 이 남연군비[남연군신도비]의 앞면에 "南延君忠正(남연군충정)"이라는 글씨가 가로로 크게 새겨져 있어 이 비석의 주인공이 충정공 남연군임을 밝히고 있다.

앞에서 말했듯이 예전에는 이름을 지을 때 죽은 이의 이름 자(字)를 피하기까지 하였는데, 이를 피휘(避諱) 또는 기휘(忌諱)라 한다. 피휘의 풍속은 중국 진(秦)나라 때부터 시작되었다고 하는데, 진나라 때는 피휘만이 아니라 생휘(生諱: 생전에 그 사람의 이름 자를 피하는 일)까지도 행하여졌다. 그래서 진시황의 이름인 '政(정)'은 '正(정)'으로 결필(缺筆)되기도 하였다.

피휘의 방법으로는 대자(代字: 다른 글자로 바꿈)·개자(改字: 글자를 고쳐 씀)·결자(缺字: 글자를 빼버림)·결획(缺劃: 글자의 획을 줄임) 등이 있었는데, 휘 때문에 관명(官名)이나 지명(地名), 물명(物名) 등이 바뀌는 일이 자주 있었다고 한다. 우리나라에서도 죽은 부모나 조상, 역대 임금의 이름, 우리나라의 선현은 물론 중국 고대의 공자·맹자를 비롯한 선현들의 이름을 피휘하곤 하였는데, 우리나라에 이 휘법이 언제 들어왔는지는 분명하지 않으나 삼국시대의 금석문(金石文)이나 역사 서적에는 피휘·결필한 흔적이 적지 않게 발견되고 있다. 신라 문무왕릉비를 보면 이것을 세운 날짜가 "二十五日景辰建碑(이십오일경진건비)"라고 되어 있고, 또 신라 진성왕 때 세운 숭복사비문(崇福寺碑文)에는 "寶曆景午春(보력경오춘)"이라고 되어 있는데, 원래는 '景辰(경진)'과 '景午(경오)'가 아니라 '丙辰(병진)'과 '丙午(병오)'가 맞으나 당(唐)나라 고조의 아버지 이름인 '昞(병)'의 음을 피하려고 '丙辰(병진)'과 '丙午(병오)'의 '丙' 자를 '景(경)' 자로 바꾼 것이다.

우리나라 왕의 휘를 피한 예로 금석문에 나오는 것은 고려 때부터로 파악되고 있다. 경북 문경 봉암사 정진대사 원오탑비문(靜眞大師 圓悟塔碑文)에 "上領文虎兩班及僧官(상령문호양반급승관)"이라는 구절이 있는데, 여기에 나오는 '文虎'兩班(문호양반)은 원래 '文武'兩班(문무양반)을 이어야 하는데, '武(무)'는 고려 혜종(惠宗)의 휘이므로 이를 피하려고 '武'를 '虎(호)'로 바꿔 쓴 것이다. 이런 사례는 『균여전』, 『삼국사기』, 『삼국유사』 및 고려시대의 각판(刻板)에서도 적지 않게 나타나고 있다. 정진대사 원오탑비(보물 제172호)는 고려 전기에 정진대사 원오탑(보물 제171호)과 함께 세워진 탑비로, 봉암사를 중흥한 정진대사의 것이다. '정진'은 시호이며, '원오'는 탑 이름이다. 봉암사에는 이 절을 창건한 지증대사 적

▲ **봉암사 정진대사 원오탑과 원오탑비** 경북 문경 봉암사에는 중요한 문화재가 다수 있으나, 문화재 관람이 어려운 곳이다. 이곳은 스님들이 수행·정진하는 특별수도원으로, 일반인의 출입이 금지된 곳이기 때문이다. 일 년 중 사월초파일에만 개방하므로 이때에나 문화재를 관람할 수 있다. 왼쪽 사진은 문화재청 홈페이지에서 제공하고 있는 예전에 찍은 것이고, 오른쪽 원오탑비는 전각 안에 모셔져 있는 현재 모습이다.

조탑(보물 제137호)과 탑비(국보 제315호), 3층 석탑(보물 제169호), 극락전(보물 제1574호) 등이 있다.

이처럼 예전에는 이름 짓기가 쉽지 않았으며, 지은 이름을 사용하기도 쉽지 않았다. 또 옛날 신분이 높은 사람들은 명(名), 아명(兒名), 본명(本名)·휘(諱), 자(字), 호(號), 봉작명(封爵名), 시호(諡號), 존호(尊號), 묘호(廟號), 묘호(墓號) 등 이름이 많기도 하였다. 명(名)은 이름을 나타내는 일반적인 말로, 보통 태어나서 지은 이름을 통칭하여 가리킨다.

아명(兒名)은 어릴 때 지은 이름으로, 정식 이름을 짓기 전에 집안에서 부모가 자식을 부르는 친근한 이름이다. 대한제국 황제 고종(高宗)의 아명이 '개똥이', 조선 전기 정승(政丞) 황희의 아명이 '도야지(돼지)'였던 것처럼 대개 옛날에는 무병장수를 기원하는 의미에서 역설적으로 천한 의미의 이름으로 아명을 짓기도 하였다. 아명을 아호(兒號: 어릴 때 이름)라고도 하는데, 아호(雅號: 예술인 등이 자주 부르던 이름)와는 다른 말이다.

본명(本名)은 성인이 되면서 지은 정식 이름으로, 보통 이름 하면 이 본명을 가리킨다. 지금은 사람이 태어나자마자 이름을 지어 그것이 곧 본명이 되는 것이 일반적이지만, 예전에는 성인이 될 때 정식으로 이름을 지었다. 이 정식 이름이 자신을 대표하는 이름, 즉 본명이다. 그러나 정식 이름임에도 함부로 부르지 않았다. 살아 있을 때는 물론 죽어서도 함부로 부르지 않았다. 그래서 '죽은 사람을 공경해 그의 생전 이름(본명)을 삼가 부르지 않는다.'라는 차원에서 '휘(諱)'라고 하였는데, 결과적으로 휘(諱)는 사람이 살아 있었을 때의 이름(본명)을 가리키는 말이다.

자(字) 또한 성인이 되면서 지은 이름으로, 본명을 대신하여 쉽게 부르고자 지은 것이다. 자를 지을 때는 본명에 따라 지었는데, 마음대로 생각하여 짓는 것이 아니라 본명에 맞는 뜻과 글자를 찾아서 지었다. 옛날 한자문화권에 속한 우리나라는 훌륭한 뜻이 담긴 이름을 짓는 것은 물론 이름에 합당한 행동을 하고자 노력하였다. 이렇게 행동하는 것이 곧 수신(修身)의 한 방법이었으므로 이름을 소중히 여겨 자신의 이름이나 다른 사람의 이름을 함부로 부르지도 않았다. 특히 어른의 이름은 존함(尊啣)이라 하여 함부로 부르지 않았다. 이런 생각은 자신의 이름을 부를 때에도 적용되어 부모 앞이나 임금 앞에서가 아니면 자신의 이름을 부르지 않았을 뿐 아니라, 아랫사람이라도 이름을 함부로 부르지 않았다. 그래서 옛날 사람들은 남자가 20살이 되면 성인이 되는 관례(冠禮)를 행하여 이름(본명)과 자(字)를 짓고, 여자는 15살이 되어 결혼하여 비녀를 꽂으면 이름과 자(字)를 지었다. 자는 본명과 달리 쉽게 부를 수 있는 이름이었다.

그러나 중국 송나라 때부터 손윗사람의 자(字)를 부르는 것까지 삼가게 되어 자(字)는 호칭으로서의 자리를 잃어버리게 되었다. 그 대신 호(號)가 누구나 자유롭게 부를 수 있는 일반적인 호칭으로 등장하였다. 호는 본래 중국에서 시문(詩文)이나 서화(書畵) 등 작품의 서명에 많이 썼던 것인데, 흔히 자신이 태어나거나 거처하는 곳, 이루고자 하는 뜻, 처한 환경이나 여건, 간직하고 있는 것, 사람의 성품이나 직업·취미·특기 등을 근거로 이름을 짓곤 하였다. 호는 남이 지어주는 때도 있으나 자신이 직접 짓기도 하였다. 이렇게 본명과 자는 자신이 지을 수 없었으나 호는 자신이 직접 지을 수 있었다.

호(號)와 관련 있는 것으로 별호(別號)·아호(雅號)·당호(堂號)·택호(宅號) 등이 있는데, 별호(別號)는 '별도로 부르는 이름'으로, 호(號)와 같은 의미로 사용되는 말이기도 한데, 필명(筆名)이나 별명(別名)도 하나의 별호라고 할 수 있다. 아호(雅號) 또한 별호의 하나로서 성명 대신 '우아하게 부르는 호칭'을 말하며, 예술가·문학가·철학가·정치가 등 대외적으로 많은 사람들의 입에 오르내리는 이들이 주로 사용하고 있다[예: '다산(茶山)' 정약용, '의암(義庵)' 손병희]. 당호(堂號)는 성명 대신 '그 사람이 머무는 거처의 이름으로써 인명을 대신하여 부르는 호칭'을 말한다[예: '신사임당(申師任堂)', '여유당(與猶堂)' 정약용, '태연재(泰然齋)' 최한기]. 택호(宅號)는 주로 여성에게 사용되는 이름으로, 성명 대신에 '그 사람의 출신지 이름에 '댁'을 얹어 부르는 호칭'을 말한다. '서산댁'처럼 주로 결혼한 여성의 시집오기 전 친정의 지명(地名)에 붙여, 본명 대신에 부르는 이름이다.

본명 대신 사용한 이름으로는 봉작을 받을 때 지은 이름도 있었다. 왕과 왕자의 종친(宗親)이나 외척(外戚), 공신(功臣) 같은 이들은 봉작(封爵)·봉군(封君)제도를 통해 자신에게 봉해진 작위에 따른 이름이 지어졌는데, 노산군(魯山君), 연산군(燕山君), 충녕대군(忠寧大君), 의순공주(義順公主), 덕혜옹주(德惠翁主), 흥선대원군(興宣大院君), 하동군부인(河東郡夫人) 등이 바로 그 예이다. 봉작명(封爵名)은 대개 읍호(邑號: 지역 이름)와 함께 사용되곤 하였는데, 읍호는 출신지인 부(府)·목(牧)·군(郡)·현(縣)의 명칭이나 본관(本貫)을 따서 불렀다. 예컨대 예종(睿宗)의 장인 한명회(韓明澮)는 상당부원군(上黨府院君), 예종의 사위 임광재(任光載)는 풍천위(豊川尉)라 불리었으며, 여자는 청풍 부부인 김씨(淸風 府夫人 金氏), 밀성 군부인 박씨(密城 郡夫人 朴氏) 또는 김해 김씨 부부인(金海 金氏 府夫人), 전주 이씨 군부인(全州 李氏 郡夫人) 등의 방식으로 불리었다.

또 존호(尊號)라는 게 있다. 존호는 왕이 훌륭한 업적을 이룩한 경우, 신료들이 왕의 업적을 찬양하기 위해 올리는 호칭이다. 존호는 본래 왕이나 왕비의 생전 또는 사후에 그 덕성을 찬양하기 위해 붙여진 이름으로, 삼년상을 마치고 종묘에 부묘[攬廟, 祔廟: 죽은 이의 신주를 종묘에 모시는 일]할 때 필수적으로 붙여주는 이름이다. 이 존호는 꼭 종묘에 부묘할 때만 붙여진 것은 아니고 그 밖에도 수시로 행하여졌는데, 특히 장수한 왕과 왕비에게는 여러 차례 존호가 올려졌다. 존호의 예로, 태조 이성계(李成桂)는 사후 '강헌지인계운성문신무대왕(康獻至仁啓運聖文神武大王)'이라고 일컬어졌는데, 여기에서

'지인계운성문신무대왕'이 존호에 해당한다. 또 정조(正祖) 이산(李祘)은 사후 '문성무열성인장효왕(文成武烈聖仁莊孝王)'이라고 일컬어졌는데, 여기에서 '무열성인장효왕'이 바로 존호에 해당한다.

그리고 황제나 왕 또는 그의 부인이나 그들의 친척, 또 재상(宰相)이나 공신(功臣: 큰 공을 세운 신하), 유현(儒賢: 유학자 성현) 등 높은 사람이 죽으면 그 사람이 생전에 이룩한 업적을 평가하여 이름을 지어주었는데, 이것이 시호(諡號)이다. 결국 명·자·호가 살았을 때 지은 이름이라면 시호는 죽은 뒤에 지어진 이름이다. 이렇게 사람은 죽어서 이름을 남기기도 하지만, 또 죽어서 새로운 이름을 얻기도 하였다.

이외에도 황제나 왕은 이름이 더 있었다. 우리는 흔히 'ㅇㅇ왕'(예: 법흥왕·진흥왕)이나 'ㅇ조'와 'ㅇ종'(예: 태조·세조, 단종·고종)이라는 이름을 부르곤 하는데, 이들은 묘호(廟號)에 해당하는 이름이다. 이들 이름은 왕이 죽은 뒤 붙여진 것으로, 막상 당사자인 왕은 전혀 모르는 이름이다. 왕은 살아생전 어리거나 젊었을 때 받은 이름만 기억하고 있을 뿐이다. 왕의 이름을 감히 부르는 신하나 백성이 거의 없거나 많지 않았으므로 왕은 자신의 이름을 사용할 기회도 별로 없었을 것이다. 그냥 '왕'이고, '과인'이었으며, '전하'였을 것이다.

묘호(廟號) 이외에도 황제나 왕 또는 그의 부인에게는 특별한 묘호(墓號)가 붙여졌다. 황제나 왕이 사망하여 그의 위패를 사당에 모시면서 붙여진 이름이 묘호(廟號)라면, 묘호(墓號)는 시신이 묻힌 '무덤의 이름'을 가리키는 말이다. 묘호(墓號)는 보통 능호(陵號: 왕릉의 이름)라고 하였는데, 곤릉(坤陵), 괘릉(掛陵), 명릉(明陵), 익릉(翼陵), 정릉(正陵), 정릉(靖陵), 정릉(貞陵), 정릉(定陵), 태릉(泰陵), 홍릉(弘陵), 홍릉(洪陵) 등의 예처럼 왕이나 그의 부인이 죽으면 그들의 무덤에 지어진 특별한 이름이다. 대개 시호나 묘호(廟號)는 사람을 지칭하는 용어로 사용되었고, 묘호(墓號)는 사람보다 그 사람의 무덤을 지칭하는 용어로 사용되었다.

황제나 왕의 이름과 관련하여 우리가 많이 부르고 있는 이름이 'ㅇㅇ'왕이나 'ㅇ조'·'ㅇ종'과 같은 이름들이다. 또 역사적 인물 가운데에는 문정공(文貞公), 충무공(忠武公) 등 'ㅇㅇ공'이라고 하는 말들이 많이 나온다. 이런 이름은 어떻게 지어졌을까? 이것을 알기 위해서는 먼저 알아야 할 것이 있다. 황제나 왕의 이름과 관계있는 제도인 '시호(諡號)'와 '묘호(廟號)' 제도가 그 것이다.

시호(諡號)

시호제도란, 왕이나 황제가 죽으면 그의 생전 업적을 평가하여 이름을 붙여주는 제도이다. 시호제도는 왕에만 국한된 것은 아니었다. 왕비는 물론 재상(宰相)이나 유현(儒賢) 등이 죽으면 생전의 업적을 칭송하여 왕이 이름을 내리거나 올리는 제도이기도 하다. 대개 조선 초기까지는 왕과 왕비, 왕의 종친, 실직(實職: 실제 직무)에 있는 정2품 이상의 문무관과 공신에게만 주어졌다. 후대에 내려오면서 그 대상이 완화·확대되어 생전에 낮은 관직에 있었던 사람도 시호를 받았다.

이렇게 시호는 죽은 인물에게 국가에서 내리거나 올리는 특별한 이름으로, 군주와 그의 배우자, 군주나 배우자의 친척, 국가에 큰 공을 세운 사람(공신), 고급 관료, 기타 국가적으로 명망을 쌓은 저명한 인물 등이 죽은 뒤에, 그들이 생전에 국가에 이바지한 공적을 살펴 그들의 공덕을 칭송하는 뜻에서 지어서 내리거나 올렸다. 예로써, 진흥왕(眞興王)의 '진흥', 태종무열왕(太宗武烈王: 김춘추)의 '무열', 충숙왕(忠肅王)의 '충숙', 명성황후[明成皇后: 민비(閔妃)]의 '명성', 충무공(忠武公: 이순신)의 '충무'가 바로 시호에 해당한다. 또 태조 이성계(李成桂)는 사후 '강헌지인계운성문신무대왕(康獻至仁啓運聖文神武大王)'이라고 일컬어졌는데, 여기에서 '강헌'이 시호에 해당한다. 마찬가

지로 정조(正祖) 이산(李祘)은 사후 '문성무열성인장효왕(文成武烈聖仁莊孝王)'
이라고 일컬어졌는데, '문성'이 바로 시호에 해당한다. 그리고 나머지 '지인
계운성문신무대왕'이나 '무열성인장효왕'은 존호에 해당하는 것인데, 보는
견해에 따라 시호와 존호를 따로 구별하지 않고 '강헌지인계운성문신무대
왕' 전체를, '문성무열성인장효왕' 자체를 존호로 보기도 한다.

    시호를 내리거나 올리는 일을 증시(贈諡: 이 말은 비석에 많이 등장한다)라 하
고, 후대에 추증(追增: 나중에 더 보탬)하여 시호를 내리거나 올리는 것을 추시
(追諡)라 한다. 또한 처음 내리거나 올렸던 시호를 뒤에 고쳐 다른 시호를 내
리거나 올리는 것을 개시(改諡)라 하는데, 흥선대원군의 아버지인 남연군은
죽은 후 처음 영희(營僖)라는 시호를 받았다가 훗날 대원군이 집권한 때에
다시 충정(忠正)이라는 시호를 받았다. 이를 통해 시호도 당시 권력과 상관
관계가 있음을 짐작할 수 있는데, 시호를 올리거나 내리면서 세력 간 대립
과 갈등이 적지 않았다. 시호는 국가에서 정하는 것이 원칙이나, 나라가 망
하였거나 시대 상황이 맞지 않아 시호가 내려지지 않을 때는 저명한 학자나
문인·친구들이 자발적으로 시호를 올려주기도 하였는데, 이를 사시(私諡)라
한다.

    시호의 시작은 일반적으로 중국 주(周)나라 때로 보고 있다. 진(秦)나라
시황제에 의해 일시 폐지되었다가 다시 한(漢)나라 때에 복구되어 청(淸)나
라 때까지 이어져 내려왔다. 우리나라에서는 신라 지증왕이 죽자 법흥왕 1
년(514)에 '지증(智證)'이라는 시호를 주었다는 기록이 남아 있는데, 이것이
왕에 대한 시호의 처음이라고 한다. 그러나 우리나라 시호제도는 삼국시대
와 고려시대에는 사료의 부족으로 그 절차나 범위 등에 관하여 자세히 알
수 없고, 조선시대에 와서 정비된 시호제도에 관해서는 상세한 내용을 파악
할 수 있다. 조선시대에는 국왕이나 왕비가 죽었을 때는 시호도감(諡號都監)
을 설치하여 증시 절차가 엄숙하게 진행되었으며, 국왕을 제외한 일반인은

봉상시(奉常寺)에서 주관해 증시하였다.

시호를 정할 때는 한 가지 시호만 올리는 단망(單望)인 경우도 있지만, 일반적으로 삼망(三望)이라 하여 세 가지 시호를 올리는 것이 원칙이었다. 이순신(李舜臣)의 경우, 봉상시에서 의논한 세 가지 시호는 '충무(忠武)', '충장(忠壯)', '무목(武穆)'이었다. 이 세 가지를 두고 그 뜻을 해석하면서 '일신의 위험을 무릅쓰고 임금을 받드는 것[위신봉사(危身奉上)]'을 '충(忠)'이라 하고, '쳐들어오는 적의 창끝을 꺾어 외침을 막는 것[절충어모(折衝禦侮)]'을 '무(武)'라 하며, 또 '적을 이겨 전란을 평정함[승적극난(勝敵克亂)]'을 '장(壯)'이라 하고, '덕을 펴고 의로움을 굳게 지킴[포덕집의(布德執義)]'을 '목(穆)'이라 풀이하였다. 이 가운데 국왕의 결정과 신하들의 확인을 통해 확정된 시호는 '충무'였다.

시호에 사용하는 글자 수도 정해져 있었는데, 그 수는 때에 따라 달랐다. 중국 『주례(周禮)』의 시법(諡法: 시호를 의논해 정하는 방법)에는 28자, 『사기(史記)』의 시법에는 194자였다. 세종 20년(1438) 봉상시에서 사용하던 글자도 바로 이 194자였는데, 봉상시에서는 글자 수의 부족으로 시호를 의논할 때 사실과 맞게 하기가 어렵다는 점을 들어 왕에게 늘려달라고 요청하여 세종 때 집현전에서는 『의례(儀禮)』 등을 참고하여 새로 107자를 첨가하였다. 이리하여 우리나라에서 시법에 쓸 수 있는 글자는 모두 301자가 되었다. 다만 조선시대 시호에 자주 사용된 글자는 문(文)·정(貞)·공(恭)·양(襄)·정(靖)·양(良)·효(孝)·충(忠)·장(莊)·안(安)·경(景)·장(章)·익(翼)·무(武)·경(敬)·화(和)·순(純)·영(英) 등 120여 자 정도였다. 그 예로 '문헌'공 정도전[文憲公 鄭道傳: 고려 말 조선 초의 정치가·학자로, 자는 종지(宗之), 호는 삼봉(三峰)], '문헌'공 정여창[文獻公 鄭汝昌: 조선 중기의 문신으로, 자는 백욱(伯勗), 호는 일두(一蠹)·수옹(睡翁)], '효경'공 숭선군[孝敬公 崇善君: 조선 인조의 다섯째 아들로, 휘는 징(徵)], '문정'공 송시열[文正公 宋時烈: 조선 후기의 문신으로, 아명은 성뢰(聖賚), 자는 영보(英甫),

호는 우암(尤菴) 또는 우재(尤齋)], '충정'공 남연군[忠正公 南延君: 흥선대원군의 아버지로 휘는 구(球)], '충장'공 권율[忠莊公 權慄: 조선 중기의 문신으로, 자는 언신(彦愼), 호는 만취당(晚翠堂) · 모악(暮嶽)], '충무'공 이순신[忠武公 李舜臣: 조선 중기의 무신으로, 자는 여해(汝諧)] 등을 들 수 있다.

시호에 사용된 글자들은 모두 좋은 뜻을 담고 있는데, 그 한 글자의 뜻도 여러 가지로 풀이되어 시호법에 나오는 의미는 수천 가지로 사용되었다. 예를

▲ 숭선군묘 충남 공주시 이인면 오룡리(공주시 이인면 오룡3길)에 있는 조선 16대 인조의 다섯째 아들 숭선군의 무덤이다. 비석의 앞면에 "王子崇善君贈諡孝敬公諱澂之墓 夫人永豊申氏祔左(왕자숭선군증시효경공휘징지묘 부인영풍신씨부좌)"라고 쓰여 있는 것으로 보아 시호가 '효경'인 것과 부인과 합장한 것임을 알 수 있다. 뒷면에 "崇禎紀元後百二十三年丙戌八月 ○日立(숭정기원후백이십삼년병술팔월 ○일입)"이라 하여 1766년(숭정기원후를 1628년이 아닌 1644년을 기준으로 하고 있다)에 조성한 묘임을 알 수 있다. 현재의 위치에 묘역을 조성한 것은 후대의 일로 보인다.

들면, '문(文)'은 '온 천하를 경륜해 다스리다[경천위지(經天緯地)]', '배우기를 부지런히 하고 묻기를 좋아하다[근학호문(勤學好問)]', '도덕을 널리 들어 아는 바가 많다[도덕박문(道德博聞)]', '충신으로 남을 사랑한다[충신애인(忠信愛人)]', '널리 듣고 많이 본다[박문다견(博聞多見)]', '공경하고 곧으며 자혜롭다[경직자혜(敬直慈惠)]', '총민하고 학문을 좋아한다[민이호학(敏而好學)]' 등 15가지로 쓰였다.

대개 정해진 글자 가운데에서 시호가 내려지다 보니, 똑같은 시호가 여러 사람에게 내려지는 경우가 나올 수밖에 없었다. 일반인에게 널리 알려진 충무공(忠武公) 시호만 해도 그 시호를 받은 사람이 이순신, 조영무, 정충신, 김시민, 남이, 이수일 등 10여 명이나 되고, 심지어 문정공(文貞公)이란 시호를 받은 사람은 100여 명이 넘는다고 한다.

잘 알려진 충무공 이순신 이외에, TV 사극으로 유명하였던 「용의 눈물」에서 정안대군(靖安大君: 태종)의 측근으로 등장한 조영무(趙英武)라는 인물은 선죽교에서 정몽주(鄭夢周)를 때려죽인 장본인의 한 사람이기도 한데, 이순신과 마찬가지로 '충무'라는 시호를 받았다. 조선 중기 무신인 정충신(鄭忠信) 또한 임진왜란(1차 조일전쟁, 1592) 당시 권율(權慄) 휘하에서 종군하여 큰 공을 세웠으며, 이괄의 난(李适의 亂, 1624)과 정묘호란(2차 조청전쟁, 1627) 때에도 큰 공을 세워 이순신과 마찬가지로 '충무'라는 시호를 받았다. 그리고 조선 중기 무신으로 이탕개의 난((尼湯介의 亂, 1583)과 임진왜란 때 큰 공을 세운 김시민(金時敏) 또한 '충무'라는 시호를 받았으며, 조선 전기 무신으로 이시애의 난(李施愛의 亂, 1467)을 토벌하고 여진족을 토벌하는 등 큰 공을 세웠으나 유자광(柳子光)에 의해 역모를 꾀한다고 모함당하여 능지처사(陵遲處死: 가능한 느린 속도로 고통을 극대화하면서 죽이는 형벌로, 천천히 칼로 몸을 한 점씩 베어내다가 마지막에 배를 가르고 목을 잘라 죽이는 형벌)당한 남이(南怡) 또한 '충무'라는 시호를 받았다. 또 조선 중기의 무신으로 정유재란(2차 조일전쟁, 1597) 당시에 공을 세우는 것은 물론 이괄의 난(1624) 때에도 공을 세운 이수일(李守一)도 '충무'라는 시호를 받았다. 이렇게 보면 같은 전쟁에 참여한 여러 명의 사람에게도 똑같은 시호를 내렸음을 알 수 있다.

묘호(廟號)

묘호는 황제 또는 왕과 같은 군주에게만 붙여준 이름으로, 『구당서(舊唐書)』「고조본기(高祖本紀)」의 "시호를 높여 '대무황제'라 하고, 묘호를 '고조'라 칭한다."라는 기록에 나와 있는 것처럼 우리가 자주 사용하는 고조·태조·태종·세종·정조·고종 등과 같이 것들이 바로 묘호에 해당한다. 묘호는 원래 황제나 왕이 사망하여 태묘(太廟)나 종묘(宗廟)에 위패를 모시고 제사를 지낼 때 사용하는 칭호로, 태묘·종묘에서 제사를 지낼 만큼 특별한 업적이 있는 군주에게 붙여졌다.

묘호제도는 중국에서 "순(舜)이 고양을 조(祖)라 하고, 요(堯)를 종(宗)"이라고 한 데서 비롯되었다고 하나, 실제로는 전한(前漢)시대에 이루어진 것으로 보인다. 그리고 우리나라의 묘호는 삼국시대에 이미 사용되고 있었음을 알 수 있는데, 고구려 태조왕(太祖王)의 '태조'나 신라 태종무열왕(太宗武烈王)의 '태종'과 같은 경우가 그 예이다. 백제나 신라도 태조를 사용한 예가 있으며, 신라는 무열왕에게 태종(太宗)의 묘호를 올림으로써 중국 당(唐)나라와 마찰을 빚기도 하였다. 그리고 태조·태종 이외에 대부분은 묘호가 없는 대신 중국식 왕호를 시호(諡號)로 정하여 사용하였다.

우리나라에서 묘호의 사용이 일반화하기 시작한 것은 고려 때라고 추정된다. 고려 왕조는 개국 초부터 중국과 같은 묘호를 사용하였으며, 이후 조선 왕조에 이르러 묘호제도가 자리를 잡았다. 묘호는 원칙적으로 황제만이 가질 수 있었지만, 고려와 조선, 베트남 등의 국가는 중국의 입김을 받지 않을 수 없는 동아시아의 외교적 특수 상황에도 불구하고 이러한 묘호를 사용하여 자주성을 확보하고자 하였다.

묘호는 후대의 왕이 신하들과 논의하여 선대의 왕에 대한 묘호를 추증하였는데, 묘호에는 조(祖)와 종(宗) 두 가지가 사용되었다. 보통 "창업지주(創業之主)는 조, 수성지군(守成之君)은 종", "입승왈조 계승왈종(入承曰祖 繼承曰宗)"이라고 하여 창업자에게는 조(祖)·태조(太祖), 그 후계자에게는 종(宗)을 추증하였다. 또는 "유공왈조 유덕왈종(有功曰祖 有德曰宗)"이라고 하여 공이 있으면 조, 덕이 있으면 종을 추증하였다. 묘호를 추증할 때는 생전의 업적에 따라 이름을 지었다. 많은 문물제도를 완성한 왕이면 성종(成宗), 영토 확장이나 외교적 교류 등을 통해 빛을 낸 왕이면 광종(光宗), 덕이 많은 왕이면 덕종(德宗)이라고 추증하였다. 따라서 왕의 업적은 '광(光)'·'덕(德)'·'성(成)'·'세(世)'·선(宣)'·'고(高)' 등의 예처럼 묘호에서 앞에 있는 글자에 해당하는 한자를 보면 어느 정도 짐작할 수 있다.

고려시대 왕의 계보를 보면 '태조—혜종—정종—광종—경종—성종—목종—현종—덕종—정종—문종—순종—선종—헌종—숙종—예종—인종—의종—명종—신종—희종—강종—고종—원종……'에서처럼 태조만 '조(祖)'자로 끝나는 묘호를 가졌으며, 그 밖의 왕들은 '종(宗)'자의 묘호를 가졌다. 그리고 고려시대 묘호는 제24대 원종까지만 추증되고, 원나라의 간섭을 받은 충렬왕(忠烈王)부터는 묘호 대신 'ㅇㅇ왕'처럼 끝에 왕의 문자가 붙는 시호만 쓰고 있다. 더구나 '……고종—원종—충렬왕—충선왕—충숙왕—충혜왕—충목왕—충정왕—공민왕—우왕—창왕'을 보면 알 수 있듯이 충렬왕 이후 충정왕(忠定王)까지 6대 임금의 시호에는 모두 충(忠)자가 붙어 있다. 그 이유는 원(元)나라의 부마국(駙馬國: 사위 나라)으로 그 지위가 떨어진 고려는 '중국 황제에게 충성해야 한다.'라는 표시로 시호의 첫 자에 '충(忠)'을 사용하도록 원나라가 강요하였기 때문이다. 심지어 원나라는 이미 '고종(高宗)·원종(元宗)'으로 묘호를 올린 왕까지 묘호를 삭제하고 '충헌왕(忠憲王)·충경왕(忠敬王)'으로 격하시키기조차 하였다.

또한 원나라는 묘호나 시호제도에서만 고려의 위치를 격하시킨 것이 아니라, 상피제(相避制)를 적용하여 충렬왕 1년(1275)에는 관제를 대대적으로 개편하였다. 이에 중국 황제가 사용하는 용어를 고려는 쓰지 못하도록 하였다. 그래서 고려는 황제에 해당하는 '짐, ㅇ조·ㅇ종, 폐하, 태자, 만세' 등은 쓰지 못하고, 그보다 아래인 '과인, ㅇㅇ왕, 전하, 세자, 천세' 등의 용어를 쓸 수밖에 없었다.

새로 건국한 조선도 마찬가지였으며, 심지어 조선은 명나라를 섬겨서인지 조·종, 태자 등으로 쓰인 예전 용어도 바꿔 사용하였다. 즉 정도전 등은 『고려국사』를 편찬하면서 종을 왕, 조(詔)를 교(敎), 태자를 세자, 폐하를 전하 등으로 고쳐 썼다. 그런데 세종이 직서주의(直書主義)를 강조함에 따라 원종

(元宗) 이전의 묘호와 짐·조·폐하·태자 등의 용어를 『고려실록』에 원래 있던 대로 환원함으로써 오늘날과 같은 『고려사』가 내려오고 있다.

　조선 왕조는 고려 전기의 관례에 따라 묘호와 시호를 사용하였지만, 몽골 간섭기의 고려처럼 짐·폐하·태자 등 자주적인 용어를 쓰지 않고, 과인·전하·세자 등을 사용하였다. 또 고려와 달리 묘호를 중국으로부터 인정을 받아가면서 사용하였다. 그리고 그 내용에서도 고려가 왕에 따라 차별 없이 조·종을 사용한 점과 비교하여 몇 가지 다른 점이 있었다.

　첫째, 시호와 묘호가 따로 추증된 경우도 있었다. 제2대 정종(定宗)은 그 아우인 제3대 태종(太宗)의 불평으로 공정왕(恭靖王)이라는 시호만 추증되었다가 한참 뒤인 제19대 숙종 때에야 비로소 묘호를 올려 정종이라 칭하게 되었다.

　둘째, 폐출된 임금을 아무개군(君)처럼 낮춰 부르듯이 '군(君)'으로 강봉(降封: 등급이 낮아짐)한 경우도 있었다. 노산군(魯山君), 연산군(燕山君), 광해군(光海君)이 이에 해당하는데, 노산군은 숙종 때 복위되어 단종(端宗)이라는 묘호를 추증받았으나, 연산군과 광해군은 죄악이 심하다 하여 끝내 추증받지 못하고 능묘(陵廟)에도 들어가지 못하였다.

　셋째, 원칙적으로 창업지주에게 붙이는 '조(祖)' 자가 수성지군에도 사용되는 경우까지 있었다. 세조(世祖)·선조(宣祖)·인조(仁祖)·영조(英祖)·정조(正祖)·순조(純祖)의 여섯 임금이 그 대표적인 예이다. 이 경우처럼 조를 사용한 까닭은 '위기에 직면한 왕조를 수호한 공이 크다.' 하여 그렇게 정한 것이라고 한다. 또 '무언가 새롭게 시작한다.'라는 데 그 기준을 두었다는 등 다른 견해도 많다. '위기에 직면한 왕조를 수호한 공이 크다.'는 기준에 따라, 세조(世祖)는 이시애의 난을 극복하는 등, 1·2차 왕자의 난 속에서 왕실의 위기를 극복하고 왕실의 위엄을 확립하였다는 점이 인정되어 '조'로 추증되었으며, 선조(宣祖)와 인조(仁祖)는 임진왜란[조일전쟁]과 병자호란[조청전쟁]의 위기를 극복한 왕이라는 점에서 인정받아 '조'로 추증되었다고 볼 수 있다. 세조 및 선조와 인조는 그렇다 치더라도 영조와 정조 및 순조는 좀 의외다. 영조(英祖)는 탕평책을 써서 당쟁을 약화시켰던 점이나 이인좌의 난을 평정한 공을 인정하여, 정조(正祖)는 탕평책을 계승하여 당쟁을 완화하고 규장각을 설치하여 문운(文運)을 크게 떨쳤으므로, 순조(純祖)는 홍경래의 난을 평정한 공을 인정하여 '조'로 추존하였다고 하지만 아무리 생각해보아도 그 명분이 약하다. 그래서였는지 이들 세 임금이 처음부터 '조'로 추존된 것은 아니었다. 처음에는 영종·정종으로 묘호를 정했다가 영종은 고종 27년(1890)에, 정종은 광무 3년(1899; 고종 36년)에 각각 '조' 자가 붙은 영조·정조로 추존되었다. 순조도 처음에는 순종으로 묘호가 정해졌으나 철종 8년(1857) 순조로 추존되었고, 1899년에는 숙황제(肅皇帝)로 추증되기도 하였다. 여하튼, '조'나 '종'으로 추존하는 문제는 그 당시 조정(朝廷: 임금이 나라의 정치를 신하들과 의논하거나 집행하는 곳. 또는 그런 기구)에서 평가하여 판단한 것으로, 결국 '조'와 '종'의 문제는 정치적 권력관계의 변화와 아주 밀접한 관련이 있는 문제임을 알 수 있다.

성종(成宗)-문물제도를 완성한 왕

덕종(德宗)-덕이 많은 왕

광종(光宗)-영토 확장이나 외교적 교류 등을 통해 빛을 낸 왕

인종(仁宗)-성품이 어진 왕

효종(孝宗)-효성이 깊었던 왕

태조(太祖)-나라를 처음 세운 왕

세조(世祖)-이시애의 난 평정 등 정치적 역경을 극복한 왕

선조(宣祖)-조일전쟁(임진왜란)의 위기를 극복한 왕

인조(仁祖)−조청전쟁(병자왜란)의 위기를 극복한 왕

영조(英祖)−당쟁을 약화시킨 왕

정조(正祖)−당쟁을 완화한 왕

순조(純祖)−홍경래의 난 평정

 우리가 흔히 부르는 왕의 이름이 묘호이다. 실제 왕의 이름으로 묘호만 알려지고, 시호는 거의 알려지지 않았다. 그래서 그런지 왕은 묘호만 있고 시호는 없는 것으로 여길지도 모른다. 그러나 묘호만 있었던 게 아니라 시호도 함께 있었다. 시호와 묘호뿐만이 아니라 다른 이름도 많았다. 조선 태조의 경우 이름[휘]은 성계(成桂), 자는 중결(仲潔)인데, 왕위에 오른 후에는 이름을 단(旦), 자를 군진(君晉)으로 고쳤으며, 호는 송헌(松軒), 시호는 강헌(康獻), 존호는 지인계운성문신무대왕(至仁啓運聖文神武大王), 묘호(廟號)는 태조(太祖), 그리고 묘호(墓號)는 건원릉(健元陵)이다. 또 조선 정조의 경우, 휘는 산(祘), 자는 형운(亨運), 호는 홍재(弘齋), 시호는 문성(文成), 존호는 무열성인장효왕(武烈聖仁莊孝王), 묘호(廟號)는 정조(正祖), 그리고 묘호(墓號)는 건릉(健陵)이다. 보통 시호와 함께 묘호가 추존되는 것이 일반적이었지만, 후세 사람들은 시호보다 묘호를 주로 사용하다 보니 묘호는 널리 알려지고, 시호는 잘 알려지지 않았던 것이다.

 이렇게 왕을 부르는 호칭에는 어려서 부르던 이름인 아명[兒名, 아호(兒號)], 성인이 되는 관례(冠禮)를 행하면서 지은 정식 이름인 본명[本名, 즉 생전에 부르던 이름인 휘(諱)]과 본명에 따라 지은 이름인 자(字), 자유롭게 부르기 위해 자신이 스스로 짓거나 스승 또는 친구들이 붙여주는 일종의 별명인 호(號), 왕이 훌륭한 업적을 이룩한 경우, 신료들이 왕의 업적을 찬양하기 위해 올리는 호칭인 존호(尊號), 왕이 죽었을 때 그의 업적을 평가하고 공덕을 기리기 위해 짓는 호칭인 시호(諡號), 왕의 삼년상을 마치고 신주가 종묘에 들

어가면서 그 신주를 부르는 호칭인 묘호(廟號) 등이 있었다. 이외에도 군이나 대군 등으로 봉작받을 때 별호와 함께 받은 봉작명(封爵名)도 있었다. 이렇게 왕에게는 이름이 한둘이 아니었으니 '왕은 살아서 이름을 남기고 죽어서도 이름을 남긴다.'라고 할 수 있다.

아명(兒名)-어릴 때 지은 이름[아호兒號]

본명(本名)-성인이 되면서 지은 정식 이름

휘(諱)-생전에 쓰던 이름(본명)

자(字)-성인이 되면서 본명에 따라 지은 이름

호(號)-쉽게 부르기 위해 지은 이름[별호 · 아호(雅號) · 당호 · 택호]

봉작명(封爵名)-봉작을 받을 때 지은 이름[대개 읍호(邑號)와 함께 사용]

존호(尊號)-왕 · 왕비를 찬양하며 지은 이름

시호(諡號)-사후에 생전을 업적을 칭송하여 지은 이름

묘호(廟號)-종묘에 모시며 지은 이름

묘호(墓號)-무덤의 이름

왕은 상감, 신하는 영감 · 대감

예전에 일반인들이 왕을 직접 부를 때 어떻게 불렀을까? 또 벼슬이 높은 사람을 부를 때는 어떻게 불렀을까? 사극을 보다 보면 '상감마마', '대감마님'이나 '영감마님' 등의 용어가 자주 등장하곤 하는데, 상감, 대감이나 영감이란 말은 어떤 말일까?

상감(上監)

감(監)은 일반적인 뜻으로 감독하거나 감찰하는 사람을 가리키는 말이다. 또한 관직의 이름으로도 많이 쓰인다. 하여 상감은 '위에 있는 감독자'란 뜻으로, 감독하는 자 가운데 가장 위에 있는 이, 곧 임금을 가리키는 용어로 쓰였다. 임금은 '군주(君主) 국가에서 나라를 다스리는 우두머리'를 말하는데, 다른 말로 '나라님', '왕', '군왕(君王)' 등이 있으며, '주상(主上)'이라는 말 또한 임금을 가리키는 말로 사용되었다.

상감은 자신을 스스로 칭할 때 '짐(朕)'이라고 하였다. 임금 자신이 스스로 겸손의 뜻으로 자신을 낮추어 부를 때는 '과인(寡人)'이라고 하였다. 짐이란 본래 황제에 해당하는 말이지만, 우리나라 고려시대에서처럼 황제가 아닌 왕에 해당하여도 짐을 그대로 사용하기도 하였다.

마마(媽媽)는 아주 존귀한 사람을 부를 때 칭호 밑에 붙여 부르는 말로, 임금과 그 가족들의 칭호 뒤에 쓰여 존대의 뜻을 나타내던 말이다. '상감마마', '중전마마', '동궁마마', '빈궁마마'가 그 예이다. 다만 황제·왕·태자·세자라는 말과 함께 그들을 부를 때에는 마마 대신 각각 '황제 폐하', '주상 전하', '태자 전하'·'세자 저하'라는 말을 사용하였다.

또 마마란 벼슬아치의 첩을 높여 부를 때 사용하는 말이기도 하였으며, 조선시대에는 아랫사람이 상궁(尙宮)을 높여 '마마님'이라고 부르기도 하였다. 그리고 마마는 천연두(天然痘)의 다른 이름으로 쓰이기도 하여 천연두를 '손님마마'라고 하였다.

대감(大監)

대감은 말 그대로 '큰 감독자, 높은 감독관'을 뜻하는 말로, 상감보다는 밑에 있는 감독관을 가리키는 말이다. 대감이 사용된 예는 많은데, 신라시대 벼슬 이름만 해도 대감이 여럿 나타나고 있다. 어룡성(御龍省: 신라 때 국왕을 보좌하는 임무를 수행하던 관청, 뒤에 태자를 보살피는 임무를 맡았다)의 제2의 벼슬 이름이기도 했고, 내성[內省: 신라 때 대궁(大宮: 왕이 사는 곳), 양궁(梁宮: 신라의 기반이 된 경주의 6부 하나인 양부에 설치한 별궁), 사량궁(沙梁宮: 신라의 기반이 된 경주 6부 가운데 하나인 사량부에 설치한 별궁) 이렇게 3궁의 사무를 맡아 보던 관청]의 경(卿) 다음에 해당하는 벼슬 이름이기도 하였으며, 병부(兵部)·시위부(侍衛府: 왕궁을 호위하던 군부)·패강진전[浿江鎭典: 신라 시대 변경의 수비를 위하여 설치한 군진(軍鎭)으로서 평안도 대동강 하류의 남쪽 연안 일대를 다스리던 관청]에 두었던 무관직(武官職)의 장을 지칭하기도 하였다. 고려시대에도 여러 가지 벼슬 이름에 해당하는 용어로 쓰였으며, 조선시대에는 정2품 이상의 당상관(堂上官)에 대한 호칭 또는 종친부(宗親府) 정6품과 숭의전(崇義殿) 종6품의 벼슬을 가리키는 용어로 쓰이기도 하였다.

그리고 대감은 무당이 굿을 할 때, 집·집터·나무·돌 따위에 붙어 있는 신이나 그 밖의 여러 신을 높여 부르는 말이기도 하였는데, 이때의 대감은 무관(武官)의 신(神)에 해당하였다. 무당과 관계있는 벼슬 이름과 관계있든 대감은 신라시대 대감의 호칭에서 유래한 것으로 여겨지고 있다. 일반적으로 대신·장관 지위에 있는 관리의 존칭으로 많이 사용되었다.

대감이나 영감을 부를 때, 흔히 '마님'이란 용어가 함께 사용되었다. 마님이라는 말은 일반적으로 귀인(貴人: 신분이나 지위가 높고 귀한 사람)에 대한 존대어로 쓰이는 말이다. '대감마님', '영감마님'이 바로 그 예이다. 또한 마님은 귀인의 아내에 대한 존칭으로 쓰이기도 하였다. '정경부인 마님', '부부인 마님', '안방마님' 등이 그 예이다.

마님은 상전(上典: 윗사람, 주인)을 높여 부르는 말로, 지체가 높은 집안의 부인을 높여서 부르는 말이기도 하였다. 마님이라는 말은 마마보다는 낮은 의미로 사용되었다. 마님이 귀인을 높여 부르는 말이라면, 마마는 마님보다도 훨씬 더 귀한 사람을 높여 부르는 말로 사용되었다.

마마(媽媽) : 아주 존귀한 사람을 부르는 말

마님 : 존귀한 사람을 부르는 말

영감(令監)

영감은 조선시대 고위 관리에 대한 존칭으로 사용된 말이며, 영공(令公)이라고도 한다. 본래는 정3품과 종2품의 당상관을 부르는 말로 대감 다음가는 관원의 존칭이었다.

영감이라는 용어가 사용되기 시작한 연대는 확실하지 않다. 그런데 신라시대에 이미 영(令)이라는 관직이 있었으며, 이들은 거의 그 관아의 으뜸 벼슬아치이거나 차관(次官)인 점으로 미루어 보아, 상당히 오래전부터 쓰였던 것으로 여겨진다.

후세로 내려오면서 영감이란 말은 고위 관리나 연로(年老)한 남자를 부르는 존칭으로 바뀌기 시작하였다. 또 중년 이상의 부인들이 자기 남편을 존대하여 영감이라 부르기까지 하였다. 특히 일제강점기에는 면장·군수·도지사나 판사·검사 등 법관을 총칭하여 영감이라 부르는 게 일반화되었다. 이러한 습관이 광복 이후에도 그대로 이어져 정부의 고위직 관리나 기관의 장을 흔히 영감이라 불렀고, 특히 법관들 사이에 나이의 고하를 불문하고 영감이라는 호칭이 널리 사용되었는데, 1962년 대법원에서는 이 호칭이 권위적이며 비민주적이라 하여 없애도록 지시하였다.

요즘에는 "영감!" 하면 나이 많은 사람, 즉 노인(老人: 늙은 사람)을 가리키는 일반적인 용어로 사용되고 있으며, 또한 영감이라는 말 자체가 널리 사용되지도 않는다. 아예 '영감탱이'라고까지 하는 것처럼 영감은 나이나 먹고 쓸모없는 사람을 뜻하는 말로 쓰이기도 한다. 이렇게 부러움의 대상인 '고위 관리나 법관'을 뜻하다가 이제는 욕처럼 '쓸모없는 노인네'라는 뜻으로 영감이 바뀌어온 것을 보면, '변하는 게 역사'라는 것을 새삼 느낀다.

조선시대	[상감上監] : 임금(왕)
	[대감大監] : 정2품 이상의 당상관
	종친부(宗親府) 정6품
	숭의전(崇義殿) 종6품
	[영감令監] : 정3품과 종2품의 당상관
근 대	[영감令監] : 고위관리, 법관
현 재	[영감令監] : 노인, 영감탱이

같은 아들이라도 대군과 군이 달랐다

왕의 아들이라고 다 똑같은 아들이 아니었다. 아버지가 같은 왕자일지라도 어머니의 위치에 따라 그 이름부터가 달랐고, 같은 어머니의 자식이라도 왕위 계승자와 그렇지 못한 아들 간에도 차이가 있었다. 과연 그 명칭에 어떤 차이가 있었을까? 또 왕의 아버지나 장인은 일반인의 아버지와 장인과는 어떻게 달랐으며, 어떠한 대우를 받았을까? 왕과 관련된 주변 인물 가운데 남자들에 대한 용어를 통해 살펴보도록 하자.

'봉작(封爵)'과 '봉군(封君)'이라는 제도가 있었다. 왕이나 왕자의 종친(宗親)과 외척(外戚), 공신(功臣) 같은 이들에게 공(公)·후(侯)·백(伯)·자(子)·남(男)의 작(爵)을 봉해주는 것이 봉작이고, 그들에게 군(君)의 칭호를 봉해주는 것이 봉군이다. 봉작과 봉군은 엄밀히 다른 것이지만, 넓은 의미에서 봉군을 봉작에 포함하기도 한다.

나라의 중대사인 세자 책봉은 봉작 절차를 당연히 거쳐야 했다. 흔히 세자(世子)는 왕위를 '세습할 아들'이란 뜻이며, 원자(元子)는 왕의 '맏아들'이란 뜻인데, 대개 원자가 세자가 되는 경우가 많았다. 따라서 원자는 단순히 맏

아들이라는 말과는 그 의미가 달랐으며, 원자를 삼는 일 자체가 곧바로 왕위 세습과 관련된 문제였으므로 원자 책봉도 대단히 중요한 일이 아닐 수 없었다. 따라서 원자도 당연히 봉작 절차를 거쳐야 했다. 때에 따라서는 왕비의 아들은 하나도 없는 반면, 후궁의 아들은 많을 수 있고, 또 왕비의 아들보다 후궁의 아들이 손위이거나 뛰어날 수도 있으므로, 왕위를 세습할 수 있는 원자나 세자를 미리 책봉하는 것은 아주 중요한 일이었다. 이렇게 중요한 원자나 세자 책봉은 봉작이라는 공식적 절차를 통해 결정할 수밖에 없었다.

우리나라는 삼국시대에 이미 봉작제가 사용된 예들이 있으나, 자세히 알 수 있는 자료는 부족하다. 기록상 봉작제와 봉군제가 명확하게 나타나는 것은 고려시대로 여겨지고 있으며, 고려시대 봉작제는 문종 때, 봉군제는 충선왕 때 제도화된 것으로 보고 있다.

고려는 건국 초부터 왕자를 비롯한 종친을 태자(太子)·부원대군(府院大君)·대군(大君)·원군(院君)이라 이르고, 왕족에 해당하지 않는 이성제군(異姓諸君)에게 공·후·백·자·남의 작(爵)을 봉하는 5등봉작제(伍等封爵制)를 썼다고 한다. 다만 봉작제가 제대로 정비되지 않아 태자는 '원장태자(元莊太子: 고려 태조의 아들로 이복동생인 흥방공주와 결혼하였다)'처럼 왕위 계승자로서의 의미가 아닌 단순한 왕자의 호로 사용되었다. 이렇게 일반 왕자들도 태자라 칭하다 보니 태조의 아들 가운데 태자로 칭한 자만 무려 11명이나 되었다. 이에 왕위 계승자인 태자에 해당하는 '정윤(正胤)'이라는 칭호를 사용하게 되는데, 이것도 '적장자(嫡長子)'의 개념이 아닌 '연장자(年長者)'의 개념이었다. 왕위 계승자를 제외한 다른 왕자를 태자로 칭하는 것을 금하고, 다른 왕족들은 '원군(院君)', '군(君)'의 작위를 주게 된 것은 나중의 일이라고 한다.

고려의 봉작제는 충선왕 1년(1298, 충렬왕 24년) 중국 원(元)나라 대국을 의식한 상피제(相避制: 서로 피하는 제도)의 반영으로, 충선왕이 관제를 개혁하면서 부원대군(府院大君)·대군·원윤(元尹)·정윤(正尹) 등의 봉군제로 바뀌었다. 봉군제는 반원정책을 추진하던 공민왕 5년(1356)에 봉작제로 다시 바뀌어 군(君)을 공·후·백으로 고쳤으나, 또다시 봉작제는 원의 압력으로 공민왕 11년(1362)에 종1품의 봉군제로 바뀌었다.

조선은 고려를 계승하여 건국 초부터 봉군제를 쓰다가 태조 7년(1398) 봉작제로 바뀌었는데, 태종 1년(1401) "중국의 명호를 외람되게 사용하는 것은 옳지 않다."라고 여겨 다시 봉군제를 사용하였다. 이후 봉군제는 1897년 대한제국이 성립할 때까지 사용되었는데, 대한제국이 봉작제를 부활시킴으로써 봉군제는 폐지되었다.

군(君)

군은 고려시대와 조선시대 왕의 종친이나 신하에게 주던 봉작명(封爵名)이다. 고려시대에는 종1품의 품계에 해당하며, 조선시대에는 정1품에서 종2품까지의 품계에 해당하였다.

조선시대에 군으로 봉해지는 대상은 왕의 서자(庶子: 첩 소생의 아들), 대군의 적장자(嫡長子)·적장손(嫡長孫), 세자의 중자(衆子: 모든 아들)·중손(衆孫: 모든 손자), 공신 등이었다. 그리고 왕위에서 쫓겨난 왕은 강봉(降封)되어 군으로 불리기도 하였는데, 이때의 군은 자신보다 낮은 이를 부를 때 '아무개군(君).' 하고 부르듯이 '낮춰 부르는 말'에 해당한다. 노산군(魯山君)·연산군(燕山君)·광해군(光海君) 등이 군으로 강봉된 예인데, 노산군은 세조 3년(1457)에 사망하여 군으로 강봉되어 낮춰 부르게 되었으나, 한참 뒤인 숙종 7년(1681)에 노산대군으로 추봉(追封: 죽은 뒤에 봉함)되고, 1698년 복위되어 '공의온문순정안장경순돈효대왕(恭懿溫文純定安莊景順敦孝大王)'이라는 시호와 존호를 받았으며, 묘호는 '단종(端宗)'으로 추증되었다.

연산군의 아버지인 성종(成宗)은 12명의 부인에 28명(16남 12녀)의 자식을 두었다. 첫 번째 왕비는 한명회(韓明澮)의 딸인 공혜왕후 한씨(恭惠王后 韓氏)로, 그녀는 자식 없이 17세의 나이로 죽었다(1474). 이에 성종의 총애를 받아 숙의(淑儀)로 봉해진(1473) 후궁 윤씨(尹氏)가 두 번째 왕비가 되었다(1476). 윤씨는 아들 융(㦕)을 낳았는데(1476), 이가 곧 성종의 맏아들인 연산군이다. 융의 어머니 윤씨는 질투와 시기 등으로 왕비에서 쫓겨나 폐비가 됨으로써(1479), 융은 대군의 칭호를 받아야 할 왕의 적장자였음에도 연산군에 봉해졌다. 세 번째 왕비는 윤호(尹壕)의 딸로, 이미 왕의 후궁인 숙의(淑儀)로 봉해진(1473) 윤씨가 책봉되었는데(1480), 이 여자가 곧 정현왕후(貞顯王后)이다. 어머니가 사가로 쫓겨난 융은 정현왕후 윤씨의 손에 의해 자랐다. 폐비 윤씨는 1482년 끝내 사형을 당하였고, 왕자 연산군은 1483년 세자로 책봉되었다. 따라서 연산군은 왕위를 이어받았으나, 폭정과 당쟁이라는 정치적 갈등 속에서 어머니처럼 자신마저 왕위에서 쫓겨났다. 결국, 연산군은 대군의 칭호를 받아야 할 왕의 적장자였으나 어머니가 폐비되고 자신마저 쫓겨남으로써 시호·묘호를 받지 못하고 연산군으로 강봉되어 낮춰 부르게 되었다.

광해군은 조선 제15대 왕인 선조(宣祖)의 둘째 아들로, 어머니 공빈(恭嬪) 김씨의 소생이다. 따라서 서자(후궁) 출신이었다. 우여곡절 끝에 1604년 왕의 지위에 오르긴 하였지만, 폭정과 정치적 갈등 속에서 1623년 인조반정이 일어나 결국 왕위에서 쫓겨나 시호·묘호도 받지 못하고 광해군으로 강봉되어 낮춰 부르게 되었다. 그러나 광해군을 폭군으로 보는 견해에 대해 다른 주장도 있다. 비록 인조반정에 성공한 사람들에 의해 폭군으로 평가되기는 하였지만, 실제 광해군은 당쟁을 없애려 노력한 점이나 당시 중국 명(明)나라와 후금(後金: 청(淸)] 두 나라 사이에서 탁월한 외교력을 행사한 점 등에서 높이 평가받아야 할 인물이라고 한다. 즉 '만약 광해군이 왕위에서 쫓겨나지 않았더라면 병자호란은 일어나지 않았을지도 모른다.'라는 평가를 받을 정도로 단순히 폭군으로 평가하기에는 무리가 있는 인물이라고 한다.

대군(大君)/원군(院君)

대군은 고려시대와 조선시대에 주로 왕의 직계 아들, 즉 적자(嫡子) 출신의 아들에게 봉해지는 칭호였으며, 원군은 고려 초기에 대군과 함께 종친에게 내려졌던 칭호이다. 고려시대 이전에도 원군이란 칭호가 있어 왕의 아들을 원군이라 칭하기도 하였다. 고려시대에는 원군과 대군이라는 칭호가 있었는데, 고려 말 관제가 개혁되면서 대군·원군을 정1품, 군을 종1품으로 정하였다. 다시 조선 초기에 친왕자[親王子: 적자(嫡子) 소생의 왕자]를 공(公), 종친(宗親)을 후(侯)로 삼았다가 다시 공·후 작호를 폐지하였으며, 그러다가 왕의 적자를 대군, 서자를 군에 봉하였다. 결국 조선시대 왕의 아들 가운데, 후궁 소생의 아들인 서자(庶子)를 군(君)으로 이름 지었다면 왕비 소생의 아들은 대군으로 이름 지어 서로 구분하였다.

또 고려시대에는 종친에게 준 정1품의 품계였으며, 종친부(宗親府)에 속한 품계에서 가장 높은 품계였다. 조선시대에도 종친부에 속하였으나, 관품(官品)을 가지지 않았다. 대군은 원칙적으로 벼슬을 하지 않았는데, 벼슬할 때는 영종정경(領宗正卿)이라 하였다.

부원대군(府院大君)

부원대군은 고려시대와 조선 초기 친왕자에게 봉해진 작호(爵號)이다. 고려는 건국 초부터 태자·부원대군·원군(院君) 같은 작호를 사용하였다. 현종 때부터 공(公)·후(侯)·백(伯)·자(子)·남(男)의 작호로 바뀌었다가, 충렬왕 이후 부원대군·대군·원윤(元尹)·정윤(正尹)의 작호로 다시 바뀌었다.

조선시대에는 초기부터 고려의 법제가 그대로 이어졌으나, 제1차 왕자의 난 직후 공·후·백의 칭호를 사용하였다. 곧이어 태종 1년(1401)에 친왕자는 부원대군, 종친은 군·원윤·정윤, 공신은 부원군·군의 칭호를 사용하게 되었다. 그러나 얼마 후 친왕자를 대군으로 부르게 됨으로써 부원대군은 폐지되었다.

대원군(大院君)

대원군은 조선시대 왕위 계승에서 왕이 형제나 자손이 없이 죽으면 종친 가운데 다른 계통의 사람이 왕위를 계승하게 되는데, 이때 새로 등극한 왕의 친아버지에게 봉해지는 칭호였다. 보통 왕의 아버지는 왕인데, 왕이 다른 계통에서 새로 왕위에 오르면 등극한 왕의 아버지는 왕이 아니었기에 대신 대원군이라 칭하였던 것이다.

조선시대 대원군 제도는 선조의 아버지 덕흥군을 덕흥대원군(德興大院君)으로 추존한 데서 시작되었다. 조선시대 대원군으로는 덕흥대원군·정원(定遠)대원군·전계(全溪)대원군·흥선(興宣)대원군, 이처럼 4명의 대원군이 있었는데, 흥선대원군을 제외한 3인은 모두 죽은 뒤 대원군으로 추존되었고, 흥선대원군만이 생전에 대원군으로 봉(封)해졌다.

덕흥대원군은 중종(中宗)의 아들로, 명종(明宗)이 후사(後嗣) 없이 죽자 그의 셋째 아들 하성군 균(河城君 均)이 즉위[선조(宣祖)]함으로써 대원군에 추존되었다.

정원대원군은 선조의 다섯째 아들이며, 광해군을 몰아내고 인조반정으로 등극한 인조(仁祖)의 아버지이다. 능원군으로 봉해졌다가 대원군으로 추존되었으며, 또다시 왕으로 추존되어 원종(元宗)이라 불리었다.

전계대원군은 사도세자(思悼世子) 은언군(恩彦君)의 아들로, 헌종이 후사가 없이 죽자 순원왕후(純元王后: 순조의 비)의 명에 따라 아들 덕완군 승(德完君

昇)이 왕위[철종(哲宗)]에 오르게 됨에 따라 대원군으로 추존되었다.

　흥선대원군은 남연군 구(南延君 球)의 넷째 아들인 이하응(李昰應)으로, 12살과 17살에 각각 어머니와 아버지를 여읜 뒤 사고무친(四顧無親)의 왕손(王孫)으로 불우한 청년기를 보냈다. 21세에 흥선정(興宣正)이 되었고, 23세에 흥선군(興宣君)에 봉해졌다. 철종이 후사 없이 죽자 대왕대비 조씨[大王大妃 趙氏: 익종(翼宗)의 비, 헌종(憲宗)의 생모]의 명에 따라 둘째 아들 명복(命福)이 왕위에 오르게 됨[고종(高宗)]에 따라 대원군으로 추존되었으며, 죽은 뒤에 대원왕(大院王)으로 추봉(追封)되었다. 흥선대원군은 조선시대 다른 3명의 대원군과 달리 생전에 대원군으로 봉해졌으며, 고종이 12세의 미성년이었으므로 표면상으로는 조(趙) 대비(大妃)가 수렴청정(垂簾聽政)하는 것으로 되어 있었으나, 실질적으로 흥선대원군이 섭정하여 모든 정책의 결정권을 부여받아 10년 동안 집권하여 파란만장한 개혁정책을 펼쳤다. 보통 대원군 하면 흥선대원군을 지칭할 정도로 널리 알려졌다.

　당시 흥선대원군을 '대원위대감(大院位大監)'이라고 불렀다고 한다. 또 '합하'라고 불리기도 하였는데, 황제나 왕과 관련하여 부르는 칭호가 '폐하·전하·궐하·저하'였다면, 합하는 정1품 벼슬아치인 삼정승 또는 대원군을 높여 부르던 칭호다.

　합하(閤下)는 '합문(閤門) 아래'라는 뜻으로, 합문은 '쪽문(대문짝의 가운데나 한 편에 사람이 드나들게 만든 작은 문)'이나 '협문(夾門: 대문이나 정문 옆에 있는 작은 문)', '편전(便殿: 임금이 평상시에 거처하면서 정사를 보던 궁전)의 앞문' 등을 뜻하는 말이다. 조선시대 나라를 다스리는 삼정승들이 근무하는 다락문을 황합(黃閤) 또는 황각(潢閣)이라고도 하였는데, 합하라는 말은 이 '황합 아래에서 정승을 뵐 수 있다.'라는 데서 비롯된 것이다. 이에 합하는 합문에서 뵐 수 있을 정도의 높은 사람을 부르는 존칭으로 사용되었다.

　또 합문은 고려 및 조선 초기 조회(朝會)·의례(儀禮) 등 국가 의식을 맡아보던 관청을 말하는데, 각문(閣門)이라고도 하였으며, 통례문(通禮門)·중문(中門)·통례원(通禮院)·장례원(掌禮院) 등으로 여러 차례 관서명이 바뀌었다. 이처럼 합문을 각문이라고도 부른 점에서 합하와 각하는 같은 의미로 사용되기도 하였다.

그런데 이런 합하라는 명칭을 일본인들은 자신들의 문서나 사료에 기록할 때 '閤(쪽문 합)' 자 대신 '蛤(조개 합)' 자를 써서 임금들이 궁녀들에게 둘러싸인 사람이라는 부정적인 의미나 저질적인 의미로 합하라는 명칭을 사용했다고 한다.

합하와 비슷한 칭호로 '각하(閣下)'가 있는데, 각(閣: 문설주 각)은 누각을 가리키는 말로, 각하는 '누각(樓閣) 아래'라는 뜻이다. 하여 각하는 누각 아래에서 뵐 수 있을 정도의 높은 사람을 부르는 존칭으로 조선시대에는 합하와 같은 의미나 왕세손(王世孫)에 대한 존칭으로 쓰였다. 그러나 우리나라에서는 전통적으로 각하나 합하라는 존칭을 널리 사용하지 않고, 황희(黃喜) 정승을 '황합(黃閤)', 상진(尙震) 정승을 '상합(尙閤)'이라고 부르는 식으로 정승들의 성(姓)에 합(閤) 자를 붙여 존대하였다고 한다.

이런 각하라는 존칭을 일본이 도입, 문관으로는 일본 국왕이 직접 임명하는 칙임관(勅任官)과 무관으로는 육군소장(陸軍少將) 이상에게만 쓰도록 하여 귀족이나 고위 관리, 고위 장성 등 고위 관직에 있는 사람에게 붙여진 호칭이 되었다고 한다. 그리고 일제는 조선의 국왕이 전하나 폐하로 불리는 것이 못내 못마땅하여 각(閣)이라는 건물 아래에 임금을 감금하다시피 하곤 국정을 자기네들 편한 쪽으로 이끌어 가기 위해서 각하라는 호칭을 왕에게 썼다고 한다.

대한민국에서는 대통령과 부통령, 국무총리, 부총리, 장관, 심지어 군대의 장성들에게까지 각하라는 존칭을 사용하기도 하였다. 이승만 정부 당시 "대통령 각하", "부통령 각하"라는 호칭을 사용하자 대한민국 제2대 부통령이던 인촌 김성수(仁村 金性洙)는 각하의 호칭이 비민주적임을 들어 '각하 호칭 폐지론'을 주장하였다. 박정희가 5·16 군사정변을 일으키고 제5대 대통령이 되자 박정희 대통령은 오로지 대통령에게만 각하라는 존칭을 붙이게 하였으며, 제13대 노태우 대통령 때부터는 공식 석상에서 각하 존칭을 사용하지 않도록 하였다. 일설에는 제14대 김영삼 대통령 때까지도 청와대 안에서는 여전히 "대통령 각하", "각하"로 불리었다고 하며, 지금도 여전히 각하라는 호칭을 사용하곤 한다.

이렇게 폐하나 전하, 궐하, 저하, 그리고 합하, 각하 등의 호칭은 모두 그들이 머무는 건물과 관련하여 지어진 이름임을 알 수 있는데, 신분 사회이자 계급 사회였던 예전에는 건물마저도 계급이 있는 것 같아 기분이 참 묘하다고나 할까? 여하튼, 계급에 따라 부르는 이름도 아주 다양했음을 알 수 있다.

'○○ 아래'라고 하면서 자신을 낮추고 상대방을 높여 부르는 이름은 폐하나 전하, 궐하, 저하, 합하, 각하 등만이 아니었다. 이렇게 지위가 높은 사람에게 사용했던 칭호나 자신을 낮추고 상대방을 높여 부르는 존칭으로는 곡하(轂下·穀下), 휘하(麾下), 예하(隷下)·예하(猊下), 성하(聖下), 슬하(膝下), 족하(足下), 궤하(机下), 좌하(座下), 귀하(貴下) 등도 있었다.

곡하(轂下)는 '천자가 타는 수레 아래'라는 뜻으로, '황제가 있는 나라의 서울'을 가리키는 말이다. 또 천자를 대신하여 외국에서 온 사신(使臣)의 우두머리는 '수레를 타고 오간다.'라는 점에서 그를 부를 때 "곡하"라고 하였다. 곡하(轂下)는 곡하(穀下)로도 쓰였다.

휘하(麾下)는 '장군의 깃발 아래'라는 뜻으로, 장군의 지휘 아래 또는 그 지휘 아래에 딸린 군사를 가리키는 말이다. 장군을 존대할 때 휘하라 하였으며, '아래', '지휘 아래'의 뜻으로 사용되고 있다. 휘(麾)는 장군을 상징하는 깃발, 대장기(大將旗)를 말한다.

예하(隸下)는 휘하와 비슷한 말로 지휘관이나 우두머리의 지휘 아래 또는 그 아래 딸린 사람을 가리킨다. 또 예하(隸下)는 서양에서 주교나 추기경, 교황청 고관(高官) 등 종교적 지도자를 부를 때 사용하는 존칭이기도 한데, 따로 추기경을 높여 부를 때 전하(殿下), 그리고 가톨릭교의 최고위 성직자인 교황(敎皇)을 높여 부를 때는 성하(聖下)라고 한다.

한자가 다른 예하(猊下)는 '사자좌 아래'라는 뜻으로, 불교에서 도가 높은 고승(高僧)을 높여 부르는 말이다. 또 예하(猊下)는 '부처나 보살이 앉는 높은 자리'를 가리키는 말이기도 한데, 부처나 도가 높은 스님이 앉아 설법하던 자리를 '사자좌(獅子座)'라고 한 데서 연유하였다. 그리고 예하(猊下)는 승려에게 편지를 보낼 때, 받을 사람의 이름 밑에 써서 경의를 나타내는 말이기도 하다.

슬하(膝下)는 '무릎 아래'라는 뜻으로, 부모님의 무릎 아래에 있다는 의미에서 부모를 우러러 부르는 존칭으로 사용되었다.

족하(足下)는 '발아래' 아주 가까운 곳이라는 뜻으로, 서로 다정한 친지나 가깝고 대등한 사람에 대한 존칭으로 사용되었다. 『삼국사기』에서는 견훤과 왕건이 서로 '족하'라고 칭한 기록도 보이는데, 형제의 아들·딸을 족하(足下)라고 불러 그 품위가 격하되어 집안의 아랫사람에게 붙이던 용어로 사용되었다. 이게 굳어져서 된 단어가 조카인데, 조카는 자신의 형제, 자매, 사촌, 육촌 등 비슷한 세대의 자녀들에게 일반적으로 쓰이고 있다.

궤하(机下)는 '책상 아래'라는 뜻으로, 편지 겉봉에 상대편의 이름 밑에 붙여 써서 존경하는 뜻을 나타내는 말이다.

좌하(座下)는 '받들어 모시는 자리 아래'라는 뜻으로, 윗사람이나 친구인 상대방을 높여 그의 이름이나 호칭 아래 붙여 쓰는 말로, 주로 편지글에서 받는 사람을 높여 그의 이름이나 호칭 아래 붙여 쓴다. 좌하는 귀하(貴下)보다 높임말로 마땅히 공경해야 할 어른인 조부모, 부모, 선배, 선생 등에게 쓰는 말이다. 좌하(坐下)라고도 쓰인다.

요즘에도 많이 사용하고 있는 존칭으로 귀하(貴下)가 있다. 귀하는 '귀하신 분의 아래'라는 뜻으로, 상대방을 존대하는 접두어인 '귀(貴)' 자와 자신을 낮추는 '하(下)' 자로 구성되어 있어 이치는 맞으나 '하' 자 돌림의 다른 존칭어처럼 패전합각(陛殿閤閣)이나 곡휘(轂麾)·슬족(膝足)·궤좌(机座) 등과 같은 구체적인 공간 대상이 없이 만들어진 용어다. 그런 점에서 귀하는 족보 없는 존칭어, 국적 없는 존칭어인 셈이다. 귀하는 편지글에서 많이 사용되기도 하는데, 귀하와 비슷하게 쓰이는 말로 좌하(座下)와 존하(尊下)가 있다.

존하(尊下)는 '존경하는 분 아래'라는 뜻으로, 귀하와 같은 말이다. 존하는 보통 편지글에 귀하와 좌하처럼 사용되곤 하는데, 좌하는 존하보다 덜 높이는 말이라 윗사람에게는 존하를 써야 한다는 주장도 있으나 보통 존하보다 좌하가 널리 쓰이고 있다. 또 귀하는 존하나 좌하보다 등급이 낮기는 하지만, 직함이 없어 적절히 높여 대우할 표현이 없는 경우에 널리 귀하를 쓰고 있다.

폐하(陛下)-섬돌 층계 아래, 황제에 대한 존칭

전하(殿下)-궁전 아래, 왕에 대한 존칭

궐하(闕下)-궁궐 정문 아래, 왕에 대한 존칭

저하(低下)-저택 아래, 세자에 대한 존칭

합하(閤下)-합(합문) 아래, 정1품 삼정승이나 대원군에 대한 존칭

각하(閣下)-각(누각) 아래, 합하와 같은 말. 세손에 대한 존칭

곡하(轂下)-수레 아래, 사신에 대한 존칭

성하(聖下)-가톨릭 교황에 대한 존칭

전하(殿下)-가톨릭 추기경에 대한 존칭

예하(隷下)-서양에서 주교나 추기경 등 종교적 지도자에 대한 존칭

예하(猊下)-부처·고승이 앉던 자리(사자좌) 아래, 고승에 대한 존칭

예하(隷下)-지휘관·우두머리에 대한 존칭

휘하(麾下)-대장군의 깃발 아래, 장군에 대한 존칭

슬하(膝下)-무릎 아래, 부모에 대한 존칭

족하(足下)-발 아래, 서로 다정한 친지에 대한 존칭
　　　　　형제의 아들·딸을 낮춰 부르는 말

궤하(机下)-책상 아래, 상대방에 대한 존칭

좌하(座下)-자리 아래, 상대방에 대한 존칭

귀하(貴下)-귀하신 분 아래, 상대방에 대한 존칭

존하(尊下)-존경하는 분 아래, 상대방에 대한 존칭

부원군(府院君)

　부원군은 고려시대 정1품의 종친과 공신에게 붙여주던 칭호이다. 또 조선시대 임금의 장인인 국구[國舅, 외구(外舅)라고도 한다] 또는 정1품의 공신에게 붙여주던 칭호이다. 조선 초기에는 종친과 왕의 사위인 부마[駙馬: 공주의 남편. '부마도위(駙馬都尉)'의 준말로 국서(國壻: 나라의 사위)라고도 한다]에게 주기도 하였다. 일반적으로 딸이 궁중에 들어와 정실 왕후가 되면 왕비의 아버지는 부원군이 되었는데, 조선시대 초기에 국구는 정치에 참여치 못했으나, 중기 이후 정치에 참여하여 많은 폐단이 생기기도 하였다.

　그리고 부원군을 봉할 때, 받는 사람의 본관인 지명을 앞에 붙이는 게 일반적인데, 같은 부원군이 생길 때는 옛날의 지명이나 다른 글자를 넣어

이름 지었다. 두 명의 딸을 왕에게 시집보낸 조선 세조 때 공신 한명회의 경우, 그의 본관은 청주(淸州)였지만 상당부원군(上黨府院君)이라 불렀다.

부왕(副王)/부군(副君)

부왕은 발해(渤海)에서 왕의 맏아들을 지칭하던 호칭이다. 부왕이 왕의 장자를 뜻하는 것에 비해, 나머지 아들들은 왕자라 불렀다 한다. '다음 차례의 왕'이란 의미로, 조선시대 왕세자와 같은 호칭, 신라 후기 부군(副君)과 같은 용어로 볼 수 있다.

일반적인 의미로 부군(副君)은 황태자(皇太子) 또는 왕세자(王世子)를 지칭하는 이름이다. 또는 그에 준하는 반열에 든 사람에 대한 호칭으로, 비록 왕의 아들은 아니지만, 태자·세자의 임무를 수행하는 왕위 계승권자를 지칭하는 말이다. 다만 한자가 다른 부군(夫君)은 남편을 뜻하는 말로, 남의 남편을 높여 부르는 말이다. 또 부군(父君)은 아버지를 높여 부르는 말이다.

그리고 부왕(副王)과 동음이의어(同音異議語)인 부왕(否王)은 기자조선(箕子朝鮮)의 왕을 가리키는 말로, 조선후(朝鮮侯)라고도 하였다.

갈문왕(葛文王)

갈문왕은 신라시대 왕과 일정한 혈연관계를 맺은 인물이나 최고 성씨 집단의 씨족장에게 추봉되던 칭호이다. 갈문왕은 그 지위나 권한에서 분명히 왕과 구별되었지만, 왕에 준하는 특수한 위치에서 나름의 역할과 권한을 갖고 있었다.

갈문왕으로 추봉되는 대상으로는 다른 계통에서 왕위를 계승한 왕의 아버지·왕의 동생·왕의 외할아버지·왕과 일정한 혈연관계를 맺은 왕비의 아버지·여왕의 남편(南便) 등이 해당하였으며, 박(朴)·석(昔)·김(金)과 같은 신라 최고 성씨 집단의 씨족장 혹은 그들 성씨 집단의 분화가 촉진되면서 새롭게 두드러지던 집안의 우두머리 정도의 위치에 있는 인물들이 해당하였다.

갈문왕의 임무나 권한은 확실치 않으나, 왕의 행차나 귀족 회합 혹은 외국 사신을 만날 때 왕과 함께 참석하여 발언권을 행사하였던 것으로 여겨진다. 결국, 갈문왕 제도는 갈문왕이 왕을 보좌하거나 또는 왕에 버금가는 위치에 있음으로써 왕권의 지지 기반 확대에 도움을 주는 것은 물론 동시에 지배층 상호 간의 안정을 꾀할 수 있었던 제도라고 할 수 있다.

신라에서는 여왕의 남편을 '갈문왕'이라고도 하였는데, 요즘 제1인자의 남편이나 여왕의 남편은 뭐라고 부를까? 영국 엘리자베스 2세 여왕의 남편은 에든버러공(公) 필립이다. 에든버러공 필립을 소개할 때 엘리자베스 2세 여왕의 '부군(夫君)'이라고도 한다. 이처럼 요즘 제1인자의 남편이나 여왕의 남편을 부군으로 부르기도 하지만, 부군은 꼭 여왕의 남편이나 제1인자의 남편을 가리키는 말은 아니다. 꼭 맞는 용어가 없어 단지 부군이라고 할 뿐이다. 즉 제1인자인 남자의 부인[보통 '퍼스트레이디(First Lady)'라고 부르고 있다]을 영부인(令夫人: 남의 아내, 특히 사회적 신분이 높은 사람의 아내를 이르는 말)이라고 부르는 것과 마찬가지로 제1인자인 여자의 남편[일부에서 '퍼스트 메이트(First Mate)'라고 부르기도 한다] 또한 적당한 말이 없어서 보통 남의 남편을 높여 부르는 용어인 '부군'을 그냥 사용하는 것에 불과하다.

상왕(上王)·태상왕(太上王)

왕위는 대개 왕이 죽어 다른 사람에게 이어지는 것이 일반적이지만, 왕이 살아생전에 왕위를 물려주기도 하였다. 왕이 생전에 왕위를 물려주게 될 경우, 왕위를 이어받은 왕에 비하여 왕위를 물려준 왕을 더 높여 '상왕'이라고 하였다.

그리고 현재의 왕과 이미 왕위를 차례로 넘겨준 두 명의 왕이 함께 살아 있으면, 왕을 지낸 차례에 따라 태상왕, 상왕, 왕이라고 하였다. 상왕이나 태상왕이 체계상 왕보다 높은 위치에 있으나 실제적인 권력은 왕에게 있었다.

조선 제2대 왕 정종(定宗) 이방과(李芳果)는 조선 제1대 왕 태조(太祖) 이성계(李成桂)의 둘째 아들로 신의왕후 한씨(神懿王后 韓氏)의 소생이다. 1398년 8월 정안군 이방원(靖安君 李芳遠)이 주도한 제1차 왕자의 난이 성공하면서 세자 책봉 문제가 제기되었는데, 이때 이방과는 "당초부터 대의를 주창하고 개국해 오늘에 이르기까지의 업적은 모두 정안군의 공로인데 내가 어찌 세자가 될 수 있느냐?"라고 하면서 거절하였으나 정안군이 양보해 세자가 되었다. 1개월 뒤 태조의 양위[讓位: 임금의 자리를 물려줌. 선위(禪位), 선양(禪讓)]를 받아 왕위에 올랐다. 조선 제3대 왕 태종(太宗) 이방원은 태조의 다섯째 아들로, 신의왕후 한씨의 소생이다. 이방원은 태조가 조선을 건국하는 데 큰 공을 세웠으며, 제1차 왕자의 난을 일으켜, 신덕왕후 강씨(神德王后 康氏)의 소생이자 태조의 여덟째 아들로서 세자(世子)로 책봉된 이방석(李芳碩)과 정도전(鄭道傳) 등을 제거한 뒤 정치적 실권을 장악하였다. 그러나 여러 사정을 고려하여 세자 추대를 사양하였다. 그리고 1400년 1월 태조의 넷째 아들로 신의왕후 한씨 소생인 이방간(李芳幹)과 박포(朴苞) 등이 주동이 되어 일으킨 제2차 왕자의 난을 진압하였다. 그 뒤 세제(世弟)로 책봉되면서 내외의 군사를 통괄하여 병권을 장악하고 사병을 혁파하였다. 이어 1400년 11월 정종의 양위를 받아 등극하였다. 이렇게 태조(1335~1408, 재위 1392~1398), 정종(1357~1419, 재위 1398~1400), 태종(1367~1422, 재위 1400~1418) 세 명의 왕이 함께 살아 있었는데, 태종은 왕, 정종은 상왕, 태조는 태상왕에 해당하였다. 그러나 대부분 왕위는 양위로 이루어지지 않고, 왕이 죽은 뒤 왕위를 계승하는 경우가 많아 막상 왕과 상왕이 같이 있거나 더구나 태상왕까지 함께 있는 경우는 많지 않았다.

[군]　　：왕의 서자(방계 왕자, 후궁의 아들)

　　　　　　대군의 적장자 · 적장손/세자의 모든 아들 · 손자

　　　　　　공신

[대 군]　　：왕의 적자(직계 왕자, 정실부인의 아들)

[부원대군]　：왕의 친아들→[대군]

[대 원 군]　：다른 계통에서 왕위를 계승한 왕의 아버지

[부 원 군]　：왕의 장인/정1품 공신

[부 왕]　　：왕의 장자, 왕세자 [부군]

[갈 문 왕]　：다른 계통에서 왕위를 계승한 왕의 아버지

　　　　　　왕의 동생/왕의 외할아버지

　　　　　　왕비의 아버지/여왕의 남편

알고 보면 제왕절개는 의학 용어가 아니다

왕이나 황제라는 말 이외에 역사상에 나타나는 지배자에 대한 용어는 매우 다양하다. 종교와 관련된 지배자도 있고, 겉으로는 최고 권력가가 아니지만, 실제 최고의 권력을 행사한 지배자도 있다. 가족적인 느낌이 드는 용어도 있으며, 겉으로는 민주적인 지도자 같지만, 실제 독재 권력을 행사한 지배자도 있다. 그러면 세계 역사에 나타나는 지배자(또는 지도자)들의 칭호는 어떤 것들이 있을까? 그 이름들에 대해 알아보는데, 단순히 어원적인 측면과 역사책에 자주 사용되었던 예들을 중심으로 살펴보자.

파라오(Pharaoh)

파라오는 고대 이집트의 정치적·종교적 최고 통치자를 나타내는 말로, 이집트의 왕 또는 왕위를 가리키는 용어며, '신의 아들'이요, '신과 같은 존재'로 여겨지던 사람을 지칭하는 말이다. 따라서 파라오는 신처럼 받들어져 절대 권력을 장악하고 행사한 자였다.

본래 파라오라는 말은 '큰 집, 궁전'이란 뜻의 이집트어 '페르아(Per'a)'를 헤브라이어(히브리어)로 부르는 말이다. 이집트에서 국왕은 신과 같으므로 그를 직접 지칭하지 않고 그가 사는 집을 높여 부르는 데서 나온 말이다.

고대 사회에서는 종교를 주관하는 자가 정치까지 담당하였는데, 그 권력은 절대적이고 신성한 것으로 여겼다. 종교를 담당하는 자가 정치까지 주관한 정치 형태를 신권정치(神權政治)라고 하는데, 파라오가 그런 신권정치의 한 예라 할 수 있다.

집정관(執政官, Consul)

집정관은 '행정을 집행하는 관직', '정치를 집행하는 관리'라는 뜻이다. 역사적으로는 로마 공화정 시기에 행정·군사의 최고 관직을 담당한 자로, 통령(統領)으로 번역되기도 한다. 로마 집정관은 임기 1년에 2명씩 선출하였는데, 처음에는 귀족만 집정관을 할 수 있는 자격이 있었으나, BC 367년 리키니우스법에 의해 집정관 가운데 한 사람을 평민 중에서 선출하게 하였다.

꼭 지배자의 범주에 포함되지는 않지만, 고대 로마시대 평민회를 대표하는 자로 호민관(護民官, Tribunus)이 있었다. 호민관은 평민 가운데에서만 선출되었는데, 처음에는 2명이었다가 나중에는 10명까지 늘어났다. 이들에게는 관리나 귀족들의 결정을 거부할 수 있는 권리, 원로원을 소집할 수 있는 권리 등이 있었다.

집정관은 강력한 지배자로서의 면모보다 행정을 집행하는 자로서의 의미가 더 강한 자며, 호민관은 지배자가 아닌 대변자로서의 의미에 더 가까운 존재라고 볼 수 있다.

카이사르(Caesar)와 아우구스투스(Augustus)

로마 공화정 말기의 혼란기에 공화정(共和政)에서 제정(帝政)으로 넘어가는 과도기적인 형태로 두 차례의 삼두정치(三頭政治: 세 명의 우두머리가 다스리는 정치)가 있었다. 제1차 삼두정치는 카이사르[케사르=(영어)시저·시이저·씨저·씨이저]가, 제2차 삼두정치는 옥타비아누스(Octavianus)가 각각 승리하여 로마의 실제적인 지배자가 되었다.

최고 실권자가 된 카이사르는 종신(終身) 독재관(獨裁官: 로마 공화정 시기에 비상 시 전권을 한 사람에게 위임하던 제도로, 임기는 6개월 이하인데, 종신 독재관은 죽을 때까지 할 수 있었다)이 되어 임페라토르(Imperator: 최고 군사령관)라는 칭호를 얻는 등 군주정[君主政=왕정(王政)·제정(帝政)]에 가까운 독재정치를 실시하였다. 비록 황제라고 이름을 붙이지는 않았지만, 막상 황제나 다름없었다. 따라서 공화정 아래서 황제나 다름없이 독재정치를 실시하던 카이사르는 결국 공화파에 의해 암살당하고 만다.

카이사르는 로마시대 최초의 절대 권력자라고 할 수 있다. 따라서 카이사르라는 말 자체가 일반적 의미의 절대 권력자라는 용어로 사용되어 황제를 가리키는 말로 사용되었다. 황제를 가리키는 말인 독일어의 '카이저(Kaiser)'나 러시아어의 '차르(царь, Tsar)'는 다 여기에서 온 말이다. 그리고 최고 군사령관·지도자·사령관 등을 뜻하는 임페라토르(Imperator)라는 말은 본래 로마에서 개선장군에게 일시적으로 부여되던 호칭이었는데, 당시 로마인이 가질 수 있는 최고의 명예로운 칭호였다. 절대 권력을 행사한 카이사르나 옥타비아누스 모두 임페라토르라는 칭호를 받았는데, 결국 임페라토르는 황제를 뜻하는 말이 되었다. 영어 '엠퍼러(Emperor)'나 프랑스어 '앙

쁘뢰르(Empereur)'는 모두 여기에서 온 말이다.

산부인과에서 많이 사용하고 있는 제왕절개(帝王切開: Caesarean section, Caesarean operation)라는 말도 카이사르와 관련이 있는 용어이다. 제왕절개는 독일어 '카이저 슈니트(Kaiser schnitt)'를 직역한 말로, 라틴어 '섹티오 카에사레아(Sectio caesarea)'에서 유래하였다고 한다. 로마의 절대 권력자로서 제왕처럼 여겨졌던 카이사르는 배를 가르는 수술을 하여 출생하였다. 이에 배를 가르고 아이를 출산하는 것을 제왕절개라고 부르게 되었다. 그러나 다른 주장도 있다. '임신한 자궁을 절개한다.'라는 뜻의 '카이수라(Caesura: 자르는 것)'라는 말에서 생긴 용어가 제왕절개라는 것이다. 따라서 제왕절개는 '개복분만법(開腹分娩法)'이라고 해야 한다고 한다. 현재 학계에서는 이 주장이 카이사르와 관련된 주장보다 더 타당성이 있다고 여기고 있다.

옥타비아누스는 카이사르가 왕처럼 행동하다가 암살당한 것을 거울 삼아, 겉으로는 공화정의 형태를 그대로 유지하면서 다른 한편으로는 교묘히 자신의 정치 체제를 굳혀나갔다. BC 27년 옥타비아누스는 일체 권력을 원로원과 국민에게 반환하였는데, 원로원은 그의 속셈을 이미 간파하고 있었다. 이에 원로원은 그의 제안을 받아들이는 대신 공화정 아래에서 가능한 최고의 직능과 권한을 부여하였다. 또 원로원은 옥타비아누스에게 '존엄한 자'를 뜻하는 '아우구스투스(Augustus)'라는 칭호도 부여하여 원로원이 존경하는 자에 대한 예를 갖추었다. 옥타비아누스는 아우구스투스라는 칭호 외에 임페라토르(imperator)라는 지위를 영속적으로 누릴 수 있는 영예를 얻기도 하여 실제 옥타비아누스는 황제나 마찬가지였으며, 이제 로마는 겉으로는 공화정이나 실제로는 공화정을 대신하여 제정(帝政)이 시작되었다.

아우구스투스는 단순히 존경이라는 의미에 가까운 용어지만, 실제로는 절대적이고 막강한 지배자에게 주어지는 칭호가 되었다. 따라서 카이사르(시저)처럼 아우구스투스라는 말 자체가 일반적 의미의 절대 권력자를 뜻하는 말로 사용되어 황제를 가리키기도 하였다.

그리고 서양 달력의 줄라이(July)는 율리우스 카이사르, 영어로 줄리어스 시저(Julius Caesar)가 7월에 탄생한 데서 생긴 말이다. 즉 Julius에서 July가 나왔다. 또 오거스트(August)는 아우구스투스 옥타비아누스가 태어난 달이 8월인 데서 생긴 말이라고도 하며, 옥타비아누스가 전쟁에서 이긴 달이 8월인 데서 온 말이라고 한다. 즉 August는 Augustus에서 온 것이다.

또 서양 달력은 30일과 31일이 번갈아가면서 만들어졌는데, 특히 8월의 날짜가 30일이 아니고 31일이 된 까닭 또한 카이사르와 옥타비아누스와 관련이 있다. 옥타비아누스도 카이사르와 마찬가지로 황제에 버금가는 자이기 때문에 옥타비아누스의 이름이 붙여진 달이 결코 작을 수 없으므로 1일을 더 첨가하였다. 즉 카이사르의 이름이 붙여진 7월이 31일이므로, 옥타비아누스의 이름이 붙여진 8월도 31일이어야 했다. 그래서 원래 30일인 8월에 1일을 더 첨가하여 31일로 하였다.

흔히 서양 달력(양력)이 동양 달력(음력)보다 과학적인 달력이라고 생각할지 모르지만, 전혀 과학적이지 못한 게 양력이라는 사실을 여기에서 확인할 수 있다. 달력 날짜와 옥타비아누스의 탄생에 무슨 과학적 관계가 있을 수 있겠는가! 미신적인 요소는 음력보다 양력이 더 많다. 어쩌면 양력을 사용하고 있는 현재의 우리보다 음력을 사용하였던 우리 조상들이 훨씬 더 과학적인 삶을 살았을 수도 있다. 이제라도 서양 사람들이 주로 사용한 양력을 과감히 버리고 동양에서 많이 사용한 음력을 부활시켜 보는 것도 한 번쯤 생각해볼 만할 것이다. 그래야 저승에 가서 조상들 볼 면목이 서지 않을까?

원수(元首)

원수는 '국가 원수'의 준말로, 가장 일반적인 의미에서 국민의 수장(首

長: 우두머리)·국가의 통치자를 가리키는 말이다. 그리고 역사에 나타난 원수라는 말은 프린켑스(Princeps: '제1의', '최초의'라는 뜻으로, 로마에서 '제1시민'을 가리키던 말이었다)를 가리키는 용어이기도 하였다.

로마 공화정 말기 종신 집정관·최고 재판관·원로원 의장을 겸임한 옥타비아누스는 아우구스투스로서 황제에 버금가는 존재였지만, 겉으로는 공화정을 표방하였다. BC 28년 옥타비아누스는 원로원 의원명부(議員名簿)의 첫 번째에 그 이름이 기재되는, 따라서 '제1의 시민(First Citizen)'으로서 자신을 스스로 '프린켑스'라 이름 하였다. 이렇게 겉으로는 공화정이면서 실제는 제정과 마찬가지였던 그 시대 정치를 원수정(元首政)이라 부르고 있다.

결국 원수라는 말은 단순히 '한 국가의 우두머리'라는 측면에서 절대자나 독재자가 아닌 의미로 사용되기도 하고 또 한편으로는 실제 독재정치에 가깝게 사용되는 용어이기도 하다. 아마 북한에서 사용되고 있는 원수는 이 두 가지 의미가 동시에 적용되는 경우일 것이다.

주군(主君, Lord)

주군은 중국 주(周)나라의 봉건제도와 서양 중세 봉건제도와 관련된 용어이다. 주종 관계를 바탕으로 한 봉건제도는 봉토(封土)를 매개로 하여 토지를 주는 사람이 주군, 받는 이가 종신(從臣, Vassal)이 되어 상호 주인과 신하의 관계를 맺은 제도이다. 그 주종 관계는 봉신(封臣)이라고도 하는 종신이 주군에게 복종과 충성을 맹세하고, 주군은 봉신을 보호하고 그에게 봉토를 수여함으로써 성립하였다. 이러한 관계는 왕과 신하, 왕과 기사, 신하와 기사, 기사와 기사 간에 이루어졌으며, 왕과 왕 사이에도 이루어짐으로써 결국 국왕은 가장 높은 위치의 주군에 해당하였다. 즉 '주군 가운데 주군'이 바로 왕이었다.

차르(царь, Tsar, Czar)

차르는 러시아나 세르비아 등 동유럽 슬라브계(系) 여러 국가에서 황제에 해당하는 군주를 지칭하는 칭호로, 본래 Tsar라는 말은 라틴어 Caesar(카이사르=케사르=시저)에서 온 말이다. 한마디로 황제와 같은 절대 군주를 가리킨다. 러시아는 1237년 몽골군이 침입한 이래, 여러 공국(公國: 귀족에 해당하는 공작이 다스리는 나라)으로 분열되어 몽골이 세운 킵차크한국의 지배를 받으며 막대한 공납을 바치고 있었다. 뒷날 14세기 전반기에 모스크바대공국(大公國)이 지도적 세력으로 성장하면서 1380년 몽골 지배에 반항하기도 하였으나 실패하였다.

15세기 후반 몽골족의 내분 및 세력 약화를 틈타, 모스크바대공국의 이반 3세(Ivan Ⅲ)는 세력을 확장시켜 다른 러시아공국을 통솔하게 되었다. 1472년 이반 3세는 비잔틴제국 마지막 황제의 질녀(姪女: 조카딸, 형제자매의 딸)와 혼인하면서, '대공(大公)' 칭호를 버리고 자신을 스스로 '황제'에 해당하는 '차르'라 이름 하였다. 이는 비잔틴제국의 계승자를 자처하는 것이며, 모스크바 대주교가 그리스 정교회를 계승하는 것을 의미하는 일이었다. 거리낄 것이 없는 모스크바대공국은 1480년 몽골에서 독립하였다. 차르라는 명칭은 1917년 러시아혁명으로 로마노프왕조가 무너질 때까지 사용되었다.

총재(總裁)

총재는 일반적인 의미로 사무를 '총'괄하여 결'재'하는 사람(The head of an official board) 또는 그 일 자체를 가리키는 말이다. 즉 어떤 조직이나 단체에서 최고 결정권을 쥐고 있는 사람을 가리키는 칭호이다.

역사에 나타나는 총재라는 용어는 대표적으로 프랑스혁명[프랑스대혁명] 진행 과정에서 찾아볼 수 있다. 구제도의 모순[앙시앵 레짐(Ancien Régime)]에 허덕이던 프랑스 시민은 미국의 독립에 영향을 받아 고무된 상태였다. 때마침 소집된 삼부회(三部會: 귀족·성직자·평민 세 신분의 대표자가 모여 회의하는 곳)에서 평민파와 왕당파 간에 대립이 일어나자 평민 대표는 따로 국민의회(國民議會)를 결성하여 대립하였다. 국왕은 무력으로 평민파를 탄압하였다. 이에 파리 시민들이 봉기하여 1789년 7월 14일 바스티유 감옥을 습격하면서 드디어 대혁명의 막이 올랐다.

혁명을 이끌어나가던 국민의회는 1789년 8월 26일 인권선언을 발표하였다. 1791년에는 입헌군주제(立憲君主制: 헌법의 의해 뽑힌 군주가 나라를 다스리는 제도)를 채택하여 입법의회(立法議會)가 탄생하였다. 한편, 공화파가 득세하는 가운데 망명 귀족들이 외국 군대를 끌어들이면서 1792년 외국과의 혁명전쟁을 치르게 되었다. 이 와중에 왕정을 중지시키고 국민공회(國民公會)가 소집되었으며, 입헌군주제가 폐지되고 공화정이 시행되었다. 또한 공화파 가운데 과격파로 불리는 자코뱅당이 집권하면서 국왕을 처형하는 등 많은 혁명적 제도가 추진되었다.

그러나 공화정 아래의 혁명정부는 1793년 로베스피에르(Maximilien Robespierre)가 주도하는 공안위원회와 혁명재판소를 중심으로 독재정치와 공포정치에 휩싸였다. 결국 국민들의 불만이 높아져가는 상황에서 1794년 7월 27일[혁명력(革命曆)으로 테르미도르 9일], 반동(反動)이 일어나 공화파 가운데 온건파가 집권하였는데, 이를 테르미도르 반동이라고 한다.

온건 공화파의 주도 아래 독재자 로베스피에르가 처형되는 등 각종 개혁과 더불어 새로운 헌법이 제정되었다. 또 독재자의 출현을 미리 막기 위해 1795년 5인의 총재(Director)가 주도하는 정부를 구성하였다. 그러나 총재정부(總裁政府)는 정치적인 분열과 대립, 부패와 경제적 불안, 계속되는 대외전쟁 등으로 혼란만 가중되었다. 마침내 나폴레옹(Napoléon Bonaparte)은 1799년에 쿠데타를 일으켜 총재정부를 전복시키고 통령정부(統領政府)를 수립하여 세 명의 통령 가운데 자신이 제1통령의 자리에 올랐다.

여기에 나타난 총재는 관리자·지도자·집정관(執政官)의 의미로 사용되고 있는데, 일반적으로 총재는 '사무를 총괄하는 자', '행정을 집행하는 관리'를 가리키는 말로, 독재자나 지배자와는 다소 거리가 먼 용어라고 할 수 있다.

프랑스혁명이라는 용어와 관련하여, 보통 프랑스혁명은 바스티유 감옥을 습격한 1789년 7월 14일부터 테르미도르 반동이 일어난 1794년 7월 27일까지로 보고 있는데, 때에 따라서는 나폴레옹이 쿠데타를 일으킨 1799년 11월 9일까지로 보기도 한다. 또 넓은 의미에서 프랑스혁명은 1789년의 혁명만을 가리키지 않고, 1830년 7월에 일어난 7월혁명과 1848년 2월에 일어난 2월혁명을 함께 일컫기도 한다. 이때 1789년의 혁명을 다른 두 혁명과 비교하여 프랑스대혁명이라고 부른다.

통령(統領)

통령은 이미 집정관과 총재를 설명하면서 일부 언급된 말로, '일체를 통괄하여 거느림 또는 그런 사람'을 뜻하는 용어다. 통령은 로마 공화정 시기의 집정관을 지칭하는 말이기도 하였으며, 조선시대에는 조운선(漕運船) 10척을 거느리던 무관 벼슬을 지칭하는 관직 이름이기도 하였다.

통령은 프랑스혁명이 진행되는 과정에서 수립된 통령정부에서 그 예를 찾아볼 수 있다. 1795년, 5인의 총재로 구성된 총재정부는 독재자를 막을 수 있었지만, 오히려 분열 및 무능과 부패로 혼란과 불안만 가져왔다. 이에 실망한 시민들은 혼란을 수습하고 질서를 회복할 강력한 지도자를 바라게 되었는데, 때맞춰 등장한 인물이 바로 나폴레옹이다. 그는 전쟁에서 계속 승리하여 국민의 신망을 얻고 있던 차였다.

1799년 11월 9일 쿠데타에 성공한 나폴레옹은 총재정부를 무너뜨리고 자신을 포함한 3명의 통령을 중심으로 하는 정부를 구성하였다. 특히 나폴레옹은 스스로 임기 10년의 제1통령이 되어 제2통령과 제3통령을 임명할 권리까지 가졌다. 막상 통령정부는 나폴레옹의 독재 체제나 다름없었다. 이에 만족하지 못한 나폴레옹은 1802년 헌법을 개정하여 후계자 임명권과 헌법 수정권(修正權)을 가지는 종신 통령(終身 統領)이 되었으며, 1804년에는 아예 황제가 되었다. 이에 프랑스 제1제국이 성립되었으며, 나폴레옹은 초대 황제로 나폴레옹 1세(Napoléon I)라 칭하였다.

여기서 한 가지 재미있는 사실은 나폴레옹이 헌법을 개정하는 등, 정치체제를 바꿀 때마다 국민투표를 실시하여 추진하였다는 점이다. 역사에는 독재자일수록 국민투표나 기타 합법적인 수단 같은 것을 무엇보다 강조하거나 앞세운 경우가 많이 있다. 역사의 아이러니라고나 할까?

이렇게 통령이라는 말은 독재자나 지배자의 의미와는 다소 거리가 있지만, 제1통령, 종신 통령의 예와 같이 실제 독재자인 경우도 많다. 대통령도 마찬가지다. 공화정 아래에서의 대통령이라도 그에게 너무 많은 권한을 부여한다면 오히려 합법적인 독재자가 되기 쉽다. 결국 통령이나 대통령은 그 용어가 뜻하는 것보다 그 직위에 얼마만큼의 권한을 부여하느냐가 더 중요하다고 할 수 있다.

대통령(大統領, President=The president of a republic)

대통령은 공화국가(共和國家)의 원수로, 행정부의 수반을 겸하여 모든 행정을 통괄하고 국가를 대표하는 자이다. 지배자라기보다는 지도자라는 의미에 가깝다.

유럽에서 신대륙으로 이주한 청교도인들이 건설한 미국은 처음부터 영국의 지배를 받는 식민지에 불과하였다. 그러던 가운데 1773년 보스턴 차 사건(Boston Tea Party)을 계기로 본국인 영국과 전쟁을 치르게 되면서 1776년 7월 4일 필라델피아에서 독립선언서를 발표하였고, 마침내 전쟁에서 승리하여 1783년 파리조약을 체결하였다. 1787년에는 연방주의·삼권분립·주권재민에 입각한 합중국헌법을 제정하였으며, 1789년 워싱턴(George Washington)을 초대 대통령으로 선출하여 세계 최초의 민주공화국인 아메리카합중국[United States of America: US 또는 USA, 간단히 America, 우리말로 미국[(美國 또는 米國)]을 탄생시켰다. 즉 아메리카합중국은 민주정치를 바탕으로 국민이 지도자를 직접 선출하였는데, 이렇게 선출된 지도자를 대통령이라 하였다.

로마 공화정시대에는 행정·군사의 최고 집행자인 집정관을 통령이라고도 불렀다. 이를 통해 통령이나 대통령은 공화정과 관련된 용어임을 짐작할 수 있다. 공화정은 주권이나 국가 권력이 한 사람의 의사에 따라 행사되지 아니하고 합의체의 결정에 따라 행사되는 정치이므로 공화정의 통령이나 대통령은 독재자와 무관한 것으로 생각하기 쉽다. 그러나 통령이나 대통령이라고 해서 무조건 민주적인 지도자는 아니다. 공화정일지라도 막상 대통령에게 너무 많은 권력이 집중되다 보면 비록 국민이 선출한 대통령이라도 독재자가 될 수 있다. 즉 공화정이라고 해서 독재자가 출현하지 않는 것은 아니다. 그럼에도 사람들은 공화정치와 독재정치가 서로 반대인 것처럼 생각한다. 이는 잘못된 생각이다. 이런 경우는 민주주의와 공산주의의 관계에서도 마찬가지로 나타나고 있다.

흔히 사람들은 민주주의의 반대 개념으로 공산주의를 생각하곤 한다. 그러나 이 또한 잘못된 생각이다. 민주주의의 반대는 독재며, 공산주의는 그 발생 과정을 볼 때 오히려 민주주의에 가깝다. 본래 공산주의는 사회주의와 맥을 같이하는 것으로서 자본주의와 대립적인 개념이다. 그리고 민주주의와 자본주의를 똑같이 생각하기 쉬운데, 사실상 그렇지 않을뿐더러 민주주의는 자본주의에서만 이루어지는 게 아니다. 역사적인 면에서 보면, 오히려 자본주의보다 사회주의에 더 가까운 개념이 민주주의다. 근현대 역사 발전 과정에서 나타난 사실들을 보면, 다수의 노동자를 착취하는 소수의 자본가를 몰아내고 노동자가 주인인 세상을 건설하려 한 것이 바로 사회주의였기 때문이다.

그러나 사회주의 국가가 건설된 이후 현실 정치에서, 오히려 사회주의 국가가 자본주의 국가보다 독재적인 요소가 더 많았던 사실 또한 부정할 수 없는 엄연한 사실이다. 역사 발전 단계로 보아 사회주의가 자본주의보다 더 민주주의에 가까운 것이었으나 실제 정치에서는 사회주의가 자본주의보다 더 독재에 가까웠다. 결국 어떤 정책이나 주의보다 현실이 더 중요하고, 이론보다는 실제가 더 앞서야 함을 새삼 느낀다. 아무리 생각이 진보적이라 하더라도 실제 행동이 보수적이면 이는 결코 진보적인 게 아니다. 그런 사람보다는 생각은 보수적이지만 행동은 진보적인 사람이 차라리 더 역사적일 수도 있다. 막상 생각은 보수적이지만 행동은 진보적으로 하는 사람은 별로 없겠지만.

역사적 흐름에 거꾸로 가는 것을 '반동(反動)'이라고 한다. 곧 역사적 흐름을 거슬러 가는 자가 바로 '반동분자(反動分子)'이다. 보통 반동이나 반동분자라는 말은 북한을 비롯한 공산주의 국가에서 자주 쓰는 용어로 알기 쉽지만, 실제 반동이라는 말은 역사 용어일 뿐이다. 자본주의의 모순에 대한 대안으로 사회주의가 출현하면서 사회주의자들이 특히 반동이라는 말을 많이 쓰긴 하였지만, 그렇다고 반동이 사회주의의 고유 용어는 아니다. 사회주의가 널리 전파되면서 자본주의자들을 반동이라고 부른 것에 불과하다.

만약 오늘날 민주주의를 반대하는 자가 있다면 이 사람이 바로 반동분자가 되는 셈이다. 왜냐하면 민주주의는 역사 발전 과정에서 지금까지 나타난 정치 체제 가운데 가장 바람직한 제도로 평가받고 있기에 이를 반대하거나 거부하는 것은 역사의 흐름을 거스르는 것이기 때문이다. 역사를 조금이라도 생각하는 사람이라면 혹 역사의 흐름을 찬성하지 않을지라도 최소한 거스르지는 말아야 할 것이다. 모름지기 반동분자가 되어서는 안 될 것이다.

총통(總統)

총통은 일반적으로는 '총괄하여 다스린다.'라는 뜻이며, '총괄하여 다스리는 자'를 가리키는 말이다. 역사적으로는 옛 나치(나치스) 독일의 최고 관직과 중화민국 국가 원수의 칭호나 정부의 최고 관직에 사용된 말이다.

제1차 세계대전 이후 독일은 당시 가장 민주적인 헌법으로 평가되는 바이마르헌법에 따라 1919년 바이마르공화국을 탄생시켰다. 바이마르공화국은 경제적 위기를 회복하고 국제적 지위도 높여나갔지만 1929년에 시작된 세계 경제 공황의 여파로 심각한 경제 위기에 직면하였다. 국민들은 바이마르공화국을 불신하게 되었고, 이러한 상황에서 공산당과 나치가 세력을 확장해나갈 수 있었다.

나치[NAZI: 독일어로 Nationalsozialistische Deutsche Arbeiterpartei(줄여서 NSDAP), 영어로 National Socialist German Workers' Party. 국가사회주의 독일 노동자당 또는 민족사회주의 독일 노동자당] 또는 나치스(나치의 복수형)는 1919년 히틀러(Adolf Hitler)에 의해 성립된 정당으로, 사상적으로는 국수주의와 사회주의를 결합해 대독일 건설을 앞세워 주장하였다. 이러한 나치는 국민들로부터 점차 높은 지지를 받게 됨으로써 1932년 총선거에서 제1의 정당으로 성장하였다. 그리하여 히틀러는 나치의 당수로서 1933년 1월 독일연방의 수상에 취임하였는데, 이렇게 히틀러 내각의 성립으로 바이마르공화국은 막을 내렸다. 또 히틀러는 1934년 8월 힌덴부르크 대통령이 사망하자, 대통령의 권한마저 차지하여 당과 국가 및 군대의 모든 권력을 장악하였다. 즉 당수·정부 수반·국가 원수의 모든 지위를 겸하고 또 국방군 최고 지휘관으로서, 이른바 '총통(Führer)'에 취임하였다. 이로써 독일에서는 제3제국(1934~1945)이 시작되었다.

중국 쌍십절(10. 10.)은 신해혁명(辛亥革命)이 일어난 1911년 10월 10일을 기념하는 날이다. 신해혁명을 성공시킨 혁명군은 1912년 1월 1일 쑨원[孫文

(손문)]을 임시 대총통(大總統)으로 추대하고, 난징[南京(남경)]에서 중화민국(中華民國)의 건국을 선언하여 아시아 최초의 민주공화정을 수립하였다. 이때부터 1924년 11월 돤치루이[段棋瑞]가 임시 집정(執政)에 취임할 때까지 중화민국은 국가 원수의 칭호로 대총통을 사용하였다. 이후 1947년 1월 공포된 중화민국헌법에 따라 국가 원수의 칭호가 총통으로 바뀌었는데, 이 칭호는 지금까지 대만(臺灣: 타이완, 중화민국. 예전에는 중국 또는 자유중국이라고 불렀지만 1992년 중화인민공화국과 국교를 맺은 이후 대만이라 부른다)에서 쓰이고 있다.

대개 총통이라는 말에는 여러 권력이 한 곳으로 집중된 독재자로서의 이미지와 강력한 지도자로서의 이미지가 함께 담겨 있다고 볼 수 있다. 긍정적인 의미와 부정적인 의미가 모두 포함된 말이라는 점에서 총통은 결국 어떻게 사용되느냐에 따라 그 의미가 전혀 달라질 수도 있는 것이다.

총독(總督)

총독이라는 용어는 역사상 많은 나라에서 나타나고 있다. 로마시대의 총독(Proconsul)은 정복지를 주관하기 위하여 파견된 자를 말하며, 중국 명·청 시대의 총독은 성(省)을 다스리기 위하여 중앙에서 파견된 장관을 지칭하였다. 또 근대 일본이 식민지를 통괄하기 위하여 파견한 자를 가리키는 말이기도 하였다.

이처럼 총독이라는 말은 속국이나 식민지, 점령지 또는 지방에 파견되어 그 관할 구역 안의 모든 정무·군무를 통괄하는 일을 맡는 사람에게 쓰였다. 비록 총독이라는 용어를 직접 사용하진 않았지만, 중국 원나라에서는 총독과 같은 역할을 담당하여 고려와 같은 속국에 파견한 자를 다루가치(達魯花赤, darughachi)라 하였다.

수상(首相)/총리(總理)

수상은 일반적으로 우두머리라는 뜻이지만, 정치적으로는 내각의 우두머리를 지칭하는 말로 많이 사용된다. 총리는 '전체를 모두 관리한다.'라는 뜻에서 행정 각부를 총괄하는 자를 지칭하는 말로, 때에 따라서는 수상의 호칭을 대신하는 용어로도 사용된다.

보통 수상 하면 내각제에서의 우두머리인 수상 또는 총리를 가리키지만, 넓은 의미에서 우리나라의 국무총리(國務總理: 대통령을 보좌하고 대통령의 명을 받아 행정 각부를 거느리고 관할하는 지위)나 고구려의 대대로(大對盧)·막리지(莫離支), 백제의 상좌평(上佐平), 신라의 중시(中侍)·시중(侍中), 발해의 대내상(大內相), 고려의 문하시중(門下侍中), 조선의 영의정(領議政) 등도 수상에 해당한다고 볼 수 있다.

이런 수상과 관련지어 생각할 수 있는 용어로, 재상(宰相)과 정승(政丞)이 있다. 재상이라는 말은 그 말이 가리키는 범위 면에서 수상보다 더 넓은 의미로 사용되었다. 즉 수상은 1인을 가리키는 것에 비해, 재상은 관직에서 2품 이상의 벼슬에 해당하는 사람들을 모두 가리키는 말이다.

정승은 조선시대 의정부(議政府)의 대신(大臣)들을 가리키는 말이었는데, 의정부의 삼정승(三政丞)은 영의정(領議政)·좌의정(左議政)·우의정(右議政)으로서, 이 가운데 영의정이 가장 높아 수상에 해당하였다. 그리고 영의정 밑에 좌의정, 그다음이 우의정이었다. 삼정승을 통틀어 상신(相臣)상국(相國), 삼상(三相), 삼사(三事), 삼공(三公), 태정(台鼎) 등으로 부르기도 하였다.

수상은 정치 구조상 최고 권력자는 아니지만, 내각제 아래에서는 최고 실력자에 해당하듯이 경우에 따라서는 최고 권력자로서의 역할을 담당하였다.

수령(首領)

　수령이란 용어는 그 뜻이 '우두머리'라는 점에서 수상과 같이 쓰이지만, 사용되는 조직의 규모에서 차이가 있다. 수상이 국가 공식적인 조직에서 주로 사용된 것에 비해, 수령은 작은 집단이나 사적 조직 같은 어떤 당파나 무리의 우두머리를 가리키는 일반적인 용어로 사용되었다. 수령이 사적인 의미를 함축하면서 국가 조직의 우두머리라는 뜻으로 사용된 경우는 역사에 흔하지 않다. 다만 북한에서와 같이 공산당(노동당)이 국가를 대표하고, 국가를 하나의 가족처럼 생각하여 인민(人民, People: 국가나 사회의 일반 대중을 가리키는데, 오늘날 주로 사회주의 국가에서 사용하고 있으며, 자본주의 국가에서는 시민, 국민이라는 말을 더 사용한다)을 동지 또는 형제로 여겨 국가 조직의 우두머리로 수령이란 용어를 사용하는 경우도 있다. 이 경우 수령은 인민에게 좀 더 친근한 존재며, 인민과 생사고락을 같이하는 존재라는 의미가 강조된 용어라고 여길 수 있다. 그리하여 아버지라는 말과 짝을 이뤄 함께 사용되기도 한다.

　그리고 수령과 비슷하면서 부정적인 시각에서 사용되는 용어로 수괴(首魁)·괴수(魁首)가 있다. 갑오동학농민전쟁을 주도한 전봉준을 잡아 일본인이 심문·판결하면서 전봉준을 '동학당의 괴수(東學魁首)'라고 한 것은 그 대표적인 예이다.

주석(主席)

　주석은 일반적으로 어떤 단체나 합의체(合議體)의 통솔자를 가리키는 말이다. 그러나 역사적인 의미에서는 그리 단순한 용어가 아니다. 주석은 공산주의를 바탕으로 하는 사회주의 국가에서 최고 실력자요, 공산당의 대표로서 모든 권력이 그에게 집중되어 있다.

　사회주의는 자본가들의 착취로부터 노동자가 해방되어 자본가가 없는 평등한 세상을 건설하고자 하였다. 자본가들을 몰아내기 위해서는 노동자들의 당인 공산당이 중심이 되어 계획적이고 조직적으로 투쟁함으로써 가능하다고 믿었다. 따라서 공산당은 노동자의 당이요, 인민의 당이었다. 공산당 간부 또한 인민과 똑같이 노동자에 불과하며, 노동자들을 이끄는 존재일 뿐이었다.

주석도 마찬가지로 간부 가운데 한 사람이요, 인민의 한 사람이었다. 지금까지 역사상에 있었던 수직적 개념의 어떤 지배자나 지도자들과는 달리, 주석은 인민의 벗으로서 인민과 함께하는 수평적 의미의 지도자라고 여겼다. 하여 주석은 여러 가지 자리 가운데 '주(主)된 자리(席)', '중심이 되는 자리'에 불과하였다. 그러면서도 막상 주석에게 권력이 집중되었는데, 이는 사회주의 국가를 영원히 유지하기 위해서는 공산당을 유일당(唯一黨: 하나뿐인 당)으로 하면서 노동자들의 강력한 지지와 함께 주석에게 권력을 집중시켜야 한다고 생각하였기 때문이며, 주석에게 권력을 집중시키는 것은 노동자들에게 권력을 집중하는 것으로 보았기 때문이다. 이런 점에서 주석은 '주인의 자리', '주장의 자리'라는 뜻으로 해석할 수도 있을 것이다.

이런 주석의 칭호는 중국공산당이 중화민국 국민당을 물리치고 1949년 10월 1일 중국[中國: 중화인민공화국(中華人民共和國)의 준말, 예전에는 중공(中共)이라고 부르기도 하였다]을 건설하면서 사용되었으며, 중국공산당의 영향을 받은 북한 또한 주석이라는 칭호를 사용하였다.

옛 소련[蘇聯: 원래 이름은 소비에트사회주의공화국연방(Union of Soviet Socialist Republic), 줄여서 USSR]에서는 서기장(書記長)에게 권력이 집중되었다. 서기장이라는 말에는 '심부름꾼의 대표'라는 수평적 의미가 담겨 있다고 볼 수 있다.

그러나 수평적 의미의 주석이나 서기장이 실제 현실 정치에서 원래의 뜻과는 달리 독재 권력을 행사하는 경우가 많았다. 이 경우 주(主)라는 말을 주인·임금이라는 뜻으로 해석할 수 있다. 이렇게 해석하면 주석은 '주된 자리' 이외에 '주인의 자리', '임금의 자리'라는 뜻이 되어, 주석은 곧 절대 지배자처럼 군림할 수 있는 이가 된다. 단순히 우연이라고 지나치기에는 너무할 정도로 현실과 해석이 일치한다.

술탄(Sultan), 칼리프(Caliph)

술탄은 아라비아어로, '왕'이라는 뜻으로 사용되었던 용어인데, 이슬람교의 최고 권위자인 칼리프가 수여한 '정치적 지배자'를 가리키는 말이다. 술탄은 본래 『코란』에서 '종교적으로 중요한 증표 또는 권위'라는 뜻으로 사용되는 비인격적인 것이었는데, 후에 특정 지역을 지배하는 자의 칭호로 바뀌었다. 현재 북아프리카에서 인도네시아에 이르는 이슬람 국가에서 토호(土豪)나 소군주(小君主)가 정치적 지배자로서 이 칭호를 사용하고 있으며, 이란에서는 지방 지사(知事)의 칭호로 사용하고 있다.

7세기 초 서아시아 지역은 무함마드[Muhammad: 모하메드(Mohammed), 영어식 발음으로는 마호메트(Mahomet)]의 출현과 이슬람교를 내세운 성전[聖典, 지하드(Jihad)]으로 아라비아반도가 통일되었다. 종교 및 정치를 모두 주관하던 마호메트가 632년 죽자, '마호메트의 후계자', '마호메트의 대행자'를 뜻하는 칼리프가 대신하여 정치와 종교를 총괄하였다.

칼리프는 계속 성전을 추진하여 6세기 중엽에는 아프리카에서 중앙아시아에 걸치는 광대한 이슬람제국을 건설하였다. 8세기 중엽 이슬람제국은 동·서로 분열하였으며, 이 가운데 동칼리프인 아바스왕조가 이슬람제국을 대신하였는데, 9세기 후반부터는 쇠퇴와 더불어 칼리프의 권위도 떨어졌다. 특히 셀주크투르크(셀루크튀르크)족에 의해 수도 바그다드까지 점령(1055) 당하게 되면서 셀주크투르크는 칼리프로부터 통치권을 넘겨받아 '술탄'이라는 칭호를 얻게 되었다. 이제 칼리프는 종교의 상징적 존재에 불과하였으며, 정치는 술탄에 의해 이루어졌다. 아바스왕조는 셀주크투르크의 지배 아래 명맥만 유지하다가 1258년 몽골의 침입으로 멸망하였는데, 칼리프의 권위는 이집트에 남아 있을 뿐이었다.

서아시아 지역은 몽골의 지배 이후, 14세기 후반 티무르제국의 지배를 받았으며, 16세기에는 다시 오스만투르크(오스만튀르크)제국의 지배를 받게 되었다. 오스만튀르크는 1517년 이집트까지 점령하면서 이집트가 보유하였던 칼리프의 지위를 차지하여 술탄이 칼리프까지 겸하는 '술탄-칼리프' 제도를 확립하였다.

결국 칼리프나 술탄-칼리프는 종교와 정치를 겸한 제정일치(祭政一致) 사회의 면모를 알 수 있는 용어이고, 술탄은 정교분리(政敎分離: 정치와 종교가 분리) 사회에서 단순히 정치적 지배자를 뜻하는 용어라고 할 수 있다.

칸(Khan, 汗)

칸은 간(干), 한(汗·韓·旱·馯)과 함께 통용되는 말이다. 간과 한은 우리말로 '크다.', '큰사람', '족장', '군장'의 뜻으로, 신라의 거서간(居西干)·마립간(麻立干)의 예처럼 고대 부족사회의 족장이나 국왕을 가리키는 용어로 사용되었다. 또 동북아시아 민족 사이에서 군주를 가리키는 용어로도 사용되었다.

몽골의 경우, 부족장 회의인 쿠릴타이(Khuriltai)에서 선출한 그들의 지배자를 칸이라 하였다. 칭기즈칸[成吉思汗, Chingiz Kha 또는 칭기스칸(Chinggis Khan), 원래 이름은 테무친(鐵木眞)]은 '절대적인 힘'이라는 뜻의 '칭기즈'와 지배자를 뜻하는 '칸'이 합해져, '절대적인 힘을 지닌 지배자'를 뜻하는 칭호다. 즉 몽골족을 하나로 통일할 '칸 중의 칸', 이른바 황제를 뜻하는 칭호다. 또는 칸 자체가 황제라는 뜻으로 사용되어 칭기즈칸을 '위대한 황제'로 해석하기도 한다.

좀 엉뚱한 질문을 하나 해보자. 몽골족을 통일한 사람의 이름은? 하고 물으면 대다수 사람은 칭기즈칸이라고 대답한다. 이는 엄밀히 말해 잘못된 대답이다. 왜냐하면 칭기즈칸은 하나의 칭호이지 사람 이름이 아니기 때문이다. 칭기즈칸의 원래 이름은 테무친(鐵木眞, Temujin)일 뿐이다. 따라서 칭기즈칸이 아니라 테무친으로 대답하여야 맞을 것이다.

여하튼, 칸은 차르와 마찬가지로 황제에 버금가는 용어이고, 칭기즈칸은 서양의 아우구스투스와 비견할 수 있는 칭호로 볼 수 있다.

쇼군(將軍)

쇼군은 '세이이 다이쇼군(征夷大將軍)'을 간단히 부르는 말이다. 전설에 의하면, 일본은 BC 660년부터 천황제(天皇制)가 성립되었다고 한다. 그러나 실제 정부 형태가 꾸려진 것은 6세기 말, 7세기 초(4세기 중엽으로 보는 견해도 있다)에 성립된 야마토조정[大和朝廷(대화조정)]으로 보고 있다.

야마토 정권은 야마토 지역[현 나라현(奈良縣) 지역: 이후 수도가 여러 번 바뀌었다] 호족들이 세운 정권으로, 천황 중심의 중앙집권적 정치 형태를 갖추고 있었는데, 특히 645년 다이카개신[大化改新(대화개신)]을 통해 천황 중심의 유교적 중앙집권제가 확립되었다. 이후 8세기 수도가 나라에 있던 시대를 나라시대(710~794), 수도가 헤이안[平安, 현 교토(京都)]에 있던 시대를 헤이안시대(794~1185)라 하는데, 이 두 시기를 거치는 동안 호족들은 귀족화되었다. 더불어 귀족들의 세력이 점차 성장하여 천황은 허수아비에 불과하게 되었다. 또한 귀족 가문(家門) 간의 싸움으로 귀족들은 봉건제를 바탕으로 하는 지방 호족들을 무인(사무라이)으로 삼아 거느리게 되었다. 나중에는 사무라이 세력이 크게 성장하여 귀족 세력을 능가하게 되었는데, 사무라이 세력 가운데 대표적인 두 가문이 다투게 되어 최후에 미나모토 가문이 승리하였다.

미나모토 요리모토는 천황으로부터 '세이이 다이쇼군'이란 칭호를 받았다. 줄여서 '쇼군'이라고 한 이 칭호는 군대 지휘를 포함하여 모든 권력을 천황으로부터 위임받은 절대적 지배자를 지칭하는 말이 되었다.
　쇼군의 등장으로 천황은 이름뿐, 실제 권력은 쇼군에 의해 좌지우지되었다. 이때부터 쇼군을 중심으로 하는 막부시대(1192~1867)가 전개되었다. 막부시대 말기 미국에 의해 강제로 개항된 일본은 존왕양이(尊王攘夷)를 내세운 급진적 귀족들과 하급 무사들에 의해 막부 체제가 무너지고 1867년 왕정복고(王政復古)가 이루어졌다. 이어 1868년 메이지유신[明治維新(명치유신)]을 통해 천황 중심의 근대적인 중앙집권적 통치 체제(동양적 입헌군주제)가 확립되었다.
　쇼군은 그 지위로 보아 최고 권력자는 아니지만, 최고 권력자보다도 더 막강한 실력을 행사하였던 군인이었다. 현재 내각제를 운용하고 있는 일본에서 총리가 천황보다 실권을 더 장악하고 있는 점은 예전의 쇼군과 일맥상통하는 면이 있다고 볼 수 있다.

[종교 관련]　　파라오　칼리프　술탄-칼리프
[황제 관련]　　아우구스투스　카이사르(시저)　차르　칸·간　천자·천황
[공화정관련]　　집정관　원수　통령　대통령
[공산당 관련]　　주석　서기장　수령
[식민지 관련]　　총독　다루가치
[실권자 관련]　　수상·총리　쇼군
[　기　타　]　　술탄　주군　총재　총통

대한민국 역사상식 4

양귀비와 장희빈의 이름은 귀비와 희빈일까?

왕실 여인의 이름에 대하여

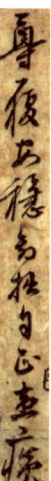

고조선이라는 나라는 애당초 존재하지도 않았다

어리석은 질문부터 해보자. 우리나라에 고조선이라는 나라가 존재했을까? 또 양귀비나 장희빈의 이름은 귀비와 희빈일까? 누가 들어도 질문 같지 않은 질문이라고 할 것이다. 그러나 쉽게 생각할 것만도 아니다. 왜냐하면 우리가 사용하고 있는 말 가운데에는 실제 잘못된 말인데도 그냥 사용하고 있는 것들이 많기 때문이다.

결론부터 말하면, 우리나라 역사에서 고조선이란 나라는 애당초 존재하지 않았다는 것이다. 왜냐하면 '조선'이라는 나라가 존재했지, '고조선'이라는 나라가 실제 존재한 것은 아니기 때문이다. 고조선이라는 말은 우리가 쉽게 구별하기 위해 만든 말에 불과하다. 한사군(漢四郡)이란 용어만 해도 그렇다. 실제 한사군이라는 나라가 따로 있었던 것은 아니다. 중국 한(漢)나라가 조선을 정벌하고 그 지역에 4개의 군(郡)을 세웠는데, 그 4개의 군을 편의상 '한사군'이라고 부르는 것일 뿐이다.

우리나라에는 '조선(朝鮮)'이라는 나라가 세 번 있었다. 기원전 2333년 단군왕검(檀君王儉)이 평양성에 세운 '조선'과, 쿠데타를 통해 마침내 1392년 왕위에 오른 이성계(李成桂)에 의해 세워진 '조선', 그리고 1948년 9월 9일 김일성(金日成)을 주석으로 하여 세워진 조선민주주의인민공화국의 '조선'이 그것이다.

흔히 고조선을 이성계가 세운 조선과 구분하여 그리 붙여진 용어로 알고 있지만, 사실은 이성계의 조선이 아니라 위만조선과 구별하면서 붙여진 이름이다. 고조선이란 말은 문헌상 『삼국유사』「기이편(紀異篇)」에 처음 등장하는데, 단군이 세운 조선은 위만이 세운 조선과 비교하여 '앞서 세워진 조선'이므로 '그전에 있었던 조선'이라는 뜻에서 '고(古)조선'이라 하였다. 즉 단군의 조선을 '고조선 또는 왕검조선', 위만의 조선을 '위만조선'으로 구별하였다(기자조선에 대해서는 언급하지 않고 있다). 이렇게 고조선이란 용어는 이성계의 조선이 세워지기 이전부터 사용되었다.

이성계는 1392년 7월 17일 왕위에 오른 이후 중국 명(明)나라에 사신을 보내 이 땅에 새 왕조가 열렸음을 알리고, 또 명나라 황제에게 '조선'과 '화령(和寧)' 두 개의 이름을 올려 그 가운데 나라 이름으로 적당한 것을 골라달라고 하였다. 화령은 이성계의 고향인 함경도 영흥(永興)의 다른 이름이고, 조선은 우리나라 최초의 국가인 단군이 세운 조선[고조선, 왕검조선, 단군조선]에서 따온 것이라 이를 중국에 올렸던 것이다. 명나라의 입장에서 화령은 조선의 땅 이름이라 별로였다. 문제는 조선이라는 말이었는데, 명나라는 조선을 단군조선으로 보지 않고 중국인이라고 여긴 기자(箕子)가 세웠다는 조선[기자조선]을 생각하여 조선을 선택하였다. 여하간 단군조선에 뿌리를 두었든, 기자조선에 뿌리를 두었든 간에 명나라가 '화령'과 '조선' 가운데 '조선'을 선택하자, 이성계가 세운 나라는 1393년 2월 15일 나라 이름을 조선이라 하였다.

위만조선과 구분하기 위해 사용한 고조선을 그대로 사용, 고조선과 이성계가 세운 조선을 비교해도 쉽게 구분되었다. 즉 단군이 세운 조선은 '고조선', 이성계가 세운 조선은 그냥 '조선'으로 하면 쉽게 구분할 수 있었다. 그런데 일제강점기 일본은 이성계에 의해 건국된 조선을 그냥 조선이라고 하지 않고 '이씨조선'이라고 하기도 하였는데, 이는 일본인들이 우리 민족의 역사를 무시하는 측면에서 조선을 '이씨의 조선에 불과하다.'라는 의도에서 그렇게 불렀다고 한다.

지금까지 조선이라고 하든, 이씨조선이라고 하든지 별문제가 없었지만, 북한의 조선이 세워져 현재 3개의 조선이 존재하고 있는 이상 새롭게 정리할 필요가 있다. 그러나 북한의 조선에 대해서는 아직 공식적으로 정리된 바가 없으며, 심지어 남한에서는 북한의 조선에 대해 염두에 두고 있지도 않다. 더욱이 남북이 국제연합(UN)에 동시에 가입하고 남북정상회담까지 한 오늘날까지도 북한의 조선을 인정하지 않으려는 경향마저 있다. 이런 까닭에 북한의 조선에 대해 섣불리 말하기 곤란한 점이 있다. 그렇다고 역사적 사실을 유보할 수만 없으니 고민이라면 고민이다. 다만 이 3개의 조선을 고조선-조선-북조선 또는 고조선-조선-사회주의조선, 고조선-조선-공산조선, 고조선-이씨조선-북조선, 단군조선-이씨조선-김씨조선 등으로 구분해볼 수도 있다. 이 또한 공식적인 것은 아니다. 앞으로 3개의 조선에 대해 재삼 생각해보아야 할 것이다. 통일을 염두에 두고 사는 사람이라면 당연히 이 용어 문제도 함께 고민해볼 필요가 있을 것이다.

중국 당(唐)나라 현종(玄宗) 이융기(李隆基)와의 사랑으로 유명한 양귀비의 본명은 양옥환(梁玉環: 719~756)이다. 양옥환의 아버지는 지방에 근무하던 하급관리였는데, 아들은 한 명도 없이 양옥환을 비롯한 딸 넷만 낳았다. 양옥환이 어렸을 때 아버지가 죽자 양옥환은 삼촌의 밑에서 자랐다. 삼촌의 양녀(養女)로 들어가 자라던 양옥환은 노래와 춤에 능하고 미모가 출중하여 16세의 나이에 현종의 열여덟 번째 아들인 수왕(壽王) 이모(李瑁)의 아내가 되었다. 즉 현종의 며느리가 되었다. 그런데 환관의 소개로 그녀를 만난 현종은 그녀에게 반해 그녀를 빼앗기 위해 그녀를 도가(道家)에 출가시켜 태진(太眞)이라는 도호[道號: 법명(法名)]를 받게 한다. 또 궁 안에 도교사원 태진궁(太眞宮)을 짓고 다시 이곳을 관리하는 여관(女冠)으로 불러들인다. 이때 양귀비의 나이 22세, 현종은 57세였다.

현종의 총애를 받던 양태진은 그 지위가 상승하여 27세에 황후(皇后) 다음의 지위에 해당하는 귀비(貴妃)에 봉해졌다. '개원(開元)의 치(治)'라는 칭송을 받으며 중국 역사상 몇 안 되는 태평성세를 이룩하였던 현종은 양귀비를 맞으면서 사랑에 눈이 멀어 정치는 관심 밖의 일이 되었다. 이럴수록 양귀비를 중심으로 하는 외척과 환관이나 탐관오리가 득세하면서 부정부패가 만연하고, 백성들의 삶은 급속히 몰락하여 민심은 흉흉해지는 등 당나라는 점점 힘을 잃어갔다. 백성들로부터 원성을 산 양귀비는 결국 안녹산[또는 안록산(安祿山)]의 난을 계기로 38세의 나이에 죽음을 당하게 된다.

양귀비는 이름이 아니다. 양옥환이 귀비에 오르자 이에 양귀비라고 부른 것이다. 즉 양귀비는 양씨인 귀비로, 귀비는 사람의 이름이 아니라, 지위에 해당하는 이름일 뿐이다. 따라서 양귀비는 양옥환 말고 또 있을 수 있는 이름이다.

장희빈의 희빈(禧嬪)도 사람의 이름이 아니라, 지위에 해당하는 호칭이다. 우리가 흔히 알고 있는 장희빈은 숙종의 빈(嬪)으로, 본명은 장옥정(張玉貞: 1659~1701)이다. 그녀의 정확한 출생일은 알 수 없으나, 아버지는 역관(譯官: 통역관) 출신인 장형(張炯)이다. 비록 중인의 집안에서 태어났으나 어머니가 여종이었기 때문에 천인(賤人)의 신분이었다. 장옥정은 어릴 때 아버지가 사망하여 역관인 삼촌 장현(張炫)의 집에서 성장하였다. 역관을 하면서 무역으로 많은 재산을 모은 장현이 경신환국[庚申換局: 숙종 6년(1680) 경신년에 남인 세력이 대거 축출되고 서인 세력이 대폭 등용된 사건]에 휘말려 죽은 이후 가세가 기울자, 옥정은 어머니의 정부(情夫: 정을 나누는 남자) 조사석(趙師錫)과 동평군(東平君)의 주선과 함께 당시 서인 세력과 권력 투쟁을 벌이던 남인 세력의 추천으로 궁녀가 되었다. 궁에 들어간 장옥정은 남인의 후견자인 자의대비 조씨[慈懿大妃 趙氏: 장렬왕후(莊烈王后), 인조의 계비]를 모시게 되었는데, 이때 옥정은 인경왕후 김씨(仁敬王后 金氏: 숙종의 정비)와 사별한 20세의 청년 숙종(肅宗)과 연을 맺어 총애를 받았다. 하지만 숙종의 어머니로, 서인의 중심인물인 명성왕후 김씨[明聖王后 金氏: 현렬대비(顯烈大妃), 현종의 정비]는 남인이 입궁시킨 궁녀 장옥정을 싫어해 그녀를 궁에서 쫓아내었다.

1683년 현렬대비가 죽자, 자의대비는 숙종과 인현왕후 민씨(仁顯王后 閔氏: 숙종의 1계비)를 설득하여 장옥정을 다시 입궐시켰다. 숙종의 총애를 받은 장옥정은 숙종 12년(1686)에 숙원(淑媛: 내명부 종4품)으로 봉해졌으며, 창경궁의 취선당(就善堂)에 처소를 두었다. 남인인 숙원 장씨는 서인인 인현왕후 민씨(仁顯王后 閔氏)와 대립 관계였는데, 숙원 장씨는 다시 숙종 14년(1688)에 소의(昭儀: 내명부 정2품)로 봉해졌으며, 왕실이 그토록 고대하던 왕자 윤[昀: 경종(景宗)]을 낳았다. 숙종 15년(1689) 왕자 윤을 원자(元子: 아직 왕세자에 책봉되지 아니한 임금의 맏아들)로 책봉하고, 소의 장씨의 품계를 정1품 빈(嬪)으로 승격시켜 희빈(禧嬪)으로 봉하였다. 원자가 세자로 책봉될 것을 염려한 서인 세력은 세자 책봉을 반대하다가 마침내 권력에서 쫓겨나고, 대신 남인 세력이 집권하게 되는데, 이를 기사환국(己巳換局)이라고 한다.

남인의 지지 속에 숙종 16년(1690) 원자는 세자로 책봉되었으며, 희빈 장씨는 폐위된 민비[閔妃: 인현왕후(仁顯王后)]의 뒤를 이어 마침내 왕비의 자리에 올랐다. 그러나 시간이 지나면서 숙종은 민심을 듣고 『사씨남정기』[謝氏南征記: 숙종이 계비 인현왕후를 폐위시키고 희빈 장씨를 왕비로 맞아들이는 데 반대하다가 유배당한 김만중(金萬重)이 흐려진 임금의 마음을 참회시키고자 쓴 한글소설]의 내용 등을 통해 인현왕후 민씨를 폐위한 것을 후회하게 된다. 숙종 20년(1694) 서인 세력이 폐비의 복위 운동을 꾀하다가 고발되었는데, 남인 세력은 이 기회에 서인을 완전히 제거하려고 하였다. 그런데 숙종은 남인을 벌하고 서인(노론)을 등용시켰으며, 왕비 장씨를 희빈으로 강등시키고, 인현왕후를 복위시켰다. 이렇게 다시 남인이 물러나고 서인(노론)이 집권한 것을 갑술환국(甲戌換局)이라고 한다.

1701년 8월에 인현왕후가 사망하였는데, 서인(노론)과 연결된 숙빈 최씨[淑嬪 崔氏: 무수리로 궁궐에 들어와 숙종의 성은을 입어 후궁이 되었으며, 연잉군(延礽君: 영조)을 낳았다. 그리고 인현왕후를 섬기고 희빈 장씨와는 대립하였다]에 의해 희빈이 평소 인현왕후를 저주한 사실이 밝혀진다. 이에 숙종은 희빈에게 사약을 내렸으며, 오빠 장희재(張希載)를 처형하고, 취선당의 궁인(宮人)과 무녀(巫女) 등도 함께 참형에 처하였다. 이 사건을 무고의 옥[巫蠱의 獄, 여기서 무고란 무술(巫術)이나 방술 따위로 남을 저주하는 일을 말한다]이라 한다.

결국 장희빈은 한때 사랑을 독차지했던 왕으로부터 사약을 받아 죽음을 당하였는데, 이때부터 후궁이 왕비로 승격되지 못하게 하는 법이 만들어지기도 하였다. 서인과 남인의 정치적 대립이라는 소용돌이 속에서 궁녀에서 왕비까지 오르며 파란만장한 일생을 보낸 장희빈의 삶은 흔히 TV 연속극이나 영화에 많이 등장하기도 한다.

여하튼, TV 드라마나 영화 같은 것을 보다 보면 희빈·소의·숙원·상궁·무수리 등 궁중 여인과 관련된 용어가 자주 나온다. 이들은 무슨 뜻일까? 그리고 왕대비와 대왕대비는 어떤 차이가 있는지, 또 왕실 여인은 아니지만 널리 알려진 정경부인·부부인 마님은 무슨 뜻인지? 많이 들어 아는 것 같은데, 실상 잘 모르는 용어다. 누가 물어보면 자신 있게 대답할 줄 아는 사람이 그리 많지 않다. 경우에 따라서 역사 선생님에게 물어봐도 선생님마저 정확히 대답하지 못하는 경우가 종종 있다. 그러다 보니 궁금하고 답답할 뿐이다. 그러면 이 이름들을 쉽게 구별할 수 있는 방법은 없을까? '쉽게'라는 말에 딱 맞아떨어질 수는 없겠지만, 궁중 여인들과 관련된 용어들을 찾아 서로 비교해가면서 이해해보면, 이런 용어가 결코 어렵게 느껴지지는 않을 것이다.

조선시대 여인은 그야말로 남자에게 달렸다(?)

조선시대 왕실 여인이나 특수층 여인·사대부 여인들의 지위에 관련된 것으로 내명부(內命婦)와 외명부(外命婦)가 있었다. 내명부 여인의 지위는 왕과 관련되어 그 높고 낮음이 정해졌으며, 외명부 여인도 남편의 지위에 따라 그 지위 고하가 정해졌다. 지위뿐만이 아니라 부르는 이름마저도 남편의 지위에 따라 달랐다. 조선시대 여인들의 지위나 이름은 결국 남자들에게 달렸다고나 할까?

내명부

내명부는 궁중에서 봉직(奉職: 공직에 종사함)하는 여관[女官: 나인. 고려·조선시대에 궁궐 안에서 왕과 왕비를 가까이 모시는 내명부를 통틀어 이르던 말, 비슷한 말로 궁녀(宮女), 궁인(宮人) 등이 있다]으로서 품계가 있는 여인을 총칭하는 말이다.

내명부의 기원은 전제적 왕권이 확립된 삼국시대 이후인데, 궁중 운영을 위한 비(妃)·빈(嬪) 중심의 궁녀 조직이 존재하였다고 한다. 고려 말까지는 비·빈을 비롯한 궁녀 조직이 일정한 규범을 갖지 못하다가, 조선 초에 고려의 내직(內職)제도와 중국의 제도를 참작하여 내명부 제도가 성립되었다. 대체로 조선시대 궁중의 여성조직은 국왕의 배우자로서 품계를 초월한 왕비, 직임을 가진 내명부 그리고 품계가 없는 궁인인 잡역 궁인으로 구성되었는데, 내명부는 품계를 받은 자로서, 위로는 국왕과 왕비를 모시고 궁중 내의 일정한 직임을 맡아보며, 아래로 잡역 궁인을 다스렸다. 이들은 크게 두 계층으로 구분되었는데, 임금의 후궁(後宮)에 해당하는 정1품 빈부터 종4품 숙원(淑媛)까지는 내관(內官)이라 하였으며, 정5품 상궁에서부터 종9품 주변궁(奏變宮)까지는 궁관(宮官)이라 하였다.

조선시대 통치 체제의 기본은 세조(世祖)가 즉위(1455)한 때부터 편찬하기 시작하여 예종(睿宗)을 걸쳐 성종(成宗) 15년(1485)에 완성하여 이듬해부터 반포·시행된 『경국대전(經國大典)』에 의해 정비되었다. 『경국대전』에 따르면,

　왕궁(王宮)에는

　　빈(嬪)　　-정1품　　귀인(貴人)-종1품
　　소의(昭儀)-정2품　　숙의(淑儀)-종2품
　　소용(昭容)-정3품　　숙용(淑容)-종3품
　　소원(昭媛)-정4품　　숙원(淑媛)-종4품

까지가 내관(內官)으로서 이들의 직무는 따로 없었다. 이들 빈 이하 숙원까지는 사실상 임금의 첩으로서 임금의 총애에 따라 그 품계가 오를 수 있었다. 또,

　　상궁(尙宮)-정5품　　상의(尙儀)-정5품
　　상복(尙服)-종5품　　상식(尙食)-종5품
　　상침(尙寢)-정6품　　상공(尙功)-정6품
　　상정(尙正)-종6품　　상기(尙記)-종6품
　　전빈(典賓)-정7품　　전의(典衣)-정7품

전선(典膳)-정7품　　전설(典設)-종7품

전제(典製)-종7품　　전언(典言)-종7품

전찬(典贊)-정8품　　전식(典飾)-정8품

전약(典藥)-정8품　　전등(典燈)-종8품

전채(典彩)-종8품　　전정(典正)-종8품

주궁(奏宮)-정9품　　주상(奏商)-정9품

주각(奏角)-정9품　　주변징(奏變徵)-종9품

주징(奏徵)-종9품　　주우(奏羽)-종9품

주변궁(奏變宮)-종9품

까지가 궁관(宮官)으로서 이들은 맡은 바의 직무가 각각 따로 있었다. 다만 종4품 이상의 품계에는 오르지 못하였다.

그리고 세자궁(世子宮)에는

양제(良娣)-종2품　　양원(良媛)-종3품

승휘(承徽)-종4품　　소훈(昭訓)-종5품

까지가 내관으로서 이들은 직무가 없었으며, 이들 양제 이하 소훈까지는 사실상 세자의 첩으로 세자의 총애에 따라 그 품계가 오를 수 있었다. 또,

수규(守閨)-종6품　　수칙(守則)-종6품

장찬(掌饌)-종7품　　장정(掌正)-종7품

장서(掌書)-종8품　　장봉(掌縫)-종8품

장장(掌藏)-종9품　　장식(掌食)-종9품

장의(掌醫)-종9품

까지가 궁관으로서 이들은 맡은바 자기의 직무가 따로 있었고, 종5품 이상의 품계에는 오르지 못하였다.

이와 같은 내명부의 많은 인원을 총 지휘·감독하는 권한은 중전(中殿)인 왕비에게 있었다.

외명부

외명부는 조선시대 특수층의 여인과 봉작을 받은 일반 사대부의 여인을 통칭하는 말이다. 즉 종친의 처와 딸, 문무관의 처로서 남편의 지위에 따라 봉작을 받은 사람을 가리키는 말이다. 특수층의 여인은 왕실의 정1품인 빈부터 종9품 주변궁까지의 내명부를 제외한 왕의 유모(乳母), 왕비의 모(母), 왕녀(王女: 왕의 딸)·왕세자녀(王世子女: 왕세자의 딸)를 가리키며, 일반 사대부 여인은 종친의 처와 문무백관(文武百官: 나라의 정사를 맡아보는 문관과 무관의 벼슬아치를 통틀어서 가리키는 말)의 처 등을 말한다.

외명부는 대전유모[大殿乳母: 임금의 유모를 말하며, 이들은 외명부 가운데 종1품에 해당하는 봉보부인(奉保夫人)의 봉작을 받았다]와 같이 자신의 공로에 의하여 봉작을 받기도 하였으나, 대부분 아버지와 남편의 신분 및 관직에 따라 그에 맞는 봉작을 받았다. 『경국대전』에 나오는 외명부의 품계를 보면,

왕궁(王宮)은

공주(公主)[왕 정실부인의 딸]		-품계가 없음
옹주(翁主)[왕 후궁의 딸]		-품계가 없음
부부인(府夫人)[왕비의 어머니]		-정1품
봉보부인(奉保夫人)[임금의 유모]		-종1품
군주(郡主)[왕세자 정실부인의 딸]		-정2품
현주(縣主)[왕세자 후궁의 딸]		-정3품

등으로 구별되었으며,

종친(宗親)의 처와 문무관(文武官)의 처는

부부인(府夫人)[대군의 처]	정경부인(貞敬夫人)	-정1품
군부인(君夫人)[군의 처]	정경부인(貞敬夫人)	-정1품·종1품
현부인(縣夫人)	정부인(貞夫人)	-정2품·종2품
신부인(愼夫人)	숙부인(淑夫人)	-정3품 당상관

신인(愼人)	숙인(淑人)	-정3품 당하관
〃	〃	-종3품
혜인(惠人)	영인(令人)	-정4품·종4품
인(溫人)	공인(恭人)	-정5품·종5품
순인(順人)	의인(宜人)	-정6품·종6품
	안인(安人)	-정7품·종7품
	단인(端人)	-정8품·종8품
	유인(孺人)	-정9품·종9품

으로 구별되었다. 가령 남편이 정2품 종친인 경우, 그 부인은 현부인에 해당하는 지위와 칭호를 받았으며, 정2품 일반 관리인 경우는 정부인이란 지위와 칭호를 받았다. 특히 부인(夫人: 남의 아내를 높여 이르는 말. 고대 중국에서 천자 또는 제후의 아내를 이르던 말. 예전에 사대부 집안의 남자가 자기 아내를 이르던 말)의 지위나 칭호는 적어도 남편이 정3품 당상관 이상의 지위에 있는 부인(婦人: 결혼한 여자)에게 주어진 이름이었다.

여기에서 당상관(堂上官)은 조선시대 관계(官階: 벼슬 또는 벼슬아치의 등급)에서 보통 정1품 이하 정3품 이상의 품계에 해당하였는데, 문반[文班: 동반(東班)]은 정1품 대광보국숭록대부(大匡輔國崇祿大夫)·상보국숭록대부(上輔國崇祿大夫)·보국숭록대부(輔國崇祿大夫)부터 정3품인 통정대부(通政大夫), 무반[武班: 서반(西班)]은 정3품인 절충장군(折衝將軍: 무반이 오를 수 있는 가장 높은 품계는 절충장군이었다. 그 이상은 무관일지라도 문관에 해당하는 품계를 받았다), 종친은 정1품 수록대부(綏祿大夫)·성록대부(成祿大夫)부터 정3품인 명선대부(明善大夫) 이상이었다. 그리고 당하관(堂下官)은 보통 정3품·종3품 이하 정9품까지 해당하는 품계로, 문관은 정3품인 통훈대부(通訓大夫)·종3품인 중직대부(中直大夫) 이하 종9품인 장사랑(將仕郎)까지, 무관은 정3품인 어모장군(禦侮將軍)·종3품인 건공장군(建功將軍) 이하 종9품인 전력부위(展力副尉)까지, 종친은 정3

품인 창선대부(彰善大夫)·종3품인 보신대부(保信大夫) 이하 정6품 집순랑(執順郎)·종순랑(從順郎: 종친은 종6품이 가장 낮은 품계였다)까지였다. 보통 당상관은 정3품 이상, 당하관은 종3품 이하지만, 정확하게는 정3품이 둘로 나뉘어 정3품의 통정대부·절충장군·명선대부 이상이 당상관, 정3품의 통훈대부·어모장군·창선대부 이하가 당하관에 해당하였다.

외명부는 왕비의 어머니나 왕세자의 딸 및 2품 이상인 사람의 부인은 '천안 전씨 부부인(天安 全氏 府夫人)'의 예처럼 모두 읍호(邑號)를 사용하였다. 그리고 첩의 소생이나 남편이 살아 있을 때에 개가(改嫁: 다시 시집감)한 여자는 봉작하지 않았으며, 남편이 죽은 뒤에 개가한 여자는 이미 준 봉작을 박탈하였다. 조선시대 여자는 오로지 남편의 지위에 따라 그 지위가 정해지고, 남자의 지위고하에 따라 그 호칭마저 달랐다. 한마디로 남자가 누구냐에 따라 여자 팔자가 달라졌다.

성춘향(成春香)은 『춘향전(春香傳)』의 여주인공으로 널리 알려진 인물이다. 암행어사 이몽룡이 변(卞) 사또로부터 성춘향을 구한 후, 춘향과 함께 서울로 올라가 살았는데, 왕은 이들에 대한 이야기를 모두 살핀 뒤에 이들을 크게 칭찬하고 즉시 이몽룡을 이조참의 겸 대사성에, 춘향을 정렬부인(貞烈夫人)에 봉하였다고 한다. 이 정렬부인이란 용어는 남편의 직위에 따라 받은 것이 아니라 자신의 행실이나 능력에 따라 받은 것이었다. 정렬부인은 정조와 지조를 굳게 지킨 부인에게 내리던 칭호이다. 그러나 춘향은 정렬부인이라는 칭호만 받은 것은 아니었다. 남편의 위치에 따라 거기에 걸맞은 외명부 칭호를 받았다. 비록 『춘향전』 마지막 구절에도 춘향이 정경부인(貞敬夫人)이 되었다는 내용은 나오지 않지만, 춘향이 정경부인의 칭호를 받았음을 충분히 짐작할 수 있다. 왜냐하면 『춘향전』에 "어사또는 호조판서, 좌의정, 우의정, 영의정을 다 지내고 벼슬에서 물러나 정렬부인과 더불어 백년해로하였다. 자녀는 삼남 이녀를 두었는데, 모두 총명하여 대대로 일품 벼슬에 이르렀다."라는 내용으로 보아 이몽룡이 정1품 벼슬인 우상(右相)·좌상(左相)·영상(領相)의 지위에까지 올랐으므로 춘향도 그에 해당하는 정경부인에 봉해졌음은 당연한 사실이기 때문이다.

왕실 여인의 이름조차 남편에 따라 달랐다

조선시대 왕과 혈연적 관계가 있거나 또는 벼슬아치와 관련 있는 여인들은 내명부와 외명부에 의해 그 지위와 호칭이 달리 주어졌지만, 조선시대만 그런 것은 아니었다. 조선시대 이전에도 왕의 부인이나 종친을 부르는 이름은 그 지위에 따라 달랐으며, 왕의 딸을 부르는 이름도 그 출신에 따라 달랐다. 이외의 여인들도 마찬가지였다.

왕의 부인

정궁(正宮)은 왕의 정실부인(正室婦人)이 거처하는 곳을 가리키는 말이다. 또 왕의 정실부인을 직접 지칭하는 말이기도 하다. 왕의 정실부인은 왕의 본부인(本婦人)으로, 왕비(王妃), 왕후(王后), 국모(國母) 등으로 불리었으며, 품계는 따로 없이 내명부를 총괄하는 최고의 위치에 있었다. 그리고 왕비로는 정비(正妃)·계비(繼妃)가 있었는데, 정비는 왕의 첫 번째 왕비를 말하고, 두 번째 왕비부터는 계비라 하였다. 계비가 여럿이면 1계비, 2계비, 3계비…… 로 구분하여 사용하기도 하였다. 정비와 계비로 구분하지 않고 그냥 왕후로만 사용할 때는 1왕후, 2왕후, 3왕후…… 식으로 구별하기도 하였는데, 이때 제1계비는 제2왕후에 해당하였다. 보통 정비가 사망하거나 잘못을 저질러 폐비되어 쫓겨나면 정실부인을 다시 맞이하여 계비가 왕비로서의 역할을 담당하였는데, 꼭 정비가 죽거나 폐비되어야 계비를 두는 것은 아니었다. 태조 왕건의 경우처럼 정실부인 여러 명이 함께 있었던 것으로 보아, 왕은 정비가 살아 있어도 또 따른 정실부인을 여럿 두기도 하였다. 왕은 계비 이외에도 후궁을 더 두곤 하였는데, 이런 점에서 왕의 정실부인인 계비는 후궁과는 달랐다.

후궁(後宮)은 왕의 첩(妾)에 해당하는 여자로, 왕의 정실부인이 아닌 후실부인(後室婦人)을 가리키는 말이다. 또한 왕실 여인들이 거처하는 궁전을 가리키는 말이기도 하다. 일반적으로 첩은 '정식 아내 외에 데리고 사는 여자'를 뜻하는 말로, '뒤에 맞은 아내'를 뜻하는 말인 후처(後妻)와 서로 다른 말이나, 때에 따라서는 후처를 첩으로 사용하기도 한다. 그리고 예전에는 결혼한 여자가 윗사람을 상대하여 자신을 낮추어 말할 때 '첩'이라고 하였으며, 또 여자가 임금을 상대하여 자신을 낮추어 말할 때는 '신첩(臣妾)'이라고 하였다.

우리나라의 경우, 왕의 후궁에 관한 기록은 고려시대 초부터 보인다. 고려 태조가 정주 유씨(貞州 柳氏)·충주 유씨(忠州 柳氏)·평산 박씨(平山 朴氏) 등 총 29명의 부인을 두었다는 것이 그 예이다. 이 29명에는 1왕후 외에 왕후의 칭호를 받은 비(妃)가 5명이나 되어 왕후가 총 6명[신혜왕후 유씨(神惠王后)·장화왕후 오씨(莊和王后)·신명순성왕후 유씨(神明順成王后)·신정왕후 황보씨(神靜王后)·신성왕후 김씨(神成王后)·정덕왕후 유씨(貞德王后)]이었으며, 그 밖에 후궁이 23명[헌목대부인 평씨(獻穆大夫人)·정목부인 왕씨(貞穆夫人)·동산원부인 박씨(東山院夫人)·성무부인 박씨(聖茂夫人) 등등]이었다고 한다. 당시 후궁에 대한 호칭은 중국과 대등하게 왕의 본부인을 왕후(王后)라 하고, 후궁은 부인(夫人)이라 이름 하였는데, 후궁인 부인에게는 정1품의 품계와 함께 귀비(貴妃)·숙비(淑妃)·덕비(德妃)·현비(賢妃) 등의 호칭이 따로 주어졌다.

조선시대에 들어와서는 왕의 본처(本妻)에 대한 호칭은 고려시대 후(后)에서 비(妃)로 격하되었다. 중국 천자에 대한 예를 갖추기 위함이었다. 조선시대 후궁은 내명부에 따라 정1품 빈에서 종4품 숙원까지 그 호칭과 품계가 각각 정해져 비교적 엄격히 시행되었다. 즉,

   빈(嬪) -정1품 귀인(貴人)-종1품
   소의(昭儀)-정2품 숙의(淑儀)-종2품
   소용(昭容)-정3품 숙용(淑容)-종3품
   소원(昭媛)-정4품 숙원(淑媛)-종4품

으로 후궁이 구별되었다.

 광무 1년(1897), 고종은 황제로 즉위하면서 후궁에 관한 명칭을 다시 귀비(貴妃)·귀빈(貴嬪)·귀인(貴人) 등으로 바꿔 중국과 대등한 위치에 서고자 하였다.

 빈(嬪)은 조선시대 내명부의 정1품 여관(女官)으로서 후궁 가운데 가장 높은 지위에 해당하였다. 즉 비(妃) 아래 가장 높은 여인의 지위였다. 만약 빈이 다시 비로 책봉되면 품계는 없어졌다. 또한 빈은 왕세자의 정부인(正夫人)을 가리키는 말이기도 하였다.

 조선시대 후궁으로 유명한 장희빈(張禧嬪)은 성이 '장'씨로서 '희빈'에 봉해진 것인데, '희빈'은 '빈'에 해당하는 것이다. 만약 후궁 가운데 빈에 봉해진 여인이 여럿이 있다면 왕은 그 각각의 여인들에게 맞는 이름을 지었다. 즉 희빈·선빈(善嬪)·애빈(愛嬪)·숙빈(淑嬪)…… 등, 그 여인의 특징을 살펴 착한 빈이면 선빈, 어진 빈이면 현빈(賢賓), 'ㅇ빈', 'ㅇ빈'…… 등으로 봉작하였다. 중국은 황후(皇后) 밑에 비(妃)가 있으므로 이 비가 우리나라의 빈에 해당한다고 볼 수 있는데, 비(妃) 또한 귀비(貴妃)·선비(善妃)·영비(影妃)·숙비(淑妃)…… 등으로 이름 지었다. 비 가운데 귀비가 가장 높은 지위에 해당하였는데, 황후 바로 밑에 해당하는 지위가 귀비였다.

 그리고 빈이 거처하는 곳을 빈궁(嬪宮)이라 하였는데, 빈궁은 사람을 가리키는 말로도 쓰었다. 이 경우 직접 부를 때는 '빈궁마마'라고 하였다.

비(妃) : 왕의 정실부인(정비·계비, 정궁)　　[황제] : 후(后)

빈(嬪) : 왕의 후실부인(왕의 첩, 후궁)　　　　　 : 비(妃)

왕의 며느리(빈궁)

　후궁이 되는 방법에는 간택(揀擇)을 받거나 승은(承恩)을 입는 두 가지 방법이 있었다. 간택은 양반 가문의 여식(女息: 여자로 태어난 자식. 딸) 가운데 왕실에서 정식 절차를 밟아서 뽑는 것을 말하며, 승은은 궁녀가 임금의 총애(寵愛: 남달리 귀여워하고 사랑함)를 받아 임금을 밤에 모시는 것을 말한다. 일반적으로 승은은 신하가 임금에게서 특별한 은혜를 받는 것을 뜻하는 말로, 성은(聖恩)이라고도 한다.

　간택을 받거나 성은을 입으면 첩지를 받게 되는데, 첩지('疊紙'·'疊地'라고 쓰기도 하지만, '첩지'는 한자어라기보다 우리말로 파악된다)는 조선시대 왕비를 비롯한 내외명부(內外命婦) 여인들이 머리 위에 치장하던 장신구이다. 첩지는 그 지위에 따라 용(황후), 봉황(대비·왕비·세자빈 등), 개구리(상궁·정경부인·정부인 등) 등과 같은 모양이나 만든 재료, 색깔 등으로 구별(용첩지·봉첩지·개구리첩지·금첩지·은첩지……)되었는데, 이것은 곧 내외명부의 직위를 알려주는 계급장과 같은 것이었다. 한편 동음이의어인 첩지(牒紙 *영수증이라는 뜻으로 쓰일 때는 '帖紙')도 있는데, 첩지(牒紙)는 조선시대 관리 임명장을 뜻하는 말이다. 첩(牒)은 '글씨를 쓴 나무 조각'이라는 뜻으로, 관아(官衙: 관공서, 관청)에서 이속(吏屬: 조선시대 각 관아의 '벼슬아치' 밑에서 일을 보던 사람인 '구실아치'. 아전(衙前)이라고도 한다)을 채용할 때 쓰는 임명장이나 관청끼리 주고받던 공문을 가리킨다. 첩지는 공문서인 만큼 일반 문장과는 달리 일정한 양식이 정해져 있어서 문장에 변화가 없었다. 그래서 첩지는 문장으로 취급되지 않았으며, 문집에 등재되지도 않았다. 또 교지(敎旨: 왕이 관원에게 내리는 각종 문서)와 달리 보존되는 경우도 드물다.

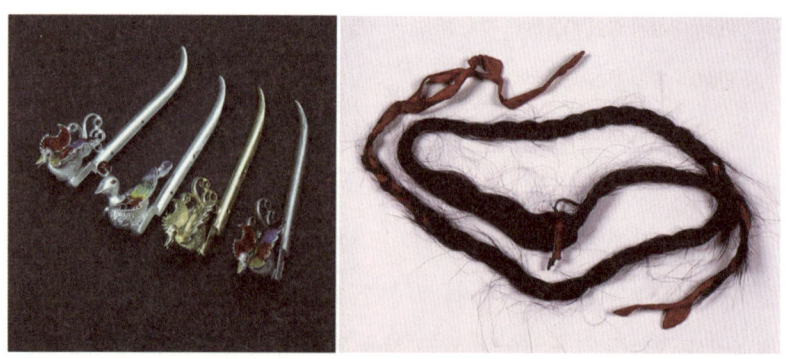

▲ **다양한 첩지들**(왼쪽_아름칠보공예사 상품, 오른쪽_중요민속자료 제22-10호) 첩지는 머리를 둘러맬 수 있는 머리끈 가운데 부분에, 첩지 밑에 있는 작은 구멍에 머리끈 등으로 잡아매거나 꽂아 사용하였다.

후궁에게 첩지는 이렇게 내려야 한다고 특별히 정해진 규칙은 없었다. 다만 조선은 신분제 사회였기 때문에 출신 가문에 따라 어느 품계의 첩지를 받느냐가 결정되곤 하였다. 대개 양반 가문 출신의 간택후궁은 입궐하자마자 후궁 첩지를 받게 되는데, 경우에 따라 차이는 있지만 보통 종2품 숙의로 시작하는 경우가 많았다. 반면 신분이 미천한 궁녀로서 승은을 입은 궁녀는 특별한 책봉 절차 없이 바로 승은상궁(承恩尙宮)에 제수(除授: 추천에 의하지 않고 임금이 직접 임명함)되며, 승은상궁이 되면 독립된 처소와 부릴 수 있는 궁녀를 갖게 되나 정식 후궁과는 구별되어 여전히 궁녀 가운데 하나로 소속된다. 승은상궁은 후궁 첩지를 받아야 비로소 정식 후궁이 되는데, 승은상궁 가운데는 후궁 첩지를 받지 못하고 평생 상궁으로만 살다가 죽는 경우도 많았으며, 후궁 첩지를 받아도 후궁 가운데 가장 말단인 종4품 숙원으로 시작하는 경우가 대부분이었다.

첩지를 받은 후에도 승은후궁과 간택후궁은 진봉[進封: 왕세자·세손, 후后, 비(妃), 빈(嬪) 등에게 봉작(封爵)을 더 높여주던 일]에서도 차이가 있었다. 승은후궁은 간택후궁보다 진봉이 느렸다. 간택후궁들은 시작부터가 종2품 숙의로 시작하는 경우가 많다 보니 자녀를 낳지 못하더라도 정2품 소의, 종1품 귀인까지는 무난히 진봉되었고, 왕자라도 낳는다면 생전에 정1품 빈의 지위에 오르는 것도 어렵지 않았다. 반면 승은후궁은 왕실에 특별한 행사가 있거나 회임(懷妊)을 했을 때와 같이 명분이 있을 때 한두 단계씩 천천히 진봉되었다. 또 승은상궁은 왕자를 낳고 왕의 총애를 받아도 오랜 시간에 걸쳐 조금씩 진봉이 되는 경우가 많았으며, 만약 낮은 품계에서 왕의 총애가 식으면 진봉이 그대로 멈추기도 하였다.

흔히 후궁은 왕의 총애만 받으면 잘나갈 수 있는 것처럼 생각하기 쉽지만, 꼭 그런 것만은 아니었다. 후궁으로서 어느 품계까지 진봉되느냐는 왕의 총애, 자녀 출산, 출신 가문 등 여러 가지 요소가 복합적으로 작용하였는데, 의외로 진봉 정도에는 왕의 총애보다 출신 가문과 자녀 출산이 더 중요하기도 하였다. 왕자를 낳거나 권세 있는 가문 출신의 후궁들은 비교적 쉽게 진봉되었고, 왕의 총애를 받는다고 해도 가문이 미천하고 낳은 자녀가 없으면 낮은 품계에 머물렀다. 후궁도 일종의 여자 관리로 볼 수 있는데, 관리가 승진하려면 공적이 있어야 하듯이 후궁도 단순히 사랑만 가지고 높은 품계로 승진하기란 쉽지 않았다. 후궁도 자기 스스로 왕자를 낳아 공을 세우든지, 아니면 친정이 대신 공을 세우든지 해야 후궁으로서 성공하기 쉬웠다. 이렇게 보면 인간 세상 궁 밖이나 궁 안이나 별다른 게 없었다. 사람 사는 것은 어디나 비슷하다고 할 수 있겠다.

왕의 어머니

왕의 부인을 왕비라 하는 데 비해, 왕의 어머니는 대비(大妃), 왕의 할머니는 대왕대비(大王大妃)라 하였다. 만약 선왕(先王)의 부인 세 명이 동시에 살아 있으면, 이를 구분하기 위해 왕위를 계승한 서열에 따라 대비·왕대비(王大妃)·대왕대비로 구분하여 불렀다. 황후(皇后)는 태후(太后)·황태후(皇太后)·태황태후(太皇太后)로 구분하여 불렀다.

왕의 장모(丈母), 즉 왕비의 어머니는 부부인(府夫人)이라고 하였으며, 정1품의 품계가 주어졌다. 또 대군(大君)의 처(妻)도 부부인이라고 하였다.

대   비 : 왕의 어머니

   왕비–대비–왕대비–대왕대비

   황후–태후–황태후–태황태후

부부인 : 왕의 장모/대군의 부인

정경부인 : 정1품·종1품 문무관의 부인

왕의 딸

공주(公主)는 보통 왕의 정비(正妃)가 낳은 딸을 가리키는 말이다. 또한 공주는 조선시대 종친의 처(妻)나 딸 또는 문무관의 처 가운데에서 봉작을 받아 공주가 된 자를 가리키는 말이기도 하다.

공주라는 말은 옛날 중국에서 왕이 그 딸을 제후(諸侯)에게 시집보낼 때 삼공(三公)에게 그 일을 맡게 하였던 데서 유래하였다고 하는데, 공주라는 말이 사용되기는 중국 진(秦)·한(漢)나라 때부터라고 한다. 우리나라에서는 삼국시대 이전부터 사용된 것으로 여겨지는데, 공주라는 호칭이 제도적으로 사용된 때는 고려 문종(文宗) 때로 대장(大長)공주가 처음이며 정1품이었다고 한다.

조선 초만 해도 제도가 미비하여 왕녀(王女)·궁주(宮主)·옹주(翁主) 등 여러 가지 명칭이 함께 사용되었으며, 왕의 후궁도 공주라 이름 하였다. 그 뒤 성종 때에 문물제도가 정리되면서 공주라는 명칭도 통일되었다. 즉 『경국대전』「외명부」조(條)에 의하면, 왕의 정실부인이 낳은 딸을 공주라 하고, 후궁이 낳은 딸을 옹주라 하였다고 한다. 왕세자의 경우는 정실부인이 낳은 딸을 군주(郡主)라 하고, 후궁이 낳은 딸을 현주(縣主)라 하였다. 그리고 황제의 경우는 정실부인이 낳은 딸을 황녀(皇女), 후궁이 낳은 딸을 궁주(宮主)라 하였다.

공주는 외명부에 속하긴 하였으나 그 품계는 주어지지 않았다. 왕비나 대비 등과 마찬가지로 품계를 초월한 존재였던 것이다. 공주의 남편은 종1품 광덕대부(廣德大夫)·숭덕대부(崇德大夫)로, 의빈[儀賓: 부마도위(駙馬都尉: 왕이나 왕세자의 사위) 따위와 같이 왕족의 신분이 아니면서 왕족과 통혼한 사람을 통틀어 이르는 말]에 봉작되기도 하였다. 그리고 아랫사람이 공주를 부를 때는 보통 '마마' 또는 '공주 마마'라고 하거나 '저하' 또는 '공주 저하'라고 하였다.

고구려의 제3대 왕 대무신왕의 큰아들인 호동(好童)왕자와 비련의 사랑을 나눈 낙랑(樂浪)공주, 고구려의 장군 바보 온달(溫達)에게 시집간 평강공주[平岡公主: 평원왕(平原王)의 딸. 평원왕은 평강왕(平岡王)으로도 불린다]는 널리 알려진 공주이다.

옹주(翁主)는 조선시대 왕의 후궁이 낳은 딸로, 공주와 마찬가지로 품계를 초월하여 외명부에 속하였다. 또 고려시대 내명부나 외명부에 정1품의 품계와 함께 주던 봉작의 하나이기도 하다.

고려시대 초기에는 내명부에 관한 일정한 제도가 마련되지 않았다. 그 뒤 현종(顯宗) 때 제도가 정리되어, 궁내에 상궁(尙宮)·상침(尙寢)·상식(尙食)·상침(尙針) 등의 직책과 귀비·숙비 등의 칭호를 두었다. 정종(靖宗) 때에는 이들을 원주(院主)·원비(院妃)·궁주(宮主) 등의 칭호로 바꾸었으며, 다시 충선왕(忠宣王) 때, 궁주를 옹주로 개칭하고 정1품의 품계를 주었다. 그러나 충혜왕(忠惠王) 이후 옹주라는 칭호가 남용되어 후궁의 딸이나 사비(私婢)·관기(官妓) 등도 옹주라 불렀는데, 조정(朝廷)에서도 이 문제에 대한 논란이 일어났다. 공민왕 11년(1362) 김속명(金續命)은 종친이나 공신의 여자 외에는 옹주 칭호의 사용을 금할 것을 왕께 말하기도 하였다. 결국 공양왕 3년(1391)에 왕자의 정비(正妃)와 왕의 유복(有服: 죽으면 입는 옷)인 동성자매(同姓

姉妹), 조카딸, 군(君)의 정처(正妻) 등에게만 옹주 칭호를 사용케 하였다.

조선시대에는 더욱 간단히 정리되어 임금의 후궁이 낳은 딸을 가리키는 용어가 되었다. 공주는 품계는 없었으나 외명부의 가장 높은 위치에 있었다. 옹주 또한 품계가 없었으나 외명부에서 공주 다음에 해당하는 높은 위치에 있었다. 그리고 공주나 옹주에게 장가든 사람에게는 위(尉)라 하여 의빈부[儀賓府: 조선시대에 공주·옹주·군주(郡主)·현주(縣主) 등과 혼인한 사위에 관한 일을 맡은 관청]의 정1품 이하 종2품까지의 작호(爵號)를 내렸는데, 공주의 남편에게는 종1품부터, 옹주의 남편에게는 종2품부터 수여하였다.

〈왕의 딸〉

공주: 왕의 정실부인이 낳은 딸　　　[황제] : **황녀(皇女)**

옹주: 왕의 후궁이 낳은 딸　　　　　　　　: **궁주(宮主)**

〈왕세자의 딸〉

군주(郡主): 왕세자의 정실부인이 낳은 딸

현주(縣主): 왕세자의 후궁이 낳은 딸

궁녀

궁녀(宮女)는 나인[내인(內人)에서 온 말로, 고려·조선 시대에 궁궐 안에서 왕과 왕비를 가까이 모시는 내명부를 통틀어 이르던 말]·궁인(宮人)·궁첩(宮妾)·시녀(侍女)·궁빈(宮嬪)·궁아(宮娥)·여관(女官)·홍수(紅袖) 등으로 불리기도 한다. 넓은 의미에서의 궁녀는 궁궐에 거처하는 모든 여인 또는 왕족을 제외한 궁중의 모든 여인을 뜻하지만, 좁은 의미의 궁녀는 궁궐 안에서 대전(大殿: 임금의 거처)과 내전(內殿: 왕비의 거처)을 위해 일하던 여관(女官)을 총칭하여 부르는 말이다. 조선시대 내명부의 경우, 정5품인 상궁 이하의 궁인직(宮人職) 여인을 총칭하는 말이기도 한데, 보통 궁녀라고 하면 상궁 이하의 여인들을 지칭하며, 상궁 이하의 궁녀는 4품 이상의 품계에는 오르지 못하였다.

궁녀의 기원은 중국의 하(夏)·은(殷)·주(周) 시대부터라고 여겨지고 있다. 우리나라에서는 비록 사실은 아닐지라도 널리 알려진 '의자왕과 삼천 궁녀'의 이야기에서처럼 삼국시대부터 적지 않은 궁녀가 있었음을 짐작할 수 있다. 그리고 고려·조선 시대에는 법제화하여 궁녀의 명칭과 품계 등을 명확하게 구분해놓았다.

역사를 보면 왕을 둘러싼 궁녀들의 시기·질투 및 모함 등으로 많은 비화와 함께 정치적 폐해가 나타나기도 하였는데, 궁녀는 원칙적으로 각 관청의 여자 노비 가운데 선발하였다. 양인 여성을 궁녀로 삼으면 60대의 장형(杖刑)과 1년의 도형(徒刑)에 처하기도 하였다. 여기에서 장형은 죄인의 볼기를 큰 형장으로 치던 형벌로, 60대부터 100대까지 다섯 등급이 있었다. 그리고 도형은 죄인을 감옥(현 교도소)에 가두어 노동을 시키던 징역형(懲役刑)의 형벌로, 1년·1년 반·2년·2년 반·3년의 다섯 등급이 있었는데, 도형을 감하기 위해서는 징역 1년에 대해 곤장 육십 대를 치고 한 등급마다 열 대씩 늘려서 맞도록 하였다. 그러나 60대의 장형과 1년의 도형에 처했음에도 불구하고 실제로는 양인 여성도 궁녀가 되었다. 궁녀를 뽑을 때는 엄격한 규정에 따라 뽑았는데, 심지어 처녀인지 아닌지를 파악하기 위해 처녀성을 확인하였다고 한다. 즉 성숙한 나이의 아이들은 팔에 앵무새의 피 한 방울을 떨어뜨려 피가 묻지 않으면 처녀가 아니라 해서 탈락시켰다. 또 조상 가운데 죄인이 없어야 하며, 병에 걸린 사람이나 전과자도 없어야 했다.

궁녀는 궁녀로 뽑혀 궁에 들어오면 병들거나 죽기 전까지는 궁에서 살아야 했다. 궁녀는 죽어서야 궁궐을 나갈 수 있었다. 아니면 기근(饑饉: 흉년으로 먹을 양식이 모자라 굶주림)·가뭄 등으로 궁녀 방출이 이루어지거나 모시고 있던 상전이 죽으면 나갈 수 있었다. 이 경우에도 궁녀는 결혼하지 못하고 혼자 살아야 했다.

조선시대 내명부에는 엄격한 규칙이 있었는데, 이 규칙에 따라 궁녀는 왕 이외의 남자와는 결혼할 수 없었으며, 또 왕과 환관(宦官) 이외의 남자와는 접촉할 수 없었다. 그리고 궁녀의 팔자는 임금에 의해 좌우지되곤 하였다. 다행히 임금의 눈에 들어 은총을 입게 되면, 본인은 물론 집안까지도 부귀와 권세를 누릴 수 있었지만, 대다수 궁녀는 임금의 은총을 한 번도 입지 못하고, 처녀의 몸으로 그냥 늙는 경우가 많았다. 그래서 궁녀로 뽑히는 것을 그리 좋아하지 않았다고 한다.

궁녀는 그 직책에 따라 계급이 나뉘었는데, 그 호칭은 직책과 관련이 있었다. 하여 궁녀는 계급이나 소임(所任: 맡은 일. 직책)에 따라 상궁·나인·애기나인의 3종류로 크게 구분되었다. 궁녀의 입궁 나이는 부서에 따라 차이가 있었는데, 보통 4·5세부터 13세까지가 일반적이었다. 입궁한 궁녀는 애기나인, 즉 새앙각시라 하여 새앙머리를 땋은 어린 궁녀를 가리켰는데, 새앙각시는 생각시라고도 발음한다. 여기서 새앙머리는 계집아이가 예장(禮裝)을 할 때 머리털을 두 갈래로 땋은 머리를 말한다. 새앙각시가 궁궐 안의 법도를 익혀 계례(筓禮)를 치르면 나인(항아님)이 되었다. 계례는 옛날에 15세가 된 여자 또는 약혼한 여자가 올리던 성인 의식을 말하며, 이때 땋았던 머리를 풀고 쪽을 찌었다. 쪽은 시집간 여자가 뒤통수에 땋아서 틀어 올려 비녀를 꽂은 머리털 또는 그렇게 틀어 올린 머리털을 말한다. 이렇게 옛날 여자들이 계례를 하였다면, 남자는 성년에 이르면 어른이 된다는 의미로 상투를 틀고 갓을 쓰는 관례(冠禮)를 행하였다.

나인은 직책에 따라 각각 부르는 이름과 품계가 주어져 지밀(至密)나인·침방(針房)나인·수방(繡房)나인·세수간(洗手間)나인·생과방(生果房)나인·소주방(燒酒房)나인·세답방(洗踏房)나인 등이 있었으며, 이들은 각기 독립된 처소에서 안살림을 맡아보았다.

궁녀는 특별한 일이 없으면 승진을 하여 입궁한 지 대체로 35~36년 정도가 되면 정5품 상궁(尙宮)으로 제수(除授)받았다. 상궁은 그 직책에 따라 제조(提調)상궁·부(副)제조상궁·대령(待令)상궁·보모(保姆)상궁·시녀(侍女)상궁 등으로 나뉘었는데, 각기 그 직책에 따른 일을 맡아보았다. 그 가운데 제조상궁은 가장 지체가 높고 가장 고참(古參)의 상궁으로 '큰방상궁'이라고도 하였다. 제조상궁은 단 1명으로, 내전의 어명을 받들거나 내전의 크고 작은 살림살이를 맡아서 주관하였으며, 나인들을 총괄하였는데, 이렇게 맡은 소임이 중요한 일이었던 만큼 그 권세도 상당하였다. 하여 제조상궁이 움직이면 반드시 2인 이상의 나인이 붙어 수행함으로써 혼자 다니는 법이 없으며, 식사도 임금의 수라상(水剌床)과 가짓수를 똑같이 하였다. 다만 상궁은 임금의 승은을 입지 않는 한 정4품 이상으로는 승급하지 못하였으므로 왕의 은총을 받는 것 이외에 궁녀로서 가장 출세할 수 있는 것은 제조상궁이었다.

일반적으로 궁녀 하면 궁중에서 일을 담당한 상궁과 나인을 가리킨다. 궁중의 여인 중에는 궁녀에 속하지 않는 여인들도 있었는데, 이런 여인들로는 하녀에 해당하는 무수리·각심이·방자(房子)·비자(婢子)·손님 등이 있었으며, 또 의녀(醫女)와 기생(妓生)도 있었다. 이들은 대개 상궁과 나인 밑에서 그들의 시중을 들거나 궁궐의 허드렛일, 하찮은 일을 맡아 하였는데, 보는 시각에 따라 이들을 넓은 의미의 궁녀에 포함하기도 한다.

무수리는 고려·조선 시대에 궁중에서 나인들의 세숫물 시중 등 막일을 하던 계집종을 가리키는 말로, 수사(水賜)라고도 부른다. 무수리는 몽골어로 '소녀'라는 뜻인데, 중국 원(元)나라가 고려를 지배하면서 고려 왕자는 원나라 공주와 강제로 결혼하게 되었다. 몽골의 공주가 우리나라에 들어와, 몽골의 풍습과 말을 사용하면서 계집종을 '무수리'라고 불렀는데, 이것이 그대로 조선에 전해져 궁중 용어가 되었다.

궁중의 각 처소에서 물 긷기, 불 때기, 청소 등의 잡역을 맡은 무수리는 특별한 선발 기준 없이 민간의 아낙네들 중에서 나인들의 소개로 궁중에 들어와 일하였는데, 기혼자들이 많았다고 한다. 일제강점기에는 무수리가 궁에 머물지 않고 궁 밖에서 출퇴근하였다고 하나, 원래는 궁중에 붙박이로 소속되어 있었다고 한다.

무수리와 관련된 인물로 널리 알려진 사람이 숙빈 최씨(淑嬪 崔氏)이다. 숙빈 최씨와 관련하여 흔히 숙종과 장희빈에 관한 이야기나 영·정조 때 사도세자에 관한 이야기가 드라마나 영화로 자주 소개되곤 한다. 조선 제21대 왕 영조(英祖)는 숙종(肅宗)의 넷째 아들로, 어머니 숙빈 최씨의 소생이었다. 숙빈 최씨는 무수리로 궁중에서 일하다가 숙종의 은총을 입어 종4품 숙원(淑媛)을 시작으로 하여 정1품인 빈의 지위까지 오른 여인이다. 조선시대 역대 왕 가운데 현군의 한 사람으로 유명한 영조, 바로 영조의 어머니가 무수리였다는 사실에 사람의 능력은 그 부모의 신분과 관계없음을 새삼 확인하게 된다. 또한 조선시대 같은 신분 사회에서 사람 팔자는 오로지 왕에게 달렸다는 사실을 다시 한 번 확인하기도 한다.

각심이(각씨미)는 조선시대 상궁이나 나인의 방에 소속되어 잡역에 종사하던 여자 종으로, 상궁이나 나인이 비번(非番: 당번을 설 차례가 아님)인 날 머무는 개인 처소에서 부리던 식모(食母: 남의 집에 고용되어 주로 부엌일을 맡아 하는 여자), 찬모(饌母: 남의 집에 고용되어 주로 반찬 만드는 일을 맡아 하는 여자), 가정부(家政婦) 등을 총칭하여 부르는 말이다. 각심이는 감심(감씸), 각방서리(各房胥吏), 방(房)아이라고도 불리었다.

또 각심이에 해당하는 식모·찬모·가정부를 방자(房子)라고도 불렀는데, 이는 『춘향전』에 등장하는 이몽룡의 몸종 방자처럼 각심이 또한 일은 개인 처소에서 하지만 월급은 국가에서 지급하는 데서 온 것이다. 원래 방자는 조선시대 관청에서 심부름하던 남자 하인 또는 고려시대 중국의 사신과 그 수행원이 머무는 사관(使館)에 소속되어 허드렛일을 맡아보던 잡직(雜織)

을 가리키는 말이다.

비자(婢子)는 조선시대 궁중의 각 처소나 상궁의 살림집에 소속된 하녀로, 별궁(別宮)·본곁[비(妃)나 빈(嬪)의 친정]·종친 사이의 문안 편지를 전달하던 여자 종을 말한다. 각심이를 비자라고 부르기도 하였다.

손님은 궁중에서 상궁이 바느질 따위의 시중드는 일로 사사로이 부리는 여자를 말한다. 또 손님은 왕의 후궁으로서 당호(堂號)를 받아 독립 가구를 영위하는 여인의 집에서 살림을 맡아 하던 일종의 가정부와 같은 여인을 가리킨다. 대개 친정붙이이며, 보수는 후궁의 생계비에서 지출된다. 따라서 손님이라는 이름은 '궁 밖에서 온 사람'이라는 의미로, 무수리나 각심이와는 달리 예의를 갖춘 말이었다.

그리고 의녀(醫女)는 조선시대 부녀자들의 질병을 구호·진료하던 여자 의원으로, 의녀는 간단한 의술을 익혀 내의원[內醫院: 궁중의 의약(醫藥)을 맡아보던 관아]과 혜민서(惠民署: 의약과 일반 서민의 치료를 맡아본 관청) 등에서 일하였다.

조선시대는 성리학 영향으로 남녀의 구별이 엄격하여 일반 부녀자들은 물론 궁중 여인들이 남자 의원에게 진료받기를 꺼리거나 아예 거부하다가 치료를 받지 못해 죽거나 병이 심해지는 일이 있었다. 이에 태종 6년(1406) 의녀제도를 실시, 제생원(濟生院: 조선 시대 각 도에서 해마다 약재를 실어서 바치는 일을 맡아보던 관아. 나중에 혜민서에 통합되었다)에 의녀를 처음 두어 의료 활동을 하게 하였다. 대개 의녀는 평민과 천인(賤人), 관비(官婢: 관청의 여자 노비) 중에서 선발하였는데, 선발된 그녀들에게 기초 의학을 가르쳐 의술을 익히도록 하였다. 초기에는 의녀의 활동 무대가 한양에 국한되어 있었으나 세종 5년(1423)에 각 도의 관비를 뽑아 의술을 가르치고, 의술을 배운 의녀는 자신의 본거지로 가 부녀자를 치료하게 하였다.

하지만 의녀 교육 대상자는 대개 관비 출신이었기 때문에 학문적인 기초가 부족하였다. 그래서 필수적인 의술과 산부인과에 관한 내용을 주로 교육하였다. 성종 9년(1478)에는 의녀를 내의(內醫), 간병의(看病醫), 초학의(初學醫) 등 3단계로 나누었는데, 내의는 의원으로 활동하는 의녀이고, 간병의는 공부하며 치료를 겸하는 의녀이며, 초학의는 교육받은 지 얼마 되지 않은 의녀를 말한다.

그런데 연산군 때에는 의녀들을 부호들의 사치스러운 혼수품을 검사하도록 보내는가 하면, 연회에 기생들과 함께 참석시키곤 하였다. 이로써 의녀의 주 임무는 각 관청에서 잔치가 있을 때 화장을 하고 기생으로 참가하는 것이 되었다. 그 뒤 중종 때에도 의녀를 의기(醫妓)라고 부르며 각종 연회에 참가하게 하였다. 중종 5년(1510) 이후로 의녀를 연회에 참가하지 못하도록 하였으나 잘 지켜지지 않았다. 하여 조선 후기에는 '약방기생(藥房妓生)'이라는 이름으로 공공연하게 의료와 함께 가무(歌舞)가 병행되곤 하였다.

이러한 의녀제도는 조선 후기까지 계속되어 고종 때만 하여도 의녀의 수는 80여 명에 달하였는데, 양의사(洋醫師)가 궁중에 들어오면서 점차 없어졌다.

의녀로 널리 알려진 인물로는 대장금(大長今)이 있는데, 대장금은 2003·2004년 인기리에 반영되었던 TV 연속극 「대장금」을 통해 일반인에게 널리 알려졌다. 드라마 「대장금」은 조선조 중종 때 '대장금'이라는 칭호까지 받은 전설적인 인물인 장금의 일생을 그린 연속극이다. 장금은 천민의 신분으로 궁녀로 들어와 뛰어난 요리 재능에 무서운 집념과 의지로 궁중 최고의 요리사(料理師)가 되었다. 그러나 모함에 빠져 궁에서 쫓겨나 관비(官婢)가 되는데, 관비로 있으면서 의술을 배워 다시 입궁한다. 우여곡절 끝에 조선 최고의 의녀가 되어 어의(御醫)를 비롯한 수많은 내의원(內醫院) 남자 의원들을 물리치고, 조선시대 기록에 등장하는 수백 명의 의녀 가운데 유일하게 임금의 주치의(主治醫)가 되었다. 이런 그녀의 명성은 『중종실록』에서 이름 앞에 대(大) 자를 붙인 '대장금'으로까지 불릴 정도로 대단하였다.

역사적 실존 인물이기도 한 장금은 이렇게 남존여비의 봉건적 체제하에서 뛰어난 의술과 높은 학식으로 엄격했던 신분제도를 타파하고 당시로서는 아주 드물게 전문직 여성으로 최고의 자리에 오른 인물이다. 보통 소설이나 영화, 드라마에서는 역사적 사실 이외에 역사적 상상력이 많이 동원되곤 하는데, 조선시대 의녀는 드라마 「대장금」에 나오는 장금이와는 달리 막상 그 위치나 대우가 형편없는 존재였다. 또한 대장금과 같은 사례는 아주 드문 일이었다. 어쩌면 대장금의 성공은 한 개인의 성공이었지, 그녀로 말미암아 푸대접받던 조선시대 의녀에 대한 대우가 좋아지거나 의녀의 지위가 향상된 것은 아니었다.

제2부

누구는 전두환, 누구는 김영삼 대통령
5·16은 혁명인가, 쿠데타인가?
6·25사변인가, 한국전쟁인가?

대한민국 역사상식 5

누구는 전두환, 누구는 김영삼 대통령

인물과 존칭어에 대하여

역사에서는 굳이 존칭이 필요 없다

역사적 인물을 가리키며 말할 때, 그 인물에 대한 존칭을 어떻게 해야 할지 막막할 때가 있다. 흔히 '이성계의 위화도회군은……', '원균은 전사하고……'의 예와 같이 별다른 존칭 없이 '이성계', '원균'이라는 이름만 부르곤 한다. 그리고 이순신이나 계백을 지칭할 때는 대개 '이순신 장군', '계백 장군'이라고 한다. 그러나 이성계나 원균도 이순신 장군, 계백 장군과 마찬가지로 장군이었다. 그런데 누구한테는 장군을 붙이고, 누구는 그냥 이름만 부르는지 알쏭달쏭하다.

또 어떤 사람들은 전두환·노태우 전(前) 대통령을 가리키며 그냥 '전두환', '노태우'라고 말하면서도 김영삼이나 박정희 전 대통령은 '김영삼 대통

누구는 전두환, 누구는 김영삼 대통령 237

령', '박정희 대통령' 심지어 '김영삼 대통령 각하', '박정희 대통령 각하'라고 말하곤 한다. 이렇게 같은 지위의 대통령임에도 누구는 대통령이란 칭호를 붙이고, 누구는 이름만 부르니, 역시 '원균'이나 '이순신 장군'의 경우처럼 알쏭달쏭할 뿐이다.

하지만 고민할 필요가 없다. 역사적 인물을 가리킬 때, 그 인물에 해당하는 직위나 존칭어를 객관적으로 사용하면 된다. 결론부터 말하면, 역사적 인물을 말할 때는 존칭이나 특별한 호칭은 사용하지 않는 것이 가장 좋다. 즉 근초고왕, 광개토왕(광개토대왕), 김춘추(태종무열왕), 을지문덕, 이성계(또는 태조 이성계), 이순신, 세종, 김구, 이승만, 전두환, 김영삼, 시저, 알렉산더, 헨리 4세, 고르바초프, 모택동, 김일성 등등 이름만 부르면 되지, 굳이 을지문덕 장군, 이순신 장군(심지어 성웅 이순신), 광개토대왕, 세종대왕, 김구 선생님, 이승만 대통령, 김영삼 대통령 각하, 아버지 김일성, 위대한 수령 김일성 동지의 경우처럼 이름에 존칭이나 칭호를 붙여 부르는 것은 결코 객관적이지 못하다.

다만 직위에 관한 용어는 써도 무난한데, 근초고왕, 태조 왕건, 영의정 황희, 이순신 장군, 김대중 대통령, 노무현 대통령, 김일성 주석, 김정일 국방위원장의 예처럼 객관적으로 사용하면 된다. 그러나 '원균'과 '이순신 장군', '전두환'과 '김영삼 대통령'의 경우처럼 누구에게는 사용하고 누구에게는 사용하지 않는 것은 타당하지 않다. 직위에 관한 것을 쓰려면 다 같이 쓰고, 쓰지 않으려면 다 같이 쓰지 않는 게 좋다. 그리고 아예 쓰지 않는 것도 괜찮다. 그냥 전두환, 김영삼, 김일성, 김대중 하면 된다. 또 권율, 을지문덕, 이순신 하면 된다. 유명한 군인 가운데 장군 아닌 사람이 거의 없는데 굳이 장군이라는 칭호를 붙일 필요가 없다.

세종대왕이란 말도 마찬가지다. 그냥 세종이라고 하면 된다. 조선시대 역대 왕 가운데 세종만 혼자 대왕이라는 칭호를 붙여 사용하는 것은 객관적이지 못하다. 비록 세종은 수많은 업적을 남겼고, 조선의 왕 가운데 마땅히 존경을 받을 만한 분이지만, 조선의 왕 가운데 존경받아 마땅한 분이 세종만은 아닐 것이다. 그런데도 다른 왕들은 그냥 왕이라 하고 세종만 대왕이라고 하는 것은 문제가 있다. 이미 세종이라는 말 자체에 왕이라는 의미가 함축되어 있으므로 여기에 대왕이라는 칭호를 붙여 또다시 반복하여 왕이라는 용어를 사용할 필요가 없다. 세종의 종(宗)이나 태조의 조(祖)는 왕(황제)에게 붙여지는 용어로서 왕을 뜻하는 말이다. 따라서 세종대왕(世宗大王)이라는 말을 풀어서 다른 말로 바꿔보면 '세왕대왕(世王大王)'이 되어 아주 우스운 꼴이 되어버린다. 보통 광개토대왕·진흥대왕·문무대왕 같은 경우는 '광개토'나 '진흥', '문무'라는 말이 왕을 포함하는 용어가 아니므로 별 무리가 없지만, 세종대왕의 경우는 '세종'이란 말 자체에 이미 왕이 포함되어 있어 결국 왕이라는 말이 두 번 들어가 '세왕대왕'처럼 어색한 표현이 되어버린다. 그냥 세종이라고 하면 된다. 그래야 차별하지 않는다는 소리를 들을 수 있고, 적어도 저승에 가서 조선시대 다른 왕들을 뵐 면목도 있을 것이다.

많은 사람들이 이미 알고 있는 어떤 사람의 직위에 관한 호칭을 자꾸 사용하는 것도 결코 바람직한 용어 사용법이 아니다. 이승만, 박정희, 김영삼이 대통령이었음을 대부분 사람들이 충분히 알고 있는데 불필요하게 대통령을 강조할 필요가 없으며, 한 술 더 떠 아부하듯이 '각하'라는 칭호까지 사용하는 것은 역사를 대하는 올바른 자세가 아니다. 만약 이성계, 이승만, 박정희, 김대중 같은 이들이 왕인지 대통령인지 잘 모르는 사람들이 있을 때는 친절하게 이름과 함께 직위에 관한 호칭까지 사용하여 남들이 쉽게 이해할 수 있도록 하면 좋을 것이다. 더구나 이름과 직위에 관한 용어를 함께 사용하는 것이 잘못된 것도 아니다. 문제는 객관적으로 사용할 필요가 있는 것이다.

그렇지만 이성계, 이승만, 박정희, 김영삼 같은 이들을 역사적인 대상으로 하지 않았을 경우, 즉 당시에 해당 인물을 직접 만나 그를 부를 때에는 '전하' 또는 '각하'라는 칭호를 사용하는 게 당연하고, 예의에 어긋나지도 않는다. 역사적 인물을 역사적인 대상으로 말하지 않을 때는 그 어떤 존칭을 사용해도 상관없다. 또 역사적 인물에 대해 개인적으로 이야기할 때도 마찬가지, 그 어떤 존칭을 사용해도 상관없다. 역사적 인물에 대해 개인적으로 이야기할 때야 말하는 사람의 감정이 들어갈 수밖에 없으므로, 그때는 '박정희 대통령 각하', '박정희 대통령', '박정희', '독재자 박정희' 등등 어떻게 불러도 문제가 되지 않는다. 그것은 그 사람의 문제일 뿐이다. 그러나 역사적 대상으로서 어떤 인물을 말할 때나 공식적인 자리에서 어떤 인물을 말할 때는 누구를 막론하고 그 직위나 존칭어를 사용하지 않는 것이 가장 좋다. 만약 이름과 함께 직위와 관련된 용어까지 사용하고자 할 경우는 지위 고하를 막론하고 아예 똑같이 대우하여 객관적으로 사용하면 된다. 또 직위에 관한 용어는 물론 존칭어까지 사용하고자 할 때도 마찬가지로 모든 사람에게 똑같이 대우하여 객관적으로 사용하면 된다.

    이미 죽은 사람에 대해서는 그냥 이름만 사용하고, 현재 살아 있는 사람에게는 존칭어를 함께 사용하는 것이 좋다고 주장하는 이들도 있다. 그럴 수도 있다. 죽은 사람이야 만날 수 없으니 존칭어 없이 이름만 불러도 누가 시비를 걸지 않을 테고, 살아 있는 사람은 자칫 이름만 불렀다가는 '싸가지 없는(싹수없는) 놈'이라고 봉변을 당할 수도 있으니 말이다. 어쩌면 현재 살아 있는 사람에 대한 예의 차원에서라도 존칭어를 사용하는 것이 좋을 듯도 하다. 하지만 이런 견해도 객관적이지 못하다. 죽은 것도 서러운데, 죽은 자는 박대하고 산 자만 대접한다는 게 형평에 맞지 않기 때문이다. 또 남들 눈치 보아가며 역사를 연구한다는 것은 말도 안 되는 일이다. 따라서 죽었거나 살았거나, 또는 지위가 높거나 낮거나 누구를 막론하고 그냥 이름만 부르는 것이 가장 좋을 듯하다. 그것이 가장 객관적으로 역사를 대하는 일일 것이며, 그렇게 함으로써 오해의 소지를 최소화할 수 있을 것이다. 더불어 남들로부터 시비의 대상이 되거나 봉변당할 일도 없을 테니 말이다.

필요에 따라 인물에 관련된 직위는 사용할 수도 있다. 서로 혼동을 피하고, 또는 이해를 좀 더 쉽게 하기 위해서는 직위를 함께 사용하는 것이 바람직할 수가 있다. 이순신 장군, 권율 장군, 원균 장군, 전봉준 장군, 이성계 장군, 박정희 대통령, 전두환 대통령, 김영삼 대통령, 김대중 대통령의 경우처럼 직위를 모든 사람에게 똑같이 적용한다면 오히려 이름만 사용하는 것보다 구별하기 쉽고, 이해하기가 편할 것이다.

의사는 의롭게 죽은 사람, 열사는 열 받아 죽은 사람(?)

역사적 인물에 대한 평가와 관련된 용어로 의사(義士)와 열사(烈士) 또는 지사(志士)가 있다. 의사와 열사는 모두 '국가와 민족을 위해 큰일을 한 사람이나 그런 일을 실행하다 죽은 사람'에게 붙이는 칭호로서, 현재 국가보훈처나 독립운동단체, 역사학계에서는 강한 투쟁의 열기로 국가와 민족을 위해 큰 공적을 남긴 항일독립운동가를 가리켜 의사와 열사란 호칭을 붙여주고 있다. 그리고 지사(志士)는 '국가와 사회를 위하여 자신의 몸과 마음을 바쳐 일하려는 드높은 뜻을 가진 사람'을 가리키는 용어로, 보통 '나라를 독립시키기 위해 헌신하고 투쟁하신 분', 즉 애국지사(愛國志士: 나라를 위하여 자신의 몸과 마음을 다 바쳐 이바지하는 사람)나 우국지사(憂國之士: 나랏일을 근심하고 염려하는 사람)를 가리킨다. 다만 강개지사(慷慨之士)는 '志士'가 아닌 '之士'를 사용한 것처럼 志士와는 다른 의미의 말로, '세상의 옳지 못한 일에 대하여 의분을 느끼고 탄식하는 사람'을 말한다. 일반적으로 지사(志士)는 나라와 민족을 위해 헌신한 분이라는 점에서 의사와 열사까지 다 아우르는 말이라고 할 수 있는데, 의열 활동·의열 투쟁과 관련하여 의사와 열사를 지사와 따로 구분하여 사용하기도 한다.

원래 의사나 열사는 항일독립운동가에게 부여되던 칭호였으나 일반인들 사이에서는 해방 후의 사람들에게도 이 호칭을 사용하기도 한다. 그런데 의사와 열사는 각각 다른 의미로 사용되어 어떤 사람에게는 의사라는 칭호가 붙고, 또 다른 이에게는 열사라는 칭호를 쓰고 있다. 국가와 민족을 위해 같은 일을 했음에도 누구는 의사라 부르고, 누구는 열사라 칭하는지 그 차이가 무엇인지 궁금할 따름이다.

흔히 의사는 국가와 민족을 위해 '의롭게 살다 죽은 사람'이고, 열사는 국가와 민족을 위해 일을 하다가 하고자 하는 일을 이루지 못하여 '열 받아 죽은 사람'이라고 말하곤 한다. 맞는 말 같기도 하고, 그렇지 않은 것 같기도 하다. 실상 이런 구분은 공식적인 인정을 받은 것도 아니고, 정확한 근거를 가지고 그리 부르는 것도 아니다. 단지 사람들이 그리 구분하여 부르는 것일 뿐이다.

그러면 정확한 기준은 무엇일까? 불행하게도 의사와 열사를 구별하는 정확한 기준을 어디에서도 찾을 수가 없었고, 확실히 정의되어 있는 곳도 없었다. 국어사전에 의하면, 의사는 '의리와 지조를 굳게 지키는 사람', '의협심이 있는 자로서, 국가와 민족을 위해 목숨을 바친 애국 열사'라고 해석하고 있다. 또 열사는 '절개가 굳은 사람', '물질상의 이해나 권력에 대하여도 굴하지 않고 절의(節義)를 굳게 지키는 사람'이라고 하여 의사를 열사로 풀이하고 있는가 하면 열사를 지조 있는 사람으로 단순하게 풀이하고 있다. 결국 역사학에서 말하고 있는 의사나 열사와는 거리가 있는 일반적인 해석만 내리고 있으며, 의사와 열사를 구별할 수 있는 어떤 기준도 없었다. 그래서 역사사전을 찾아보고, 각종 백과사전을 찾아봐도 의사와 열사를 구별할 수 있는 제대로 된 설명이 나오는 데가 없었다.

그렇다면 의사와 열사를 구별하는 기준은 없는 걸까? 그렇지는 않다. 의사와 열사를 구별하는 기준이 전혀 없는 것은 아니다. 막연하나마 그 기준을 찾아볼 수 있다. 의사와 열사에 해당하는 한자 해석을 다양하게 해보고, 의사와 열사로 불리는 사람들의 삶을 검토해보고, 또 주변 역사학자들의 의견을 들어보고 이것들을 종합해봄으로써 의사와 열사의 차이를 가늠할 수 있는 기준을 찾아낼 수 있었다. 그 결과, 의사와 열사는 국가와 민족을 위해 살았다는 점에서 같지만, 의사는 추진하고자 하던 일이나 실현하고자 하던 일의 '목적을 달성한 사람'이고, 열사는 그 목적을 '달성하지 못한 사람'이라는 것이었다. 즉 의사와 열사는 그 목적 달성의 여부에 따라 구분된다고 볼 수 있다. 목적을 이루면 의사, 목적을 이루지 못하면 열사가 되는 것이었다.

의사로 불리고 있는 대표적인 사람으로는 안중근(安重根; 1879~1910), 윤봉길(尹奉吉; 1908~1932), 강우규(姜宇奎; 1859~1920), 이봉창(李奉昌; 1900~1932) 등이 있다. 안중근 의사는 1909년 10월 26일 조선 침략의 원흉인 이토 히로부미[伊藤博文(이등박문)]를 만주 하얼빈[哈爾濱] 역에서 권총으로 쏴 죽게 하는 등 일제 고위 관리들을 중상케 하였다[이토 히로부미 저격 사건]. 또 안중근은 이토를 저격한 후 곧바로 체포되어 사형되기까지 일제의 어떤 위협에도 굴하지 않고 이토 히로부미를 죽이려는 이유를 당당히 밝히기까지 하였다. 그는 이토를 죽이려는 이유로, "① 한국의 명성황후를 시해한 죄, ② 고종황제를 폐위시킨 죄, ③ 5조약과 7조약을 강제로 맺은 죄, ④ 무고한 한국인들을 학살한 죄, ⑤ 정권을 강제로 빼앗은 죄, ⑥ 철도·광산·산림·천택(川澤)을 강제로 빼앗은 죄, ⑦ 제일은행권 지폐를 강제로 사용한 죄, ⑧ 군대를 해산시킨 죄, ⑨ 교육을 방해한 죄, ⑩ 한국인들의 외국 유학을 금지시킨 죄, ⑪ 교과서를 압수하여 불태워버린 죄, ⑫ 한국인이 일본인의 보호를 받고자 한다고 세계에 거짓말을 퍼뜨린 죄, ⑬ 현재 한국과 일본 사이에 경쟁이 쉬지 않고 살육이 끊이지 않는데 태평 무사한 것처럼 위로 천황을 속인 죄, ⑭ 동양 평화를 깨뜨린 죄, ⑮ 일본 천황 폐하의 아버지 태황제를 죽인 죄" 등 15가지를 밝혔으며, 또 "내가 이토를 죽인 이유는 이토가 있으면 동양의 평화를 어지럽게 하고 한일 간이 멀어지기 때문에 한국 의병 중장의 자격으로 죄인을 처단한 것이다. 그리고 나는 한일 양국이 더 친밀해지고, 또 평화롭게 유지되고 나아가 오대주에도 모범이 되어줄 것을 희망하고 있었다. 결코, 나는 오해하고 죽인 것은 아니다."라며 자신의 뜻을 당당히 말하였다. 이렇게 안중근은 이토 처결이라는 자신의 목적을 달성하였다.

일제로부터 사형선고를 받은 안중근은 1910년 3월 26일 뤼순[旅順(여순)] 감옥에서 순국한 이후 지금까지도 그의 시신은커녕 묻힌 곳도 찾지 못하고 있다. 더구나 안중근 의사의 뜻을 기리고자 한 재중 사업가에 의해 2006년 1월 하얼빈시에 동상이 건립되었으나 중국 정부의 '외국인 동상 건립 불가' 입장에 따라 11일 만에 철거되었다. 그 후 재중 사업가가 운영하는 백화점 건물 지하에 3년간 보관되다가 안중근평화재단청년아카데미에 기증되어 2009년 고국 땅인 인천항에 도착하였다. 하지만 "동상의 얼굴이 안중근 의사의 사진과 닮지 않았다."라며 실재 인물과 동상의 일치 여부 등 학술적 검증이 이루어지지 않아 공공 전시에 부적합하다는 국가보훈처의 입장 표명으로 동상은 국회 헌정기념관 앞에 임시로 설치되었다. 그리고 우여곡절 끝에 하얼빈의 자매도시인 부천시와 부천시민이 안중근 의사 동상을 적극적으로 유치하려는 의지를 안중근동상건립위원회에 밝혀 50일 만에 다시 옮겨져 2009년 10월 26일 부천시 중동공원(안중근공원으로 변경)에 자리를 잡았다. 그리고 2010년 10월 26일에는 서울 남산공원에 안중근의사기념관 신축과 함께 새로운 동상이 건립되기도 하였는데, 이는 그동안 이곳에 있던 동상이 오래되어 새로 만들어 교체한 것이라고 한다. 이외에도 안중근 의사 동상은 광주광역시 북구 운암동 중외공원, 전남 장성군 삼서면 학성리 육군

▲ **안중근 모습과 안중근 의사 동상** 왼쪽 사진은 1910년 3월 26일 순국 직전의 모습이며, 가운데 사진은 2006년 하얼빈에 처음 건립되었다가 우여곡절 끝에 2009년 부천 안중근공원에 자리 잡은 동상이고, 오른쪽 사진은 서울 남산공원 안중근의사기념관 마당에 2010년 새로 건립된 동상이다.

보병학교 등에 세워져 있다.

 살아서 파란만장한 삶을 사신 안중근 의사는 죽어서도 파란만장하다고 할까? 동상도 동상이지만 안중근 의사의 유해가 근 100년이 지난 지금까지도 고국 땅에 돌아오지 못하고 있는 것을 생각하면 참 안타까운 일이 아닐 수 없다.

 윤봉길 의사도 1932년 4월 29일, 일본의 상하이사변[上海事變(상해사변): 1932년과 1937년의 두 차례에 걸쳐 상하이에서 발생한 중국·일본 간의 무력충돌사건으로 중일전쟁의 계기가 되었다] 승리 축하 및 천장절(天長節: 일본 천황의 생일로, 이날은 기념일이자 공휴일이다) 기념식이 벌어진 중국 상하이 도심 북동쪽에 있는 홍커우공원[홍구공원(虹口公園), 현 루쉰공원(魯迅公園)]에서 도시락 폭탄을 던져, 일본 수뇌부 2명을 즉사시키고 여럿을 중상케 하는 '홍커우공원 의거[상하이 4·29의거, 홍커우공원 폭탄투척 사건]'를 성사시켜 자신의 목적을 달성하였다. 안중근 의사나 윤봉길 의사 모두 침략자들을 처결하려는 목적을 달성하였다. 아직도 시신조차 확인하지 못하고 있는 안중근에 비해 윤봉길은 그나마 다행이라고 할까, 윤봉길 의사의 묘는 서울특별시 용산구 효창공원에 이봉창 의사의 묘, 백정기(白貞基: 1896~1934) 의사의 묘(이상 윤봉길·이봉창·백정기 세 분을 '3의사'라 한다), 그리고 안중근 의사의 가묘(假墓: 정식으로 묘를 쓰기 전에 임시로 쓰는 묘, 허묘(虛墓: 비어 있는 묘)라고도 한다)와 함께 있으며, 일본 이시카와현 가나자와시[石川縣 金澤市] 대승사(大乘寺) 뒤쪽, 윤봉길 의사가 암매장되었던 곳에 윤봉길 의사 순국 기념비와 더불어 묘소가 있다고 한다.

윤봉길은 의거를 성사시키고 곧바로 자결을 시도했으나 실패, 현장에서 체포되어 일본으로 압송되어 오사카[大阪(대판)] 육군형무소에 갇혔다. 애초 일본군은 윤봉길을 홍커우공원에서 공개 처형하려 했으나 자칫하면 국제적인 영웅으로 떠오를 수 있고, 그로 말미암아 국제 여론이 비등해질 것을 우려, 일본 내 처형을 결정하였다. 1932년 12월 19일 일본 가나자와 육군공병(工兵) 작업장에서 형틀에 묶인 윤봉길은 미간(眉間: 두 눈썹의 사이)에 총알을 맞고 25세(만 24세)의 젊은 나이에 순국하였는데, 시신은 아무렇게나 수습돼 당시에는 쓰레기 소각장이던 가나자와시[金澤市] 노다산[野田山] 공동묘지 관리소로 가는 길 한복판에 표식도 없이 암매장되었다. 후에 묘가 정비되었으며, 시신은 광복 후인 1946년 5월 순국 14년 만에 봉환돼 효창공원 묘소에 안장되었다.

그리고 1972년 국가에서는 윤봉길 의사가 이룩한 업적을 기리기 위해 윤봉길이 태어나고 자란 곳 일대를 '매헌(梅軒) 윤봉길 의사 사적지(사적 제229호, 충남 예산군 덕산면 시량리〈예산군 덕산면 윤봉길로〉에 위치)'로 지정하였다. 처음 이곳에는 1965년 기념탑이 세워지고, 1968년에는 윤봉길 의사의 사당(祠堂)으로서 그의 존영(尊影: 남의 사진이나 영정을 높여 부르는 말)을 모신 충의사(忠義祠)가 세워졌으며, 나중에 그의 생가(生家)인 광현당(光顯堂), 그가 성장하면서 중국으로 망명하기 전까지 살았던 집인 저한당(狙韓堂: 한국을 건져내는 집이라는 뜻), 그리고 그가 농촌 계몽운동을 벌였던 부흥원(復興院) 등이 복원되고 유물전시관 등이 세워졌다.

그런데 충의사 현판(懸板)은 2005년 3월 1일, 전 민족문제연구소 충남지부장 양수철 씨에 의해 철거되는 일이 일어났다. 현판을 떼어내 아예 세 조각을 내버린 양씨는 "국가와 민족을 위해 목숨을 바친 윤봉길 의사의 사당에 친일파 박정희의 현판은 어울리지 않는다."라며 철거 이유를 밝혔다. 이미 양씨는 2004년 1월 충의사 현판 밑에서 성명서를 발표하는 등 수차례 현판 철거를 요구해왔으며, 2004년 8월 15일에는 현판을 직접 철거하려다 미리 알려져 저지를 당한 적도 있다고 한다.

박정희 전 대통령의 친필 현판이 강제로 떼어지기는 이번이 처음이 아니었다. 2001년 11월 곽태영 박정희기념관건립반대국민연대 상임공동대표 등이 서울 종로 탑골공원 정문인 '삼일문(三一門)' 현판을 떼어내 논란이 되기도 하였다. 충의사 현판을 떼어낸 일로 또다시 많은 논란이 되었는데, 문제는 그것이 전부가 아니었다. 몇 달 뒤 새롭게 현판이 복원되었는데, 복원된 현판은 예전과 같은

▲ 매헌 윤봉길 의사 사적지의 충의사와 현판 위 사진은 윤봉길 의사의 영정을 모신 충의사 전경이며, 아래 사진은 똑같은 글씨로 새롭게 복원한 현판 사진이다. 현판 왼쪽에 '1968년 무신년 4월 대통령 박정희'라고 쓰여 있는 것으로 보아 이 현판은 일본군 장교 출신인 다카키 마사오, 대통령을 지낸 박정희가 직접 쓴 것이다.

글씨로 그대로 복원되었으며, 더구나 언제 현판식을 한다는 이야기도 없이 '쉬-쉬-' 하다가 어느 날 슬그머니 복원되었다고 한다. 참 기막힌 일이 아닐 수 없다. 독립운동가의 현판을 친일 경력이 있는 이가 글씨를 쓰고, 그래서 그런 현판을 떼어낼 수밖에 없는 현실과 또 몰래 복원해야만 하는 우리 현실이 슬프지 않을 수 없다. 이렇게밖에 할 수 없는 우리 현실이 안타까울 뿐이다.

1997년 9월 12일 전쟁기념사업회에서 '9월의 호국 인물'로 강우규 의사를 선정하였다. 강우규 의사는 조선 총독으로 부임하는 사이토 마코토[齋藤實]를 암살하려고 마음먹고서, 1919년 9월 2일 사이토가 서울역에 도착하여 마차를 타는 순간 수류탄을 던지는 데 성공하였다[사이토 총독 저격 사건]. 비록 사이토 총독을 살해하는 데는 실패하였지만 신문기자를 비롯한 총독 수행원 등 수십 명을 살상시키는 데 성공하였다.

이봉창 의사 또한 일본 쇼와천황[昭和天皇: 1901~1989, 일본 제124대 천황으로, 이름은 히로히토(裕仁)]을 암살하려고 1932년 1월 8일 천황이 만주국 괴뢰황제 푸이[溥儀: 중국 청나라 마지막 황제]와 도쿄[東京, Tokyo] 교외 연병장에서 관병식(觀兵式)을 마치고 돌아가고 있을 때 사쿠라다문(櫻田門: 현재 일본 경시청 앞에 있는 문) 앞에서 폭탄을 던졌다[히로히토 천황 폭탄투척 사건, 사쿠라다문 의거]. 비록 그를 사망케 하지는 못하였으나 일본에 큰 충격을 주었다. 천황을 죽이지 못했으므로 실패하였다고 볼 수 있지만, 일본 천황을 향한 폭탄 투척은 성공하였으므로 그의 목적을 이루었다고 여길 수 있어 의사라고 부르고 있다. 천황을 죽이지 못한 점을 강조한다면 열사로 볼 수도 있을 것이다.

김구(金九) 암살범 안두희(安斗熙)를 처단한 박기서(朴琦緖) 같은 이를 의사로 평가하기도 한다. 1949년 6월 26일 육군 소위 안두희는 김구가 머물고 있는 경교장(京橋莊)으로 찾아가 45구경 권총으로 그를 사살하였다. 안두희는 현장에서 붙잡혀 처음 무기징역형을 선고받았으나 다시 징역 15년형으로 감형되었다가 1950년 한국전쟁이 일어나자 석방되어 군대로 복귀하였 었다. 이런 사실이 알려져 많은 반발이 일어나자 안두희는 소령으로 예편(豫編: 군인이 현역에서 예비역으로 편입함), 그 후 정권의 비호 아래 군납업자로 상당한 재산을 축적하며 살았다. 이렇게 김구 암살범인 안두희가 아무런 제재도 받지 않고 오히려 잘살자 이에 의분을 느낀 여러 사람이 안두희를 죽이려는 시도를 계속했으나 실패하였다. 위협을 받던 안두희는 숨어 다니다 결국 늙고 병들어 죽기 직전, 1996년 10월 23일 버스 운전기사인 박기서에게 '정의봉(正義棒)'이라고 새겨진 몽둥이(목검)로 머리 등을 맞아 살해되었다. 박기서는 자수하여 재판을 받았는데, 처음 징역 5년형을 받았다가 3년으로 감형, 복역하던 중 1998년 3·1절 특사(特赦: 특별사면의 준말)로 풀려나 택시기사를 하며 산다고 한다. 안두희를 죽인 박기서의 행위에 대해 '살인이다', '의로운 일이다'라는 등 의견이 분분하고, 박기서를 '살인자'로 보는가 하면 '의인(義人)', '제2의 안중근'이라는 등 갖가지 견해가 있었다. 보는 시각에 따라 역사적 평가가 다를 수 있지만, 박기서가 우리나라의 대표적 독립운동가이자 민족주의자인 김구를 암살한 장본인을 마침내 처단하였다는 점에서 '의로운 일을 성공'시킨 것으로 보아 그의 행동은 의사에 해당한다고 볼 수 있다. 혹시 박기서의 행동을 의로운 것으로 보지 않는다면 그 평가는 달라지겠지만.

열사로 불리고 있는 대표적인 사람으로는 이준(李儁; 1859~1907), 유관순(柳寬順; 1902~1920) 등이 있다. 이준 열사는 1907년 6월 5일 네덜란드의 수도 헤이그에서 개최되는 세계평화회의[만국평화회의]에 참석하여 "을사조약[을사늑약]이 조선 황제의 의사에 따라 이루어진 것이 아니라 일본의 강압으로 체결된 조약이므로 무효라는 것을 세계만방에 선언하고, 한국 독립에 관한 여러 나라의 지원을 요청할 것을 제의하라."라는 고종(高宗)의 밀명을 받아 특사[特使: 특별한 임무를 띠고 파견하는 사절(使節: 나라를 대표하여 일정한 사명을 띠고 외국에 파견되는 사람)]로 임명되어 이상설(李相卨; 1870~1917), 이위종(李瑋鍾;

1887~?) 등과 함께 헤이그로 갔다. 세 특사는 일제의 한국 침략을 폭로·규탄하고 을사조약이 무효임을 선언하는 공고사(控告詞: 항소하는 글)를 작성해 평화회의 의장과 각국 대표에게 보냈다. 또 신문에 이를 공표해 국제 여론에 호소하였는데, 신문기자들과 언론들은 세 특사의 활동에 호의적이었으나, 열강의 대표들은 냉담하였다. 이렇게 세계평화회의 의장에게 고종의 친서와 신임장을 전하고 평화회의장에 한국 대표로서 공식적으로 참석하기 위한 활동을 전개하였으나 당시 영일동맹을 맺고 있던 일본과 영국 대표의 방해로 회의에 참석할 자격조차 얻지 못하였다. 이에 울분을 참지 못해 연일 애통하다가 1907년 7월 14일 숙소에서 순국하였다. 이준의 사망에 대해 흔히 할복자살(割腹自殺)한 것으로 알려졌으나, 현지 보도에서 "이미 지난 수일 동안 병환 중에 있다가 호텔에서 죽었다."라고 한 것으로 보아 할복자살을 한 것은 아니라고 한다. 일제의 억압에 대한 반일적인 분위기 속에서 자연스럽게 이준이 영웅화되면서 할복자살설이 떠돈 것으로 추정하고 있다. 여하튼, 이준 열사는 자신이 뜻한 바를 이루지 못하고 순국하였다. 이를 '헤이그 밀사 사건'이라고 하는데, 일제 통감부는 이미 사망한 이준 열사에 대해 궐석재판을 통해 그에게 종신징역을 선고하였으며, 이 사건에 대한 책임을 물어 고종을 폐위시켰다. 그리고 고종의 양위를 받은 순종(純宗)이 즉위하였다. 그동안 이준의 시신은 헤이그 서쪽 외곽에 있는 니우 에이컨다위넌(Nieuw Eykenduynen) 시립공동묘역에 묻혀 있다가 1963년 서울특별시 강북구 수유동 수유리묘지로 이장되었으며, 1964년 서울특별시 중구 장충동 장충단공원에 동상이 건립되었다.

유관순 열사는 1919년 4월 1일(음력 3월 1일), 충남 천안 아우내[병천(並川)] 장터에서 시위를 지휘하고 독립만세를 부르던 중 데모를 진압하러 온 일본 헌병에게 붙잡혀 천안헌병대에서 갖은 고문을 받다가 공주감옥으로 이송되었다. 공주지방법원에서 징역 5년형을 선고받아 경성복심법원에 항소하자 서대문형무소로 이송되었으며, 경성복심법원에서 징역 3년형이 선고되었다. 함께 재판받은 사람들은 모두 고등법원에 상고하였으나, 유관순은 상고하지 않았다. 서대문형무소에서 징역을 살면서 온갖 모진 고문을 받는 가운데 방광이 파열되어 1920년 9월 28일 19세(만 18세)의 꽃다운 나이에 옥사(獄死: 감옥에서 죽음)·순국하였다. 유관순 열사가 죽은 지 이틀 뒤에 이 소식을 들은 이화학당 교장 푸라이와 월터 선생은 형무소 당국에 시신 인도를 요구하였으나 일제는 이를 거부하였다. 당시 서대문형무소에서는 고문 사실이 알려질 것을 우려하여 시신을 내주지 않았다고 한다. 이에 이화학당 교사들이 "유관순의 학살을 국제여론에 호소하겠다."라고 위협하며 강력하게 항의하자 할 수 없이 시신을 내주었다고 하며, 10월 12일 시신을 받아보니 시신은 토막 난 상태의 비참한 모습이었다고 한다(하지만 실제 토막 난 것이 아니라 부검과 부패로 심하게 훼손된 상태였다고 한다). 10월 14일 일본 관헌이 지켜보는 가운데 정동교회에서 장례식이 거행되어 이태원 공동묘지에 묻혔으나 일제가 이태원 공동묘지를 군용기지로 사용하게 되어 미아리 공동묘지로 이장하는 과정에서 묘가 마구 파헤쳐짐에 따라 유골이 사라지는 등 흔적조차 알 수 없게 되었다. 이에 유관순열사기념사업회(1947년 조직)에서 유관순 열사의 원한을 풀어드리고 영혼이나마 편히 쉬게 하고자 1989년 10월 12일 현재 유관순 열사 사우가 있는 충남 천안시 동남구 병천면 탑원리〈천안시 동남구 병천면 유관순길〉 매봉산 기슭에 초혼묘(招魂墓: 시신이나 유골마저 없는 분의 혼백을 모신 묘)를 조성하였다.

국가에서는 유관순 열사의 애국정신을 길이 추모하고 3·1운동의 정신을 널리 알리기 위해 그녀가 태어나고 자란 생가지와 봉화지(봉화터)를 1972년 '유관순열사유적'이라는 이름으로 사적 제230호로 지정[2011년 '천안 유관순 열사 유적'으로 이름 변경]하였으며, 추모각(追慕閣)을 짓는 등 사우(祠宇)를 조성하였다. 이어 이곳에 1977년 봉화탑이 세워지고, 1983년 동상이 건립되었다. 또 1986년에는 추모각에 영정이 모셔졌으며, 1991년 생가가 복원되었고, 2003년에는 기념관이 문을 열었다. 이후에도 초혼묘와 초혼묘봉안기념비, 아우내 독립만세운동 순국자 추모각[아우내 추모각, 순국자 추모각] 등이 조성되었는데, 이외에도 이 일대에는 1986년 '아우내3·1운동독립사적지'라는 이름으로 충청남도지정기념물 제58호로 지정된 '아우내 독립만세운동 기념비', 유관순 열사가 다니던 '매봉교회', 목천초등학교 안에 세워진 '목천 기미독립운동 기념비' 등 유관순 열사의 얼을 느낄 수 있는 곳들이 많다.

그런데 2004년 추모각에 봉안된 영정에 대해 논란이 크게 일어났다. 추모각은 1972년 지어졌으나 장소가 협소하여 1985년 증축되었다. 영정은 1974년 이현근 화백이 좌상(坐像)으로, 1978년에 심원 조중현(心園 趙重顯) 화백이 입상(立像)으로 제작해 모셔오다가 1985년 추모각이 증축되면서 월전(月田) 장우성(張遇聖) 화백이 좌상으로 제작해 1986년 8월 15일 추모각에 봉안하였다. 장우성이 제작한 영정은 교과서와 각종 언론매체에 자주 등장, 유관순 열사의 이미지 형성에 큰 영향을 끼쳤다. 하지만, 장우성 화백이 그린 영정은 유관순 열사가 서대문형무소에 갇혀 있을 때 찍은 '수형자 기록표 사진'을 기초로 하여 그린 탓에 유 열사의 모습을 심각하게 왜곡, "구타와 고문으로 인해 턱과 코, 눈 부분 등이 심하게 부어올라 유 열사 본래의 청순하고 순진한 모습보다는 수심이 가득 찬 모습으로 보인다."라는 등의 지적을 받아왔다. 또 장우성은 지금까지 알려진 친일 미술가 50인 중 한 사람으로, 영정에서 "18세 꽃다운 유 열사의 얼굴을 은폐시키고 중늙은이의 모습으로 심하게 왜곡시켜 놓았다."라는 등의 비판을 받아왔다.

이렇게 장우성이 제작한 영정의 문제점이 계속 드러나자 유관순기념사업회, 이화여고총동창회, 유열사종친회, 유관순연구소 등 4개 기관은 2003년 5월 천안시에 '영정을 새로 제작해달라'는 건의서를 제출하였다. '타당성이 있다'고 판단한 천안시 사적관리소는 유관순 열사의 표준영정을 다시 제

▲ **유관순 열사 유적의 추모각에 봉안된 유관순 열사 영정** 왼쪽 사진은 장우성 화백이 제작하여 1986년 봉안한 것이고, 오른쪽은 윤여환 화백이 제작하여 2007년 봉안한 것으로 유관순열사기념관에서 찍은 사진이다. 오른쪽 새롭게 제작한 영정은 만세운동을 벌이기 직전에 나라를 걱정하는 표정과 의기에 찬 모습으로, 이화학당 교실에서 태극기를 굳게 쥐고 잠시 앉아 있는 자세라고 한다.

작하기로 결정, 2004년 3월 말까지 완료하기로 하고 화가와 계약도 체결하였는데, 정작 영정 제작자로 장우성 화백이 다시 선정되었다. 새로운 영정을 제작하겠다는 소식을 듣고 반겼던 이들은 영정 제작자로 장우성 화백이 다시 선정된 사실이 뒤늦게 알고 당혹감을 감추지 못하였다. 이에 일부 미술계 인사들과 민족문제연구소를 비롯한 사회단체들이 "항일운동의 국민적 상징인 유 열사의 영정을 친일 경력이 있는 화백에게 의뢰한 것은 말도 안 된다."며 분통을 터트렸다. 나아가 "유관순 열사를 두 번 죽일 수 없다."라는 주장이 확대되면서, 결국 윤여환 충남대 교수가 그린 영정이 문화관광부 표준영정 제78호로 지정되어 2007년 2월 28일 추모각에 봉안되었다. 이렇게 친일 경력이 있는 이가 제작한 항일운동가의 영정을 새로운 것으로 교체하였으니 천만다행스러운 일이 아닐 수 없다. 하지만, 아산 현충사와 정읍 충렬사의 이 충무공 영정, 예산 충의사의 윤봉길 의사 영정, 경주 남산과 진천 길상사의 김유신 장군 영정, 서울 봉천동 낙성대 강감찬 장군 영정, 한국은행 본점의 다산 정약용 영정과 정몽주 영정 모두 장우성이 제작한 것이라고 하니 다시 우리 현실이 답답하기도 하다.

유관순은 원래 의사로 불리다가 열사로 바뀌었는데, 비록 만세운동을 성사시켰으나 데모 도중에 잡혀 뜻을 다 이루지 못하고 억울하게 순국한 점에서 열사에 해당한다고 볼 수 있다. 그리고 유관순 열사를 가리키며 보통 '열사'보다 '누나'라는 말을 많이 사용하기도 하는데, 누나는 역사적인 용어가 아닐뿐더러, 어떤 의롭거나 거국적인 일과는 다소 거리가 먼 말이다. 친근감 있고 우리말이라는 데서 민족적인 요소도 있긴 하지만, 될 수 있으면 열사라는 용어를 사용하는 것이 그분에 대한 예의에 걸맞고, 정당한 역사적 평가가 될 것이다.

전태일(全泰壹), 박종철, 이한열 같은 이들도 열사로 보곤 한다. 전태일은 1960년대 서울 청계천 평화시장(동대문 평화시장)에 밀집해 있던 의류제조공장의 열악한 노동환경과 저임금으로 혹사당하던 노동자들의 근로조건 개선을 요구하고 투쟁하였으나 정부의 성의 없는 태도와 탄압, 그리고 사회적 무관심에 결국 '노동자도 사람'임을 주장하며 온몸에 휘발유를 붓고 분신자살한 노동운동가이다.

우리나라는 1960년대부터 산업화가 본격적으로 시작되었는데, '산업역군'과 '경제 발전'이라는 평계로 노동자와 노동운동은 정부로부터 갖은 탄압을 받고 있었다. 평화시장은 1960년대 전후 청계천 복개공사(청계천 복개는 1937~1942년, 1955·1957~1961년, 1965~1967년, 1970~77년 등 몇 차례 있었으며, 2003~2005년에 복원되었다)로 청계천에 대형 건물이 들어서면서 각종 의류제조업체와 상가들이 진출하여 생겨난 시장으로, 이후 생겨난 통일상가·동화시장·신평화시장과 함께 1960년대 후반부터 전국에 각종 기성복을 제조·공급하는 중심지가 되었다. 그러나 이곳은 형편없는 환경 속에 밤낮없이 쉬지 않고 일해야 하는 장시간의 노동 시간과 낮은 임금, 그리고 최소한의 보호 장치도 없는 인권의 사각지대에 놓여 있었다.

평화시장 의류공장에서 재단보조·미싱사·재단사 등으로 일하던 전태일은 어린 여공들이 적은 월급과 열악한 환경, 과중한 노동에 시달리는 것을 직접 보며 노동운동에 관심을 두기 시작하였다. 더욱이 함

▲ **전태일 동상** 전태일 동상은 마석 모란공원 전태일묘에 있는 흉상과 서울 청계천6가 전태일다리 위에 세워진 반신상 등이 있다. 전북 남원 두동초등학교(2000년 송동초등학교로 통폐합)에도 입상이 있다고 하지만, 이 입상은 원래 이승복 어린이 동상인데, 폐교를 민주노동당 중앙연수원(현재 지리산초록배움터)으로 만들면서 전태일 동상으로 변신(?)시킨 것이라고 한다.

께 일하던 한 여공이 가혹한 근로조건으로 말미암은 폐렴으로 강제 해고되는 옳지 못한 일을 보고 충격을 받았다. 특히 1968년에 우연히 노동자의 인권을 보호하는 법인 〈근로기준법〉의 존재를 알게 되면서 해설서까지 구입하여 그 내용을 공부하면서 법에 규정되어 있는 최소한의 근로조건도 지켜지지 않는 현실에 분노하였다. 하여 평화시장 최초의 노동운동 조직체인 바보회와 나중에 이를 계승한 삼동친목회 등을 통해 작업환경 개선을 끊임없이 요구했으나 정부와 업주로부터 번번이 무시당하였다. 심지어 노동운동을 하는 사람은 '빨갱이(사회주의자를 속되게 부르는 말)'로 몰려 노동운동 자체가 발붙일 곳이 없는 상황에서, 결국 1970년 11월 13일 청계천 6가의 평화시장 앞에서 뜻을 같이하는 노동자들과 함께 '우리는 기계가 아니다'라는 플래카드를 들고 거리시위를 벌였다. 그러나 자본가들과 경찰의 방해로 현

수막을 빼앗기는 등 시위가 무위로 돌아갈 위기에 처했을 때, 전태일은 근로기준법 책을 꼭 안은 채 분신자살을 감행, "근로기준법을 지켜라.", "일요일은 쉬게 하라." 등의 구호를 외치며 평화시장 앞을 달리다 쓰러져 병원으로 옮겨졌다. 이 소식을 듣고 병원에 온 어머니에게 전태일은 "내가 못다 이룬 일 어머니가 이뤄주세요."라고 하였으며, 동료에게도 투쟁을 계속해달라고 당부하기도 하였다. 그리고 밤 10시경, 12일 아침 집에서 라면 한 그릇을 먹고 나간 후 이틀 동안 아무것도 안 먹고 굶었던 탓인지 힘없이 "배고프다."라는 마지막 한마디를 남기고 숨을 거두었다고 한다. 전태일의 무덤은 경기도 남양주시 화도읍 월산리〈남양주시 화도읍 경춘로 2110번길〉에 있는 모란공원(마석 모란공원) 민주묘역(민주열사묘역)에 마련되었다.

'전태일 분신자살 사건'은 당시 학생·재야·지식인들에게 커다란 충격과 함께 그동안 경제 성장의 화려한 표어에 가려 어두운 그늘에서 고통받고 있던 노동자들의 현실을 바라볼 수 있게 하는 계기가 되었다. 또 이후 박정희 정권 아래서 뿌리내리지 못하던 노동운동이 조금씩 싹을 틔우기 시작, 우리나라 민주노동운동의 발달에 큰 이정표가 되었다.

이런 전태일의 삶은, 인권변호사로 크게 활약한 조영래(趙英來)에 의해 1983년 『어느 청년노동자의 삶과 죽음』이라는 이름으로 책이 발간〈당시에는 전태일이라는 이름을 쓸 수 없었으며, 지은이도 조영래가 아닌 전태일기념관건립위원회였다. 훗날에야 '조영래, 『전태일 평전』'으로 발간될 수 있었다〉되었으며, 1995년에는 「아름다운 청년 전태일」이라는 이름으로 영화가 제작되기도 하였다. 1998년에는 청계천 평화시장 거리를 '전태일거리[전태일로(路)]'로 고쳐 부르자는 제안도 나왔으며, 2001년에는 민주화운동보상법에 따라 정부로부터 전태일은 '민주화운동관련자'로 공식 인정되기까지 하였다. 또 2005년에는 그가 분신한 곳을 기념하고 그의 정신을 기리기 위해 서울특별시 중구 을지로6가〈서울특별시 중구 청계천로〉청계천 버들다리 위에 반신상(半身像)의 전태일 동상이

▲ **6월민주항쟁 당시 서울역 앞 시위 모습** 1987년 반독재 민주화를 요구하며 전국 각지에서 일어난 6월 민주항쟁으로 대통령 직선제를 얻어냈는데, 박종철과 이한열의 죽음은 6월민주항쟁을 성공하게 하는 아주 큰 계기를 마련해주었다.

조성되었으며, 2010년 11월 13일 전태일 열사 40주기를 맞아 버들다리를 '전태일다리'로 부르자는 현판식도 있었다.

 그리고 당시 서울대생이었던 박종철은 치안본부 대공수사단에 붙잡혀 서울 용산구 남영동 대공분실에서 수배를 받고 있던 선배의 소재를 캐내려는 경찰에게 잔혹한 폭행과 전기고문, 물고문 등을 당하여 1987년 1월 14일 치안본부 대공수사단 남영동 분실 509호 조사실에서 사망하였다[박종철 고문치사 사건]. 경찰은 1월 15일 "조사 과정에서 책상을 '탁' 치니 '억' 하고 쓰러졌다."라는 식으로 공식 발표를 하였다. 이를 믿지 않던 시민들은 시위와 함께 '박종철군 범국민 추도식과 고문 추방 국민 대행진'을 벌여나갔다. 4월 13일 "대통령 직선제로 개헌하자는 논의를 유보한다."라는 전두환 대통령의 특별담화[4·13호헌 조치]가 발표되자 민주화를 요구하는 시위가 크게 확대되었다. 더욱이 5월 18일 천주교 정의구현사제단의 폭로로 박종철 고문치사 사건이 은폐·축소·조작된 사실이 밝혀져 국민들이 크게 분노, '책임자 처벌'과 '호헌 철폐'를 요구하는 시위가 전국 각지에서 크게 일어났다. 이렇게 시위가 계속 확대되어 번지면서 6월 10일에 '박종철군 고문치사 조작·은폐 규탄 및 호헌 철폐 국민대회'를 갖기로 하였다.

그런데 6월 9일 연세대생 이한열이 학교 앞 시위 중 경찰이 쏜 최루탄에 맞아 부상, 중태에 빠지는 일이 발생하였다. 이런 소식을 들은 시민들이 또다시 실망하는 가운데 호헌 철폐, 독재 타도, 민주헌법 쟁취 요구 분위기가 크게 일어나 6월 10일 시민과 학생들의 뜨거운 지지와 함께 대규모 시위가 이루어졌다. 동시에 여당인 민주정의당에서는 노태우 대표위원을 차기 대통령 후보로 지명하였다. 직선제 개헌을 요구하는 시위는 쉬지 않고 계속 확대되고 있었는데, 6월 26일에는 전국 37개 도시에서 100만여 명이 참석하는 대규모 시위가 벌어졌다. 이제는 경찰의 힘으로 시위를 막기에는 역부족이었다. 이때는 회사원·은행원을 비롯한 넥타이 부대까지 시위에 가담하였다. 결국 6월 29일 노태우 민정당 대표위원이 8개 항의 시국수습 내용을 포함한 직선제를 수용한다는 내용을 발표[6·29민주화선언]하여 마침내 대통령 직선제가 이루어졌다. 이후에도 시위는 계속 이어졌는데, 7월 5일 이한열이 끝내 사망하자 7월 9일 '고 이한열 열사 민주국민장'에 수십만 명이 집결한 가운데 대규모 시위가 이어졌다. 이한열의 시신은 광주광역시 북구 운정동 국립5·18민주묘지의 5·18구묘지(옛, 광주 망월동 5·18묘역, 간단히 망월동묘역)에 자리 잡았으며, 연세대학교 교정에 1988년 총학생회에서 조성한 이한열 추모비가 세워져 있다. 그리고 박종철은 죽은 뒤 이틀 후인 1월 16일 화장하여 임진강에 뿌렸기 때문에 현재 경기도 남양주시 모란공원 민주열사묘역에 가묘를 만들어 그를 기리고 있으며, 서울대학교 인문대학과 중앙도서관 사이에 그의 추모비와 흉상이 세워져 있다.

이렇듯 6월 10일부터 6월 29일까지 전국적으로 전개된 반독재·민주화운동을 보통 '6·10민주항쟁, 6월민주항쟁, 6월민중항쟁, 6월민주화운동'이라고 부르며, 간단히 '6·10항쟁 또는 6월항쟁'이라고도 한다. 아무래도 6월항쟁을 거론할 때 박종철과 이한열을 빼놓고 말할 순 없을 것이다. 박종철의 죽음은 6월항쟁의 도화선이 되었으며, 이한열의 부상·사망은 6월항쟁의 기폭제가 되어 마침내 6월항쟁을 승리로 이끌었다고 할 수 있다. 그러나 6월항쟁은 승리했지만, 박종철과 이한열은 경찰에 잡혀 고문당하다 사망하거나 시위를 하다가 다쳐 죽게 되었는데, 흔히 데모(시위)는 비록 그 데모가 이루어졌다 하더라도 데모 자체가 목적이 아니므로 데모 도중에 잡혀가거나 죽는 경우 의사가 아닌 열사로 평가한다. 또 전태일처럼 자신의 몸에 불을 붙여 자살하는 분신자살은 당연히 열사에 속한다.

하지만 의사와 열사의 구분이 칼로 물 베듯이 딱 떨어지는 게 아니다. 목적 달성 여부도 어느 범위까지를 목적 달성으로 보느냐에 따라 달라질 수 있기 때문이다. 의사인 것 같은데 실제 열사로 불리거나 열사인 것 같은데 막상 의사에 속한 예도 있을 것이다. 이런 이유는 역사를 바라보는 시각이 사람마다 서로 다르고, '목적 달성 여부'를 가지고 의사와 열사를 구분하는 지금까지의 기준이 절대적인 것은 아니기 때문이다. 또 의사와 열사를 구분하는 그 어떤 절대적인 기준이 없기 때문이기도 하다.

'목적 달성 여부'를 기준으로 의사와 열사를 구분하는 견해 외에 '무기 사용 여부'를 기준으로 의사와 열사를 구분하는 견해가 있다. 국가와 민족을 위한 행동에서 '무기를 사용한 경우'는 의사에 해당하고, '비폭력·비무장(非武裝)으로 항거하다 자결·순국하신 분'은 열사라는 것이다. 다만 무기를 사용했어도 군인은 제외하곤 한다. 1920년 10월 김좌진(金佐鎭)이 이끄는 북로군정서(北路軍政署)와 홍범도(洪範圖)가 이끄는 대한독립군(大韓獨立軍) 등이 주축이 된 독립군 부대가 만주 허룽현(和龍縣) 청산리(靑山里) 백운평(白雲坪)·천수평(泉水坪)·완루구(完樓溝) 등지에서 일본군과 10여 차례에 결전, 마침내 일본군을 크게 무찔렀다. 이른바 청산리 전투를 승리로 이끌었어도 김좌진 장군이나 홍범도 장군을 김좌진 의사, 홍범도 의사라고 하지 않는 것처럼, 군인이라면 마땅히 무기를 사용하기에 의사에서 제외하는 것이 어쩌면 당연할 것이다.

'무기 사용 여부'를 기준으로 하는 견해도 '목적 달성 여부'를 기준으로 하는 견해처럼 먼저 의사와 열사들의 삶을 살펴보고, 공통적인 요소를 찾아 비교하여 나타나는 것을 그 기준을 삼고 있다. 안중근과 3의사로 불리는 윤봉길·이봉창·백정기(白貞基, 일본 천황 암살 시도)를 비롯하여 장인환(張仁煥, 한국 정부의 외교고문인 친일파 미국인 스티븐스 저격), 전명운(田明雲, 한국 정부의 외부고문인 친일파 미국인 스티븐스 저격), 나석주(羅錫疇, 동양척식회사와 식산은행에 폭탄 투척), 김지섭(金祉燮, 도쿄 궁성에 폭탄 투척), 박재혁(朴載赫, 부산경찰서에 폭탄 투척), 김익상(金益相, 조선총독부에 폭탄 투척 폭파) 등은 의사로 평가받고 있는데, 이들을 살펴보면 대개 무기를 사용하였다. 이준, 유관순과 을사 7열사로 불리는 민영환(閔泳煥, 1905년 제2차 한일협약=을사조약 체결 후 반대하다 자결)·조병세(趙秉世, 을사조약 무효를 주장하다 음독 자결)·송병선(宋秉璿, 을사조약 체결 후 반대하다 음독 자결)·홍만식(洪萬植, 을사조약 체결에 비관하다 음독 자결)·이상철(李相哲, 을사조약 체결 후 반대하다 음독 자결)·김봉학(金奉學, 을사조약 체결 후 이토 히로부미를 살해하려다 사전에 발각되어 음독 자결)·이한응(李漢應 1094년 제1차 한일협약이 맺어지자 개탄하여 음독 자결), 그리고 황현(黃玹, 1910년 한일병합조약으로 나라를 빼앗기자 통분하여 음독 자결), 이만도(李晩燾, 한일병합조약으로 나라를 빼앗기자 단식하다 순국), 김상옥(金相玉: 1890~1923) 등은 열사로 평가받고 있는데, 이들을 살펴보면 대체로 무기를 사용하지 않고 주로 자결과 같은 비폭력적인 방법을 사용하였다. 그래서 '무기 사용 여부'가 의사와 열사를 구분하는 기준이 된다는 것이다. 이 '무기 사용 여부'를 기준으로 하면 강우규와 이봉창을 의사로 평가하는 것이 분명해진다. 강우규는 폭탄을 던져 비록 총독 수행원 등 수십 명을 살상시키는

데 성공하였지만 정작 사이토 총독을 살해하는 데는 실패하였다. 또 이봉창은 폭탄을 던져 일본에 큰 충격을 주었지만 정작 히로히토 천황을 암살하는 데는 실패하였다. '목적 달성'을 이루지 못한 것으로 보아 열사로 평가해야 하지만, 거사를 성사시킨 자체를 '목적 달성'한 것으로 보아 의사로 평가하였다. 그러나 '무기 사용 여부'를 기준으로 하면 아예 문제가 없다. '무기 사용 여부'를 기준으로 하면 '목적 달성 여부'를 떠나 무기를 사용하였으므로 당연히 의사로 평가된다.

'목적 달성 여부'보다 '무기 사용 여부'를 기준으로 의사와 열사를 구분하면 훨씬 명확해질 수 있다. 그런데 문제가 되는 것은 김상옥의 경우다. 한지[韓志, 호가 의엄(義嚴)이지만, 아호인 한지가 더 많이 사용되고 있다] 김상옥은 상하이 등지에서 독립운동을 하다 귀국, 1923년 1월 12일 당시 독립운동 탄압의 본산으로 악명이 높았던 종로경찰서에 폭탄을 던져 많은 일본경찰 및 어용신문 매일신보사의 사원을 다치게 하여 일제의 간담을 서늘케 하였다[종로경찰서 폭탄투척 사건 또는 종로경찰서 투탄(投彈) 의거]. 이 사건에 대해서는 김상옥이 결행했다는 설이 정설이나, 김상옥이 오래전부터 준비해온 사이토 총독 암살을 앞두고 일어난 일이란 점과 목격자가 없다는 점에서 다른 조직의 소행이라는 설도 있다. 이후 김상옥은 피신하여 있으면서 사이토 총독이 회의에 참석하러 도쿄에 간다는 소식을 듣고 그를 암살할 목적으로 서울역 주위를 수일간 배회하였다. 그러던 중 밀고로 그의 은신처가 발각되어 1월 17일 종로경찰서 무장 경찰 20여 명에게 포위되어 그들과 총격전을 벌여 형사부장 등 여러 명을 살해하고 중상을 입힌 후 도망하였다. 그러나 최후의 은신처마저 발각되어 1월 22일 수백 명의 경찰에 포위되어 다시 총격전을 벌이다 수십 명의 경찰을 사살하였으나 그래도 중과부적이라 마지막 남은 탄환 한 발을 자신의 가슴에 발사함으로써 자결하였다. 현재 그의 묘는 서울 동작구 국립묘지(서울 국립묘지·국립서울현충원, 옛 이름은 동작

▲ **김상옥 동상과 추모식** 왼쪽 사진은 서울 마로니에공원에 있는 '김상옥 열사의 상'이며, 오른쪽 사진은 '순국선열 김상옥 의사 의거 순국 제87주년 추모식' 행사장 모습이다. 이렇게 김상옥에게는 열사와 의사라는 용어가 함께 사용되고 있다.

동 국립묘지) 애국지사묘역에 자리 잡고 있으며, 그의 동상은 서울 종로구 동숭동 대학로 마로니에공원에 '김상옥 열사의 상'이라는 이름으로 세워져 있다.

　김상옥은 무기를 사용한 것으로 보아 의사에 해당한다. 그러나 정작 그의 동상에는 '김상옥 열사의 상'이라고 쓰여 있다('김상옥 열사의 상'은 1998년 청동으로 조성된 것으로, 국가보훈처 현충시설로 지정되어 있다). 이는 김상옥이 사이토 총독 암살 시도도 못 하고 발각되어 자신을 잡으려는 자들과 싸우다 자결, 결국 목적을 이루지 못한 것으로 보아 열사로 평가한 것이 아닌가 싶다. 실제 (사)김상옥·나석주의사기념사업회에서도 열사라는 호칭을 사용하기도 하였다. 요즘에는 2010년 1월 22일 (사)김상옥·나석주의사기념사업회가 주관하고 국가보훈처·광복회·효제초등학교가 협찬한 '순국선열 김상옥 의사 의거 순국 제87주년 추모식'에서와 같이 열사 대신

의사라는 호칭을 사용하고 있다. 그러나 각종 언론에서는 여전히 '한지 김상옥 열사 순국 87주기 추모식'이라고 보도하곤 하였다. 이렇게 김상옥에게는 의사와 열사, 두 가지 칭호를 모두 사용하고 있다. 추론해보면, 처음에는 열사라고 하였으나 최근에 의사로 부르는 것이 아닌가 싶다. 그런데 열사에서 의사로 평가를 다르게 했다고 해서 예전에 세워진 동상 이름을 바꿀 수는 없었을 것이다. 그러다 보니 여전히 '김상옥 열사의 상'처럼 열사로 남아 있는 것으로 보인다.

한편 김상옥과 동명이인(同名異人)으로 독립운동가 김상옥(金相沃·尙沃; 1901~1969), 조선 후기 문신 김상옥[金相玉; 숙종 9(1683)~영조 15(1739), 호는 소와(疏窩)], 대한민국의 시조 시인 김상옥[金相沃; 1920~2004, 호는 초정(草汀)] 등이 있는데, 특히 같은 독립운동가인 김상옥과는 한자가 달라 그것으로 구별하거나 '독립운동가 김상옥', '조선시대 문신 김상옥'으로 구별하면 되고, 한자까지 똑같은 소와 김상옥과는 호를 내세워 '한지 김상옥', '소와 김상옥'으로 구분하여 부르면 될 것이다. 그리고 김상옥 열사라고 부르는 이가 또 있는데, 1961년 서울 출생에서 태어나 1980·90년대 민주화운동과 노동운동을 열심히 하다가 1994년 2월 19일 위암으로 사망, 마석 모란공원 민주열사묘역에 자리 잡은 김상옥 씨를 열사라고 부르기도 한다.

여하튼, 의사와 열사 호칭을 정확히 정의할 순 없지만, 대체로 의사는 '애국·충절의 의로운 뜻을 가지고 총기나 폭약과 같은 무기를 사용하여 원하는 목적을 행동으로 완수 또는 실행하신 분', 또는 '나라와 민족을 위하여 항거하다가 의롭게 죽은 사람으로, 성패에 관계없이 무력적인 행동을 통해서 적에 대한 거사를 결행하신 분'이라고 할 수 있다. 그리고 열사는 '애국·충절의 의로운 뜻을 펴기 위해 비무장으로 원하는 목적을 계획·실행하다가 죽거나 죽음으로 항거하신 분', 또는 '나라와 민족을 위해 저항하다가 의롭게 죽은 사람으로, 주로 맨몸으로 싸우다 죽거나 직접적인 행동 대신 강력한 항의의 뜻으로 자결하신 분'이라고 보면 될 것이다. 어쩌면 의사는 공을 이루거나 자신의 뜻을 이룬 분이라고 볼 수 있지만, 열사는 공을 이루지 못하거나 자신의 뜻을 이루지 못하고 안타깝게 돌아가신 분이라고 볼 수 있다. 이런 점에서 '열사는 열 받아 죽은 사람'이라는 통설도 틀리지만은 않을 것이다.

목적 달성 여부를 중심으로 하든 무기 사용 여부를 중심으로 하든 의사와 열사는 수학의 공식처럼 정확히 구별되는 것이 아니다. 어떤 기준이든 간에 편의상 나눈 기준이라는 것이다. 사실 국가보훈처에서는 의사와 열사의 구분 없이 '독립유공자'로 표기하고 순국선열, 애국지사로 구분하고 있다. 민간 학계 등에서 의사와 열사를 통념적으로 구분 짓긴 하지만, 그 기준이 절대적인 게 아니라는 것이다. 또 의사와 열사에 서열이 있는 것도 아니다. 의사와 열사로 구분하는 것보다 정작 중요한 것은 왜 이들에게 의사와 열사라는 칭호를 부여하면서까지 존경의 대상으로 삼고 있는지를 정확히 파악하는 일일 것이며, 무엇보다도 그들의 삶을 본받아 살아가는 일일 것이다. 의사와 열사들의 삶을 본받아 살아가려고 노력하는 자세에 큰 의의가 있을 것이다.

〈목적 달성 여부〉

의사: 하고자 하는 목적이나 뜻을 이룬 애국지사

열사: 하고자 하는 목적이나 뜻을 이루지 못한 애국지사

〈무기 사용 여부〉

의사: 무기를 사용하여 항거한 애국지사(군인은 제외)

열사: 비폭력으로 항거하다 자결·순국한 애국지사

영웅보다 성웅이 높고, 성웅보다 대웅이 높다(?)

역사에 등장하는 사람들 가운데 대다수는 이름도 남기지 못하고 역사의 저편으로 사라져갔지만, 후세에 이름을 남기고 있는 사람들도 적지 않다. 그리고 이름을 남긴 사람들 가운데에는 유명한 사람도 있고, 그저 역사책 속에나 남아 있는 사람들이 있다. 또 유명한 사람들 가운데 그 사람의 인품이나 업적에 따라 위인(偉人)이나 성인(聖人)으로 불리는 사람이 있는가 하면, 영웅(英雄)이나 성웅(聖雄)으로 칭해지는 사람도 있다. 또 성자(聖者)나 대웅(大雄)으로 불리는 사람도 있다.

  이처럼 사람이 다양하다 보니 인물에 대한 평가도 다양할 수밖에 없다. 역사상에 등장하는 사람이라고 다 같은 사람이 아니라, 평범한 사람과 비범한 사람으로 나뉜다. 비범한 사람 가운데에도 위인이나 성인이 있고, 영웅과 성웅이 있으며, 또 성자와 대웅이 따로 있었다. 그러면 위인은 무엇이고, 영웅은 무엇일까? 또 다소 생소하게 느껴지는 대웅이란 무엇을 가리키는 말일까? 평소 많이 사용하면서도 기실 그 정확한 뜻이나 차이를 잘 모르는 것들이 바로 이들 인물과 관련된 용어이다. 따라서 그 의미를 알아보는 것은 역사적 인물을 제대로 이해하는 데 필요하며, 인물을 좀 더 객관적으로 평가하는 데에도 도움이 될 것이다.

  위인·성인이나 영웅·성웅이란 역사 용어라기보다는 일반적인 의미로 사용하고 있는 말이다. 따라서 역사 사전을 찾아보아도 위인이나 성인에 대한 풀이는 나오지 않으며, 영웅이나 성웅에 대한 내용 또한 찾아볼 수 없다. 따라서 일반 사전에서 해석하고 있는 내용과 역사학에서 통념적으로 해석하고 있는 내용을 중심으로 이 용어들에 대해 알아보기로 한다.

위인(偉人)

위인은 한자어 그대로 '위대한 일을 한 사람', '위대한 일을 하여 뛰어난 사람'을 가리키는 말이다. 사람들 가운데에서 평범하지 않은 삶을 살면서 역사에 큰 업적을 남긴 사람을 흔히 가리키는 말이다. '위대한 일'의 범위를 어디에 두어야 하는지, '업적'에 대한 기준을 무엇에다 두어야 하는지에 대해서는 뚜렷한 규정이 없다. 따라서 역사상 위인으로 평가받는 사람은 많을 수도 있고 적을 수도 있다. 결국 어떤 인물을 평가하는 자의 시각에 따라 그 인물이 위인이 될 수도 있고 그렇지 않을 수도 있다. 그래서 어떤 인물에 대한 평가는 오해의 소지가 많을 수밖에 없다.

위인이라는 평가는 객관적이지 못한 면이 있고, 오해의 여지가 있으므로 요즘에는 위인이라는 말보다 '역사 인물', '인물'이라는 용어가 널리 사용되고 있다. 위대한 인물은 아닐지라도 역사상 중요한 위치를 차지하고 있는 사람들이 많다. 실제 역사상에는 위인이라는 사람들보다 그렇지 않은 많은 사람들이 역사 발전에 공헌한 바가 큰 경우가 흔하다. 따라서 위인보다 역사 인물이라는 용어가 더 역사적인 의미가 담긴 말이라고 할 수 있으며, 더 객관적이라고 할 수 있다. 예전 같으면 『한국사 위인전』이라는 식으로 책 제목을 붙였으나, 요즘에는 『한국사 인물전』, 『인물 한국사』, 『인물로 보는 한국사』 등과 같은 방식의 책 제목이 많은데, 이는 이런 경향을 반영한 것이다.

성인(聖人)

성인은 한자어 그대로 '성스러운 사람'이라는 뜻으로, 성자(聖者)와 같은 의미로 쓰이는 말이다. 또 '聖'은 '耳(이: 소리를 듣는 귀)'와 '呈(정: 나타내다, 드러내 보이다)'이 합해진 말로, 성인이란 미래를 알리는 소리를 듣는 사람, 즉 초인(超人)을 가리키는 말이기도 하다.

일반적으로 성인이란 '지혜가 뛰어나고 덕이 높은 모범적인 사람으로서 세상 사람들로부터 숭상받을 만한 사람', '덕과 지혜가 뛰어나 우러러 받들고 모든 사람의 스승이 될 만한 사람'을 가리킨다. 간단히 말하여 성인은 '이상적인 인격을 소유한 사람'이라고 할 수 있다.

중국에서는 백성으로부터 존경을 받은 제왕인 요(堯)·순(舜)·우왕(禹王)·탕왕(湯王) 및 문왕(文王)·무왕(武王)·주공(周公) 등, 문명의 창시자이기도 한 복희(伏羲)·신농(神農) 등, 그리고 공자(孔子) 등을 성인으로 여겨오고 있다. 특히 유학에서는 성인이 되는 것을 수양하는 궁극 목표로 여기기도 하였다. 기독교적인 인격신(人格神)이 없었던 중국에서는 성인을 '최고의 인격자(人格者)'로서 신격(神格)을 대신하는 존재로 추앙하여 받들었다.

성인 또는 성자는 종교 집단에서도 널리 쓰이고 있는 용어로, 어떤 종교에서 본보기가 되는 인물을 가리키는 말이기도 하다. 불교에서는 온갖 번뇌를 끊고 정리(情理)를 깨달은 사람을 성자라 일컫고 있다. 또 종교적 이상을 실현한 사람이나 자비심이 깊었던 사람, 새로운 종파를 창시한 자[개조(開祖)] 등을 성인으로 받들고 있다.

가톨릭에서는 신앙과 성덕(聖德)이 특히 뛰어난 사람에게 성인(聖人)이라는 칭호를 내리고 있는데, 주로 순교자 등 전도(傳道) 사업에 큰 덕행을 보인 인물이나 거룩한 신자들을 심사하여 시성식(諡聖式)을 갖춰 성인으로 추대한다. 특히 성인품(聖人品)에 오른 여성을 성녀(聖女)라고 하는데, '예수의 테레사(Teresa de Jesús)'로 불리는 '테레사 데 세페다 이 아우마다(스페인어 Teresa de Cepeda y Ahumada; 1515~1582)' 등이 그 예이다. 그녀는 에스파냐 카스티야 아벨라의 귀족 집안에서 태어나 20세에 수녀가 되었는데, 평생을 병고에 시달리면서도 그것을 영적인 시련으로 받아들이며 기도하던 중 초자연적인 신비를 체험하였다고 한다. 그리고 '맨발의 가르멜회'를 창설하는가 하면, 에스파냐 전역에 수십 개의 수도원을 세워 수도원 개혁가로서 명성을 떨쳤으며, 『영혼의 성(城)』 등의 책을 써 신비주의 영성작가로도 널리 알려

▲ '아빌라의 성녀 테레사' 조각상과 '콜카타의 복녀 테레사' 모습 왼쪽 사진은 '예수의 테레사'라고 알려진 에스파냐 아빌라 출신 테레사의 모습을 조각한 것이며, 오른쪽 사진은 '빈민의 성녀'로 세상에 널리 알려진 '마더 테레사'의 빈민구제 활동 모습이다.

졌다. 무엇보다도 그녀는 깊은 명상생활이 현실적인 활동과 양립할 수 있음을 보여주었는데, 사후 복녀[福女: 여성 복자(福者: 가톨릭에서 목숨을 바쳐 신앙을 지켰거나 생전에 뛰어난 덕행으로 영원한 생명을 얻었다고 믿어져 공식적으로 신자들의 공경 대상이 된 사람에게 붙이는 존칭) *복자의 아래 단계가 가경자(可敬者)며, 위 단계가 성인이다]로 시복(諡福)되었다가 다시 성녀(聖女: 성자로 인정받은 여자)로 시성(諡聖)되었다. 이에 '아빌라의 성녀 테레사'라고 불리기도 한다.

테레사 수녀 하면, 마더 테레사(Mother Theresa; 1910~1997)가 더 유명하기도 하다. 본명 아그네스 곤자 보야지우(Anjezë Gonxhe Bojaxhiu)인 그녀는 마케도니아 스코페에서 알바니아계 부모에게서 태어났는데, 18세에 아일랜드 로레토 수녀원에 들어간 뒤 인도 국적을 취득, 콜카타(옛 캘커타)의 빈민가에 살면서 1950년 10월 '사랑의 선교회'를 설립하였다. 이후 45년간 빈민과 병자, 고아, 그리고 죽어가는 이들을 위해 헌신하며 살았다. '사랑의 선교회'가 로마 교황청으로부터 설립 승인을 받은 뒤에는 총장을 마더(Mother)라고 부르기로 한 규정에 따라 흔히 그녀를 '마더 테레사'로 부르곤 하였다. '사랑의 선교회'는 계속 확장하여 그녀가 사망할 무렵에는 나병과 결핵, 에이즈 환자를 위한 요양원과 거처, 무료 급식소, 상담소, 고아원(보육원), 학교 등을 포함해 123개 국가에 610개의 선교 단체가 있을 정도로 확대되었다. 1979년 노벨평화상을 받았으며, 1980년 인도에서 가장 높은 시민 훈장인 바라트 라트나(Bharat Ratna)를 받기도 하였다. 평생 가난하고 병든 사람을 위한 구호, 봉사와 희생의 삶을 살아 전 세계에서 '빈자의 성녀', '빈민의 성녀' 또는 '빈민굴의 성자'로 추앙받던 그녀는 1997년 9월 5일에 사망, 인도 국장(國葬)으로 장례가 치러졌는데, 많은 사람들은 그녀가 성녀로 인정될 것으로 기대하였으나, 가톨릭에서는 2003년 10월 그녀를 성자 바로 아래 단계인 복자(福者)로 시복하였다. 이에 '콜카타의 복녀 테레사'라고 불리기도 한다. 일부에서는 테레사 수녀를 '부자들의 성녀'라며 비평하기도 하는데, 빈곤과 가난을 사회문제로 파악하지 않고, 하늘의 뜻으로 받아들여 사랑으로 해결하려고만 한 점을 지적하는 것이다.

영웅(英雄)

영웅은 '뛰어나다'라는 뜻의 '영(英)'과 '수컷', '뛰어나다'라는 뜻의 '웅(雄)'이 합쳐진 말이다. 따라서 영웅은 한자어 그대로 '뛰어난 남자', '뛰어난 사람'으로 해석된다. 일반적으로 영웅이란 재지(才智: 재능과 지혜)와 담력 및 무용(武勇)이 특별히 뛰어난 인물이나 보통 사람으로는 엄두도 못 낼 유익한 대사업을 이룩하여 칭송받는 사람을 가리키는 용어이다.

서양에서 영웅에 해당하는 말인 Hero, Héros 등은 그리스말인 hērōs에서 나왔다고 한다. 이 말은 본래 신과 인간 사이에서 태어난 반신(半身)을 가리켰으나, 남보다 지력(知力)이나 체력 및 전쟁 기술이 뛰어난 사람을 가리키는 말이 되었다.

성인이 주로 인격에 비중을 두었다면 영웅은 주로 업적에 비중을 둔 용어라고 할 수 있다. 따라서 성인은 주로 철학·종교·학문과 관계된 사람이 많은 데 비해, 영웅은 군대나 정치와 관련된 사람이 많은 편이다.

성웅(聖雄)

성웅은 '성스러운 영웅', '거룩한 영웅', '뛰어난 영웅'이란 뜻으로, 영웅 가운데서도 거룩하리만큼 뛰어난 사람을 가리키는 말이다. 따라서 성웅은 영웅보다도 더 높은 대접을 받는 사람이라고 할 수 있다. 많이 알려진 사람으로 이순신이 있다.

대웅(大雄)

대웅은 일반적인 의미로 '큰 영웅', '위대한 영웅'이라는 뜻으로, 영웅 가운데서도 위대한 사람, 즉 '영웅 중의 영웅'을 가리키는 말이다. 이 대웅이라는 용어는 주로 불교에서 사용하고 있는 칭호이다. 대웅은 고대 인도의 '마하비라'를 한역한 말로, 그 유래는 『법화경(法華經)』에서 석가모니 부처님을 위대한 영웅, 즉 대웅이라 일컬은 데서 찾아볼 수 있다. 사람으로 태어나 생로병사라는 인간의 가장 큰 고민을 해결한 석가모니는 남다를 수밖에 없었다. 따라서 석가모니는 영웅 가운데서도 가장 큰 영웅이며, 영웅 중의 영웅, 즉 대웅에 해당하였다. 나중에는 대웅이라는 말 자체가 아예 석가모니불(釋迦牟尼佛)을 가리키는 말이 되었으며, 석가모니불이 모셔진 건물을 대웅전(大雄殿)이라고 부른다. 때에 따라서는 대웅이란 말이 '위대한 어른'이란 뜻으로 모든 부처님에게 공통으로 사용되기도 하는데, 이에 석가모니불이 아닌 다른 부처님을 모신 건물을 대웅전이라고 한 곳도 있다.

흔히 대웅을 성인보다 높은 것으로 보고 있는 사람들이 있다. 이 사람들은 영웅보다 성웅이, 또 성웅보다 대웅이 더 높은 것으로 말하기도 하는데, 사실 성웅과 대웅은 그 접근하는 방향이 다른 것이다. 따라서 성웅과 대웅을 높고 낮음으로 비교하는 것은 적절하지 않다. 다만 불교적인 입장에서 생각하면 부처님이란 인간을 초월하는 존재이므로 당연히 성웅보다 높은 것으로 볼 수 있다. 그러나 부처님을 다른 무엇과 비교한다는 것 자체가 무리인지도 모른다.

　어떤 인물을 영웅이나 성웅으로 평가하는 기준 또한 위인을 판단하는 기준과 마찬가지로 애매모호하다. 사실 정확한 기준이 없다. 누구를 영웅으로 평가해야 하는지의 문제는 오로지 평가하는 자의 견해에 달려 있다고 할 정도이다. 따라서 역사에 등장하는 인물을 굳이 영웅이나 성웅으로 구별할 것이 아니라 '역사 인물'로 부르는 것이 바람직할 것이다.

위인: 위대한 일을 한 사람
성인: 이상적인 인격을 소유한 사람
　　　순교자
　　　종교적 이상을 실현하게 한 자
영웅: 뛰어난 인물
성웅: 거룩한 영웅
대웅: 위대한 영웅(영웅 중의 영웅)
　　　부처님(석가모니)

역사는 과거보다 현재를 더 중요시한다

역사는 단순히 과거나 알자고 하는 게 아니다. 단순히 과거를 알기 위해서 외울 것도 많고 어렵기도 한 역사를 배우는 것은 결코 아닐 것이다. 아무리 과거 역사적 사실을 많이 알고 있어도 현실에서 역사적 판단 하나 제대로 하지 못한다면 그 알고 있는 과거는 아무 소용이 없는 죽은 지식에 불과할 것이다.

　흔히 역사 하면 과거를 먼저 떠올리고, 또 역사학 하면 과거에 일어난 역사적 사실들을 연구하는 학문으로만 생각하기 쉽다. 심지어 옛날이야기를 많이 알고 있으면 역사를 많이 아는 것으로 여기기도 한다. 그러나 그렇지 않다. 역사학은 과거를 연구 대상으로 하지만 과거를 위해 연구하는 학문이 아니다. 역사에서 과거를 알려고 하는 것은 그 과거를 통해 현재를 알기 위해서이고, 또한 현재를 잘 알아야 미래를 알 수 있기 때문이다. 현재를 잘 알기 위해서는 과거를 알아야 하기 때문에 과거를 알려고 하는 것이다.

 만약 과거는 하나도 모르지만 현재를 아주 잘 알고 있는 사람이 있다면, 이 사람은 과거와 현재를 고루 조금씩 알고 있는 사람보다 더 역사적인 사람일 수 있다. 문제는 현재를 더 잘 아는 데 초점이 있는 것이지, 과거를 많이 아는 데 있지 않다. 역사에서 가장 중요한 것은 현재이다. 현재 자신이 살고 있는 시대가 가장 중요하다. 과거 조상이 아무리 훌륭하였더라도 현재 내 모습이 형편없다면 결국 나 자신은 형편없는 사람에 불과하다. 다만 현재 나 자신이 형편없을 경우, 그것을 극복하기 위해서는 과거 조상의 훌륭한 점을 살펴볼 필요가 있다. 그렇게 함으로써 해결 방법을 모색할 수 있으며, 무엇보다도 예전에 훌륭했던 것이 지금은 어째서 형편없이 되었는지 그 원인을 찾아낼 수 있다. 요컨대 현재를 아주 잘 아는 사람이라면 굳이 애를 써가면서까지 힘들게 과거를 알아야 할 필요가 없다. 하지만 과거를 알지 못하고는 현재 또한 잘 알 수 없는 것이 현실이다.

 결국 현재를 잘 알려면 과거를 잘 알아야 할 필요가 있다. 즉 역사학은 현재를 알기 위해 과거를 대상으로 연구하는 학문이다. 따라서 역사에서 정작 관심을 둬야 할 것은 과거가 아닌 현재이다. 요즘 역사학에서도 현재의 역사를 더 강조하곤 한다. 예전에는 역사를 '과거 사실을 정확히 기록'하는 것으로만 생각하였다. 서양에서도 19세기까지는 '과거 사실을 사실대로 기록'하는 것이 역사라고 강조하였다. 그러나 20세기에 들어서면서 역사는 '과거 사실을 현재의 입장에서 재구성'하는 것으로 여기기 시작하였다. 역사를 아무리 객관적으로 기록한다 할지라도 기록하는 자의 주관이 들어갈 수밖에 없으며, 또 사실을 사실대로 기록하는 것은 사실상 불가능하고, 더구나 현실을 무시한 채 과거 사실에만 집착하는 것은 문제가 있다고 생각하였기 때문이다. 기록도 중요하지만, 해석도 중요하다는 게 20세기 역사학의 추세이다. 따라서 오늘날 역사학은 '과거 기록이 사실대로 기록되어 있느냐?'를 연구하기도 하지만 '과거 사실을 어떻게 해석하느냐?'에 더 큰 비중을 두기도 한다.

과거 사실을 오늘날의 입장에서 어떻게 해석하느냐의 문제는 역사를 배우는 목적과 일맥상통한다. 즉 과거 사실에만 얽매이지 않고 현재의 입장에서 과거를 새롭게 본다는 점은 현재를 알기 위해 과거를 살펴보는 점과 같다는 것이다. 결국 과거 역사를 현재 역사로 되살리는 것이 역사를 배우는 목적이고, 과거 역사를 현재 역사로 되살리도록 하는 자세가 역사를 대하는 바람직한 자세라고 할 수 있다.

가령 조선시대 이순신을 조선시대의 이순신으로만 평가한다면 그 이순신은 살아 꿈틀거리는 이순신이 아니라 단순히 역사 기록에나 남아 있는 이순신에 불과할 것이다. 따라서 조선시대 이순신을 오늘날의 이순신으로 재조명함으로써 이순신이 현재 살고 있는 사람들의 삶에 가장 바람직하게 되살아날 것이다. 이래야 이순신이 이순신다울 수 있으며, 여기에 역사의 참모습이 있을 수 있다.

사실 역사적 인물을 평가하기란 여간 까다로운 게 아니다. 보는 사람에 따라 그 시각이 다양할 수밖에 없기 때문이기도 하지만, 역사적 인물을 평가하면서 부수적으로 따르는 문제로 더 괴롭힘을 당하는 경우가 많기 때문이다. 한 인물을 긍정적으로 평가하면 그다지 큰 문제가 발생하지 않지만, 만약 부정적으로 평가하면 그 인물과 관련된 사람들로부터 온갖 비난을 받는 일이 종종 있었다. 역사는 주로 비판을 하는 학문이다. 과거 사실이나 널리 알려진 사실들을 그대로 인정하는 것이 아니라 그것들을 의심하고 비판하여 더 나은 현재를 건설하려고 연구하는 학문이 역사학이다. 만약 기존에 주어진 사실들을 그대로 받아들이려고만 하는 사람이 있다면 그는 역사를 배울 필요가 없다.

역사가(歷史家)나 역사에 관심이 많은 사람은 남들로부터 '너는 어째서 세상을 부정적으로만 보느냐!'라는 소리를 자주 듣게 된다. 당연한 소리다. 어쩌면 그런 소리를 자꾸 듣는 사람일수록 그는 역사가에 가까울 것이다. 왜냐하면 역사는 비판을 주로 하는 학문이기 때문이다. 그런데 다시 한 번 생각해보면 역사가는 결코 부정적인 사람이 아니다. 오히려 긍정적인 사람이다. 왜냐하면 세상일에 대해 비판 없이 무조건 긍정적으로 생각하는 사람은 주어지는 현실을 그냥 받아들이고만 사는 사람이기 때문이다. 그런 사람에게서는 발전을 기대하기 어렵다. 이런 점에서 세상을 긍정적으로만 보는 사람이 오히려 부정적으로 사는 사람일 수 있다. 반면 주어지는 세상을 그대로 받아들이지 않고 비판하면서 사는 사람은 더 나은 세상을 창조할 수 있다. 그래서 비판하며 사는 사람이 오히려 세상을 긍정적으로 보는 사람일 수 있다.

'역사가는 세상을 부정적으로 본다.'라는 말은 잘못된 것이다. 정확히 말하면, 역사가는 세상을 부정적으로 보는 사람이 아니라 비판적으로 보는 사람이요, 창조적으로 보는 사람이다. 부정과 비판은 다른 것이다. 비판은 부정과 달리 생산적이고 미래 지향적이다. 세상을 긍정적으로 사는 것도 필요하겠지만, 그보다 더 중요한 것은 비판적으로 사는 것이다. 역사는 긍정 속에서 발전하는 것이 아니라 비판 속에서 발전하는 법이다.

우리나라 역사에 유명한 인물로 김춘추(金春秋)와 김유신(金庾信), 이순신(李舜臣), 이도[李祹=세종(世宗)] 등이 있다. 김춘추와 김유신은 삼국통일의 위업을 이룩한 당사자로 특히 김춘추는 뛰어난 외교관으로 알려진 인물이다. 이순신은 조일전쟁[임진왜란]이라는 국가 위기를 온몸을 바쳐 극복한 명장으로 알려진 인물이며, 이도(세종)는 조선 4대 왕으로 우리 민족의 글자인 한글을 창제하는 등 성군(聖君)으로까지 추앙받는 인물이다. 신라가 삼국을 통일했다는 것에 대해 논란의 여지가 있긴 하지만 김춘추가 뛰어난 외교력으로 신라 발전과 삼국통일에 지대한 공헌을 한 위대한 인물이라는 점은 사실이다. 또 김유신이 김춘추와 함께 신라 발전과 삼국통일에 이바지한 뛰어난 장군이자 훌륭한 인물이라는 점 또한 분명한 사실이다. 이순신은 다 쓰러져가는 위기에서 나라를 구한 뛰어난 장군이요, 나라를 위해 온몸을 바친 충신이라는 사실 또한 부정할 수 없는 사실이다. 특히 이순신은 세계 해군사(海軍史)에서도 널리 인정받고 있을 만큼 위대한 장군임이 분명하다. 그리고 이도(세종)는 재위 기간 국방과 과학 및 경제, 예술 문화 등 모든 분야에 걸쳐 찬란한 업적을 많이 남김으로써 흔히 세종보다 세종대왕으로 더 많이 불리기도 하는 위대한 왕임이 분명하다.

따라서 김춘추나 김유신, 이순신, 이도의 삶을 본받아 사는 것은 필요한 일일 것이다. 그렇다고 이들의 삶을 그대로 받아들이기만 해서는 안 될 것이다. 전해지는 사실들을 그대로 받아들이는 것은 역사를 대하는 올바른 자세가 아니기 때문이다. 좀 더 새로운 각도에서 이들 인물을 평가하여 잘된 점은 배우고 잘못된 점은 반성하여 각성하는 것이 필요하다. 이미 위대한 인물로 평가받은 사람일지라도 배우지 말아야 할 점이 있을 것이다. 하여 역사적 인물은 이미 평가한 대로 받아들이지 말고 새롭게 재평가할 필요가 있으며, 그렇게 함으로써 더 나은 인물로 재구성하여 현재 사람들에게 바람직한 방향으로 영향을 줄 수 있을 것이다. 그런 의도에서 김춘추·김유신·이순신·이도(세종)를 새로운 시각이나 현재의 시각으로 재평가해보기로 한다. 이들은 워낙 유명한 인물이다 보니 어쩌면 그만한 비판도 있어야 하지 않을까 싶다.

역사적 인물 또한 나날이 새롭게 태어나야 한다

김춘추

당과 연합하여 백제를 정복하고 삼국통일의 기초를 마련한 인물로 알려진 김춘추(603~661)는 신라 진덕여왕(眞德女王)의 뒤를 이어 왕위에 오른 최초의 진골(眞骨) 출신 왕으로, 신라 제29대 왕(재위 654~661)이다. 성은 김(金)씨, 이름(본명·휘)은 춘추(春秋)인데, 진지왕(眞智王)의 손자로 이찬(伊飡) 용춘(龍春)의 아들이다. 어머니는 천명부인(天明夫人)으로 진평왕의 딸이며, 부인은 문명부인(文明夫人)으로 각찬(角飡) 김서현(金舒玄)의 딸, 즉 김유신(金庾信)의 누이동생인 문희(文姬)이다. 재위한 지 8년 만에 59세의 나이로 죽었는데, 시호는 무열(武烈), 묘호(廟號)는 태종(太宗)이다. 그래서 태종무열왕이라고 부른다.

태종무열왕의 묘는 현재 경북 경주시 서악동〈경주시 서악동 능남길〉 선도산 동쪽 구릉에 있는 5기의 큰 무덤 가운데 가장 아래쪽에 있는데, 공식 명칭이 '신라 무열왕릉〈사적 제20호〉'이다. 태종무열왕릉은 신라의

▲ **태종무열왕릉비** 능의 좌측에 세워져 있는 비로, 현재 비의 몸통[빗돌·비신(碑身)]은 없어진 채 받침돌 위에 머릿돌만 올려놓았다. 표현이 사실적이고 생동감이 있어 마치 살아 움직이는 듯한 느낌을 준다. 비의 크기나 뛰어난 조형미를 보아 김춘추가 대단한 인물이었음을 능히 짐작할 만하다.

왕릉 가운데 무덤 주인을 확실히 알 수 있는 유일한 것이라고 하는데, 통일신라시대의 다른 무덤에 비해 봉분 장식이 소박한 편이다.

그리고 태종무열왕릉의 앞 좌측에 태종무열왕릉비(국보 제25호)가 있다. 통일신라 때 세워진 비(碑)들은 대개 중국 당나라의 영향으로 거북 모양 받침돌[귀부(龜趺)]에 이무기가 새겨진 머릿돌[이수(螭首)]을 하고 있는데, 태종무열왕릉비는 이런 양식이 나타난 최초의 예라고 한다. 통일신라 문무왕 원년(661)에 건립된 이 비는 이수의 앞면 중앙에 "太宗武烈大王之碑(태종무열대왕지비)"라고 새겨져 있어 이 비의 주인공이 누구인지를 정확히 밝히고 있다.

고구려와 백제를 멸망시키고 신라를 일약 강대국으로 만드는 데 중추적 역할을 담당한 인물 가운데 한 사람이 바로 김춘추이다. 그는 신라가 중국 당(唐)나라와 연합하는 데 있어서 아주 뛰어난 외교력을 발휘하여 나당연합(羅唐聯合: 신라와 중국 당나라의 연합)을 성공하게 한 인물로 잘 알려졌다. 실제 그렇게 배우기도 하였다. 과연 김춘추는 뛰어난 외교가였을까?

결론부터 말하면, 그렇지 않다는 것이다. 그 당시 동아시아 정세에서, 신라와 당나라의 연합은 쉽게 맺어질 수밖에 없는 분위기에서 이루어진 것이었다. 신라는 자신들보다 강국인 고구려와 백제를 물리치기 위해서 다른 세력의 도움이 절대적으로 필요하였으며, 또 당나라는 고구려와의 전쟁에서 패배를 계속하여 '어떻게 하면 복수를 할 수 있을까?' 고심(苦心)하며 고구려에 대해 이를 갈고 있었던 처지라, 두 나라는 쉽게 손을 잡을 수밖에 없었다. 이러한 상황에서 김춘추가 중국에 찾아가 협조를 요구하면서 내건 조건이, 백제와 고구려를 멸망시킨 후 얻은 대부분의 영토(대동강 이북의 땅)를 당나라에 준다는 것이었다. 이 조건은 당나라의 처지에서 보면 꿩 먹고 알도 먹는 조건이었다. 고구려에 대해 복수를 하고 싶지만, 고구려는 당나라 혼자서 공격하기에는 아직은 벅찬 상대였다. 그런데 신라가 도와줘 함께 양쪽에서 고구려를 공격하고, 뺏은 땅도 거의 다 준다니 이거야말로 더 바랄 것이 없는 조건이었다. 나아가 백제와 고구려를 멸망시키고 잘하면 아예 신라까지 지배할 수도 있으니 당나라는 속으로 쾌재를 부르면서 나오는 웃음을 감춰가며 신라의 요청을 어렵게 받아들여 신라를 '도와주는' 입장이 되었다.

그 결과 나당연합군에 의해 660년 백제가 멸망하고, 668년 고구려까지 멸망하였다. 그리고 백제와 고구려 땅에 당나라가 영향력을 행사할 수 있는 웅진도독부(熊津都督府) 등 5도독부와 안동도호부(安東都護府) 등 9도호부가 각각 세워졌다. 또 당나라는 신라 땅에 계림도독부(鷄林都督府)를 설치하여 영향력을 행사하였다. 비록 신라는 백제와 고구려 유민과 함께 당나라와 싸워[나당전쟁(羅唐戰爭)] 676년 당나라를 몰아내고 삼국통일을 이루긴 하지만 고구려 땅의 대부분은 당나라 땅이 되어 불완전한 통일일 수밖에 없었다. 심하게 말하면 통일이라고 할 수 없었다. 더구나 그로부터 얼마 되지 않은 698년 고구려의 옛 땅에 발해가 들어서 결국 3국시대가 2국시대[신라와 발해(또는 통일신라와 발해): 남북국시대]로 개편된 것에 불과하였다.

결과가 이런데 과연 김춘추를 뛰어난 외교관이라고 할 수 있을까! 삼국이 다투던 그 당시 고구려, 백제, 신라가 하나의 민족이라는 의식이 아직 없었던 점을 고려하더라도 김춘추의 외교 조건은 결코 유리하거나 대등하지 못하고 굴욕적이었다. 이것은 김춘추가 아닌 그 누구라도 할 수 있는 조건이었다. 또한 이런 조건이라면 그 누구도 싫어하지 않을 것이다. 결국 김춘추의 외교술이 뛰어나서 나당연합이 이루어진 것이 아니라 그 누구도 거절하지 않을 조건이었기에 나당연합이 이루어진 것이다. 김춘추는 결코 뛰어난 외교가가 아니었으며, 그 같은 외교라면 삼척동자라도 할 수 있었을 것이다.

김춘추를 '뛰어난 외교관'이라고 평가한 사실을 그대로 받아들이지 않고, 김춘추의 외교에 대한 비판을 통해 '다시는 이 같은 외교를 해서는 안 된다.'라는 점과 '도와준다고 하지만 막상 자신들의 이익을 꾀하는 게 우방(友邦)'이라는 사실을 명심할 필요가 있다. 이럴 때 과거 역사가 현재의 역사로 되살아나는 것이 아닐까 싶다.

김유신

중국 당나라의 지원을 받아 삼국통일에 중심적인 역할을 한 김유신(595~673)은 본관이 김해(金海), 이름(본명·휘)은 유신(庾信)으로, 가야(伽倻)의 시조 김수로왕(金首露王)의 12대손이다. 아버지는 김서현(金舒玄), 할아버지는 김무력(金武力), 증조부는 금관가야(金官伽倻)의 마지막 왕으로 법흥왕 19년(532) 신라에 투항한 구해왕[仇亥王: 구형왕(仇衡王)이라고도 함]이다. 어머니는 만명부인(萬明夫人)이며, 어머니의 아버지는 숙흘종(肅訖宗), 할아버지는 진흥왕의 아버지인 입종갈문왕(立宗葛文王), 증조부는 지증왕(智證王)이다.

김유신의 가문처럼 가야가 멸망할 때 신라에 투항하여 신라 지배층에 편입된 가야 왕족은 비록 진골 귀족(眞骨 貴族)으로 편입되기는 했지만, 아직 안심할 만한 세력을 이루지 못하였다. 하여 신라 왕족이나 왕족 출신과의 결혼 등을 통해 대(大)귀족이 되고자 하였는데, 김유신은 자신의 여동생을 김춘추에게 시집보내고, 자신의 본부인이 죽자 김춘추의 딸을 재취 부인으로 맞이하였다. 이에 김유신은 김춘추의 매제(妹弟: 여동생의 남편)이자 사위였다.

김유신은 진평왕 31년(609) 화랑(花郎)이 되어 용화향도(龍華香徒)라 불린 낭도(郎徒)를 이끌었으며, 훗날 국선(國仙)에까지 올랐다. 여동생 문희가 김춘추와 혼인하여 중앙정계로 진출할 수 있는 발판이 마련되었는데, 필사본 『화랑세기(花郎世紀)』에 따르면, 612년 미실(美室)의 손녀이자 하종공(夏宗公)의 딸인 영모(令毛)와 혼인하였다고 한다. 그러나 학계에서는 『화랑세기』

를 위서(僞書)로 간주하여 정설로 인정하지 않는 것이 일반적이다.

이후 많은 전투에 참여하여 승리로 이끄는 가운데, 선덕여왕 16년(647) 1월에는 여왕을 폐하려고 난을 일으킨 상대등(上大等) 비담(毗曇)과 염종(廉宗)의 반란군을 토벌하였으며, 654년 3월 진덕여왕이 후사 없이 죽자 재상으로 있던 이찬(伊飡) 알천(閼川)과 의논하여 이찬 김춘추를 왕으로 추대하였다. 655년에는 김춘추의 딸 지소(智炤)를 아내로 맞았다.

김춘추와 함께 삼국통일의 위업을 달성하고자 많은 전투를 이끌면서 마침내 당나라 군대의 지원을 받아 백제·고구려와의 전쟁에서 승리, 태대각간(太大角干)의 최고 직위에 올랐다. 그러나 당나라가 물러가지 않자 신라와 당나라 간 전쟁이 이어졌는데, 김유신은 삼국통일을 목전에 둔 673년 79세의 나이에 병으로 사망하였다. 사후 흥덕왕 때인 835년 특별히 '순충장렬 흥무대왕(純忠壯烈 興武大王)'으로 추존되어 왕으로 지위가 격상되었다.

현재 김유신의 묘는 경북 경주시 충효동⟨경주시 충효2길⟩에 있는데, 묘 주인만큼이나 12지신상이 유명하다. 그를 모신 사당으로는 길상사(吉祥祠: 충북 진천군 진천읍 벽암리⟨진천군 진천읍 문진로⟩에 있는 김유신 장군의 사당), 숭무전(崇武殿: 김유신묘 아래에 있는 김유신 장군 사당) 등이 있으며, 그를 조각한 동상으로는 서울 남산공원의 '김유신 장군상', 경주 황성공원의 '김유신 장군상'을 비롯하여 주로 초등학교 등 여러 곳에 세워져 있다. 김유신은 김해 김씨의 중시조로 추대되었으며, 경주의 서악서원 등에 제향 되었다.

김유신묘(사적 제21호)는 삼국통일의 일등공신인 김유신답게 지름이 30m 정도로, 묘 가운데 제법 큰 규모를 하고 있다. 또 봉분 아래에 호석(護石: 능이나 묘의 둘레에 돌려 쌓은 돌로, '둘레돌'이라고 한다)을 배치하고 그 주위에는 돌난간을 둘렀는데, 김유신이 흥덕왕 때 '흥무대왕'으로 추존되면서 왕릉의 예로 묘를 조성하면서 둘레돌로 장식한 것으로 파악되고 있다. 이 둘레돌에는 조각이 없는 것과 12지신상(十二支神像)을 조각한 것을 교대로 배치하였는데,

특히 12지신상은 평복을 입고 무기를 들고 있는 모습으로, 몸은 사람의 형체이고 머리는 동물 모양을 하고 있다. 이처럼 무덤 주위의 둘레돌에 12지신상을 조각하는 것은 통일신라 이후에 보이는 무덤양식으로, 성덕왕릉부터 시작된 것으로 파악되고 있다.

흔히 관광지나 사찰에 가면 '사람 몸에 동물 얼굴을 한 12지신'을 새긴 직사각형 형태의 목걸이를 파는데, 이 12가지 종류의 목걸이 가운데 "자신의 띠에 맞는 목걸이를 목에 걸고 다니면 행운이 온다."라고 말하기도 한다. 바로 이 목걸이에 그려진 그림은 대개 김유신묘의 둘레돌에서 그대로 따온 것이 많다. 목걸이가 아니더라도 시중에 널리 유통되고 있는 12지신상 그림 또한 김유신묘의 둘레돌 그림을 바탕으로 만들어진 것들이 많다.

김유신은 유명한 장군이다 보니 그와 관련된 이야기가 널리 알려져 있다. 그의 조카인 관창과 관련하여 황산벌전투 이야기가 유명하며, 그의 처남이자 사위인 김춘추와 관련된 이야기 또한 잘 알려졌다. 그리고 어린 시절부터 자주 들었던 이야기로 김유신과 그의 말에 관한 이야기가 있다.

김유신은 젊은 시절 화랑으로서의 공부는 소홀히 하고 술 마시며 천관녀(天官女 *대개 기생이라고 하고 있으나, 기녀가 아니라 하늘에 제사를 지내는 무녀라는 주장 등이 있다)라는 여자하고 놀기를 즐기다가 어머니로부터 꾸지람을 듣게 된다. 그래서 다시는 그녀의 집으로 출입하지 않고 공부에 열심히 몰두하겠다고 결심하였다. 그런데 어느 날 술에 취하여 깨어나 보니 천관녀의 집이었다. 김유신이 술에 취한 사이에 그의 애마(愛馬)가 그곳으로 모시고 간 것이었다. 대장부의 결심이 이래서야 되겠느냐며 자신이 아끼고 아끼던 말을 그 자리에서 목을 베어 죽여버렸다. 그리곤 그때부터 화랑으로서의 수련에 더욱 열중하였다고 한다. 『삼국사기』와 『삼국유사』에 의하면, 김유신이 돌아간 뒤 천관녀는 그의 무정함을 원망하는 「원사(怨詞)」를 지었다고 한다. 그리고 천관녀가 죽은 뒤, 그녀가 살던 집터에는 천관사(天官寺)라는 절이 세워졌다고 한다.

우리는 김유신과 천관녀에 관한 이런 이야기를 어린 시절, 선생님이나 어른들한테서 들으면서 모름지기 "김유신을 본받아야 한다."라는 말을 익히 들어왔다. 또 "김유신이 자신이 아끼는 말까지 죽이면서까지 공부에 열중한 것처럼 여러분도 하고 싶은 것 다 하면서는 공부하기 어렵다."라고 강조하는 말까지 자주 들었다.

하지만 곰곰이 따져 생각해보면, 여기에 나오는 김유신에게서 크게 배울 게 없다. 아니 '김유신처럼 살아서는 안 된다.'라는 것을 배울 수 있다. 생각해보라! 김유신을 여자 집으로 데려간 그 말이 무슨 잘못이 있는가? 오히려 말은 주인에게 충실하였을 뿐이다. 평소 버릇처럼 주인이 술에 취해 정신이 몽롱해지자 말은 당연히 예전에 그랬던 것처럼 그 여자의 집으로 주인을 모셔 갔던 것이다. 여자 집으로 가게 한 건 정작 말이 아니라 말의 주인이다. 잘못이 있다면, 지금까지 그렇게 길들여왔던 주인에게 있지, 충실하게 그녀의 집으로 모셔 간 말에게 있지 않다. 근본적인 잘못

▲ **김유신묘와 둘레돌 12지신상** 둘레돌의 조각은 양각으로 새겼는데, 대단히 세련된 솜씨를 보여주고 있다. 둘레돌이 거창하게 조성된 점이나 뛰어난 솜씨로 보아 김유신 또한 대단한 인물이었음을 짐작할 만하다.

은 그날 정신을 못 차릴 정도로 술을 마신 주인에게 있다. 말이 잘못한 게 아니라 주인이 잘못한 것이다. 그렇게 주인의 잘못인데도, 그 책임을 말에게 전가하고 있으니 잘못되어도 한참 잘못된 이야기다. 언제 말한테 '그곳에 가면 안 된다.'고 말이라도 해줬어야지! 그곳에 가지 않도록 다시 버릇을 들여 놓든가 했어야지! 그렇게 하지 않은 김유신 자신이 문제지, 말이 무슨 잘못을 했다고, 말에게 화풀이한단 말인가!

이렇게 올바르지 못한 인간성을 배우라고 가르쳤으니, 아니 못된 인간성을 닮으라고 아이들에게 몰래 심어주고 있었으니, 한번 생각해볼 만한 일이다. 이제 우리는 김유신과 천관녀, 아니 김유신과 말에 관한 이야기를 통해 '자신의 잘못을 남에게 떠넘기는 그런 인간이 되어서는 안 되겠다.'라는 점을 배워야 할 것이다. 적어도 김유신처럼 살아서는 안 될 것이다. 이럴 때 우리는 과거의 김유신을 오늘날의 김유신으로 재창조하여 김유신보다 더 나은 김유신으로서 바람직한 삶을 살 수 있을 것이다.

이순신

조일전쟁[임진왜란] 당시 일본의 침략을 물리친 명장 이순신(1545~1598)의 본관은 덕수(德水), 자는 여해(汝諧)이고, 순신(舜臣)은 본명(휘)이다. 그의 가계는 고려 때 중랑장을 지낸 이돈수(李敦守)로부터 내려오는 문반(文班)의 가문으로, 이순신은 그의 12대손이 된다. 아버지는 이정(李貞)이며, 어머니는 초계 변씨(草溪 卞氏)로 변수림(卞守琳)의 딸이다. 서울 건천동(乾川洞: 지금의 중구 인현동 부근)에서 셋째 아들로 출생하여 그곳에서 어린 시절을 보냈다. 8세 때 할아버지인 이백록(楓巖公)이 기묘사화에 연루되어 관직을 박탈당한 후 조광조의 묘소가 있는 경기 용인으로 내려가 은거하자 아버지 또한 벼슬을 단념한 채 외가이자 처가 근처인 충남 아산으로 이사함으로써 이순신은 아산에서 청소년기를 보냈다.

이순신은 28세 되던 해인 선조 5년(1572) 무인 선발시험인 훈련원 별과(訓鍊院 別科)에 응시하였으나 달리던 말이 거꾸러지는 바람에 말에서 떨어져 왼쪽 다리가 부러지는 부상으로 합격하지 못하였다. 다시 4년 뒤 32세의 늦은 나이로 식년(式年) 무과(武科)에 응시하여 병과로 급제하여 권지훈련원 봉사(權知訓鍊院 奉事)로 처음 관직에 나갔다. 이어 여러 관직을 거쳐 선조 19년(1586) 조산보 만호(造山堡 萬戶)가 되었는데, 이때 여진족(女眞族)의 침입을 막지 못하고 패하여 그 죄로 백의종군(白衣從軍: 벼슬 없이 군대를 따라 싸움터에 나감)하게 되었다. 그 뒤 전라도 관찰사 이광(李洸)에게 발탁되어 다시 관직에 올라 이후 정읍 현감(縣監) 등을 거쳐 선조 24년(1591) 유성룡(柳成龍)의 천거로 절충장군(折衝將軍: 정3품 당상관 무관에 해당하는 품계로, 무관이 오를 수 있는 가장 높은 품계. 그 이상은 무관일지라도 문관에 해당하는 품계를 받는다) · 진도 군수(郡守) 등을 지냈으며, 전라좌도수군절도사(全羅左道水軍節度使: 정3품 무관 관직)로 승진한 뒤, 좌수영(左水營)에 부임하여 군비 확충에 힘썼다.

 1592년 조일전쟁[임진왜란]이 일어나자 옥포에서 일본 수군과 첫 해전을 벌여 30여 척을 격파하였다. 옥포대첩 승리에 이어 사천포해전 · 당포해전 · 당항포해전 · 한산도대첩 등에서 왜군을 격파하는 전공을 세워 자헌대부(資憲大夫:정2품 문관 품계), 다시 정헌대부(正憲大夫: 정2품 문관 품계)에 올랐다. 또 안골포해전 · 부산포해전 등에서도 적을 크게 무찔렀다. 1593년에 최초의 삼도수군통제사(三道水軍統制使: 정3품 무관 관직)가 되었으며, 1594년 명나라 수군과 합세한 가운데 장문포해전에서 육군과 합동작전으로 일본군을 격파함으로써 서해안으로 진출하려는 일본군의 전략에 큰 타격을 가하였다. 한편, 명나라와 일본 사이에 화의가 시작되어 전쟁이 소강상태로 접어들었을 때에는 병사들의 훈련을 강화하고 군비를 확충하는가 하면, 피난민들의 민생을 돌보고 산업을 장려하는 데 힘썼다.

 1597년 조일전쟁[정유재란] 당시 일본은 이중간첩으로 하여금 가토 기요마사[加藤淸正(가등청정)]가 바다를 건너올 것이니 수군을 시켜 생포하도록 하라는 거짓 정보를 흘리는 계략을 꾸몄다. 이를 사실로 믿은 조정(朝廷)은 나가 싸울 것을 명령하였으나 이순신은 일본의 계략임을 간파하여 출동하지 않았다. 이에 대한 책임으로 파직당하여 서울로 압송되어 투옥되었다. 사형에 처할 위기에까지 몰렸으나 우의정 정탁(鄭琢)의 변호로 죽음을 면하고 도원수(都元帥: 고려·조선시대 전시에 군대를 통솔하게 한 임시 무관직으로, 대개 문관이 맡았다) 권율(權慄)의 밑에서 두 번째로 백의종군하였다.

이순신의 후임으로 원균(元均)이 수군을 지휘하였는데, 원균은 조정의 명령에 따라 육군의 지원 없이 칠천해전[칠천량해전(漆川梁海戰)]에서 왜군과 싸웠으나 참패, 원균 자신마저 육지로 후퇴하다가 전사하였다. 상황이 이렇게 되자 다시 수군통제사로 재임명된 이순신은 남은 13척의 배와 빈약한 병력을 거느리고 명량에서 133척의 적군과 대결하여 31척을 격파하는 대승을 거두었다. 명량대첩에서의 승리로 조선은 다시 해상권을 회복하였는데, 1598년 9월 일본의 도요토미 히데요시[豊臣秀吉(풍신수길)]가 죽자 일본군은 철수를 시작하였다. 선조 31년(1598) 11월 19일, 노량에서 퇴각하기 위하여 집결한 500척의 적선을 발견하고 중국 명(明)나라 수군 제독 진린(陳璘)과 같이 공격하였다. 이 노량해전에서 이순신은 일본군과 혼전을 벌이는 도중 적이 쏜 유탄에 맞아 54세의 나이로 전사하였는데, 아들이 슬픔을 못 이겨 통곡하려 하자, 이문욱(李文彧)이 곁에서 곡을 그치게 하고 옷으로 시신을 가려 보이지 않게 한 다음, 북을 치며 앞으로 나아가 싸울 것을 재촉하여 일본군을 대파하였다고 한다. 이렇게 일본군은 전투에서 많은 장수와 군대를 잃고 패배했으나 가토 기요마사, 고니시 유키나가[小西行長(소서행장)] 등의 주요 지휘관들은 탈출에 성공하여 본국으로 귀환하였다. 이로써 조일전쟁은 막을 내렸다.

이순신은 전사한 직후에 우의정에 추증되었다. 선조 37년(1604)에는 권율, 원균 등과 함께 선무 1등 공신[선무공신(宣武功臣) 1등] 및 덕풍부원군(德豊府院君)에 추봉된 데 이어 좌의정으로 추증되었고, 인조 21년(1643)에는 '충무'라는 시호를 받아 충무공(忠武公)이라 부르게 되었다. 정조 17년(1793) 다시 영의정으로 추증되었다.

이순신의 묘는 충남 아산시 음봉면 삼거리〈아산시 음봉면 음봉면로〉어라산(於羅山) 기슭에 있으며, 사적 제112호로 지정되었는데, 공식 이름은 '이충무공묘(李忠武公墓)'이다. 처음에는 아산 금성산 아래에 무덤을 만들었다가 16년 후인 광해군 6년(1614)에 지금의 자리로 옮겼다고 한다. 무덤 앞에는 정조 18년(1794)에 세워진 어제비(御製碑: 임금이 몸소 지은 비문이 있는 비)와 비각, 충신문(忠臣門) 등이 있다.

이순신의 위패나 영정을 모신 사당으로는 통영 충렬사(忠烈祠: 경남 통영시 명정동〈통영시 충렬로〉에 위치. 사적 제236호), **남해 충렬사**(忠烈祠: 경남 남해군 설천면 노량리〈남해군 설천면 노량로183번길〉에 위치. '노량 충렬사'라고도 부른다. 사적 제233호), **여수 충민사**[忠愍祠: 전남 여수시 덕충동〈여수시 충민사길〉에 위치. 이순신이 전사한 지 3년 뒤인 선조 34년(1601)에 사액(賜額: 임금이 이름을 지어서 새긴 편액을 내리는 일)을 받아 지어진 것으로, 아산 현충사보다 백여 년 전에 지은 충무공 관련 사액사당 제1호이다. 사적 제381호], **아산 현충사**[顯忠祠: 충남 아산시 염치읍 백암리〈아산시 염치읍 현충사길〉에 위치. 숙종 32년(1706) 세워 이듬해 사액을 받은 사당으로, 현재 이순신 관련 사당으로는 가장 큰 규모의 사당이다. 이 일대가 사적 제155호 '아산이충무공유허牙山李忠武公遺墟'로 지정되었다], **한산도 충무사**[忠武祠: 경남 통영시 한산면 두억리〈통영시 한산면 문어포길〉에 위치. 이 일대가 사적 제113호 '한산도이충무공유적閑山島 李忠武公遺蹟'으로 지정되었다], **순천 충무사**(忠武祠: 전남 순천시 해룡면 신성리〈순천시 해룡면 충무사길〉에 위치. 전라남도 문화재자료 제48호), **묘당도 충무사**[忠武祠: 전남 완도군 고금면 덕동리〈완도군 고금면 세동84번길〉에 위치. 이 일대가 사적 제114호 '묘당도 이충무공 유적(廟堂島 李忠武公 遺蹟)'으로 지정되었으며, 충무사를 보호하는 사찰로 옥천사가 있다] 등이 있다.

또 이순신 동상은 서울특별시 종로구 세종로 광화문 앞에 세워진 '충무공이순신장군상'을 비롯하여 부산광역시 중구 광복동(부산광역시 중구 용두산길) 용두산공원, 경남 통영시 동호동(통영시 남망공원길) 남망산공원[충무공원], 경남 통영시 정량동(통영시 멘데해안길) 이순신공원[(옛)한산대첩기념공원], 전남 목포 유달산(儒達山), 충남 아산시 방축동(아산시 신정로) 신정호(神井湖) 국민관광단지 등에 세워져 있다. 또 전남 진도 울돌목에 건립된 국내 최대 규모의 충무공 이순신 장군 동상을 비롯하여 전국 초등학교 곳곳에도 세워져 있어, 우리나라 역대 인물 가운데 세종과 함께 가장 많은 동상이 세워진 것으로 짐작된다.

그런데 2010년 11월 14일, 광화문 이순신 동상이 임시 철거되면서 광화문 이순신 동상에 대한 문제가 크게 제기되었다. 1968년 처음 광화문에 세워진 이래 40년이 넘는 세월 동안 대한민국 서울의 한복판에서 '온갖 역사적 사건'을 지켜보던 광화문 이순신 동상이 이제는 '속이 썩어 붕괴될 위험'이 있어 보수 작업을 받아야 했다. 그래서 철거하여 40일 동안 치료를 한 후 다시 제자리로 모시게 되었다. 그래서 기왕이면 단순히 내부 보수 작업만 할 것이 아니라 이 기회에 "아예 그동안 지적되어 왔던 이순신 동상의 잘못된 부분까지 고치자"라는 주장이 제기되었다.

이전부터 광화문 이순신 동상에 대한 문제점이 거론되곤 하였는데, 그 내용은 크게 ① 이순신 장군은 왼손잡이가 아닌데도 불구하고 동상은 오른손에 칼을 쥐고 있어 왼손으로 오른손 칼집에 든 칼을 잡아 뽑기 어려우므로 마치 항복하는 장수의 모습 같다는 점, ② 더구나 잡고 있는 칼이 일본도(日本刀)로서 이순신이 실제 착용하던 것이 아닌 의식용 칼이고, 더구나 의식용 칼임에도 실제보다 축소하였다는 점, ③ 입고 있는 갑옷이 '두루마기처럼 입는 형태의 조선식 갑옷'이 아니라 '덮어쓰는 형태로 만들어진 중국식 갑옷'이라는 점, ④ 동상의 얼굴이 이순신 장군의 표준영정과는 다르며, 오히려 이 동상을 조각한 김세중 씨의 얼굴과 닮았다는 점, ⑤ 동상 앞에 조성한 독전고(督戰鼓: 장수가 전투를 독려하기 위해 치는 북)가 '세워져 있지 않고 옆으로 누워 있어' 용맹한 이순신의 이미지와는 정면으로 배치된다는 점, ⑥ 동상과 거북선, 좌대 등의 전체 조형물 형태와 구성 원리가 일본 미야자키현에 있는 일본 해군 발상지기념비와 흡사한 점 등이었다. 심지어 ⑦ 충무공 동상이 충무로에 세워지지 않고, 광화문(세종로)에 들어선 점도 어색하다는 지적도 있었다.

이 같은 지적에 대해 동상 제작에 직간접으로 관여하거나 지금의 동상을 옹호하는 쪽에서는 "① 동상은 전시(戰時)가 아닌 평시(平時) 모습을 생각하여 만들었기 때문에 왼손이 아닌 오른손에 칼을 잡게 하였으며, ② 아산 현충사에 있는 실제 장군의 칼이 일본도이고, 이 칼을 참조해 제작하였을 뿐이고, ③ 중국식 갑옷은 이당 김은호 화백이 그린 영정을 참조한 것이며, ④ 장군의 표준영정은 동상이 제작된 지 5년이 지난 1973년에 지정되어 얼굴 모습이 다를 수밖에 없다."고 말해왔다. 그리고 "⑤ 동상이 얼마나 사실에 부합하느냐보다 그 인물이 지니는 역사적 의미를 강조하는 표현이 중요하고, ⑥ 다른 어떤 동상보다도 예술적 가치가 뛰어나며, ⑦ 이미 40여 년 동안 광화문 네거리를 지키고 있는 것 자체가 역사적인 가치가 있다."라고 하였다.

그동안 광화문 이순신 동상의 문제점을 줄기차게 지적해온 '문화재제자리찾기운동'의 혜문 스님을 비롯한 각종 단체와 뜻있는 이들은 이번 보수공사 때 다시 예전대로 복원된 이순신 동상에 대해 실망하면서 "짝퉁(?) 이순신 장군 동상을 재설치해야 한다."라는 주장을 계속하고 있다.

사실, 문제가 있는 것은 동상만이 아니라고 한다. 현재 사용하고 있는 100원짜리 동전에 새겨진 이순신 장군의 옷차림이나 이순신 장군의 영정·초상화 가운데 갑옷이나 전립(氈笠·戰笠: 조선 시대 무관이 쓰던 병거지. 원래는 북방 호족들이 사용하였는데, 우리나라에서 언제부터 사용하였는지는 확실치 않으나 병자호란 이후에 많이 쓴 것으로 여겨짐)을 착용한 모습이 아닌 관복 차림의 모습을 볼 수 있는데, 이 모습은 영의정의 예우를 갖춰 그려진 것이라고 한다. 실제 이순신이 살아생전 그런 복장을 한 적이 없다고 한다. 무장으로서 이름을 떨친 이순신 장군의 모습과는 다소 거리가 먼 모습이라고 하겠다. 더구나 이순신의 표준영정을 그린 이가 월전 장우성인데, 장우성은 친일 미술가 50인 중 한 사람으로 알려졌다. 이런 "친일 경력이 있는 사람이 그린 게 나라를 구한 이순신 장군의 표준영정이라면 문제가 있다."라는 지적이 계속되기도 한다. 앞으로 광화문 이순신 동상이 어찌 될지, 이순신의 표준영정 또한 어찌 될지? 그 귀추(歸趨: 일이 되어가는 형편)가 주목되는 가운데, 대한민국의 한 사람으로서 우리는 무엇을 할 수 있는지 묻지 않을 수 없다. 이순신 장군에게 부끄럽지 않을 수 없다.

이순신은 조일전쟁 중에 가장 뛰어난 무장으로 큰 공을 세워 위기에 처한 나라를 구하였을 뿐만 아니라 민족사에 길이 남을 인물로 평가받고 있다. 한마디로 이순

▲ **이순신 장군 동상과 영정** 왼쪽 사진은 광화문광장에 세워진 동상으로, 왼손이 아닌 오른손에 칼을 쥐고 있고, 북이 누워 있는 점 등이 논란이 되고 있다. 오른쪽 사진은 아산 현충사 본전에 봉안된 영정(영정이 유리액자에 모셔져 빛이 반사하는 문제로 사진촬영이 어려워 영정의 아랫부분 일부가 잘린 상태이다)으로, 월전 장우성이 그린 것이다. 동상과 영정 모두 논란이 되고 있다.

신은 조선시대 충신이요, 명장이며, 세계 해군사로 보아도 훌륭한 지휘관이다. 따라서 우리에게는 그냥 이순신이 아니요, 항상 '이순신 장군'이었으며, '성웅 이순신'이었다. 특히 이순신은 박정희 전 대통령이 가장 존경하는 인물이었기에 박정희 정부 시절에 크게 주목을 받기까지 하였다. 국가적 차원에서 영화까지 만들었으며, 아산 현충사가 대규모로 정비되고 성역화되었다. 또 이순신을 소개하는 책마다 그를 신처럼 묘사하곤 하였다. 이순신은 오로지 나라 걱정만 하고, 나라를 위해서만 사는 것처럼 알려졌다. 그런 "이순신을 본받아라."라고 하였고, '이순신처럼 살도록' 양으로 음으로 강요받기까지 하였다.

그러나 한번 생각해보자. 오늘날에도 이순신같이 살아야 하는지? 이순신이 충신인 것은 사실이다. 다만 조선시대에 그렇다는 것이다. 그러나 현대적인 의미에서도 그가 과연 충신인지 아닌지는 따져 봐야 한다. 조선시대는 유교 사회였으며, 왕권 중심 사회였다. 따라서 신하가 왕에게 충성하는 것은 당연하며, 비록 왕이 잘못한다 하더라도, 왕을 함부로 탓하거나 몰아낸다는 것은 쉬운 일이 아니었다. 이순신도 마찬가지였다. 왕이 잘못하고 있어도 고칠 것을 왕에게 말하지 않았다. 상소라는 열린 공간이 있어도 이순신은 왕을 탓하지 않고, 묵묵히 자신의 일에만 충실하였다. 그리고 전쟁이라는 큰일이 터지자 이때도 별다른 불만 없이 충실히 싸우다가 죽기까지 하였다. 사실 이순신에게 무슨 잘못이 있는가? 잘못이 있다면 왕이 정치를 잘못한 것이 잘못인데, 오히려 왕은 살고 이순신은 죽었다.

현재 우리나라는 민주국가이다. 민주국가는 대통령이 잘못하면 국민들은 "대통령이 잘못한다."라고 말할 수 있으며, 대통령이 잘못하면 국민들이 대통령을 쫓아낼 수도 있다. 말없이 시키는 대로 사는 사람은 민주시민으로서의 자질이 부족한 사람이다. 아무런 불평도 없이, 항의나 데모 한번 안 하고 사는 사람들은 민주시민으로서 부여된 권리를 포기하고 사는 것일 수도 있다. 민주국가인 우리나라의 교육 목표 가운데 하나가 '민주시민으로서의 자질을 함양'하는 데 있다. 따라서 민주시민이 되기 위해서는 시키는 대로만 하거나 가만히 있어서만은 안 된다. 즉 '이순신처럼 살면 안 된다', '조선시대 이순신처럼 묵묵히 살아서는 안 된다.'

민주사회에서는 잘못된 것이 있으면 "잘못했다."고 말하면서 바로잡아야 한다. 자신의 일에만 빠져 조용히 사는 것도 좋지만, 만약 사회가 잘못 돌아가면 바로잡도록 노력하는 일도 필요하다. 그래야 민주사회가 된다. 조선시대 이순신처럼 묵묵히 준비만 하고 있다가 큰일이 터지면 그때야 나아가 싸우다 죽는 꼴이 되어서는 안 된다. 잘못된 것이 있으면 미리미리 말하여 고쳐나가야 한다. 그렇게 조금씩 고쳐나가야 한다. 그래야 큰 화를 막을 수 있다. 이러자고 하는 게 민주주의요, 이런 자세로 사는 사람이 민주시민이다. 잘못된 것이 있으면 말해야 하고, 나아가 서로 힘을 합쳐 고쳐야 한다. 이제 우리는 조선시대 이순신에서 과감히 벗어나 오늘날의 이순신, 살아 숨 쉬는 이순신으로 재창조해야 한다. 자신의 일에 충실한 이순신, 그러면서도 "잘못된 것은 잘못됐다."라고 항의할 줄도 알고, 바로잡아가며 사는 이순신! 이런 이순신으로 오늘을 살아야 할 것이다.

이도(세종)

이순신과 더불어 우리 역사에서 가장 존경받는 인물 가운데 한 분이자 '조선의 성군(聖君)'으로까지 일컬어지는 이도[1397. 4. 10.(양력 5. 15.)~1450. 2. 17.(양력 4. 8.)]는 조선 제4대 왕(재위 1418~1450)으로, 본관은 전주(全州), 이름은 도(祹), 자는 원정(元正)이다. 태종 이방원(李芳遠)의 셋째 아들로, 어머니는 원경왕후 민씨(元敬王后 閔氏)이며, 부인은 심온(沈溫)의 딸 소헌왕후(昭憲王后)이다. 태종 8년(1408) 충녕군(忠寧君)에 봉해지고, 1412년 충녕대군(忠寧大君)에 진봉(進封)되었다.

태종에게는 왕후 민씨 소생으로 양녕(讓寧)·효령(孝寧)·충녕·성령(誠寧) 등 네 명의 대군이 있었는데, 원래 태종의 뒤를 이을 왕세자는 양녕대군이었다. 그러나 태종은 생각을 바꿔 '자신이 애써 이룩한 정치적 안정과 왕권을 이어받아 훌륭한 정치를 펴기에는 충녕이 적합하다.'라고 판단, 양녕대군을 폐위하고자 하였다. 그런데 양녕대군에겐 두 아들이 있어 그를 폐하고 새로운 세자를 세우는 일은 쉽지 않았기 때문에 의견이 분분하였다. 태종의 마음은 이미 셋째 아들인 충녕대군에게 쏠려 있었다. 1418년 6월 태종은 "충녕대군은 천성이 총민하고, 또 학문에 독실하며 정치하는 방법도 잘 안다."라는 택현(擇賢: 어진 사람을 고르는 것)의 명분 아래 충녕을 세자로 책봉하였다. 세자 충녕대군은 1418년 8월 태종의 선위[禪位: 왕이 살아서 다른 사람에게 왕위를 물려주는 일. '양위(讓位)'라고도 한다]로 22세의 나이로 왕위에 올랐다. 이 분이 바로 우리가 흔히 세종이라고 부르는 이다.

세종은 아버지 태종이 이룩한 강력한 왕권과 안정적인 정치적 기반을 바탕으로 우리나라 역사에서 가장 훌륭한 유교 정치를 실현하고, 찬란한 문화를 이룩하였다. 이 시기에 조선은 정치·경제·사회·문화 등 모든 분야에서 기틀이 잡혔다. 즉 집현전을 통해 많은 인재가 양성되고, 유교 정치의 기반이 되는 의례를 비롯한 각종 제도와 법이 정비되었으며, 다양하고 방대한 편찬사업이 이루어졌다. 또한 훈민정음이 창제되고, 농업과 과학 및 의약 기술이 크게 발전하였으며, 음악 등 예술 분야에서도 괄목할 만한 정리가 이루어졌다. 더욱이 4군 6진의 설치와 쓰시마 정벌을 비롯한 국토 확장 등 수많은 사업을 통해 국가의 기틀을 확고히 다졌다.

이런 업적을 남긴 세종 이도는 어려서부터 몸이 약한데다가 무리할 정도로 나랏일을 한 탓에 집권 후반 건강이 몹시 나빠졌다. 중풍, 임질(성병), 노안 등 각종 질병에 자주 시달려서 병석에 누워 업무를 볼 수 없게 되자 마침내 1445년부터는 세자 이향[李珦: 조선 5대왕 문종(文宗)]에게 섭정(攝政: 임금을 대신하여 나라를 다스림)을 하도록 하였다. 그러나 병이 깊어 1450년 54세의 나이로 사망하여 '장헌영문예무인성명효대왕(莊憲英文睿武仁聖明孝大王)'이라고 일컬어졌는데, 이에 시호는 장헌(莊憲)[장헌대왕], 존호는 영문예무인성명효대왕(英文睿武仁聖明孝大王)이며, 세종(世宗)은 묘호(廟號)이다. 또 묘호[墓號·능호(陵號)]는 영릉(英陵, 사적 제195호)으로, 경기도 여주에 있는데, 처음에는 경기도 광주(廣州)에 있었으나 예종 1년(1469)에 이곳으로 옮긴 것이다. 왕비 소헌왕후 심씨(昭憲王后 沈氏)도 합장되었다.

　세종은 우리나라 역사 인물 가운데 인기 순위 1·2위에 오르는 인물인 만큼 그의 이름이나 얼굴이 널리 사용되고 있다. 현재 사용하고 있는 만 원권 지폐에도 그의 초상화가 그려져 있고, 동상만 해도 서울특별시 종로구 세종로 광화문광장의 '세종대왕', 서울특별시 영등포구 여의도동〈서울특별시 영등포구 여의대로〉 여의도공원의 '세종대왕', 서울특별시 중구 정동〈서울특별시 중구 덕수궁길〉 덕수궁[德壽宮: 원래는 경운궁(慶運宮)이었지만, 고종이 이곳에 살면서 바꾸었다] 안에 있는 '세종대왕상', 경기도 여주군 능서면 왕대리〈여주군 능서면 왕릉로〉에 있는 영릉(英陵)의 '세종대왕상', 경기 여주군 여주읍 홍문리〈여주읍 홍문리 세종로〉 한전사거리에 세워진 '세종대왕상' 등이 있다. 또 전국 각지, 특히 대다수 초등학교에 세종대왕 동상이 세워져 있다. 이뿐만 아니라 세종이란 이름이 널리 사용되고 있는데, 서울시 세종로에 있는 세종문화회관, 남극에 세워진 세종과학기지 등이 있으며, 대한민국 해군의 이지스 구축함 이름에도 세종대왕이라는 이름이 사용되고 있다. 심지어 현재 우리나라 기념일 가운데 하나인 스승의 날(5월 15일) 날짜도 세종이 태어난 날을 양력으로 환산하여 잡은 것이라고 한다. 청와대 본관 앞의 왼쪽에 있는 건물 이름도 세종관이라고 하며, 최근에는 충남 연기군 일대에 세종시(世宗市)라는 이름으로 행정도시가 출범(2012. 07. 01.)하였다 .이렇게 문화·과학·국방·교육·정치를 비롯한 여러 방면에서 세종과 관련된 이름이 사용되고 있다. 세

▲ **세종대왕 동상과 영정** 왼쪽 사진은 서울 광화문광장에 세워진 동상 모습으로, 동상 앞에 훈민정음·앙부일구(해시계)·측우기·혼천의 등이 조각되어 있으며, 동상 뒤편에 있는 문으로 들어가면 세종대왕 체험관과 충무공 체험관으로 연결되어 있다. 오른쪽 사진은 여주 영릉에 전시된 영정 모습으로, 친일 경력이 있는 운보 김기창(雲甫 金基昶)이 그린 것이다.

종을 모르면 대한민국 사람이 아닐 정도로.

　흥미로운 점이 있는데, 세종대왕의 여러 동상을 살펴보면 대부분 왼손은 책을 펼쳐 들고 있고, 오른손은 쭉 펼치고 있는 모습을 하고 있다. 그 책은 다름 아닌 훈민정음으로, 세종의 업적 가운데 한글을 창제한 것을 상징하여 그 훈민정음을 펼쳐 들고 있는 모습이다. 서울 광화문광장의 세종대왕 동상에는 왼손에 훈민정음을 펼쳐 들고 있을뿐더러 동상 아래에도 훈민정음을 또 조각해놓았다. 훈민정음 창제는 세종의 업적 중에서도 가장 빛나는 업적으로 생각하였기에 동상마다 훈민정음을 조각하였을 것이다.

　그런데 과연 한글은 세종이 창제한 것일까? 세종이 아닌 집현전 학자들이 만들었다는 주장도 있지만, 대체로 집현전 학자보다 주로 세종이 만든 것으로 이야기되고 있다. 실제 세종이 음운학이나 언어학에서 뛰어난 능력을 보인 것이 사실이기도 하다. 이제는 한글을 누가 만들었느냐는 문제로 크게 논란이 되지는 않는다. 다만 한글을 만든 목적이 무엇이냐에 대해서는 짚고 넘어갈 게 있다.

당시 조선은 한자를 쓰고 있었는데, 불편한 게 많았다. 이에 세종은 "나라의 말이 중국과 달라서 한자와 서로 통하지 아니하므로 어리석은 백성이 말하고자 하나 제 뜻을 능히 펴지 못하는 자가 많으므로, 내 이를 불쌍히 여겨 새로 28자를 만드나니 사람마다 쉽게 익혀 일용(日用)에 편하게 하고자 할 따름이다(國之語音 異乎中國與文字 不相流通 故愚民有所欲言 而終不得伸其情者多矣 予爲此憫然 新制二十八字 欲使人易習使於日用矣)"라고 한 『훈민정음』 서문에서 훈민정음을 만든 의도를 잘 말하고 있다. 즉 '중국의 한자음을 정확하게 통일하는 것'이 훈민정음을 만든 일차적 목적임을 밝히고 있다. 그런데 이 서문의 내용을 가지고 '세종이 백성을 사랑하여 그들을 위해 한글을 만든 것처럼' 이야기하곤 하였다. 나아가 '세종은 백성을 끔찍하게 생각하여 백성을 위한 정치를 추진한 것처럼' 가르치기도 하였다.

과연 그랬을까? 세종이 백성을 사랑하여 한글을 만들었을까? 세종이 한글을 만든 데에는 그런 마음도 있었을 것이다. 그러나 이것만으로는 다 설명되지 않는다. 다른 어떤 숨은 의도가 있었다고 본다. 세종 때 많은 제도와 의례(儀禮)가 정비되면서 이것들을 제대로 실현하기 위해서는 백성들이 잘 따라줘야 했다. 그런데 조정(朝廷)에서 아무리 좋은 방안을 마련하여도 글을 모르는 백성들에게까지 잘 전달되지 않았다. 이에 백성들이 쉽게 알아들을 수 있는 글이 필요하였다. 글을 알면 조정에서 하고자 하는 일을 쉽게 파악하여 실천할 수 있었기 때문이다. 한마디로 백성을 쉽게 지배하기 위해서라고 할까!

'백성을 사랑해서'라고 하지만 다른 시각에서 보면 백성을 사랑해서라기보다 '백성을 효율적으로 통치하기 위해서' 한글을 만든 것으로 볼 수도 있다. 중앙집권체제를 강화하려는 방안의 하나로 한글이 만들어졌다고 할 수 있다. 이렇게 역사는 겉으로만 보면 안 된다. 속까지 살필 줄 알아야 한다.

흔히 세종을 평가하면서 애민정신(愛民精神)을 내세워 '백성을 사랑한 어진 왕', 심지어 '애민(愛民)의 군주'라고 평가하는 이들도 있다. 그 예로 세종은 백성들에게 사면령을 자주 내렸으며, 징발된 군사들이 정해진 기간의 임무를 마치면 늘 늦지 않게 돌려보내고, 노비의 처우를 개선해주기도 하였다고 한다. 또 주인이 노비에게 가혹한 벌을 가하지 못하도록 하였고, 실수로라도 노비를 죽인 주인을 처벌하도록 하였다고 한다. 그리고 겨우 7일이던 관비(官婢: 관청에 딸린 노비)의 출산 휴가를 100일로 늘렸고, 남편에게도 휴가를 주었으며, 출산 1개월 전에도 쉴 수 있도록 배려하였다고 한다. 하여 왕이 너무 관대하면 백성들이 요행(僥倖: 뜻밖에 얻는 행운)이나 바라게 된다며 신하들이 반대했지만, 그래도 세종은 백성들을 위한 정책을 많이 펼쳤다. 훈민정음 창제도 이러한 애민정신에서 비롯되었다고 말하기도 한다. 심지어 세종을 소개하는 어떤 홈페이지에서는 세종의 관심사가 '오직 백성을 위해 필요하고 쓸모 있는 것'이라고까지 하는가 하면, 세종의 가치관 및 정치 이념을 '민본과의 소통'이라고 하면서 "백성은 나라의 근본이니, 근본이 튼튼해야만 나라가 평안하게 된다."라는 글귀를 인용하고 있다.

한번 생각해볼 일이다. '백성이 나라의 근본'이라고 말한 진짜 이유가 무엇인지? 그 이유는 백성이 없으면 세금을 걷을 수 없어 나라를 유지하지 못하기 때문에 그리 말한 것은 아닐까? 조선시대 '애민'이란 백성을 진정 사랑한다는 것이 아니라 지배자들이 자신들의 권력을 유지하기 위한 수단에 불과한 것일 수 있다. 지금도 위정자들이 '존경하는 국민 여러분!', '존경하고 사랑하는 국민 여러분!'을 외치며 정작 자신의 영달이나 꾀하는 것처럼.

겉으로 국민들을 위한다고 하면서 자신의 이익이나 탐하다가 혹 자신들에게 불리하면 또 '국민'을 내세우는 것처럼 말이다.

또 어떤 이들은 세종의 백성 사랑을 이야기하면서 '밤낮으로 백성을 걱정했다.'라는 식으로 말하기도 하는데, 과연 그랬을까? 정작 세종은 부인 11명(정비 소헌왕후 심씨와 후궁 10명)에 자식은 22명(18남 4녀: 적자녀 10명, 서자녀 12명 *여기에 낳지만 일찍 죽은 딸 3명까지 합하면 자녀가 25명)이나 된다고 한다. 그것도 지금까지 확인된 부인과 자식이 그렇지, 실제로는 더 많을 수 있다고 한다. 이렇게 많은 부인과 자식을 두고 밤새워가며 백성을 걱정했다는 것은 어쩌면 지나친 미화가 아닐까 싶다. 그리고 기록에 따르면, 세종은 갖은 병으로 고생을 많이 하였는데, 성병(임질)에 시달리기도 했다고 한다. 막상 이러한 데도 세종을 마치 신처럼 떠받드는 것에는 문제가 있다.

세종이 조선시대 왕 가운데 많은 업적을 남기고, 위대한 일 또한 많이 한 것은 사실이다. 그렇다고 지나치게 그를 미화할 필요까지는 없다고 본다. 있는 그대로 평가하면 된다. 그래야 제대로 된 세종을 만날 수 있으며, 그런 세종을 오늘날의 세종으로 재창조할 필요가 있다. 역사는 이미 평가한 것을 그대로만 받아들이지 않고 새롭게 볼 때 발전하고, 역사 발전이 곧 그 나라의 발전과 연결되곤 한다. 이런 차원에서 '세종'이라고만 하지 않고 '이도' 또는 '세종 이도', '이도(세종)'라는 표현을 쓰기도 하였다. 세종이라는 말은 그가 죽은 후 그 당시 사람들이 평가한 묘호이다. 지금 우리가 평가한 이름이 아니다. 그래서 원래 이름인 이도를 사용하였다. 세종이 아닌 이도에 대한 평가를 할 때 조선시대 세종을 제대로 평가할 수 있을 것이다. 나아가 오늘날의 입장에서 세종을 평가해야 세종은 과거의 세종에 머무르지 않고 오늘날의 세종으로 되살아날 수 있을 것이다. 그래야 세종에 대한 정당한 평가가 되며, 세종을 존경해도 제대로 존경할 수 있을 것이다.

대한민국 역사상식 6

5·16은 혁명인가, 쿠데타인가?

개혁과 혁명에 대하여

역사는 변화를 대상으로 한다

"5·16은 혁명이다. 아니다, 5·16은 쿠데타다."라며 그 사건이 발생한 지 50여 년이 지난 지금까지도 학교나 정치권은 물론 일반인들의 술자리에서 논란이 벌어지곤 한다. 주로 5·16을 추진한 사람들은 '혁명'으로 평가하며 자신들의 행위를 정당화하고 있지만, 이를 반대하던 사람들은 '쿠데타'라 부르고, 심지어 '군사반란'이라고 주장하기도 하였다. 1990년대 초반 문민 정권이 들어서서는, 이전 정부와 다른 면모를 보여야 했지만, 이쪽저쪽 눈치를 다 봐서 그런지 5·16을 애매모호한 '쿠데타적 사건'으로 평가하여 은근슬쩍 넘어가기도 하였다. 최근 역사 교과서에서는 '군사정변'으로 평가하고 있다.

어째서 역사적 평가가 이다지 다양할까? 본래 역사적 평가는 보는 사람이나 사관(史觀)에 따라 다를 수밖에 없다. 그리고 어떤 사건에 대한 역사적 평가가 획일적이지 않고 다양한 것은 바람직하기도 하다. 그럼에도 많은 사람들이 공감하거나 공식적으로 인정할 수 있는 객관적인 평가가 필요하다. 많은 사람들이 공감할 수 있는 객관적인 검증이나 평가 하나 없이, 어떤 역사적 사건에 대한 평가가 범람하거나 표류하는 것은 그만큼 역사적 평가를 보류하거나 회피한 것에 불과할 수 있기 때문이다. 또한 역사적 평가가 범람하거나 표류하는 것이 바람직한 것도 아니기 때문이다. 다양한 평가도 있어야 하겠지만 적어도 공식적이고 객관적인 평가가 필요한 것이다. 그러면 5·16에 대한 객관적인 평가는 어떨까?

보통 역사적 사건은 10년 정도 지나면 그에 대한 평가가 내려지는 것이 일반적이지만 우리들의 경우는 그렇지 못했다. 그 이유는 우리나라의 정치적 상황에서 권력 변화가 제대로 이루어지지 못했던 점과 역사적 평가를 공개적으로 또는 자유롭게 논의할 수 없었던 분위기 때문일 것이다. 또 역사적 사건에 대한 평가를 객관적으로 내릴 수 있는 역사 상식이 제대로 정립되지 못했거나 역사적 평가에 대한 소신마저 부족했다는 데 그 까닭이 있기도 하다. 이런 사실들은 우리의 지난 역사 교육이 주로 학교 성적과 입시 교육에 얽매여 있었기 때문임을 말해주는 것이기도 하다. 따라서 우리 역사 교육은 단순한 암기식 교육에서 벗어나 역사적 안목을 제대로 길러줄 수 있는 방향을 지향해야 한다.

'국사' 과목을 보통 10여 년 넘게 배운 사람들이 5·16이 쿠데타인지 혁명인지를 제대로 구별하지 못하고, 아직까지도 핏대를 세워가면서까지 설전을 벌이고 있다면 웃지 않을 수 없는 일이다. 왜냐하면 '5·16은 혁명인가, 쿠데타인가?' 하는 문제는 역사적 개념만 잘 이해하면 그것은 논의할 만한 대상이 아니기 때문이다. 5·16이 혁명인지, 쿠데타인지 판단하는 문제는 기본적으로 개혁과 혁명의 개념을 알기만 하면 저절로 해결되는 아주 간단하고 쉬운 문제이다.

"개혁은 무엇이고, 혁명은 무엇일까?"라는 질문은 먼저 '역사는 변화를 그 대상으로 한다.'라는 데서 출발하면 된다. 역사는 변화를 연구하는 학문이다. 누가, 언제, 어디서, 무엇이, 어떻게, 왜 변하였으며, 앞으로 어떻게 변하는 것이 바람직한지를 연구하는 학문이 바로 역사라는 학문이다. 변화가 없었으면 역사라는 학문은 그 존재 의미가 없으며, 변화가 없으면 역사를 연구할 필요조차 없을 것이다. 아무튼 역사는 변화를 주요 대상으로 하는데, 역사학에서의 변화는 그 양상에 따라 '개혁(改革)'과 '혁명(革命)'으로 크게 구별된다.

혁명(Revolution)은 비정상적인 수단이나 방법을 동원하여 국체(國體: 국가 체제) 또는 정체(政體: 정치 체제)를 변혁시키는 일을 가리키는 말이다. 일반적인 뜻으로 사물이 어떤 상태에서 다른 상태로 급격하게 변하는 현상을 가리키는 말이기도 하다. Revolution은 '변동'을 뜻하는 라틴어의 Revolutio에서 유래한 것이며, '혁명'이라는 용어는 중국의 '역성혁명(易姓革命)'에서 연유한 것으로 파악되고 있다.

개혁(Reformation)은 정상적인 수단이나 방법을 통해 사회 체제와 정치 조직의 개선이나 사회 부조리의 제거가 부분적인 변혁만으로도 가능할 때, 사회 체제와 정치 체제의 근본은 유지하면서 그 일부만 변혁하는 일을 가리키는 말이다.

그러나 이러한 용어상의 정의만으로는 혁명과 개혁의 구별이 쉽게 되는 것 같지 않다. 좀 더 구체적인 설명이 필요하다. 역사는 변화를 그 주요 대상으로 하고, 역사학에서의 변화는 그 양상에 따라 크게 개혁과 혁명으로 구별할 수 있다고 앞서 말하였다. 다시 그 변화의 양상을 '변화를 추진하는 세력'과 '변하는 범위'로 나눠, 각각 개혁과 혁명을 좀 더 자세히 살펴보자.

그냥 바꾸는 것은 개혁, 뒤집어엎는 것은 혁명

역사적 변화에서 그 변화를 추진하는 세력은 변화의 가장 중요한 핵심으로서, 그 변화의 성격을 파악하는 데 중요할 수밖에 없다. 엄밀히 말해 역사적 변화를 추진하는 세력에는 역사상의 모든 사람이 포함되지만, 여기서 말하는 추진 세력이란 변화를 이끌어 가는 중심 세력을 가리킨다. 그리고 그 중심 세력은 당시 권력 구조상 '지배층에 속하느냐, 아니면 피지배층에 속하느냐?'로 크게 구분될 수 있는데, 지배층에 의한 변화가 바로 개혁에 해당하고, 피지배층에 의한 변화가 혁명에 해당한다.

따라서 '개혁'이라는 말은 위에 있는 계층(계급)에 의해 추진되는 변화, 또는 지배층 간의 권력 변화가 일어났을 때 사용하는 용어이며, '혁명'이라는 말은 밑에 있는 계층(계급)이 위에 있는 계층(계급)을 뒤집어엎으려고 하였을 때 사용하는 용어다. 바꿔 말해 개혁은 '위에서 아래로의 변화' 또는 '위에서 위로의 변화'를 가리키는 말이며, 혁명은 '아래에서 위로의 변화'를 가리키는 말이다.

개혁은 '경장(庚張)'이라는 용어로 쓰이기도 한다. 경장은 한자어 그대로 해석하면 '① 거문고의 줄을 고치어 맴, ② 해이한 사물을 고치어 긴장하게 함, ③ 사회적·정치적으로 부패한 모든 제도를 개혁함'이란 뜻으로, 흔히 '사회적·정치적으로 부패한 제도를 개혁함'을 경장이라고 한다. 하여 1894년에 집권한 개화당 정권이 전통적인 봉건체제를 서양의 새로운 근대적인 체제로 바꾸고자 한 갑오경장(甲午庚張)을 갑오개혁(甲午改革)이라고 부르기도 한다.

'새마을운동'이나 '5·16'은 개혁에 속하는 것들이다. '새마을운동'은 국민들을 대상으로 정부 주도하에 추진된 것으로서 위에서 아래로의 변화인 개혁의 일종이다. '5·16'은 지배층 간의 권력 이동이 촉진된 것으로서 위에서 위로의 변화인 개혁에 해당한다. 김영삼 정부 당시인 1995년 5월 31일 정부 주도 아래 추진된 '교육재정 GNP 5% 확보, 학교운영위원회 설치, 학교장·교사 초빙제 시범 실시, 교원 자율 출퇴근제 시범 실시, 교원양성기관 교육과정 개편 및 임용제도 개선' 등, 이른바 '5·31교육조치' 또한 당연히 위에서 아래로의 변화이므로 개혁[5·31교육개혁]에 속한다.

혁명에 속하는 대표적인 것으로는 1960년 4월 19일부터 본격적으로 추진된 '4·19'가 있다. '4·19'는 피지배층에 해당하는 학생들과 시민들이 중심이 되어 부패한 지배층을 새롭게 바꾸려 했으므로 아래에서 위로의 변화인 혁명[4·19혁명]에 해당한다.

쿠데타(군사정변)

'개혁'이나 '혁명'과 관련하여 그 용어와 같은 뜻으로, 또는 구체적인 뜻으로 사용되는 용어로 각각 '쿠데타'와 '난(반란)'이 있다.

프랑스어로 Coup d'État인 쿠데타는 '정부'를 뜻하는 État와 '때린다'라는 뜻의 Coup가 합해진 말로, 직역하면 '정부를 때린다(무너뜨린다)'라는 뜻이다. 이 쿠데타는 개혁과 관련 있는 용어로, '무력으로 정권을 빼앗는 일', '무력에 의한 정권의 변화', 즉 '무력에 의한 정변(政變: 정치상의 큰 변동. 내각의 돌연한 교체나 쿠데타 따위)'을 통칭하는 말이다. 이것은 넓은 의미의 해석이라고 할 수 있는데, 쿠데타는 '지배층 간의 권력 변화'에 해당하는 것이다. 좁은 의미로 해석하여 쿠데타는 지배층의 일부인 '군부에 의한 권력의 변화'가 이루어졌을 때 흔히 사용하는 용어이다. 즉 '군인에 의한 정권 교체', '군인에 의한 권력 변동', 즉 '군사정변(軍事政變)'을 쿠데타로 정의하기도 하는 것이 일반적이다.

따라서 박정희 소장·김종필 중령 등 육사 8기생들을 중심으로 한 군

▲ 제주 5·16도로 일부와 5·16도로 표지석 '五一六道路'라고 새겨진 표지석은 제주시 아라동(제주시 516로) 산천단 근처 춘강사회복지법인 맞은편 도로변에 세워져 있는 비석이다. 5·16도로 이름은 변경된 도로명 주소에도 바뀌지 않고 '516로'를 그대로 사용하였다.

부(軍部) 세력에 의해 1961년 5월 16일에 일어난 '5·16'이나 전두환·노태우·정호용 등 육사 11·12기생을 중심으로 한 신군부(新軍部) 세력에 의해 1979년 12월 12일에 일어난 '12·12' 같은 사건은 군인에 의한 권력 변동이므로 당연히 쿠데타에 해당한다. 그래서 5·16은 5·16군사정변[5·16쿠데타], 12·12는 12·12군사정변[12·12쿠데타]이라고 하면 된다. 일부에서는 12·12를 12·12군사반란[12·12사태]이라고 하기도 하지만, 12·12를 추진한 세력 또한 지배층에 해당하므로 군사반란보다는 군사정변이 더 객관적인 용어이다.

　5·16군사정변은 예전에 5·16혁명이라고 강조되곤 하였다. 다만 5·16혁명이 이제는 5·16군사정변으로 평가된 탓인지 5·16에 관한 기념물 등은 상대적으로 많지 않은 편이다. 5·16혁명이라고 내세우던 기념물 등은 이래저래 훼손된 채 전해지고 있다. 그리고 제주도에는 제주시와 서귀포시를 곧

바로 연결하는 한라산 횡단도로로 '5·16도로'가 있다. 5·16군사정변(당시에는 5·16혁명) 이후 제주도의 경제 발전을 위해 내세울 만한 사업이 필요하였는데, 그래서 생각한 것이 한라산을 가로지르는 도로 건설이었다. 이에 1963년 10월 한라산을 가로지르는 제주 최초의 도로가 완성되었는데, 이 도로 건설이야말로 제주도의 상징적인 개발 사업이었기에 '5·16도로'라 이름 하였다. 아름다운 숲과 벌판으로 이루어진 도로와는 좀 엉뚱하게 이름이 군사정변에 해당하는 '5·16'도로이기에 2000년대 중반에는 "도로 명칭을 바꾸어야 한다."라는 등 찬반 논란이 있었다. 그러나 "좋은 역사든 나쁜 역사든 있는 그대로 보여줘야 한다."라고 결정하여 그대로 사용하였다. 최근 "도로 이름을 아름다운 제주에 걸맞게 바꾸어야 한다."라는 주장도 있지만, 2011년 기존의 주소가 도로명 주소로 바뀔 때에도 변경되지 않고 '516로'를 그대로 사용하였다.

정변(政變)

개혁과 관련된 용어로, 쿠데타와 비슷한 의미로 사용되는 정변이라는 용어가 있다. 정변은 일반적으로 '정치적 변동', '정치상의 큰 변동'을 뜻하는 말이다. 또는 '정치적 변화를 가져온 사건' 자체를 가리키는 용어로 사용되기도 한다. 내각의 돌연한 교체나 쿠데타 등으로 대표되는 정치상의 큰 변동 같은 것이 정변에 해당한다. 쿠데타는 물론 혁명, 테러, 암살 같은 것도 정변에 해당하지만, 1009년 강조(康兆)가 고려 제7대 왕 목종(穆宗)을 죽이고 현종(顯宗)을 새로 세운 '강조의 정변', 1170년 무신인 정중부(鄭仲夫)·이의방(李義方)·이고(李高) 등이 중심이 되어 일으킨 '무신정변(武臣政變)', 1884년 김옥균(金玉均)·박영효(朴泳孝) 등 급진개화파가 일으킨 '갑신정변(甲申政變)', 그리고 '5·16군사정변'과 같은 예처럼 쿠데타 및 개혁 같은 사건에 많이 사용하고 있다. 1170년 무신정변은 '정중부의 난' 또는 '경인(庚寅)의 난, 무신의 난' 등으로도 불리며, 쿠데타에 해당한다. 갑신정변 또한 쿠데타에 해당한다.

반정(反正)

개혁과 관련된 용어로 반정이라는 용어도 있다. 우리 역사상에 나타난 반정으로는 1506년 중종반정(中宗反正)과 1623년 인조반정(仁祖反正)이 유명한데, 이는 각각 당시 왕이었던 연산군(燕山君)과 광해군(光海君)을 몰아내고 새로운 왕을 세운 일종의 지배층 간의 권력 다툼이었다. 이를 통해 반정이라는 말은 나쁜 임금을 내쫓고 새 임금을 옹립하는 일임을 짐작할 수 있다. 실제 '연산군과 광해군이 폭군으로서 나쁜 임금이었는지, 그렇지 않았는지?'의 문제는 차치하더라도, 새롭게 권력을 잡은 사람들의 처지에서는 연산군과 광해군은 폭군이었고 나쁜 임금이었다. 그래서 반정이라는 표현을 사용하였다.

반정이라는 말이 처음 쓰인 기록은 중국『공양전』[춘추공양전(春秋公羊傳)]에 나오는 '발란반정(撥亂反正)'이다. 발란반정은 '난을 다스려 바르게 되돌린다.', '난세를 진정시켜 정상을 회복한다.'라는 뜻으로 해석할 수 있는데, 이 발란반정이라는 말에서 '반정'이란 용어가 비롯되었다. 하여 반정은 '정통으로 돌아간다.', '어긋난 정도(正道)를 회복한다.'라는 뜻으로 사용되어, '실정(失政)을 한 왕을 몰아내고 새로 왕을 세우는 일'을 반정이라 하였다. 결국 반정은 '왕이 무능하거나 포악하여 백성이 곤경에 빠졌을 때 행하는 무력적인 정치 변동'이라고 할 수 있는데, 보통 왕조를 교체하는 역성혁명(易姓革命)을 혁명이라 하는 데 비하여 왕조의 정통성은 유지하고 왕위만 교체하는 것을 반정이라고 하였다.

사화(士禍)

사화는 '선비들의 화', '선비들이 화를 당한 일'을 뜻하는 말이다. 조선시대 유학자이자 정치가이기도 한 조정의 신하들 사이에 각각 세력을 형성하여 반목과 대립, 모함 등으로 서로 죽이고 죽음을 당함으로써 선비들이 화를 입게 된 일련의 사건들을 가리키는 말이다. 무오(戊午)사화·갑자(甲子)사화·기묘(己卯)사화·을사(乙巳)사화가 바로 그것이다. 특히 무오사화는 역사책을 기록하는 초고인 사초(史草) 문제로 발생하였기 때문에 흔히 무오사화(史禍)라고도 부른다.

사화는 선비들이 옥에 갇혔다가 죽은 점을 들어 '사옥(士獄)'이라는 말로 대신하여 사용되기도 한다. 결국 사화라는 사건은 지배층 간의 세력 다툼이라는 면에서 개혁의 범주에 넣을 수도 있으나, 굳이 개혁이나 혁명이라는 개념과 결부시킬 필요는 없다. 사화는 어떤 정치적 변화라는 측면보다도 지배층 간의 세력 다툼으로 선비들이 화를 입게 된 점에 초점을 둔 용어이기 때문이다.

난(亂)·반란(叛亂, 反亂)

피지배층에 의한 권력 변화라는 점에서 혁명과 같은 것이지만, 혁명이 긍정적인 측면에서 사용하는 용어인 것에 비해 부정적인 측면으로 사용하는 말로 '난(반란)'이 있다. 난은 밑에 있는 사람들이 세상 또는 정권을 뒤집어엎으려고 하는 점에서 혁명과 같은 말이다. 그러나 평가하는 사람들이 누구냐에 따라 혁명으로 평가되기도 하고 난으로 평가되기도 한다. 즉 혁명은 변화의 추진 세력인 밑에 있는 사람들이 보아 '아래에서 위로의 변화'를 긍정적으로 평가한 것인 데 비해, 난은 변화의 추진 세력과 반대 세력인 위에 있는 사람들이 보아 '아래에서 위로의 변화'를 부정적으로 평가한 것이다. 다시 말해, 위에 있는 사람들의 입장에서 보면 밑에 있는 사람들이 자신들을 뒤집어엎으려는 것은 '세상을 어지럽게 하는 것'으로 판단하여 혁명에 해당하는 '아래에서 위로의 변화'를 '난'이라고 부르는 것이다.

흔히 "성공하면 혁명, 실패하면 난"이라고 말하곤 한다. '아래에서 위로의 변화'가 성공하면 지배층을 몰아내고 피지배층이 권력을 잡았으므로 당연히 혁명이라 부르게 되고, 실패하면 여전히 지배층이 권력을 잡고 피지배층이 뒤집어엎으려 했던 것을 나라를 어지럽힌 것으로 여겨 난이라 부르게 되기 때문이다. 이처럼 혁명과 난은 같은 말이지만, 어느 측면에서 보느냐에 따라 정반대의 용어로 평가가 내려진다.

사태(事態)·사변(事變)

난과 비슷한 뜻으로 많이 쓰이는 용어로 사태, 사변 등이 있다. 단순히 사전적으로 해석하면, 사태는 '일이 되어가는 상태 또는 형편'을, 사변은 '사람의 힘으로는 피할 수 없는 천재(天災)나 그 밖의 큰 변고', '전쟁까지는 이르지 않았으나 병력을 동원하지 않을 수 없는 국가적 사태나 난리', '선전 포고 없이 이루어지는 국가 간의 무력충돌'을 뜻하는 용어로 해석되는데, 아무래도 사태와 사변은 어떤 사건에 대해 부정적인 면(안 좋은 면)을 포함하는 용어이다. 즉 사태와 사변은 주로 좋지 않은 사건에 대해 사용하는 용어이다. 따라서 사태와 사변은 어떤 사건을 부정적 측면에서 평가한 용어라는 점에서 '12·12군사반란과 12·12사태'의 예처럼 '난(亂)'과 같은 의미로 쓰이곤 한다. 특히 사변은 '6·25사변'의 예처럼 전쟁과 관련된 용어로 많이 쓰인다. 그런데 사태나 사변이 꼭 혁명과 대응되는 말로 쓰이지는 않는다. 즉 사태나 사변이라는 용어는 혁명과 관련 없는 일반적인 사건 가운데 부정적인 사건을 가리키는 포괄적인 용어로 사용되는 말이기도 하다.

역사는 변하기 마련이고 역사적 평가는 다양하므로 어떤 한 사건에 대해 '혁명이냐, 난이냐?' 하는 역사적 평가도 시대에 따라 변하기 마련이다.

'난'이라고 평가했던 사건이 후대에 와서 '혁명'으로 재평가되기도 하고, 더불어 '혁명'이라고 평가받던 사건이 시대 변화에 따라 '난'으로 재평가되기도 한다. 즉 시대에 따라, 역사를 보는 견해에 따라 혁명과 난이 다시 평가되는 것은 당연한 일이다. 다만, 역사의 발전은 지배자 중심에서 피지배자 중심으로 옮겨지고 있으므로 난으로 규정된 기존의 평가들은 대개 혁명으로 재평가받고 있는 것이 하나의 추세라면 추세다.

〈변화를 추진하는 세력에 따라〉
- **개혁**(改革): 위에서 아래로의 변화, 위에서 위로의 변화
  경장(更張), **사화**(士禍)
  * **쿠데타**(군사정변): 군부에 의한 권력의 변화
  : **정변**(政變), **반정**(反正)
- **혁명**(革命): 아래에서 위로의 변화
  * **난 · 반란**: 혁명에 대한 부정적 평가
  : **사태**(事態), **사변**(事變)

혁명은 과격한 것이고, 개혁은 완만한 것이다

역사적 변화에서 그 변화의 주체 세력과 함께 변화가 어느 정도 규모며, 또 얼마나 변했는가 하는 점은 그 변화의 성격을 규정짓는 데 중요한 요인이 아닐 수 없다. '개혁'과 '혁명'은 변화의 범위나 진행 속도 또는 변화의 강도에 따라 구분되기도 한다. 즉 그 변하는 범위로 보아 일부분에서 이루어지거나 그 진행 상황이 점진적이라면 '개혁'이라 부르고, 전면적이거나 급진적으로 변화가 추진되면 '혁명'으로 규정한다. 다시 말해 개혁은 사회

의 전반적인 면에서 변화가 이루어지지 못하고 부분적으로 변화가 추진되거나 그 진행이 점진적이고 완만한 것을 가리키는 데 비해, 혁명은 사회의 모든 부분에서 변화가 이루어지거나 그 진행이 일시적이고 급진적이며 과격한 것을 말한다. 따라서 개혁은 물리적인 힘을 꼭 필요로 하지 않을 수도 있으나, 혁명은 대체로 물리적인 힘이나 폭력을 수반하게 된다. 또 변화의 속성으로 보아 개혁은 소극적이고 혁명은 적극적이라고 할 수 있으며, 반대로 사회 유지 차원에서 개혁은 안정감이 있으며 혁명은 불안한 감이 있다.

어떤 점에서 역사상 이루어진 모든 정책은 개혁에 속한다고 할 수 있는데, 보통 개혁이라는 용어를 생략하고 있을 뿐이다. 다만 특별한 의미가 있는 정책이나 변화의 강도에서 다른 어떤 정책과 차별성을 두어야 할 때 개혁이라는 용어를 붙여 사용하곤 한다.

〈변하는 범위나 변화의 강도에 따라〉
- **개혁**: 일부분의 변화, 점진적인 변화, 완만한 변화
- **혁명**: 전면적인 변화, 급진적인 변화, 과격한 변화

개혁과 혁명을 구분하는 방법에 대해 '변화를 추진하는 세력'과 '변하는 범위나 변화의 강도' 이렇게 둘로 나누어 어느 정도 자세히 살펴보았다. 그러면 처음에 제기한 '5·16이 쿠데타냐, 아니면 혁명이냐?' 하는 문제로 되돌아가 보자. 사실 이것은 애초 질문 자체가 잘못된 것이다. "5·16이 쿠데타냐, 혁명이냐?" 하는 질문은 "5·16쿠데타가 혁명적이냐, 아니냐?" 하는 질문으로 바뀌어야 한다. "5·16이 쿠데타냐, 아니면 혁명이냐?"라는 질문은 개혁과 혁명에 대한 기본적인 개념조차 이해하지 못한 데서 나온 것이다. 왜냐하면 '5·16'은 일차적으로 '변화를 추진하는 세력'으로 보아 '군부

에 의한 권력 변화'이므로 그 성격상 기본적으로 쿠데타(군사정변)일 수밖에 없다. 5·16을 쿠데타로 보지 않는 견해는 애당초 제기될 수 없는 것이다. 그런데도 잘못 적용하여 "5·16이 쿠데타냐, 아니냐?"라며 갑론을박 따지곤 하였던 것이다.

5·16은 기본적으로 쿠데타(군사정변)에 해당한다. 만약 5·16을 혁명과 관련지어 평가할 경우는 '변화가 추진되는 범위나 진행 속도' 면에서 보아, 쿠데타인 5·16이 사회 전반에 걸쳐 획기적인 변화를 가져올 정도의 '혁명적 요소가 있느냐, 없느냐?' 하는 데서 그 질문이 시작되어야 한다. 그래서 만약 5·16을 혁명적(또는 혁명)이라고 평가할지라도, 기본적으로 5·16이 쿠데타인 것은 변함없는 사실이며, 이것은 언제 어느 때라도 부정할 수 없는 역사적 평가이다. 5·16이 쿠데타임은 그 누구도 부정할 수 없는 분명한 사실이다. 다만 보는 사람에 따라 그 쿠데타가 혁명으로 평가될 수도 있고, 아니면 혁명적 요소조차 없는 단순한 쿠데타로 평가될 수도 있다.

5·16과 마찬가지로 아무리 혁명이라고 해도 기본적으로 쿠데타일 수밖에 없는 사건으로 이성계의 '위화도회군'이 있다. 1392년 조선 건국은 따지고 보면 성공한 쿠데타에 의해 이루어진 것이다. '역성혁명(易姓革命)'이니 '백성들을 위한 어쩔 수 없는 선택'이었다고 말하고 있지만, 위화도회군 역시 군인들의 정권욕에 의해 일어난 쿠데타임이 분명한 사건이다. 만약 조선의 건국이 당시 역사 흐름을 전반적으로 크게 바꿔놓았고, 또 사회 전반에 특별히 큰 획을 그었다는 점을 인정하여 혁명으로 평가한다고 할지라도, 그래도 조선 건국은 쿠데타에 의해 이루어진 점은 결코 부정할 수 없는 사실이다. 위화도회군은 지배층에 의해 추진된, 그것도 군인들에 의해 추진된 이른바 쿠데타에 불과하기 때문이다.

사실 이성계의 '위화도회군'이라는 용어 자체에도 문제가 있다. 위화도회군(威化島回軍)이란 말은 1388년 이성계가 '압록강 안에 있는 위화도라는 섬에서 군대를 되돌린 사건'을 가리키는 역사적 용어이다. 이것은 사건에 대한 역사적 평가가 담겨 있는 용어는 아니다. 위화도회군이라는 말만 가지고는 그 사건이 혁명인지 쿠데타인지 분간할 수 없다. 위화도회군은 5·16쿠데타를 단순히 5·16사건, 12·12군사정변을 의미 없이 12·12사건이라고 하는 것과 같다고 볼 수 있다. 따라서 위화도회군보다는 '이성계의 군사정변(또는 이성계의 쿠데타)'이 더 역사적 평가를 포함하는 말일 것이다. 비록 '이성계의 쿠데타'라는 용어는 어떤 사건을 단순히 한 인물을 중심으로 평가한다는 한계가 있지만, 막상 쿠데타는 그 주동 인물을 중심으로 성격을 규정하는 것이 일반적인 추세이기도 하다. 만약 이성계의 쿠데타가 귀에 거슬린다면, '위화도 군사정변(또는 위화도 쿠데타)'이라는 용어는 어떨까 싶다. 이것은 적어도 역사적 사건과 함께 그 평가까지 포함한 용어라고 할 수 있다. '위화도회군'보다 '위화도 군사정변'이 더 객관적이고 역사적인 용어가 아닐까 싶다. 어쩌면 이미 '위화도회군'이 널리 쓰이고 있으므로 '위화도 군사정변'으로 용어를 바꾼다는 것은 당연히 무리일 수밖에 없다. 그러나 역

▲ **4·19혁명과 사월학생혁명기념탑** 왼쪽 사진은 4·19혁명 당시 언니·오빠·누나·형을 비롯한 "형제들에게 총부리를 대지 말라"고 시위하는 어린 학생들의 모습이며, 오른쪽 사진은 서울특별시 강북구 수유동(서울특별시 강북구 한천로180길) '국립4·19민주묘지[4·19국립묘지]'에 세워진 기념탑의 옆모습이다. 4·19혁명 기념탑과 기념비 등이 전국 각지에 세워져 있다.

사는 변하는 데, 변하게 하는 데 그 의미가 있다면, 그 평가나 용어 사용을 새롭게 바꾸는 것도 의미 있을 것이다.

    4·19는 성공한 5·16에 비교하여 실패로 끝났고, 더구나 일반 성인이 아닌 학생들이 중심이 되었으며, 따라서 사회 구성원 전체가 주동하지 못한 사건인지도 모른다. 그러나 4·19는 그 성격상 사회 전반의 큰 변화를 가져왔고, 그 주체 세력들이 피지배층으로서 지배층을 무너뜨려 정권을 바꾸려 하였다는 점에서 혁명이 분명하다. 그럼에도, 어떤 이들은 4·19를 의거(義擧)라고 부르곤 한다. 이는 4·19의 혁명성을 인정하지 않으려는 의도에서 그렇게 부르는 것인데, 혁명이라고 하고 싶지는 않지만 그래도 4·19가 차지하는 역사적 중요성을 부정할 수도 없기에 나름 고민하여 '의거'라고 하였던 것이다. 의거란, 사전적으로 해석하여 '정의를 위하여 사사로운 이해타산을 생각하지 않고 일으킨 행동'을 가리킨다. 따라서 의거는 어떤 사건이 발생하였을 때 그것을 일으킨 순수한 의도만을 강조한 것으로서, 그 사건을 일으키게 된 근본적인 의도나 정치적인 목적 등을 등한시하는 용어이다. 따라서 4·19의거라는 말은 4·19를 학생들의 운동으로만 국한하려는 의도가 깔린 평가라고 볼 수 있다. 그런데 4·19는 직접적으로는 학생들에 의해 추진되긴 하였지만, 학생은 물론 일반 시민들까지 가담하여 폭넓은 계층에 의해 진행되었다. 또한 당시 지배층의 부정부패가 극에 달해 그런 정권을 무너뜨리려고 하였으며, 마침내 독재 정권을 몰아내고 피지배층의 힘으로 권력 교체를 이룩한 점에서 혁명일 수밖에 없는 사건이다. 4·19는 4·19혁명임이 분명하다.

개혁인지 혁명인지 잘 모르면 운동이라고 하면 된다

'혁명이냐, 개혁이냐?'라는 문제는 단순한 수학적인 문제가 아니다. 다시 말해 수학처럼 그 답이 확실하고 일목요연하며 획일적으로 적용할 수 있는 문제가 아니라는 것이다. 역사학은 수학과 달리 정답이 따로 없는 학문이다. 따라서 역사적 사건에 대한 평가는 다양할 수밖에 없음은 물론 때에 따라 애매모호할 수 있으며, 심지어 그 평가를 유보하기도 한다. 어떤 사건에 대해 역사적 평가를 하지 않고 보류한 경우가 바로 '운동(運動)'이라는 용어이다. 변화란, 다르게 생각해보면 운동을 가리키는 말이다. 따라서 변화 그 자체인 역사적 사건은 운동이 아닌 것이 없다. 따라서 어떤 역사적 사건들을 운동으로 평가했다면 그것은 역사적 평가를 하지 않은 채 그냥 유보해둔 것이나 마찬가지다. 왜냐하면 모든 역사적 사건은 운동이 아닌 것이 없기 때문이다. 역사적 사건만이 아니라 인간의 삶 자체가 운동이 아닌 것이 없다. 보고 듣고 말하기, 걷기, 움직이기 등 모든 것이 운동이며, 심지어 운동하지 않을 것처럼 생각하는 밤에도 숨쉬기 운동 등 운동을 한다. 인간이 하는 모든 것이 운동이다.

따라서 어떤 역사적 사건을 평가하는 데 있어서 혁명인지, 개혁인지 잘 모르거나 평가를 하기 곤란할 경우, 가장 편하게 그냥 운동이라고 하면 된다. 세상에 운동 아닌 것이 없으니 말이다. 다만 어떤 역사적 사건을 그냥 운동이라고 부른다는 것은 별다른 역사적 평가가 없었다는 말이 된다. 이렇게 단지 운동이라고 하면 논란의 대상이나 비난의 대상이 되지 않고 별문제 없이 무난한 평가가 될 수는 있다. 하지만 그것은 역사에 대해 책임감 없는 행동이며, 또 무의미한 일일 수도 있다. 적극적인 역사적 평가를 하려면 단순히 운동이라고 평가하지 않고, 개혁·정변이나 혁명·반란 등 구체적인 역사

▲ **동학농민운동 관련 동상과 시비(詩碑)** 왼쪽 사진은 전북 정읍시 덕천면 하학리 '황토현전적지'에 세워진 전봉준 동상과 동학군 조각상이며, 오른쪽 사진은 충남 공주시 금학동 '우금티 전적지' 동학혁명군위령탑 앞에 세워진 시비다. '다시 살아나는 우금티'라는 제목으로 동학 100주년인 1994년에 만들어진 이 시비는 현재 나무가 썩어 없어졌다.

적 용어를 사용할 필요가 있다.

  1894년 갑오년에 동학 세력과 농민들을 중심으로 반봉건과 반외세를 위해 일어난 '갑오농민전쟁'에 대한 공식적인 평가는 처음에는 '동학란'이었다. 뒷날 민중사관의 발전으로 역사적 재평가가 이루어져 '동학혁명'이라고 하였으나, 이를 반대하는 세력들의 입김에 따라 다시 '동학운동'으로 바뀌었다. 어찌 보면 그 역사적 평가가 오히려 후퇴하였던 것이다. 그리고 동학 세력보다는 농민들의 역할을 강조해야 한다는 의견이 제기되자, 다시 '동학농민운동'이라고 하였다. 현재 사용되고 있는 고등학교 교과서에도 '동학농민운동'으로 서술되어 있다. 아직도 이 사건에 대한 정부의 공식적인 평가가 유보되고 있는 실정이다. 이런 점으로 보아 정부의 구태의연한 태도를 짐작할 수 있는데, 요즘 많은 역사학자들은 동학농민운동이라는 용어보다 '갑오농민전쟁', '동학농민전쟁', '갑오동학농민전쟁' 등으로 그 역사적 평가를 하기도 한다. 또 일부에서는 '갑오농민혁명', '동학농민혁명', '갑오동학

▲ **국채보상운동기념비와 국채보상운동 여성기념비** 대구시민회관(대구광역시 중구 태평로2가(중구 태평로)) 앞 광장의 기념비는 1907년 2월 21일 이곳에서 대구군민대회가 개최되어 국채보상운동이 시작된 것을 기념하기 위해 1997년에 세워졌다. 여성기념비는 1999년 조성된 국채보상운동기념공원(대구광역시 중구 동인동2가(중구 국채보상로))에 2006년 세운 것이다.

농민혁명' 등의 용어를 사용하기도 한다.

    운동이라고 했다고 무조건 역사적 평가를 회피한 것은 아니다. 운동이라고 평가한 것들 가운데 그냥 운동(동학운동, 3·1운동)이라고 하지 않고 무슨 운동(국채보상운동, 5·18민주화운동, 반봉건운동, 근대화운동, 저항운동, 신분해방운동, 독립운동, 통일운동, 반핵운동 등)이라고 한 것들은 어느 정도 역사적 평가를 한 용어이다. 그리고 일반 운동(교육운동, 야학운동, 학생운동, 노동운동, 민중운동, 환경운동 등) 들은 역사적 평가보다 별다른 의미 없이 그 운동의 주체 또는 종류에 따라 쉽게 구별하기 위해서 쓰인 용어이다. 따라서 운동이라는 말을 사용하면서 역사적 평가까지 포함하려고 한다면 그냥 운동(3·1운동)이라고 하지 말고 무슨 운동(3·1독립만세운동)처럼 하면 큰 무리가 없을 것이다. 사실 단순히 '3·1운동'이라고 하는 것보다 '3·1독립운동', '3·1독립만세운동'이라고 하는 게 훨씬 더 구체적이고 역사적이다. 단순히 '3·1운동' 하면, 잘 모르는 사람(특히 외국인)에게는 무슨 운동인지 쉽게 와 닿지 않는다. 3월 1일에 숨쉬기 운동을 하였다는 것인지, 3월 1일에 금모으기 운동을 하였다는 것인지 뭔가 쉽게 짐작되지 않는다. 우리나라에서는 3·1운동이라고만 해도 그것이 무슨 운동인지 쉽게 알 수 있어서 그렇게 부르는 것이겠지만, 3·1운동보다는 3·1독립만세운동이 훨씬 더 역사적인 평가를 한 용어라고 할 수 있다. 현행 교과서에서도 3·1운동이라고 표현하고 있는데, 한번 고려해볼 필요가 있다.

역사적 사건을 평가할 때 그 사건이 '개혁이냐, 혁명이냐, 아니면 무슨 운동이냐?'로 구분하면 평가하기가 아주 쉬울 것이다. 앞으로 될 수 있으면 역사적 사건에 대해서는 적극적으로 역사적 평가를 해서 그에 알맞은 용어를 사용하도록 해야 할 것이다.

거듭 말하거니와 3·1운동은 역사적 평가를 보류한 용어다. 마찬가지로 4·19의거라는 말도 적극적인 역사적 평가를 하지

▲ **3·1독립만세운동기념탑** 충남 천안시 서북구 입장면 양대리(천안시 서북구 입장면 위례성로)에 세워져 있는 기념탑으로, 1919년 3월 20일부터 28일까지 양대리에서 일어난 독립만세운동을 기념하기 위해서 건립한 탑이다. 여기에서처럼 3·1운동이 아니라 3·1독립만세운동(또는 3·1독립운동)이라고 구체적으로 표현하는 것이 훨씬 더 역사적인 평가일 것이다.

않은 용어이다. 따라서 3·1운동보다는 3·1독립만세운동이 좀 더 역사적 평가에 접근한 용어요, 또 4·19의거보다는 4·19혁명이 더 객관적이고 정확한 역사적 평가이다.

그리고 한 번 더 생각해볼 문제가 있다. 우리나라는 어떤 역사적 사건을 평가할 때, 그 사건이 일어난 날(시작한 날)에 너무 집착하는 경향이 있다. 그래서 3·1독립만세운동, 4·19혁명, 5·16군사정변이라는 식으로 표현을 많이 한다. 하지만 3·1독립만세운동은 3월 1일에만 독립만세운동이 이루어졌던 게 아니다. 4·19혁명도 알고 보면 4월 19일 이전 마산 지역에서 이미 시작되었고, 4월 19일 이후에도 계속 진행되었다. 그럼에도 왜 유독 3월 1일과 4월 19일이란 말인가? 이는 어쩌면 우리나라 역사를 주로 우리나라 사람들이 연구하고 그 테두리 안에서 사용했기 때문인지도 모른다. 이제는 좀 더 넓은 시각으로, 또는 더욱더 역사적 의미를 함축하는 시각으로 보는 것이 바람직하지 않을까! 싶다. 굳이 외국의 역사상에 나타난 영국의 청교도혁명(1642~1649)·명예혁명(1688), 프랑스의 대혁명(1789~1799)·7월혁명(1830)·2월혁명(1848), 러시아혁명의 3월 혁명(1917, 음력 2월혁명)·11월혁명(1917, 음력 10월혁명), 중국의 신해혁명(1911~1912)과 같은 예가 아니더라도 말이다. 역사적 사건은 대체로 단순히 발생하거나 어느 날 갑자기 일어나는 것이 아니므로, 될 수 있으면 어떤 날을 기준으로 삼는 것은 지양해야 한다.

만약 학교와 같은 작은 집단에서 선생님 한 분이 1997년 9월 8일 깜박 실수하는 바람에 바지 앞이 열린 줄도 모르고 수업을 하다 그 사실을 들켜 버렸다고 하자. 그것도 여학교에서. 이러면 여학생들 사이에서 난리가 날 것이다. 선생님은 겸연쩍어 어쩔 줄 모를 것이고, 드러나는 몸을 감추려 움츠린 채 조심조심 교무실로 향할 것이다. 이런 일은 웃음꽃과 함께 금방 학교 안에 쫙 퍼지게 될 것이다. 아마 이런 경우를 이미 경험한 사람도 있을 것이

▲ **5·18민주화운동과 5·18민중항쟁추모탑** 왼쪽 사진은 5·18민주화운동 당시의 모습이며, 오른쪽 사진은 광주광역시 북구 운정동(광주광역시 북구 민주로) '국립5·18민주묘지'에 세워진 5·18민중항쟁 희생자들을 추모하는 탑이다. '5·18민주화운동'보다 추모탑 이름에서처럼 '5·18민중항쟁'이라는 용어가 더 적극적인 역사적 평가이다.

다. 이것은 흔히 일어날 수 있는 일이긴 하지만, 역사적으로 관심을 삼을 만한 일은 아니다. 비록 당사자나 그 학교에서는 큰 사건이 될지 모르지만, 그렇다고 역사 운운하기에는 작은 사건에 불과하다. 이런 경우, 그냥 '9·8바지사건'으로 부르면 큰 무리가 없을 것이다.

하지만 4·19혁명이나 3·1독립만세운동은 다르다. 4·19혁명이나 3·1독립만세운동은 국가적인 사건이요, 역사적인 사건이다. 따라서 4·19혁명보다는 '4월혁명'이 더 포괄적이고 개관적인 역사적 평가를 한 용어이며, 또 3·1독립만세운동보다는 '3월독립만세운동'이, 3월독립만세운동보다는 '3월항쟁[3월혁명] 또는 3월독립항쟁'이 더 많은 역사적 의미를 함축하는 용어다. 마찬가지로 4·3사태보다는 '4·3항쟁'이, 4·3항쟁보다는 '4·3민중항쟁'

이나 '제주민중항쟁'이 더 적절한 역사적 용어이며, 5·18반란이나 광주사태, 5·18광주사태보다는 '5·18민주화운동[광주민주화운동]'이 더 객관적인 평가 용어이다. 5·18민주화운동은 1997년 정부에서 공식적으로 인정한 이름이다. 그러나 운동이라는 말을 사용하지 않고 '5월항쟁 또는 5월민중항쟁'이나 '광주민중항쟁'이라고 하는 것이 더 적극적이고 역사적인 평가일 것이다. 6월항쟁도 마찬가지다. 6·10항쟁보다는 '6월항쟁'이, 6월항쟁보다는 '6월민주항쟁', '6월민중항쟁'이 훨씬 더 구체적이고 역사적인 평가일 것이다. 다만 사용하기에는 6월민중항쟁보다 6월항쟁이 훨씬 편하긴 하다.

역사적 평가는 객관적이어야 한다. 만약 우리나라의 역사적 사건을 평가하면서 우리나라에 국한해 평가한다면, 우물 안 개구리에 불과한 역사가 될 것이다. 그리고 역사적 평가는 적극적인 시각에서 이루어져야 한다. 만약 단순하고 짧은 안목으로 어떤 역사적 사건에 대한 평가를 보류한다면 역사적 발전을 기대하기는 어려울 것이다.

따라서 우리는 역사를 좀 더 적극적인 자세와 객관적인 시각으로 평가할 필요가 있다. 즉 어떤 사건이 발생하였을 경우, 그 사건이 발생하게 된 전후 관계 및 전개 과정, 그리고 그 사건이 추구한 목적 등을 잘 표현하는 용어를 사용해야 한다. 그러면 우리는 물론 우리나라 역사를 처음 접하는 외국인들도 쉽게 이해할 수 있을 것이며, 우리나라를 더욱 객관적인 시각으로 보게 될 것이다.

흔히 작은 고추가 맵다고 한다. 또 작은 것이 아름답다고 한다. 그러나 세상은 넓다. 너무 작은 것에 매달리지 말고 한층 큰 안목으로 자신은 물론 세상을 보아야 할 것이다. 겉으로 세계화만 외치지 말고 먼저 우리 자신의 모습부터 더욱 큰 안목으로 살펴보아야 할 것이다.

- **5·16혁명** → 5·16군사정변(쿠데타)
- **12·12사태, 12·12군사반란** → 12·12군사정변(쿠데타)
- **위화도회군** → 위화도 군사정변, 이성계의 군사정변
- **4·19의거** → 4·19혁명 → 4월혁명
- **동학란** → 동학혁명 → 동학운동, 동학농민운동 → 동학농민전쟁, 동학농민혁명
- **3·1운동** → 3·1독립만세운동 → 3월독립만세운동 → 3월(독립)항쟁
- **4·3사태** → 4·3항쟁 → 4·3민중항쟁(제주민중항쟁)
- **5·18, 광주사태** → 5·18민주화운동(광주민주화운동) → 5월(민중)항쟁
- **6·10항쟁** → 6월항쟁 → 6월민주항쟁, 6월민중항쟁

대한민국 역사상식 7

6·25사변인가, 한국전쟁인가?
전쟁 이름에 대하여

넘버원 코리아, 세계에서 하나뿐인 분단국가!

한 여인이 있다고 하자. 흰 저고리에 흰 치마를 길게 입고 서 있는 여인, 그러나 가시덩굴이 그 여인의 허리를 찌르고 있어 피가 흐르고, 눈물이 흐르고, 온몸이 신음하는 여인. 그것도 하루도 아니고, 한 달도 아니고, 일 년도 아니고, 근 오십여 년을 그리 있다가 보니 울다 지쳐 이제는 눈물도 마르고, 괴로움도 지나쳐 이제는 앓는 소리마저 멎은 여인.

한반도를 두고 하는 말이다. 한반도, 아름다운 삼천리 금수강산! 생각만 해도 뿌듯하고 말만 들어도 자랑스러운 이 산하에, 아직도 가시덩굴로 우리를 버젓이 가로막고 있는 38휴전선! 이렇게 금수강산을 두 동강 내며 민족마저 찢어놓아 세계에서 하나뿐인 분단국가라는 오명과 함께 우리 역사상

가장 큰 비극을 가져온 6·25전쟁(戰爭)! 과연 이 이름은 합당한 것일까? 어떤 이들은 이 전쟁을 '6·25사변(事變), 6·25동란(動亂)'이라고 부르기도 하고, 또 북한에서는 이 전쟁을 '조국해방전쟁', '민족해방전쟁'이라고 하는가 하면, 서양(특히 미국)에서는 '한국전쟁(Korea War)', '잊힌 전쟁(The Forgotten War)', '알려지지 않은 전쟁(The Unknown War)' 등으로 부른다. 또 일본에서는 조선전쟁(朝鮮戰爭: ちょうせんせんそう), 중국(중화인민공화국)에서는 항미원조전쟁(抗美援朝戰爭) 등으로 부르고 있다. 과연 이들의 차이는 무엇인지? 이렇게 서로 다르게 불러도 되는지? 헷갈릴 뿐이다.

〈전쟁에 따른 피해 비교〉

구분	제1차 세계대전	제2차 세계대전	한국전쟁	비고
기간	1914~1918	1939~1945	1950~현재	정확한 수치는 파악할 수 없음
사망자	850만	2,700만	130만	
사상자	2,000만	5,600만	500만	
동원 병력	6,500만	1억 1,000만		
군사비(달러)	2,000만	1억 150만	제1차 세계대전에 버금가는 폭탄이 투하	
이 전쟁을 통해, *중국이 경제적으로 가장 큰 피해를 보았고, *일본은 경제적으로 가장 큰 이익을 보았다.				

한 역사적 사건에 대해 부르는 이름이 다양한 것은 그만큼 역사를 보는 시각이 다양하기 때문이기도 하지만, 다른 측면에서 생각해보면 아직도 역사적 평가가 제대로 내려지지 않았기 때문에 그렇다고 할 수도 있다.

흔히 역사적 시각이 다양한 것은 바람직하고, 어떤 한 사건에 대한 평가가 다양하게 내려지는 것 또한 당연한 일이다. 그래도 수긍할 만한, 최소한의 객관적인 평가가 있어야 하지 않을까 싶다. 그렇다면 과연 1950년 한반도에서 벌어졌던 이 전쟁에 대해 어떻게 평가하고 어떤 이름으로 부르는 것이 가장 객관적일까?

전쟁은 무력과 한 몸이다

전쟁 이름에 관해 알아보기 전에 전쟁에 관한 일반적인 이해부터 해보자. 사실 인간의 역사는 전쟁과 함께 진행되었다고 해도 무리가 아닐 정도로 전쟁은 인류 역사시대 이전부터 계속되어 오늘날에도 끊이지 않고 있다. 따라서 전쟁에 관한 정의도 매우 다양하여 간단히 그 개념을 정리하기란 쉬운 일이 아니다.

널리 주목을 받고 있는 전쟁에 관한 개념은 프로이센의 군사전략가 클라우제비츠(K.V. Clausewitz)의 『전쟁론』에 제시되어 있다. 그는 "전쟁이란, 상대방에게 자신의 의지를 관철하기 위하여 사용하는 일종의 폭력 행위"라고 하였다. 따라서 고전적 의미의 전쟁이란 '주권을 가진 국가 간에 자국의 의지를 상대방에게 강요하기 위하여 수행되는 조직적인 무력투쟁 또는 폭력 행위의 상태'를 뜻하는 것으로 일반화되었다. 또 '전쟁은 선전포고(宣戰布告: 한 나라가 다른 나라에 대하여 전쟁을 시작한다는 것을 공식적으로 알리는 일)와 더불어 시작되고, 휴전 또는 강화조약이 충족될 때 끝난다.'라는 해석이 일반화되었다.

그러나 제2차 세계대전 이후, 오늘날에는 전쟁의 양상도 다양해져 국가 단위가 아닌 정치집단 간의 교전 상태나 여러 나라가 연합된 집단안보체제 간의 무력충돌이 빈번하게 발생하였다. 또 사전 선전포고도 없이 대규모 유혈사태를 유발하는 무력충돌이 나타나 고전적 의미의 전쟁 개념으로는 현대전을 이해하기 어렵게 되었다.

따라서 오늘날에는 주로 전쟁을 '상호 대립하는 2개 이상의 국가 또는 이에 준하는 정치집단이 자국의 의지를 상대방에게 강요하기 위하여 군사력을 비롯한 각종 수단을 사용하는 조직적인 무력 행위'라고 규정하고 있다. 특히 한 국가 내에서 몇 개의 정치집단끼리 대립하여 전쟁 현상이 일어나는 경우는 '국내전쟁' 또는 '동란(動亂)'이라고 한다. 결국 전쟁은 국가와 국가 간은 물론 국가와 정치집단, 심지어 정치집단 상호 간에 발생하는 무력충돌 현상이며, 2개 이상의 국가들끼리 동맹을 체결하여 다른 동맹국과의 사이에서 발생하는 무력충돌 현상까지를 통칭하는 용어라고 할 수 있다.

어쨌거나 전쟁은 기본적으로 무력충돌이 수행되는 행위를 말하는데, 오늘날 전쟁에서는 군사적 측면의 무력투쟁뿐만 아니라 비군사적 측면인 정치·외교·경제·심리·사상 및 과학 기술 등도 무력 수단과 마찬가지로 전력으로서 중요한 위치를 차지하고 있다. 그러나 엄밀히 말해서는 어떤 조직체에 의해 동원된 무력충돌만을 전쟁으로 간주하고 있다. 보통 경제전쟁, 무역전쟁, 외교전, 선전전, 심리전, 냉전 등에도 전쟁이라는 용어가 사용되고 있지만, 이것은 무력충돌이 따르는 것이 아니므로 사실상 전쟁의 근본 개념과는 거리가 있는 용어라고 할 수 있다.

전쟁도 사람만큼이나 다양하다

역사에 나타난 전쟁의 양상은 실로 다양하고, 그 변화의 속도도 최근에는 종잡을 수 없을 정도로 빠르다. 인류 역사 초기에는 그야말로 먹고살기 위한 전쟁이 대부분이었다고 가정할 수 있지만, 차츰 그 형태가 바뀌어서 요즘은 먹고살 만한데도 더 잘 먹고 잘살기 위한 전쟁이 수행되고 있다. 즉 많이 가진 나라가 더 많이 가지려고 힘없는 나라를 침략하는 것이다. 또 전쟁터에서 죽을 때, 예전에는 적이 누구인지 알고 죽을 수 있었지만, 오늘날에는 쥐도 새도 모르는 사이 누군가 쏜 무기에 의해 죽는지도 모르고 죽어간다. 얼마 전까지만 해도 전방과 후방이 나뉘어 전선을 중심으로 주로 군인에 의해 전쟁이 이루어졌으나, 오늘날에는 전후방이 따로 없으며 국민 개개인 모두가 다 전쟁을 해야 하는 대상이 되었다.

전쟁에서 인간적인 측면을 찾는다는 것이 웃기는 일인지 모르지만, 전쟁에서도 인간적인 냄새가 사라지고 있다. 사실 전쟁영화만 봐도 현대전을 담은 영화에서는 사람들끼리 치고받고, 깨지고, 죽고, 화해하는 적어도 그런 인간적인 모습이 담겨 있는 내용이 거의 없다. 오직 기계만이 난무하고 그 기계 속에서 대량으로 죽어가고 있는 사람들만 있을 뿐이다. 1991년 걸프전(Gulf War: 페르시아만전쟁: 이라크가 쿠웨이트를 침략하자 미국·영국·프랑스 등 34개 다국적군이 이라크와 싸운 전쟁)과 2003년 이라크전쟁(Iraq War: 제2차 걸프전: 미국·영국이 '대량 살상무기 보유'를 구실로 이라크를 침략하여 벌어진 전쟁)을 TV로 보면서 이것은 전쟁이 아니라 마치 전자오락이나 SF영화를 보는 것 같다는 생각이 들기도 하였다.

▲ 2003년 이라크전쟁 당시 바그다드 습격 항공사진과 야간 폭격 모습

다양한 전쟁의 유형을 일목요연하게 분류한다는 것은 그 유형만큼이나 복잡하다. 전쟁을 바라보는 견해나 전쟁의 양상은 시대에 따라 다르고, 각국의 정치·경제·사회·문화에 따라 다를 수밖에 없으며, 또 인종이나 과학 기술의 수준, 심지어 기후에 따라서도 다양하게 전개될 수밖에 없으므로 전쟁의 유형을 분류한다는 것은 그리 간단한 게 아니다.

전쟁의 유형은 전쟁의 어떤 특성을 기준으로 하여 분류하느냐에 따라 여러 갈래로 갈라질 수 있다. 그 분류의 기준을 도덕성에 두면 정의(正義)의 전쟁과 비정의(非正義)의 전쟁으로 구분하고, 누가 먼저 공격했는지를 따져 공격적 전략인지 수세적 전략인지에 기준을 두면 침략전쟁과 자위전쟁(自衛戰爭)으로 구분한다. 또 전쟁의 목적이나 동기에 기준을 두어 침략전쟁·자위전쟁·제재전쟁(응징전쟁)·식민지전쟁·민족해방전쟁·독립전쟁·해방전쟁 등으로 구분할 수도 있다. 또 지역적 규모를 기준으로 하면 세계전쟁·국지전쟁으로 나뉘고, 전쟁 양상을 기준으로 하면 무제한전쟁(전면전쟁=절대전쟁)·제한전쟁으로 분류되며, 무기를 중심으로 하면 핵전쟁·비핵전쟁(재래식전쟁=통상전쟁), 그리고 전쟁 주체를 기준으로 하면 국가 간에 수행되는 국제전쟁과 한 국가 안의 정치권력집단 간에 수행되는 국내전쟁[내전(內戰)·동란(動亂)]으로 구분하기도 한다. 편의상 전쟁을 기간, 주체, 규모, 양상, 수단, 대상, 진행 과정, 동기 또는 목적, 성격 등에 따라 정리해보면 다음과 같다.

〈기간〉　　장기전 ↔ 단기전
〈주체〉　　국제전쟁 ↔ 국내전쟁=내전=동란
〈규모〉　　세계전쟁 ↔ 국지전쟁
〈양상〉　　전면전 = 무제한전쟁=절대전쟁 ↔ 제한전
〈수단〉　　핵전쟁 ↔ 비핵전쟁=재래식전쟁=통상전쟁

〈대상〉	단독전쟁, 연합전쟁, 대리전
〈과정〉	정규전 : 정규 군대 간에 수행되는 전쟁
	비정규전=게릴라전 : 게릴라에 의해 수행되는 전쟁
〈동기·목적〉	인구전쟁, 패권쟁탈전쟁, 왕위계승전쟁, 약탈전쟁, 영토확장전쟁, 식민지전쟁, 경제전쟁
〈성격〉	종교전쟁, 혁명전쟁, 인종전쟁, 독립전쟁, 통일전쟁, 국민전쟁, 해방전쟁
〈방법〉	냉전(冷戰) ↔ 열전(熱戰)

 이러한 전쟁의 예로 장기전(100년전쟁, 십자군전쟁, 한국전쟁 *한국전쟁은 1953년 끝난 게 아니라 지금까지도 계속되고 있는 것으로 보면 장기전에 속한다), 단기전(프로이센·오스트리아전쟁, 병자호란, 프로이센·프랑스전쟁, 걸프전), 국제전쟁(발칸전쟁), 내전(한국전쟁, 베트남전쟁), 세계전쟁(제1차·제2차 세계대전), 국지전쟁(애로우호전쟁), 제한전(6·25동란), 인구전쟁(게르만 민족의 이동), 경제전쟁(아편전쟁, 각종 식민지전쟁), 왕위계승전쟁(100년전쟁, 장미전쟁, 7년전쟁, 에스파냐왕위계승전쟁, 오스트리아왕위계승전쟁), 약탈전쟁(100년전쟁, 신대륙 발견, 인디언과 청교도 간의 전쟁), 패권쟁탈전쟁(페르시아전쟁, 펠로폰네소스전쟁, 포에니전쟁, 춘추전국시대의 전쟁, 태평양전쟁), 영토확장전쟁(알렉산더의 동방원정, 크림전쟁, 러시아·투르크전쟁), 식민지전쟁(제1·2차 세계대전, 청·프전쟁, 아메리카·에스파냐전쟁), 종교전쟁(십자군전쟁, 위그노전쟁, 30년전쟁), 혁명전쟁(프랑스혁명, 러시아혁명), 인종전쟁(아프리카종족분쟁), 독립전쟁(제2차 세계대전 이후 각 식민지에서의 독립전쟁, 미국의 독립전쟁), 통일전쟁(이탈리아의 통일전쟁, 독일의 통일전쟁), 국민전쟁(나폴레옹전쟁 이후 국민국가 건설 전쟁), 해방전쟁(갑오농민전쟁) 등을 들 수 있다. 이것은 편의상 분

류한 것이며, 어떤 절대적인 기준에 의해 분류한 것은 아니다.

  이상과 같은 전쟁들은 단순히 한 가지 이유에 의해 발생하는 것이 아니었다. 따라서 하나의 전쟁도 보는 기준에 따라 다양하게 분류될 수밖에 없다. 6·25동란도 북한 측에서 보면 조국해방전쟁(민족해방전쟁)이요, 남한 측에서 보면 자위전쟁이요, 유엔의 입장에서는 제재전쟁인 것이며, 다른 각도에서 분류하면 제한전에 국지전이고 재래식전쟁에 속한다고 할 수 있다. 또 이 전쟁을 휴전이 이루어진 1953년에 끝났다고 보면 단기전이고, 휴전이 곧 전쟁의 끝을 가리키는 것은 아니므로 이 전쟁이 오늘까지도 계속되는 것으로 보면 장기전에 해당한다. 보는 시각에 따라 다를 수 있다. 이렇게 전쟁의 유형을 분류하는 것은 다양할 수밖에 없으므로 전쟁의 양상을 분류하는 것은 사실상 의미가 없을지도 모른다. 그렇더라도 전쟁의 양상을 나름 구분하기 쉽게 분류함으로써 전쟁에 대한 이해가 훨씬 쉬워질 것이다.

종교전쟁이 더 잔인하였다

한 가지 재미있는 사실은 역사상에서 나타난 전쟁 가운데 종교전쟁이 다른 일반적인 전쟁보다 더 잔인했다는 점이다. 전쟁 자체가 이성적이지 못한 것이므로 전쟁에서 인정사정 본다는 것은 웃기는 일이지만, 그래도 종교를 가진 사람들이 비종교인보다 더 인간적일 것이라고 생각할 수 있다. 그러나 그렇지 않았다. 서양 기독교인과 동양 이슬람교도 간의 싸움이었던 십자군전쟁에서 특히 기독교인들은 상대방을 죽이는 것을 신이 주는 축복이요, 천국에 들어가는 영광으로 생각하였다. 전혀 부끄러움이 없었고 오히려 자랑으로 여길 정도였다. 심지어 같은 하나님을 믿는 기독교도들끼리 싸우는데도 일반인보다 더 잔인하게 상대방을 죽이기도 하였다.

십자군전쟁만이 아니다. 구교와 신교 간의 전쟁, 이른바 근대 서양의 종교전쟁(또는 종교동란)에서는 결혼식에 참석하려는 사람들을 죽이고 심지어 결혼식이 치러질 교회까지 부숴가면서 파리 시내를 완전히 피바다로 만들었다. 이 사건을 프랑스 위그노전쟁의 '성 바르톨로메오의 학살(Massacre de la Saint-Bartholomew)[성 바르돌로뮤 대학살]' 또는 '피의 결혼식'이라고 부르는데, 1572년 8월 24일 당시 황후 카트린느 드 메디치(Catherine de Medicis)의 딸인 마르그리트(Margot: 여왕 마고)와 개신교 신자인 나바르의 앙리(Henri IV: 앙리 4세)의 결혼식을 기념하기 위해서 파리에 모인 개신교 지도자 콜리니(Coligny)를 포함한 수천 명의 위그노교도가 구교인 가톨릭교도들에게 죽었으며, 이후 프랑스 전국에 걸쳐 수만 명의 신교도가 학살당하였다. 성상(聖像)과 성물(聖物)마저 가차 없이 파괴됨은 물론 어린아이들까지 죽음을 당하였다.

　　일반 전쟁보다 종교전쟁이 더 잔인하고 피도 눈물도 없이 진행된 역사적 사실들을 보면 종교야말로 잘못 길을 들어서면 아편보다 더 무서운 것이라는 사실을 마치 입증하는 듯하다. 이런 면에서 달콤하지만, 이빨을 썩게 하는 사탕처럼 종교는 필요악일지도 모른다. 그렇다고 종교 전체를 부정하는 것은 아니다. 종교가 인류 사회에 공헌한 바도 크고 많았다. 그래도 끼친 해악도 적지 않았다는 점에서는 각성할 필요가 있을 것이다.

전쟁에도 자신에게 걸맞은 이름이 있다

전쟁 이름은 어떻게 지어야 할까? 먼저 역사학에서 말하는 전쟁은 그 이름이 뜻하고 있는 바가 전부가 아니라는 점을 기억할 필요가 있다. 흔히 서양 중세 말 영국과 프랑스 간의 전쟁을 '백년전쟁(百年戰爭: Hundred Years' War)'

이라고 하지만 그 전쟁은 100년 동안 계속해서 싸운 전쟁이 아니라는 것이다. 또 100년전쟁 이후 영국의 두 가문 간 싸움인 '장미전쟁(薔薇戰爭: Wars of the Roses)'은 장미 때문에 발생한 전쟁이 아니다. 백년전쟁은 영국과 프랑스 간, 프랑스를 전쟁터로 하여 여러 차례 휴전과 전쟁을 되풀이하면서 1337~1453년까지 116년 동안 벌어진 전쟁으로, 명분은 프랑스 왕위 계승 문제였지만 실제 원인은 영토 문제이다. 장미전쟁은 1455~1485년까지 30년간 벌어진 영국의 내전으로, 흰 장미를 문장[紋章, Arms, Coat of Arms, Crest: 국가나 단체 또는 집안 따위를 나타내기 위하여 사용하는 상징적인 표지(標識). 도안한 그림이나 문자로 되어 있다]으로 한 요크가(York家)와 빨간 장미를 문장으로 한 랭커스터가(Lancaster家) 두 가문이 왕위 계승권을 놓고 다툰 전쟁이다. 전쟁의 마지막에 랭커스터가의 헨리 튜더(Henry Tudor: 헨리 7세)가 승리함으로써 새로운 튜더왕조가 시작되는데, 헨리 튜더는 화합을 위해 요크가문의 딸 엘리자베스를 왕후로 맞아들였으며, 붉은 장미와 흰 장미를 합쳐 왕가의 표시로 삼았다. 이후 장미는 영국의 국화(國花)가 되었으며, 지금도 붉은 장미와 흰 장미를 합하면 화합의 표시를 의미하고 있다. 같은 30년간 벌어진 전쟁이지만, 1618부터 1648년까지 독일을 중심으로 신교와 구교 사이에 여러 나라가 관련하여 30년간 벌어진 종교전쟁은 '30년전쟁(Thirty Years' War)'이라고 부른다.

백년전쟁은 영국과 프랑스가 근 100년간 싸워 그리 부른 이름이며, 장미전쟁은 장미를 자신들의 문양으로 하는 영국의 두 가문이 싸운 전쟁이라 그리 붙인 이름이다. 100년전쟁이라 하여 100년간 싸운 것이 아니며, 장미전쟁이라 하여 장미 때문에 일어난 전쟁이 아니다. 구별을 쉽게 하려고 그리 부르는 것일 뿐이다.

이렇게 전쟁 이름은 구별하기 쉽게 지으면 된다. 어떤 전쟁이 발발했을 때 아무렇게나 그 이름을 붙일 수도 없는 일이며, 그렇다고 전쟁 이름을 지을 때 어떤 특별한 원칙이 따로 있는 것도 아니다. 그 전쟁의 성격을 가장 잘 표현하거나 사람들이 쉽게 알 수 있으면 된다. 따라서 역사를 보는 사람들의 시각에 따라 같은 전쟁이라도 그 이름이 제각기 다를 수 있다. 6·25전쟁, 6·25사변, 6·25동란, 조국해방전쟁, 민족해방전쟁, 한국전쟁, 한국동란, 잊힌 전쟁, 알려지지 않은 전쟁, 조선전쟁, 항미

▲ 장미전쟁과 문장 장미전쟁은 영국 요크 가문과 랭커스터 가문 사이에 벌어진 전쟁으로, 위 왼쪽 2개의 흰 장미 문양이 요크 가문의 문장이며, 가운데 왼쪽 2개의 빨간 장미의 문양이 랭커스터의 문장이다. 아래 문양은 튜터왕조의 문장으로, 두 가문의 문양이 합쳐졌다. 장미전쟁은 오늘날 축구경기에 이어지고 있는데, 영국의 프로축구팀인 맨체스터 유나이티드와 리버풀이 각각 흰 장미(맨 오른쪽 위)와 붉은 장미(맨 오른쪽 아래) 문장을 사용하고 있다.

원조전쟁 등처럼 하나의 전쟁에 대해서 이름이 여럿 있을 수 있다. 그러나 역사를 객관적으로 보기 위해서는 어느 정도 보편타당한 기준을 가지고 이름을 지어야 할 것이다. 또 시대가 변하고 역사를 바라보는 시각이 변하였는데 역사 용어는 변하지 않고 낡은 이름이나 잘못된 이름을 그대로 사용하고 있다면 그 구태의연함은 역사의 기형에 불과할 것이다.

전쟁 이름을 붙일 때, 흔히 그 전쟁이 발발한 시점에 기준을 두어 붙이

거나(날짜 기준-6·25, 해 기준-임진왜란, 병자호란, 갑오농민전쟁), 전쟁 기간을 중심으로 붙이거나(100년전쟁, 30년전쟁, 7년전쟁), 그 전쟁의 특징이 될 만한 것을 기준으로 붙이거나(십자군전쟁, 종교전쟁, 장미전쟁, 아편전쟁, 노예전쟁, 농민전쟁), 또 가장 일반적인 방법으로 전쟁 당사국을 중심으로 붙이거나(청일전쟁, 남북전쟁, 세계대전, 왜란, 호란, 한국전쟁), 아니면 기타의 판단에 의해 이름을 붙인다(수의 고구려 침입, 당의 고구려 침입, 몽골의 고려 침입). 그러나 우리가 흔히 사용하고 있는 용어 가운데에는 객관성이 부족한 것들(임진왜란, 병자호란)이 있는가 하면, 사용하기가 불편한 것들(수의 고구려 침입, 몽골의 고려 침입)이 있다. 따라서 전쟁에 관련된 용어도 좀 더 객관화하고 일반화할 필요가 있다.

나라와 나라 간의 싸움은 주로 전쟁이라고 한다

나라와 나라 간의 싸움은 주로 전쟁이라는 용어를 사용한다. 군사학에서는 한 국가 내에서 몇 개의 정치집단끼리 대립하여 전쟁 현상이 일어날 때, 이를 국내 전쟁 또는 동란(動亂)이라고 분류하고 있다. 6·25동란, 콩고동란 (1960~1966) 등이 이에 해당한다. 국내 전쟁은 간단히 내전(內戰, Civil War)이라고 하는데, 내전은 정치권력의 획득을 둘러싸고 같은 나라 안에서 한 집단이 다른 집단에 대해 무력투쟁을 일으키는 행위를 말한다. 스페인내전(1820~1823), 칠레내전(1891), 핀란드내전(1918), 아일랜드내전(1922~1923), 중국 공산당과 국민당의 전쟁인 국공내전(1차: 1927~1937, 2차: 1946~1950, 이를 해방전쟁이라고도 한다), 캄보디아내전(1970~1991), 르완다내전(1990~1993) 등이 이에 해당하며, 미국의 남북전쟁(1861~1865)과 한국전쟁(1950)도 넓은 범위에서 내전에 해당한다.

내전은 내란(內亂)이라고도 하는데, 중국의 '태평천국(太平天國)의 난(1851~1864, 태평천국운동)'이나 동학난(1894, 동학농민운동, 동학농민전쟁, 동학농민혁명) 등이 이에 해당한다. 청나라 말기 홍슈취안[洪秀全]과 농민군은 '누구나 평등한 세상'을 내세우며 기독교를 바탕으로 한 천국(태평천국)을 세워 14년간 중국 영토의 절반을 차지하며 신정정치(神政政治)를 폈는데, 이를 처음에는 '태평천국의 난'이라 하였지만, 지금은 '태평천국운동'으로 부르기도 한다. 우리나라의 동학농민운동과 그 성격이나 용어 사용에서 비슷한 점이 많다.

내전을 내란이라고 하는 것처럼 난(亂)이라는 용어는 대개 국내에서 일어난 전쟁에 사용한다. 임진왜란(1592~1598)과 병자호란(1636~1637)처럼 나라와 나라 간에 일어난 일에도 난이라는 용어를 사용하는 때도 있지만, 난은 주로 한 국가 내에서 일어난 일에 사용하는 편이며, 나라와 나라 간에는 잘 사용하지 않는 것이 일반적이다. 즉 나라와 나라 간에는 난보다 전쟁이라는 용어를 더 많이 사용하고, 나라와 나라 간에 일어난 무력투쟁은 난보다 전쟁이란 용어가 더 적절하다. 따라서 우리가 흔히 사용하고 있는 임진왜란, 병자호란 등은 결코 바람직한 용어가 아니다.

임진왜란(壬辰倭亂)은 1592년(임진년, 선조 25) 일본이 조선을 침략하면서부터 시작되어 1598년(선조 31)까지 이어진 전쟁을 말한다. 『조선왕조실록』에서는 1592년의 제1차 침략을 임진왜란, 1597년의 제2차 침략을 정유재란(丁酉再亂)이라고 구분해서 부르고 있다. 일본에서는 당시의 연호를 따서 '분로쿠·게이초의 역[분로쿠·게이초 노 에키(文禄·慶長の役) *역(役)은 일본말로 에키(えき)라고 하며, 전쟁을 가리킨다]'이라고 하고, 두 차례의 전쟁을 각각 '분로쿠 노 에키(文禄の役)', '게이초 노 에키(慶長の役)'라고 부른다. 중국에서는 당시 명나라 황제였던 만력제(萬曆帝)의 호를 따 만력조선전쟁(萬曆朝鮮戰爭), 만력동정(萬曆東征), 만력의 역(萬曆之役) 또는 임진왜화(壬辰倭禍)

▲ **행주대첩과 한산대첩 그림** 2011년 '겨레를 지켜온 불굴의 의지'라는 이름으로 독립기념관 「3·1운동 92주년 기념 야외사진전 '그림으로 되살아난 민족혼'」에 전시되었던 그림들이다. 한산(도)대첩(1592년 7월), 진주(성)대첩(1592년 10월; 1차 진주성전투), 행주(성)대첩(1593년 2월)을 임진왜란 3대첩이라 하는데, 대첩(大捷)은 '크게 이김, 또는 큰 승리를 한 전투'를 말한다.

라고 부르고 있으며, 조선(북한)에서는 임진조국전쟁(壬辰祖國戰爭)이라고 부르고 있다.

병자호란(丙子胡亂)은 1636년 12월부터 1637년 1월 사이에 벌어진 전쟁으로, 중국 청(淸)나라 홍타이지[황태극(皇太極)의 만주어, Hong Taiji: 청나라 제2대 황제 태종(太宗) 숭덕제(崇德帝)]가 조선에 2차로 침입함으로써 일어났다. 1차 침입은 청나라로 나라 이름을 바꾸기 전인 후금(後金)이 1627년 조선을 침입함으로써 일어났는데, 이를 정묘호란(丁卯胡亂)이라고 한다. 병자호란은 조선 역사상 가장 굴욕적인 패배 가운데 하나인데, 고려시대 몽골에 대한 항쟁을 40여 년간 지속하였고, 조선시대 임진왜란에서는 7년간의 싸움 끝에 왜군을 물리친 데 반하여, 병자호란은 불과 두 달 만에 조선이 굴복함으로써 끝나고 말았다. 병자년에 시작하여 이듬해인 정축년에 끝나 '병정노란(丙丁虜亂, 노란은 '오랑캐가 일으킨 난'이라는 뜻)'이라고도 한다.

▲ **삼전도비(三田渡碑)** 병자호란에 패배한 인조는 청나라 군대가 머물던 한강의 삼전도 나루터(현 서울 송파구 삼전동 부근)에서 청 태종에게 세 번 절하고, 아홉 번 고개를 조아리며 항복[삼전도의 굴욕]하면서 강화협정을 맺었다. 청 태조의 요구에 따라 그의 공덕을 적은 비석을 세운 것이 삼전도비인데, 제목은 '大淸皇帝功德碑(대청황제공덕비)'이다. 삼전도비는 '치욕의 역사물'이라는 이유로 수난을 당하기도 하며 여러 차례 옮겨 다니다 서울 송파구 석촌동(왼쪽 사진)에서 현재 잠실동 롯데월드 사거리 석촌호수 쪽(오른쪽 사진)으로 옮겨져 있다.

　　이렇게 일본과 청나라와의 전쟁에 대해 '란(亂)'이나 '화(禍)'라는 용어를 사용하고 있다. 굳이 왜'란', 호'란'이라 한 것은 조선이 일본[倭(왜나라 왜), 왜인(倭人: 일본 사람을 낮잡아 이르는 말)]과 중국 청나라[胡(오랑캐 호), 호인(胡人: 만주인, 야만인)]를 깔보던 유교적 입장에서 나온 말이다. 하지만 그 당시 상황을 객관적으로 본다면, 결코 조선은 일본과 청나라를 얕볼 수 있는 처지가 아니었다. 오히려 군사적으로 열세였으며, 일본과 청나라와의 전쟁에서 이기지 못하였고, 엄밀히 말해 패배하였다. 언뜻 임진왜란은 이긴 것 같지만, 결코 이긴 것이 아니라 겨우 막아낸 것이었다. 더구나 일본군이 본국으로 철수하면서 고니시 유키나가[小西行長(소서행장)] 등의 주요 지휘관은 무사히 탈출에 성공하였다. 만약 우리가 전쟁에서 이겼다면 일본으로부터 보상을 받았어야 하지만, 실제 아무런 보상도 받지 못하였다. 보상은커녕 일본으로 잡혀간 우리나라 사람들이 돌아오지도 못하였다.

당시 유교적 세계에서 보면, 왜인과 만주족은 우리보다 밑에 있는 오랑캐에 불과하였다. 중국 명나라를 섬기며 성리학을 믿는 조선은 성리학을 잘 모르는 일본과 같을 수 없었으며, 또 명나라를 멸망시킨 청나라와도 다를 수밖에 없었다. 하여 이 전쟁을 밑에 있는 오랑캐가 일으킨 것에 불과하므로 왜란·호란이라고 하는 게 당연하였다. 하지만 임진왜란은 삼포왜란(三浦倭亂)과 같은 '일본인들의 소요'가 아니라 '국가 간의 전쟁'이므로 왜란이라고 하는 것은 적절하지 못하다. 난보다 전쟁이라는 용어가 더 적절하다. 병자호란도 나라와 나라 간에 벌어진 것이기에 난보다는 전쟁이라고 하는 것이 더 타당하다. 유교적 세계관에 좌우되지 않는 오늘날의 입장에서는 왜란이나 호란이라는 용어는 적절하지 못하고 객관적이지도 않다. 이런 용어를 지금까지도 계속 사용한다는 것은 그동안 역사적 발전이 없었음을 인정하는 꼴이 되고 만다. 따라서 오늘날에 맞는 역사적 평가를 해야 할 것이요, 용어에서도 좀 더 객관적이고 시대에 걸맞은 용어를 사용할 필요가 있다.

이런 견해를 반영하여 임진왜란을 '1592년 조일전쟁(朝日戰爭: 조선과 일본의 전쟁)' 혹은 그냥 '조일전쟁' 또는 '7년전쟁(七年戰爭)'으로, 병자호란을 '1636년 조청전쟁(朝淸戰爭: 조선과 청나라의 전쟁)' 혹은 그냥 '조청전쟁'으로 부르기도 한다. 여기에서 '7년전쟁'은 임진왜란과 정유재란을 묶어서 7년간 벌어진 전쟁이라는 뜻에서 부르는 용어인데, 이미 서양에서 7년전쟁(Seven Years' War: 오스트리아 왕위계승전쟁에서 프로이센에게 패배해 독일 동부의 비옥한 슐레지엔을 빼앗긴 오스트리아가 그곳을 되찾기 위해 1756년부터 1763년까지 프로이센과 벌인 전쟁), 북방7년전쟁(Northern Seven Years' War: 스웨덴이 1563년부터 1570년까지 벌인 전쟁) 등을 사용하고 있으므로 이보다는 조일전쟁이라는 용어가 더 좋을 듯하다. 만약 조일전쟁이라는 용어를 사용할 경우, 1592년 일어난 임진왜란과 1597년 다시 일어난 정유재란(丁酉再亂)을 함께 아우를 수 있어 임진왜란이나 정유재란보다 훨씬 포괄적이고 무엇보다도 객관적인 평가가 가능하여 바람직하다. 즉 조일전쟁의 기간을 1592년~1597년~1598년으로 보고, 임진왜란과 정유재란을 각각 '1592년 조일전쟁[1차 조일전쟁]'과 '1597년 조일전쟁[2차 조일전쟁]'으로 구별할 수도 있어 적절한 용어라고 할 수 있다. 조청전쟁도 마찬가지, 1636년 일어난 병자호란만이 아니라 청나라로 나라 이름을 바꾸기 이전인 1627년 후금(後金)의 조선 침략[정묘호란]까지 포함할 수 있으므로 호란에 대해 훨씬 포괄적이고 합리적인 평가가 가능할 것이다. 즉 조청전쟁의 기간을 1627년과 1636년으로 보고, 정묘호란과 병자호란을 각각 '1627년 조청전쟁[1차 조청전쟁 또는 1627년 조금전쟁(朝金戰爭: 조선과 금나라의 전쟁)]'과 '1636년 조청전쟁[2차 조청전쟁]'으로 구별하면 큰 무리가 없고 더 객관적일 것이다.

2012년부터 고등학교에서 처음 배우게 되는 『동아시아사』 교과서에서는 '왜란'이나 '호란'이라는 말을 사용하지 않고 임진왜란·정유재란을 '임진전쟁'·'정유전쟁', 정묘호란·병자호란을 '정묘전쟁'·'병자전쟁'이라고 표현하고 있다. 임진전쟁이나 정유전쟁은 임진왜란이나 정유재란보다 객관적인 용어이고, 정묘전쟁이나 병자전쟁 역시 정묘호란이나 병자호란보다 객관적인 용어라고 여겨진다. 임진전쟁, 병자전쟁! 우리나라에서 사용하기에도 적절한 용어이다. 혹 조일전쟁·조청전쟁이라는 말은, 용어를 너무 객관화한 나머지 전쟁 당사자인 우리나라 입장을 제대로 반영하지 않거나 우리나라 입장에서 평가하지 않는 것 같은 느낌이 들기도 하는데, 이런 경우라면 임진전쟁·병자전쟁 같은 용어를 사용하면 무난할 것이다. 임진왜란·병자호란보다는 임진전쟁·병자전쟁이 훨씬 나을 것이다. 다만 임진전쟁·병자전쟁 하면 무슨 전쟁인지, 어떤 나라끼리 싸운 전쟁인지 잘 드러나

지 않아 애매하긴 하지만. 아무튼 오늘날에는 과거 조선시대에 평가한 임진왜란·병자호란보다는 임진전쟁·병자전쟁, 조일전쟁·조청전쟁 등과 같은, 오늘날의 입장에서 새롭게 평가하거나 보다 객관적으로 평가한 역사적 용어를 사용할 필요가 있다.

임진왜란이나 병자호란처럼 우리나라 입장만을 고려하여 사용한 용어로 '수(隨)의 고구려 침략', '당(唐)의 고구려 침략', '몽골의 고려 침입' 등이 있다. 이는 우리나라에서는 사용하기 편하지만, 만약 외국인과의 대화나 세계 역사학계 같은 데서 사용하기에는 불편할뿐더러 어색할 것이다. 또한 이것은 용어 자체가 객관적이지도 못하다. 따라서 '수의 고구려 침략'은 612년 '여수전쟁(麗隋戰爭: 고구려와 수나라의 전쟁)[고수전쟁(高隋戰爭)]'으로, '당의 고구려 침략'은 645년 '여당전쟁(麗唐戰爭: 고구려와 당나라의 전쟁)[고당전쟁(高唐戰爭)]'으로, '몽골의 고려 침입[몽골의 입구(入寇), 대몽항쟁)]'은 1231~1270년 '여몽전쟁(麗蒙戰爭: 고려와 몽골의 전쟁)[고몽전쟁(高蒙戰爭)]'으로 바꾸어 사용하는 것이 더 낫다고 주장하고 있으며, 이미 그렇게 사용하기도 한다. 다만 일반인들에게까지 널리 사용되고 있지 않으며, 학교 교과서에도 아직 그렇게까지 사용하고 있지는 않다.

그러나 신라가 중국 당(唐)나라와 함께 백제와 고구려를 멸망시킨 후 신라와 당나라 간에 벌어진 전쟁을 668~676년 '나당전쟁(羅唐戰爭: 신라와 당나라의 전쟁)[신당전쟁(新唐戰爭)]'이라고 하여 이 '나당전쟁'이라는 용어가 교과서에 쓰이고 있다. 그런데도 '여수전쟁' 대신 '고구려의 대중국 전쟁'이니, '수의 고구려 침략'이라는 말을 사용하고 있다는 것은, 우리 역사 교과서가 신라 중심으로 만들어졌거나 아니면 어떤 객관적인 기준이나 형평의 원칙도 없이 만들어졌음을 입증하는 예라 할 수 있다. 남한의 역사가 신라를 중심으로 전개되고 있는 것은 부정할 수 없는 사실이다. 이에 반해 북한은 고구려를 중심으로 하여 역사적 정통성을 확보하고 있다. 어쩌면 대한민국이나 조선 둘 다 반쪽 역사라 할 수 있는데, 이런 한계를 극복하기 위해서라도 남북통일이 필요하다. 역사적 객관성 확보라는 측면에서 통일은 반드시 이뤄져야 할 것이다.

앞으로 용어를 새롭게 정리해 사용함으로써 우리 역사를 한층 객관적인 수준으로 높여야 할 것이다. 역사를 보다 객관적으로 정립할 때 우리 역사는 한층 발전할 것이며, 동시에 세계적으로 인정받기도 쉬울 것이다. 그렇다고 우리나라의 입장을 담은 용어를 사용하지 말자는 것은 아니다. 우리나라의 입장을 담은 용어나 우리나라에서만 사용하는 용어도 의미가 없는 것은 아니지만, 그래도 가급적이면 보편타당한 용어를 사용하는 것이 더 바람직할 것이다.

임진왜란 · 정유재란 → 조일전쟁(1592~1597~1598) [7년전쟁]

임진왜란 · 임진왜란 → 제1차 조일전쟁(1592~1596), 임진전쟁

임진왜란 · 정유재란 → 제2차 조일전쟁(1597~1598), 정유전쟁

정묘호란 · 병자호란 → 조청전쟁(1627 · 1636)

임진왜란 · 정묘호란 → 제1차 조청전쟁(1627), 정묘전쟁

임진왜란 · 병자호란 → 제2차 조청전쟁(1636), 병자전쟁

수의 고구려 침략 → 여수전쟁(612), 고수전쟁

당의 고구려 침략 → 여당전쟁(645), 고당전쟁

몽골의 고려 침입 → 여몽전쟁(1231~1270) [고몽전쟁]

신라와 당나라의 전쟁: 나당전쟁(668~676) [신당전쟁]

모든 전쟁에는 시작과 끝이 있다

전쟁 기간을 계산하는 것도 그리 간단한 게 아니다. 세상의 모든 일에는 시작과 끝이 있다. 역사에서도 분명한 원인이 있고, 또 원인이 있으면 결과가 있듯이 모든 전쟁에도 시작과 끝이 존재한다. 어떤 사건의 시작과 끝을 한 마디로 딱 잘라 말하기는 어렵겠지만, 그래도 역사적 사건에는 시작과 끝이 존재하기 마련이다.

흔히 전쟁은 선전포고로 시작되지만, 선전포고가 없이 전쟁이 시작되는 때도 있다. 따라서 전쟁은 그 전쟁이 처음 시작한, 즉 상호 간 무력충돌이 이루어진 때부터 시작되며, 전쟁 당사국 간에 전쟁을 그만두자고 합의하여 그것을 실행한 시점에서 종결된다. 다만 전쟁의 시작은 예기치 못한 상황에서 이루어질 수 있지만, 전쟁의 끝은 전쟁 당사자들 간에 합의를 통해 성립한다는 점에서 크게 비교된다. 즉 전쟁의 종료는 종전[終戰: 전쟁이 끝남, 또는 전쟁을 끝냄. End(Termination) of the war]이 공식적으로 성립된 시점을 기준으로 결정된다. 구체적으로는 전쟁의 종료를 확인할 수 있는 협정, 이른바 평화협정(평화조약)이나 이와 같은 조약(강화조약 등), 회담 및 항복과 같은 방식으로 보통 전쟁이 종료된다. 꼭 이런 방식이 아니더라도 전쟁 행위의 실질적인 종료에 따라 이루어질 수도 있으며, 흔하지는 않으나 평화조약이 아닌 전쟁 상태 종결 선언에 의해 종전이 이루어질 때도 있다. 그렇지만 일반적으로는 평화조약에 앞서서 휴전조약이 체결되고, 적대 행위가 중지되며, 뒤이어 강화(講和: 전쟁을 종료시키고 평화를 회복하기 위한 교전국 간의 합의)의 예비교섭이 있은 후 강화조약이나 평화 예비조약이 체결된다. 그다음 정식적인 평화조약의 효력 발생과 함께 전쟁이 종료되고 평화관계가 회복된다.

보통 휴전이나 정전을 전쟁의 종료로 생각하기 쉽고, 군사학에서 휴전이나 정전의 시점을 전쟁의 종식, 즉 종전으로 간주하기도 하지만, 휴전과 정전이 곧바로 전쟁의 종료를 뜻하지는 않는다. 그리고 휴전과 정전을 같은 의미로 사용하기도 하는데, 막상 휴전과 정전은 다른 것이다. 정전(停戰)은 말 그대로 '전쟁을 잠시 정지하자'라는 것이며, 휴전(休戰)은 '전쟁을 잠시 그만두고 쉬자'는 것이다. 보통 정전이 군사 행동을 중단하는 일이라면, 휴전은 적대 행위를 중단하는 일을 가리킨다.

정전과 휴전을 좀 더 자세히 살펴보면, 정전을 가리키는 말인 Truce는 교전군 쌍방의 합의에 따라 일시적으로 특정 지역 안에서 전투 행위(군사 행동)를 중지하는 것으로 '전투 정지(戰鬪停止)'를 뜻한다. 따라서 정전은 일정 부분 전투를 중지한다는 것이지 전쟁을 완전히 그만둔 것은 아니다. 휴전을 가리키는 말인 Armistice는 라틴어 'Arma(영어로는 Arm: 무기, 병기, 전쟁, 무력)'와 'Institum(영어로는 Interval: 간격, 거리, 틈, 휴식 시간)'이 합쳐진 말로, '병기 휴식(兵器休息)'을 뜻한다. 즉 휴전은 '교전국이 서로 합의하여 전쟁을 얼마 동안 멈추는 일'을 가리키며, '전쟁에서 일정 기간 적대 행위를 중단하는 행위'를 뜻한다. 마찬가지 휴전도 잠시 전쟁을 쉬자고 한 것이지 전쟁을 완전히 그만둔 것은 아니다.

대개는 휴전 협상을 하기 위해 먼저 정전을 선언한다. 그리고 휴전협정(휴전조약)을 맺게 되는데, 휴전조약은 일시적으로 적대 행위를 중지한다는 합의의 조약으로, 보통 쌍방의 정부 간 또는 군의 총사령관 사이에 체결한다. 휴전에는 교전 당사자 간의 육·해·공 등 전투 지역 전부에 걸쳐 적대 행위를 전면적으로 정지하는 '일반적인 휴전[일반휴전(General Armistice)]'과 일정한 지역 또는 일부 부대에 한하여 일시적으로 적대 행위를 멈추는 '지방적인 휴전[부분적 또는 국지적 휴전(Partial Aarmistice)]'이 있다. 일반휴전은 사실상 전쟁의 종료와 같은 효력을 주기도 하지만, 휴전협정은 잠정적인 협정으로 전쟁을 종결하는 강화조약이나 평화조약과는 다르다. 즉 휴전으로

<십자군원정(전쟁)의 전개>

구분	원정 기간	내용	비고
1차	1096	군중 십자군	연대는 학자에 따라 다르게 분류됨
1차	1096~1099	성공[예루살렘왕국 건설]	
2차	1147~1149	실패	
3차	1189~1192	실패	
4차	1202~1204	오히려 크리스트교 도시 공격[라틴제국 건설] → 이후 성전이라는 목적 변질	
소년십자군	1212	상인들에 의해 노예로 팔림	
5차	1218~1220	실패	
6차	1228~1229	실패	
7차	1249~1254	실패	
8차	1270~1272	실패	
⇒ 실패, 무려 700만 명을 동원하여 근 200만 명이 죽음			

적대 행위는 일시적으로 정지되나 전쟁 상태는 계속된다.

 십자군원정으로도 잘 알려진 십자군전쟁은 교황 우르반 2세가 로마 가톨릭교도들에게 이슬람교에 대한 군사 행동을 호소하며 "전쟁에 참가하는 자에게는 상을 주겠다."라고 발표한 이래 '군중 십자군'이 예루살렘을 향해 떠났으나 엉뚱한 곳에 도착하여 학살과 약탈을 하는 가운데 1096년 정식으로 1차 십자군이 출병함으로써 시작하여 총 여덟 차례의 원정으로 전개된 것으로 파악되고 있다. 이 가운데 성공한 것은 한두 번에 불과하며, 대부분 실패로 끝났다. 1270년 출발한 제8차 십자군은 이집트의 맘루크 왕조를 공격하여 실패, 팔레스타인의 아크레에 머물면서 십자군원정을 계속했으나 별다른 전과를 올리지 못하였다. 1291년 이집트의 맘루크 군대에 의해 마지막 남은 십자군 지역인 아크레마저 점령당함으로써 사실상 십자군전쟁이 막을 내리는 것으로 보고 있다. 이처럼 십자군전쟁은 근 200여 년 동안 (1095~1291) 진행되었으나, 그 기간 내내 싸운 것이 아니다. 또 십자군원정이 여덟 차례 일어났다고 하더라도 그때마다 매일매일 싸운 것도 아니다.

마찬가지로 왕위 계승권 문제와 영토 문제로 일어난 영국과 프랑스의 100년전쟁(1338~1453)도 100년 동안 전쟁이 이루어졌던 것은 아니다. 100년전쟁은 몇 번의 휴전협정이 체결되면서 다시 전쟁이 이어졌는데, 최종적 강화(講和)는 1475년에 체결되었다. 하지만 프랑스가 영국의 보르도를 함락한 1453년에 백년전쟁이 사실상 끝난 것으로 보고 있다.

독일을 중심으로 신교(프로테스탄트)와 구교(로마가톨릭) 사이에 여러 나라가 관련되어 30년간 벌어진 종교전쟁인 30년전쟁(1618~1648) 또한 30년 동안 끊임없이 계속된 것은 아니었다. 30년전쟁은 수개월에서 혹은 2년 정도의 소강상태를 사이에 두고 벌어졌다. 당시 군대는 대부분 장기간 통제할 수 있는 용병(傭兵: 봉급 등을 주며 고용한 병사)에 의존하였는데, 국왕 직속의 상설 군대인 상비군(常備軍: 국가 비상사태에 항상 대비할 수 있도록 편성된 군대. 또는 그런 군인)은 매우 적었다. 또 장기간 전쟁을 지속하기엔 국가 재정의 압박이 심하여 숨을 돌리기 위해 잠시 전쟁이 중단되기도 하였다. 전쟁이 장기화하면서 휴식기간은 서서히 짧아지고, 30년전쟁의 막바지에는 13년간 전투가 거의 끊이지 않았다. 30년전쟁은 종교전쟁으로 시작하였으나 점차 영토 및 통상 등 각국의 이해관계가 얽히면서 상호 적대관계 및 동맹이 이루어지는 무력대결로 변질되었으며, 1648년 베스트팔렌조약의 체결로 전쟁이 종결되었다.

여하튼 100년전쟁은 그 전쟁이 시작하여 마지막 끝난 기간이 116년이라 100년전쟁이라 한 것이지 100년 동안 내내 전쟁한 것은 아니었다. 30년전쟁도 마찬가지, 그 전쟁의 시작과 끝을 따져 그 기간이 30년이기에 30년전쟁이라고 부르는 것일 뿐이다.

현재 한국전쟁은 휴전협정만 조인되고, 전쟁을 종결하는 평화조약이 아직 체결되지 않은 상태이다. 1953년 7월 27일 오전 정각 10시 판문점에서 열린 제159차 휴전회담 본회의에서 국제연합군(UN군) 측 수석대표 해리슨(W. K. Harrison)과 북한 측 대표 남일(南日)이 한글·영어·중국어로 작성한 전문 5조 63항의 협정문서 9통과 부본 9통에 각각 서명하였다. 10시 12분경 서명을 마친 양측 수석대표들은 자리에서 일어나 잠시 시선을 마주했을 뿐 입을 열지 않은 채 퇴장하였다고 한다. 그리고 3시간 후인 오후 1시경 유엔기지 내 문산극장에서 국제연합군 총사령관 클라크(M. W. Clark) 대장이 그의 보좌관들과 브리스코 미극동해군사령관, 앤더슨 제5공군사령관, 웨이랜드 극동공군사령관, 테일러 미8군사령관, 최덕신 한국군 대표, 그리고 16개국 참전 대표들이 참석한 가운데 휴전협정 확인 서명을 마쳤다. 조선인민군 최고사령관 김일성[金日成, 본명은 김성주(金成柱)]은 이날 오후 10시에 평양에서 서명하였으며, 중국인민지원군 총사령관 펑더화이[彭德懷, 팽덕회)]는 다음 날

〈한국전쟁의 휴전협정 체결〉

구분	UN군 측		공산군 측		
	회담 수석대표	UN군 총사령관	회담 수석대표	북한군 총사령관	중국인민지원군 총사령관
서명 일시	7/27 10:12	7/27 13:00	7/27 10:12	7/27 22:00	7/28 09:30
서명 장소	판문점	문산극장	판문점	평양	개성
서명자	해리슨 중장	클라크 대장	남일 대장	김일성	펑더화이
특징	예비회담 1회, 본회담 159회, 분과위원회 회담 179회, 참모장교 회담 188회, 연락장교 회담 238회 등 총 765회의 회담을 하여 휴전회담 시작 2년 만에 휴전협정을 체결하였다. 이렇게 세계 역사상 가장 긴 휴전회담이었음에도 그 결과는 전쟁의 종결을 의미하는 평화조약이나 강화조약과 같은 성질이 아니라 적대 행위를 일시적으로 정지하는 협정에 불과하였다. 그나마 휴전협정 가운데 일반협정에 해당하여 사실상 전쟁의 종료와 같은 효력을 갖기도 한다.				

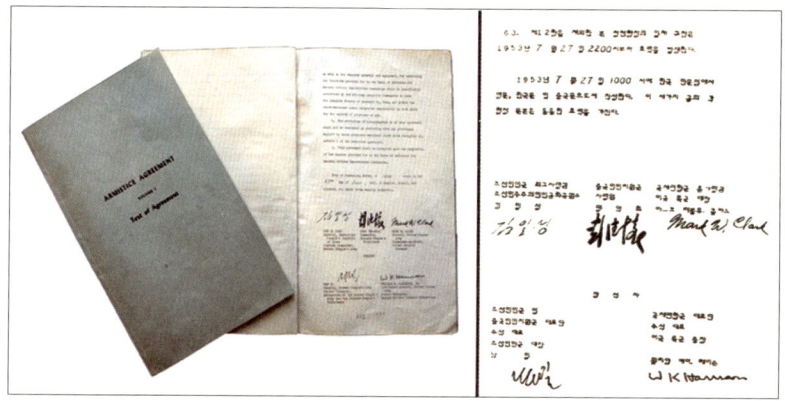

▲ **한국전쟁 휴전협정서 및 임시보충협정서** UN군·북한인민군·중국인민지원군 대표가 체결한 이 협정의 정식 명칭은 '…… 한국 군사정전에 관한 협정'이라고 하지만, 'Armistice Agreement'라고 한 것으로 보아 정전협정보다 휴전협정이라고 할 수 있으며, 휴전협정 가운데 일반협정에 해당하는 것이다. 이를 통해 전쟁이 중지되었으나 아직도 평화조약을 체결하지 않았으므로 전쟁상태가 계속되고 있다.

인 7월 28일 오전 9시 30분에 개성에서 서명함으로써 휴전협정 절차가 모두 끝났다. 이로써 3년 1개월 2일, 즉 1,129일 동안 지속된 6·25전쟁은 휴전상태로 들어갔다. 대한민국은 휴전 반대 운동을 하였으며, 전쟁 중에 군사 지휘권(작전권)을 UN군에게 넘겨주었기 때문에 휴전협정의 직접적인 당사자가 될 수 없어 빠졌다. 그런데 휴전 협정에 한국대표가 빠진 것은 이승만 대통령의 뜻이었다고도 한다. 당시 이승만(李承晩) 대통령은 국군 대표의 휴전협정 조인 참석 문제에 대해 육군참모총장 백선엽(白善燁) 대장과 얘기를 나누다 "총장은 가지 않는 게 좋겠다."라고 말했다고 한다. 이승만 대통령이 우리 측이 휴전 당사자로 서명하기를 회피한 것은 휴전 이후에 대해 UN, 즉 미국이 책임지도록 하려는 구상 때문이었다고 한다.

1953년 맺은 휴전협정의 전문(前文: ① 한 편의 글에서 앞부분에 해당하는 글, ② 법령 따위에서, 첫째 조항 앞에 적어, 그 법령의 목적이나 기본 원칙을 선언하는 글)에 의하면, 한국에서의 분쟁을 종결시키기 위하여 한국에서의 전투 행위와 모든 무력 행동을 완전히 종결시킬 정전을 목적으로 체결되었음을 알 수 있다. 그리고 휴전협정의 주요 내용은 "① 군사분계선을 설치하고, 양측은 군사분계선으로부터 2km씩 후퇴하여 완충지대로서 비무장지대(DMZ: Demilitarized Zone)를 설치한다. ② 군사정전위원회를 구성하여 휴전협정의 이행을 감시하며, 스웨덴·폴란드·스위스·체코슬로바키아 등 4개국으로 중립국감시위원회를 구성하여 군비 증강을 감시·조사하게 한다. ③ 양측이 억류하고 있던 포로를 송환할 것과 본국 송환을 거부하는 포로는 중립국송환위원회에 인도한다."라는 것 등이다. 이 휴전의 성격은 순전히 군사적인 것으로, 6·25전쟁에서의 교전국에만 해당하였다. 또 이 휴전협정은 일반휴전에 해당하는 것이었는데, 이를 통해 전쟁은 정지되었다. 국토는 휴전선으로 분단된 채 군사 대립이 계속되고 있다. 이런 점에서 6·25전쟁은 아직도 전쟁이 계속되고 있으므로 현재에서 보아 근 '60년전쟁'이라고 이름 지을 수도 있다.

현재의 입장에서 '60년전쟁'이라고 부를 수도 있는, 1950년대부터 한반도에서 본격적으로 벌어진 이 전쟁의 이름은 매우 다양하다. 6·25동란, 6·25사변, 6·25전쟁, 조국해방전쟁, 민족해방전쟁, 한국전쟁 등이 그것이다. 6·25동란이나 6·25사변 및 6·25전쟁이라는 말은 이 전쟁이 시작된 시점이 6월 25일이라는 데 초점을 둔 것으로, 결국 이 전쟁은 6월 25일 북한이 남한을 공격한 남침임을 염두에 두고 사용하는 용어라고 하겠다. 조국해방전쟁이라는 말은 당시 미국 제국주의에 신음하고 있는 남한은 물론 분단된 조국을 해방하려고 한 전쟁이었다는 점에 초점을 두고 평가한 것으로, 북한이 이 전쟁을 수행하면서 명분을 내세우고, 자신들의 입장을 강조하려는 용어라고 하겠다. 그리고 한국전쟁이라는 말은 '이 전쟁이 언제부터 일어났느냐?, 누가 일으켰느냐?'라는 구체적인 문제보다는 한국에서 일어난 전쟁이라는 데 초점을 두어 이 전쟁이 가진 전반적인 성격에 더 큰 비중을 두고 사용하는 용어이다.

〈전쟁의 시작〉 선전포고
　　　　　　　 상호 간 무력충돌
〈전쟁의 종료〉 정전협정·휴전협정→강화조약·평화조약: 30년전쟁
　　　　　　　 전쟁 행위의 실질적 종료: 100년전쟁, 십자군전쟁
　　　　　　　 전쟁 종결 선언

전쟁 이름 붙이는 것보다 중요한 것은 평화통일

한국전쟁은 단순히 6월 25일 발생한 전쟁이 아니다. 1950년 6월 25일을 기해 전면적인 성격으로 전쟁이 확대·발생한 점은 부정할 수 없는 사실이나, 기실 6월 25일 이전에도 휴전선을 중심으로 소규모의 전쟁이 발생하고 있었다. 전쟁은 이전부터 이미 시작되었던 것이다. 따라서 우리 민족의 가장 큰 비극을 가져온 이 전쟁을 단순히 6월 25일을 기준으로 하여 규정짓기에는 너무 시야가 좁은 것이 아닌가 여겨진다.

　전쟁은 날짜를 기준으로 하는 것보다 그 전쟁을 대표할 수 있는 특징을 중심으로 그 이름을 짓는 것이 일반적이다. 따라서 될 수 있으면 6·25동란이니 6·25사변, 6·25전쟁과 같은 용어는 지양하는 것이 바람직하다. 특히 사변은 어떤 사건의 부정적인 쪽만을 강조하여 사용하는 말이다. 어차피 전쟁은 부정적일 수밖에 없고, 동란이라는 말 속에도 이미 부정적인 의미를 내포하고 있지만, 그래도 전쟁이 일반적인 용어요, 동란 또한 국내 전쟁의 다른 말로 쓰이는 객관적 군사 용어이기도 하다. 따라서 사변은 동란 또는 전쟁보다 더 부적절한 용어일 것이다. 그러면 이 전쟁을 명분이 좋아 보

이는 조국해방전쟁(민족해방전쟁)이라고 하면 될까?

조국해방전쟁이라는 말에도 문제가 있다. 우선 조국해방전쟁이라고 하기에는 너무나 엄청난 비극으로 끝났고, 조국(민족)해방이라는 말 속에는 이미 우리 조국(민족)이 해방되지 않았다는 것을 내포하고 있기 때문이다. 비록 우리 힘으로 일본을 밀어내지 못하고 미국과 소련에 의해 해방되긴 하였지만, 그래도 일본의 지배에서 벗어난 것은 사실이다. 미국이 아무리 일본을 대신하여 우리나라를 점령했다고 그들 스스로 공식적인 발표까지 하고 소련도 마찬가지였지만, 그래도 미국과 소련에게 완전히 속박된 것은 아니었다.

〈소련군 사령관 치스차코프 포고문〉

조선 인민들에게!

조선 인민들이여!
붉은 군대와 연합국 군대들은 조선에서 일본 약탈자들을 구축하였다. 조선은 자유국이 되었다. 그러나 이것은 오직 신조선 역사의 첫 페이지가 될 뿐이다. 화려한 과수원은 사람의 땀과 노력의 결과이다.
이와 같이 조선의 행복도 조선 인민이 영웅적으로 투쟁하며 꾸준히 노력하여만 달성할 수 있다. 일제의 통치하에서 살던 고통의 시일을 추억하자! 담 위에 놓인 돌멩이까지도 괴로운 노력과 피땀에 대하여 말하지 않는가? 당신들은 누구를 위하여 일하였는가?
왜놈들이 고대광실에서 호의호식하며 조선 사람들을 멸시하고 조선의 풍속과 문화를 모욕한 것을 당신들이 잘 안다. 이러한 노예적 과거는 다시 돌아오지 않을 것이다. 진저리나는 악몽과 같은 그 과거는 영원히 없어져 버렸다.

조선 사람들이여! 기억하라! 행복은 당신들의 수중에 있다. 당신들은 자유와 독립을 찾았다. 이제는 모든 것이 죄다 당신들에게 달렸다.

붉은 군대는 조선 인민이 자유롭게 창작적 노력에 착수할 만한 모든 조건을 만들어주었다. 조선 인민 자신이 스스로 반드시 자기의 행복을 창조하는 자로 되어야 할 것이다. 공장, 제조소 및 공작소 주인들과 상업가 또는 기업가들이여! 왜놈들이 파괴한 공장과 제조소들을 회복시켜라! 새 생산 기업체를 개시하라! 붉은 군대 사령부는 모든 조선 기업소들의 재산보호를 담보하며 그 기업소들의 정상적 작업을 보장하는 데 백방으로 원조할 것이다.

조선 노동자들이여! 노력에서의 영웅심과 창작적 노력을 발휘하라! 조선 사람의 민족성 중의 하나인 노력에 대한 애착심을 발휘하라! 진정한 사업으로써 조선의 경제적 및 문화적 발전에 대하여 고려하는 자라야만 모국(母國) 조선의 애국자가 되며 충실한 조선 사람이 된다.

해방된 조선 인민 만세!

1945년 8월 25일

붉은 군대 사령부 사령관 치스차코프 대장

〈조선 인민에 대한 태평양 미국 육군 총사령관 포고령 제1호〉

조선 인민에게 포고함.

태평양방면 미국육군부대 최고 지휘관으로서 본관은 다음과 같이 포고한다. 일본국 천황과 정부의 대본영을 대표하여 서명한 항복 문서의 조항에 따라 본관 휘하에 있는 승리에 빛나는 군대는 금일 북위 38도선 이남의 조선 영토를 점령하였다.

　조선 인민의 오랫동안의 노예 상태와 적당한 시기에 조선을 해방 독립시키려는 연합국의 결정을 명심하고 있다. 조선 인민은 우리가 조선을 점령하는 목적이 항복 문서의 제 조항을 이행하고 조선인의 인권 및 종교상의 권리를 보호하는 데 있다는 사실을 새롭게 확신하여야 할 것이다. 따라서 조선 인민은 이 목적을 위하여 적극적으로 원조와 협력해야 할 것이다.

　본관은 태평양방면 미국육군부대 최고 지휘관으로서 본관에게 부여된 권한으로 이에 북위 38도선 이남의 조선과 조선 인민에 대하여 군정을 하고자 다음과 같은 점령에 관한 조건을 포고한다.

　제1조 북위 38도선 이남의 조선 영토와 조선 인민에 대한 모든 통치권은 당분간 본관의 권한 아래에 시행한다.

　제2조 정부 등 전 공공사업기관에 종사하는 유급 또는 무급 직원과 고용인 그리고 기타 제반 중요한 사업에 종사하는 모든 사람은 별도의 명령이 있을 때까지 종래의 직무에 종사하고 모든 기록과 재산을 보존하고 보호하여야 한다.

　제3조 모든 주민은 본관과 본관의 권한 아래에서 발포한 일체의 명령에 즉각 복종하여야 한다. 점령군에 대하여 반한 행동을 하거나 질서 보안을 교란하는 행위를 하는 자는 용서 없이 엄벌에 처할 것이다.

　제4조 주민의 재산 소유 권한은 존중하겠다. 주민은 본관이 별도 명령이 있을 때까지 일상의 직무에 종사하라.

　제5조 군정 기간에는 영어를 모든 목적에 사용하는 공식어로 한다.

　제6조 이후 공포하게 되는 포고 법령 규약 고시 지시 및 조례는 본관 또는 본관의 권한으로 발표될 것이며 주민이 지켜야 할 사항을 밝힐 것이다.

1945년 9월 7일

태평양방면 미국육군부대 최고 지휘관 육군 대장 더글러스 맥아더

해방 후, 미군과 소련 군대가 한반도에 들어오면서 그들의 입장을 각각 밝힌 것을 가지고 서로 비교하여 '미국은 점령군', '소련은 해방군'이라고 주장하기도 하지만, 이것은 문서, 즉 〈소련군 사령관 치스차코프 포고령〉과 〈조선 인민에 대한 태평양 미국 육군 총사령관 포고령 제1호〉를 바탕으로 그리 주장하는 것에 불과하다. 실제는 사정이 달랐다. 해방 후 한반도에는 사회주의 세력이 적지 않았으며, 미국을 지지하는 세력이 거의 없는 편이었다. 더구나 미국은 1866년 제너럴셔먼호 사건을 통해 조선을 가장 먼저 침입한 서양 세력이었으며, 1871년 신미양요(辛未洋擾)를 통해 조선인들에게 좋지 않은 인상을 주고 있는 나라였다. 단지 일본을 물리쳐준 나라였기에 어느 정도 호감이 있었을 뿐이다. 이런 처지와 한반도 이남에도 사회주의 세력이 적지 않았던 상황에서 미국은 자신들의 의도대로 정치적인 목적을 달성하기 위해서는 강력한 입장에 서야 했다. 이에 점령군으로서의 역할을 강조하였던 것이며, 훗날 친일파들과 손잡고 세력을 확장할 수밖에 없었다(당시 미군은 조선을 승전국으로 인정하지 않았으며, 조선 땅을 일본 땅으로 파악하였기에 일본을 점령했으므로 조선도 점령한 것처럼 여겼다는 주장도 있다).

이에 반해 소련은 문제가 될 것이 별로 없었다. 역사적으로 우리나라는 소련과 큰 갈등이 없었으며, 일본을 물리쳐준 고마운 나라였다. 무엇보다도 한반도 이북은 사회주의 계열에 의해 주도되었으므로 소련으로서는 아주 유리한 입장이었다. 조선인들의 요구를 들어줘도 자신들이 원하는 방향으로 정치적 목적을 달성할 수 있었다. 그래서 해방군이라고 해도 문제가 될 게 없었으며, 해방군을 자처함으로써 조선인들의 지지를 받을 수 있었다. 하지만, 소련 역시 자신들의 의도를 달성하려고 한 엄연한 점령군이었고, 소련도 스스로 점령군이라고 말하기까지 하였다. 이렇게 미국이나 소련 모두 자신들에게 유리하게 당시 상황에 맞춰 입장을 밝혔던 것이지, 무조건 소련군은 해방군, 미군은 점령군이었던 것은 아니었다. 역사적 상황을 고려하지 않고 단순히 〈소련군 사령관 치스차코프 포고령〉과 〈조선 인민에 대한 태평양 미국 육군 총사령관 포고령 제1호〉만 가지고 소련군과 미군의 입장을 평가하는 것은 단편적인 평가라고 할 수 있다. 소련군이나 미군, 그 외 다른 나라도 자신들의 이익을 꾀하려는 점에서는 마찬가지라고 보는 게 더 타당할 것이다.

여하튼 북한 측에서 주장하는 조국(민족)해방전쟁이라는 말 속의 '해방'은 외세로부터의 해방을 뜻하기도 하지만 노동해방을 함축하는 말이기도 하다. 이에 민족해방전쟁은 침략자 미국 제국주의에 억눌려 신음하고 있는 남한의 민중을 해방하려 한 전쟁이라는 것이다. 여기에도 문제가 있다. 북한의 주장을 인정한다 하더라도 남한의 민중이 마치 북한의 피동적인 대상으로 여겨진다는 문제가 발생한다. 진정한 해방은 남이 가져다주는 것이 아니라 자신들이 얻어내는 것이기 때문이다. 결국 조국(민족)해방전쟁이라고 하기엔 많은 한계가 있다.

이렇게 따지다 보면, 결국 이 전쟁은 우리 민족만의 문제로 국한하여 생각할 수 없는 전쟁이라는 사실에 도달하게 된다. 즉 이 전쟁은 단순히 남북한이 일으킨 전쟁이 아니라 제2차 세계대전 이후 동·서 대립의 구도 속에서 발생한 세계전쟁이다. 제2차 세계대전 이후 냉전(冷戰)이라는 동·서 진영의 대립 속에서 그 분위기가 극에 달한 1950년에 결국 한반도라는 지점에서 열전(熱戰)으로 변한 전쟁이라는 것이다. 그렇다면 한국전쟁이라고 부르는 것이 가장 타당할까?

한국전쟁이라는 용어에도 문제가 있다. 이것은 서구 열강의 입장이 반영된 용어인데, 마치 한국을 그들의 변방처럼 여기는 듯한 인상을 준다. 1950년대 한반도에서 치러진 이 전쟁은 우리나라 역사 속 전쟁 가운데 하나에 불과한데, 마치 우리나라를 대표하는 전쟁처럼 여겨지는 꼴이 된다. 또

한국전쟁이란 용어는 우리나라가 무슨 전쟁 국가인 것 같은 인상을 주게 된다. 한국 하면 먼저 전쟁이 떠오를 수 있으니 말이다. 또 한국전쟁은 남한 측의 입장이 반영된 이름인데, 북한 측에서 보면 '조선전쟁'이 되기 때문에 결국 부적절한 것이다. 서양에서는 'Korea War'라고 해도 되지만 우리나라에서는 '한국전쟁'과 '조선전쟁'으로 서로 부르는 이름이 달라질 수 있어 문제가 된다. 지금 내가 사는 곳이 남한이기에 한국전쟁이라고 해도 별문제가 없지만, 우리나라가 통일되면 그때 사람들이 어떤 이름으로 부르게 될지 알 수 없으므로 한국전쟁이라는 말도 적절한 용어라고 할 수 없다.

그렇다면 가장 바람직한 이름은 무엇일까? '60년전쟁'이라고 하는 것은 어떨까? 하지만 아직도 전쟁이 끝나지 않은 상태요, 또 언제 끝날지 장담할 수 없는 처지이다 보니 그것도 합당하지는 않을 것이다. 지금 휴전협정을 끝내고 평화협정을 체결하여 전쟁이 완전히 끝나면 모를까……. 앞으로도 평화조약이 맺어지지 않는다면 '몇년전쟁'이 될지 모른다. 그러면 '남북전쟁'이라는 용어는 어떨까? '남북전쟁'이야 이미 미국의 '남북전쟁'이 알려졌으니 혼동을 피하는 의미에서도 사용하지 않는 것이 좋을 것이다. 그러면 '한조전쟁'이라고 하면 어떨까? 한국[대한민국(ROK: Republic of Korea, 즉 남한(South Korea)]과 조선[조선민주주의인민공화국(DPRK: Democratic People's Republic of Korea, 즉 북한(North Korea)] 간에 벌어진 전쟁, 더구나 한국과 조선은 1991년 UN에 동시에 가입한 상황이니 '한조전쟁'이라고 하면 좋을 듯도 하다. 하지만 이것은 아무리 되새겨 봐도 부르기가 어색하여 어울리지 않는 용어처럼 여겨진다.

이렇게 보면 마땅한 용어가 없는 듯하다. 다만 '6·25사변'보다는 6·25동란, 6·25전쟁이 나을 듯싶고, 또 이미 외국에서 많이 사용하고 있는 '한국전쟁'이 6·25전쟁이나 6·25동란보다는 더 객관적이고 역사적 의미가 포함된 용어로 볼 수 있을 뿐이다. 그런데 한국전쟁이라는 용어는 우리나라의 역사적 발전 단계에서 이 전쟁이 갖고 있는 의미를 제대로 함축하지 못하고 있긴 하다. 따라서 그러한 의미를 함축할 수 있는 용어로 '남북통일전쟁'이 적절하지 않을까 생각해본다. 이 전쟁은 이유야 어떻든 간에 우리 민족이 통일을 이룰 수 있었던 기회를 주었으며, 실제로 당시 남한에서도 북진통일을 주장하기도 하였으니 말이다. 더욱이 미국의 '남북전쟁'과 혼동을 피할 수 있고, 이 전쟁이 발생하게 된 원인인 남북분단, 그리고 남북분단과 관련된 제2차 세계대전과도 연결하여 생각할 수 있으니 좋을 듯도 하다.

하지만 남북통일전쟁이라는 말에도 문제가 있다. 이 말에는 '통일을 위해서는 전쟁이 필요하다'거나 '전쟁을 해야 통일할 수 있다'는 인상을 줄 수 있는 여지가 많다. 따라서 1950년 한반도에서 일어난 전쟁을 평가하거나 결론을 내리기가 여간 어려운 게 아니다. 더구나 아직 전쟁이 끝난 것도 아닌 상태이기에 어떤 전쟁이라고 확실히 규정하기가 어렵다. 결국, 이 전쟁에 대한 평가나 용어 문제는 많은 사람들의 의견과 좀 더 객관적인 검증에 달려 있다고 볼 수밖에 없다.

정작 용어 문제보다 더 중요한 게 있다. 현재 우리나라에서 무엇보다도 중요한 것은 하루라도 빨리 평화협정을 맺어 전쟁을 종식하는 일이다. 휴전상태라 비록 직접 싸우고 있는 것은 아니지만, 휴전도 전쟁에 포함되는 이상 가장 중요하고 시급한 것은 전쟁 자체를 그만두는 일이다. 지금도 계속되고 있는 전쟁! 그 전쟁의 끝이 언제 오려는지? 또 통일은 언제 이루어질지? 물론 그 통일은 싸우지 않고 통일되는 것이어야 하며, 외세의 힘이 아닌 우리의 노력으로 얻는 것이어야 한다. 이런 의미에서 전쟁이 일어난 6·25를 강조하는 것보다 휴전이 이루어진 7·27을 더 기억하는 것이 바람직하지 않을까 싶다.

이미 북한에서는 7·27을 강조하고 있는 것 같다. 조선민주주의인민공화국의 공휴일로 '조국해방전쟁 승리의 날(7월 27일)'이 있는데, 이는 아마

1953년 7월 27일 휴전협정을 맺은 날을 기념하는 듯하다. 그런데 정작 '휴전'을 기념하지 않고, 마치 '전쟁에서 승리'한 것으로 여겨 전승기념일로 생각하고 있다. 이것은 아니라고 본다. 한국전쟁은 아직도 계속되고 있으며, 그 어느 쪽도 승리하지 못한 전쟁이다. 그런데도 승리한 것처럼 이날을 기념하는 것은 말도 안 되는 소리다. 어불성설도 이만저만이 아니다. 만약 승리했다 하더라도 같은 민족끼리 싸워 이긴 것은 결코 기념할 일이 아니다. 한국전쟁은 비극이다. 따라서 서로 싸우지 않고 통일하는 것이 더 중요하며, 이런 의미에서 본격적으로 싸우기 시작한 6·25보다 서로 싸우지 않기로 한 7·27을 더 강조하고 이를 기억하자고 하는 것이다. 제대로 7·27을 기억해야 할 것이다.

참고 자료

*참고 문헌은 저자나 출판 연도를 맨 앞에 쓰곤 하지만,
이곳에서는 책 이름을 맨 앞에 쓰는 방식을 사용하였다.

『위키백과사전』.

『네이버사전』 및 『네이버백과사전』.

『민족문화대백과사전』, 한국정신문화연구원.

『증보 새국사사전』, 교학사, 1994.

『불교사전』, 운허 용하, 동국역경원, 1980.

『뉴에이스 국어사전』, (주)금성교과서, 1993.

『엣센스 국어사전』, 민중서림, 1993.

『漢韓大字典』, 민중서림, 1981.

『중학교 국사』 교과서.

『고등학교 국사』 교과서.

『사료 한국사』, 이연복·윤종일, 신서원, 1994.

『사료로 보는 20세기 한국사』, 김상웅, 가람기획, 1997.

『문화재대관』, 한국문화재보호협회, 1986.

『명찰순례』, 최완수, 대원사, 1996.

『참사람 서옹 큰스님』, 대한불교조계종 고불총림 백양사, 2004.

『한국의 문화유산』, 한국문화재보호재단, 1997.

『한국미술사』, 김원룡, 범문사, 1980.

『충청남도 문화재대관』, 충청남도·충청남도역사문화연구원, 2009.

『공주대학교 박물관』, 공주대학교박물관, 2000.

『한신고고학 발굴 16년』, 한신대학교박물관, 2007.

『대성동고분박물관 전시안내도록』, 대성동고분박물관, 2003.

『북한의 문화재와 문화 유적』, 서울대학교출판부, 2000.

『집안 고구려 고분벽화』, 조선일보사, 1994.

『환인·집안 지역 고구려 유적 지질조사 보고서』, 고구려연구재단, 2005.

『세계문화유산 고구려고분벽화』, COMOS한국위원회·문화재청, 2004.

『수원 화성행궁』, 수원시, 2004.

『알기 쉬운 한국건축용어사전』, 김왕직, 동녘, 2007.

『한국건축답사수첩』, 한국건축역사학회, 동녘, 2006.

『역사문화수첩』, 한국역사연구회, 역민사, 2000.

『답사, 이것만은 들고 갑시다!』, 박영호, 영한, 1999.

『빛깔있는 책들』, 대원사.

『문화와 나』, 삼성문화재단.

『문화재사랑』, 문화재청.

『박물관 이야기』, 국립경주박물관 및 기타 박물관.

『박물관 전시유물 이야기』, 국립중앙박물관 및 기타 박물관.

기타 문화재청 산하기관 및 지방자치단체 발행 문화재 관련 각종 홍보물.

문화재청(http://www.cha.go.kr) 문화유산지식.

국회법률지식정보시스템(http://likms.assembly.go.kr)

한국향토문화전자대전(http://www.grandculture.net)

국가보훈처 현충시설정보서비스(narasarang.mpva.go.kr)

유네스코와 유산(http://www.unesco.or.kr/heritage)

네이버테마백과사전 한국의 사찰(http://100.naver.com/temple)

슬로시티 청산도(http://slowcitycheongsando.co.kr)

(사)김상옥·나석주의사 기념사업회(http://www.kimsangohk.net)

외교사료관(http://cafe.naver.com/diplomaticarchives)

삶의 행복을 꿈꾸는 교육은 어디에서 오는가?
미래 100년을 향한 새로운 교육

혁신교육을 실천하는 교사들의 필독서

▶ **교육혁명을 앞당기는 배움책 이야기**
혁신교육의 철학과 잉걸진 미래를 만나다!

핀란드 교육혁명
한국교육연구네트워크 총서 01 | 320쪽 | 값 15,000원

일제고사를 넘어서
한국교육연구네트워크 총서 02 | 284쪽 | 값 13,000원

새로운 사회를 여는 교육혁명
한국교육연구네트워크 총서 03 | 380쪽 | 값 17,000원

교장제도 혁명
한국교육연구네트워크 총서 04 | 268쪽 | 값 14,000원

새로운 사회를 여는 교육자치 혁명
한국교육연구네트워크 총서 05 | 312쪽 | 값 15,000원

혁신학교에 대한 교육학적 성찰
한국교육연구네트워크 총서 06 | 308쪽 | 값 15,000원

혁신학교
성열관·이순철 지음 | 224쪽 | 값 12,000원

행복한 혁신학교 만들기
초등교육과정연구모임 지음 | 264쪽 | 값 13,000원

서울형 혁신학교 이야기
이부영 지음 | 320쪽 | 값 15,000원

혁신교육, 철학을 만나다
브렌트 데이비스·데니스 수마라 지음
현인철·서용선 옮김 | 304쪽 | 값 15,000원

혁신교육 존 듀이에게 묻다
서용선 지음 | 292쪽 | 값 14,000원

다시 읽는 조선 교육사
이만규 지음 | 750쪽 | 값 33,000원

프레이리와 교육
한국교육연구네트워크 번역 총서 01
존 엘리아스 지음 | 한국교육연구네트워크 옮김
276쪽 | 값 14,000원

교육은 사회를 바꿀 수 있을까?
한국교육연구네트워크 번역 총서 02
마이클 애플 지음 | 강희룡·김선우·박원순·이형빈 옮김
352쪽 | 값 16,000원

비판적 페다고지는 세상을 변화시킬 수 있는가?
한국교육연구네트워크 번역 총서 03
Seewha Cho 지음 | 심성보·조시화 옮김 | 280쪽 | 값 14,000원

마이클 애플의 민주학교
한국교육연구네트워크 번역 총서 04
마이클 애플·제임스 빈 엮음 | 강희룡 옮김 | 276쪽 | 값 14,000원

미래교육의 열쇠, 창의적 문화교육
심광현·노명우·강정석 지음 | 368쪽 | 값 16,000원

대한민국 교사, 어떻게 가르칠 것인가?
윤성관 지음 | 320쪽 | 값 15,000원

아이들을 어떻게 가르칠 것인가
사토 마나부 지음 | 박찬영 옮김 | 232쪽 | 값 13,000원

아이들의 배움은 어떻게 깊어지는가
이시이 준지 지음 | 방지현·이창희 옮김 | 200쪽 | 값 11,000원

모두를 위한 국제이해교육
한국국제이해교육학회 지음 | 364쪽 | 값 16,000원
2015 세종도서 학술부문

경쟁을 넘어 발달 교육으로
현광일 지음 | 288쪽 | 값 14,000원

독일 교육, 왜 강한가?
박성희 지음 | 324쪽 | 값 15,000원

대한민국 교육혁명
교육혁명공동행동 연구위원회 지음 | 224쪽 | 값 12,000원

▶ 비고츠키 선집 시리즈
발달과 협력의 교육학 어떻게 읽을 것인가?

 생각과 말
레프 세묘노비치 비고츠키 지음
배희철·김용호·D. 켈로그 옮김 | 690쪽 | 값 33,000원

 도구와 기호
비고츠키·루리야 지음 | 비고츠키 연구회 옮김
336쪽 | 값 16,000원

 어린이 자기행동숙달의 역사와 발달 I
L.S. 비고츠키 지음 | 비고츠키 연구회 옮김
564쪽 | 값 28,000원

 어린이 자기행동숙달의 역사와 발달 II
L.S. 비고츠키 지음 | 비고츠키 연구회 옮김
552쪽 | 값 28,000원

 어린이의 상상과 창조
L.S. 비고츠키 지음 | 비고츠키 연구회 옮김
280쪽 | 값 15,000원

 연령과 위기
L.S. 비고츠키 지음 | 비고츠키연구회 옮김
336쪽 | 값 17,000원

 성장과 분화
L.S. 비고츠키 지음 | 비고츠키 연구회 옮김
308쪽 | 값 15,000원

 관계의 교육학, 비고츠키
진보교육연구소 비고츠키교육학실천연구모임 지음
300쪽 | 값 15,000원

 비고츠키 생각과 말 쉽게 읽기
진보교육연구소 비고츠키교육학실천연구모임 지음
316쪽 | 값 15,000원

 비고츠키와 인지 발달의 비밀
A.R. 루리야 지음 | 배희철 옮김 | 280쪽 | 값 15,000원

 수업과 수업 사이
비고츠키 연구회 지음 | 196쪽 | 값 12,000원

▶ 평화샘 프로젝트 매뉴얼 시리즈
학교 폭력에 대한 근본적인 예방과 대책을 찾는다

 학교 폭력 어떻게 만들어지는가
문재현 외 지음 | 300쪽 | 값 14,000원

 학교 폭력, 멈춰!
문재현 외 지음 | 348쪽 | 값 15,000원

 왕따, 이렇게 해결할 수 있다
문재현 외 지음 | 236쪽 | 값 12,000원

 젊은 부모를 위한 백만 년의 육아 슬기
문재현 지음 | 248쪽 | 값 13,000원

 아이들을 살리는 동네
문재현·신동명·김수동 지음 | 204쪽 | 값 10,000원

 평화! 행복한 학교의 시작
문재현 외 지음 | 252쪽 | 값 12,000원

 마을에 배움의 길이 있다
문재현 지음 | 208쪽 | 값 10,000원

▶ 교과서 밖에서 만나는 역사 교실
상식이 통하는 살아 있는 역사를 만나다

전봉준과 동학농민혁명
조광환 지음 | 336쪽 | 값 15,000원

남도의 기억을 걷다
노성태 지음 | 344쪽 | 값 14,000원

응답하라 한국사 1·2
김은석 지음 | 356쪽·368쪽 | 각권 값 15,000원

즐거운 국사수업 32강
김남선 지음 | 280쪽 | 값 11,000원

즐거운 세계사 수업
김은석 지음 | 328쪽 | 값 13,000원

강화도의 기억을 걷다
최보길 지음 | 276쪽 | 값 14,000원

광주의 기억을 걷다
노성태 지음 | 348쪽 | 값 15,000원

**선생님도 궁금해하는
한국사의 비밀 20가지**
김은석 지음 | 312쪽 | 값 15,000원

걸림돌
키르스텐 세룹-빌펠트 지음 | 문봉애 옮김
248쪽 | 값 13,000원

교과서 밖에서 배우는 역사 공부
정은교 지음 | 292쪽 | 값 14,000원

팔만대장경도 모르면 빨래판이다
전병철 지음 | 364쪽 | 값 16,000원

빨래판도 잘 보면 팔만대장경이다
전병철 지음 | 360쪽 | 값 16,000원

영화는 역사다
강성률 지음 | 288쪽 | 값 13,000원

친일 영화의 해부학
강성률 지음 | 264쪽 | 값 15,000원

한국 고대사의 비밀
김은석 지음 | 304쪽 | 값 13,000원

조선족 근현대 교육사
정미량 지음 | 320쪽 | 값 15,000원

다시 읽는 조선근대교육의 사상과 운동
윤건차 지음 | 이명실·심성보 옮김 | 516쪽 | 값 25,000원

음악과 함께 떠나는 세계의 혁명 이야기
조광환 지음 | 292쪽 | 값 15,000원

▶ 창의적인 협력수업을 지향하는 삶이 있는 국어 교실
우리말 글을 배우며 세상을 배운다

중학교 국어 수업 어떻게 할 것인가?
김미경 지음 | 340쪽 | 값 15,000원

토론의 숲에서 나를 만나다
명혜정 엮음 | 312쪽 | 값 15,000원

토닥토닥 토론해요
명혜정·이명선·조선미 엮음 | 288쪽 | 값 15,000원

이야기 꽃 1
박용성 엮어 지음 | 276쪽 | 값 9,800원

이야기 꽃 2
박용성 엮어 지음 | 294쪽 | 값 13,000원

인문학의 숲을 거니는 토론 수업
순천국어교사모임 엮음 | 308쪽 | 값 15,000원

▶ **4·16, 질문이 있는 교실 마주이야기**
  통합수업으로 혁신교육과정을 재구성하다!

통하는 공부
김태호·김형우·이경석·심우근·허진만 지음
324쪽 | 값 15,000원

내일 수업 어떻게 하지?
아이함께 지음 | 300쪽 | 값 15,000원
2015 세종도서 교양부문

인간 회복의 교육
성래운 지음 | 260쪽 | 값 13,000원

교과서 너머 교육과정 마주하기
이윤미 외 지음 | 368쪽 | 값 17,000원

수업 고수들 수업·교육과정·평가를 말하다
박현숙 외 지음 | 368쪽 | 값 17,000원

도덕 수업, 책으로 묻고 윤리로 답하다
울산도덕교사모임 지음 | 320쪽 | 값 15,000원

체육 교사, 수업을 말하다
전용진 지음 | 304쪽 | 값 15,000원

교실을 위한 프레이리
아이러 쇼어 엮음 | 사람대사람 옮김 | 412쪽 | 값 18,000원

마을교육공동체란 무엇인가?
서용선 외 지음 | 360쪽 | 값 17,000원

21세기 교육과 민주주의
한국교육연구네트워크 번역 총서 05
넬 나딩스 지음 | 심성보 옮김 | 392쪽 | 값 18,000원
2016 세종도서 학술부문

교사, 학교를 바꾸다
정진화 지음 | 372쪽 | 값 17,000원

함께 배움
학생 주도 배움 중심 수업 이렇게 한다
니시카와 준 지음 | 백경석 옮김 | 280쪽 | 값 15,000원

공교육은 왜?
홍섭근 지음 | 352쪽 | 값 16,000원

자기혁신과 공동의 성장을 위한
교사들의 필리버스터
윤양수·원종희·장군·조경삼 지음 | 280쪽 | 값 14,000원

주제통합수업, 아이들을 수업의 주인공으로!
이윤미 외 지음 | 392쪽 | 값 17,000원

수업과 교육의 지평을 확장하는 수업 비평
윤양수 지음 | 316쪽 | 값 15,000원
2014 문화체육관광부 우수교양도서

교사, 선생이 되다
김태은 외 지음 | 260쪽 | 값 13,000원

교사의 전문성, 어떻게 만들어지나
국제교원노조연맹 보고서 | 김석규 옮김 392쪽 | 값 17,000원

수업의 정치
윤양수·원종희·장군 지음 | 280쪽 | 값 14,000원

학교협동조합,
현장체험학습과 마을교육공동체를 잇다
주수원 외 지음 | 296쪽 | 값 15,000원

거꾸로교실,
잠자는 아이들을 깨우는 수업의 비밀
이민경 지음 | 280쪽 | 값 14,000원

교사는 무엇으로 사는가
정은균 지음 | 292쪽 | 값 15,000원

마음의 힘을 기르는 감성수업
조선미 외 지음 | 300쪽 | 값 15,000원

작은 학교 아이들
지경준 엮음 | 376쪽 | 값 17,000원

감성 지휘자, 우리 선생님
박종국 지음 | 308쪽 | 값 15,000원

대한민국 입시혁명
참교육연구소 입시연구팀 지음 | 220쪽 | 값 12,000원

교사를 세우는 교육과정
박승열 지음 | 312쪽 | 값 15,000원

전국 17명 교육감들과 나눈
교육 대담
최창의 대담·기록 | 272쪽 | 값 15,000원

▶ **더불어 사는 정의로운 세상을 여는 인문사회과학**
사람의 존엄과 평등의 가치를 배운다

밥상혁명
강양구·강이현 지음 | 298쪽 | 값 13,800원

좌우지간 인권이다
안경환 지음 | 288쪽 | 값 13,000원

도덕 교과서 무엇이 문제인가?
김대용 지음 | 272쪽 | 값 14,000원

민주 시민교육
심성보 지음 | 544쪽 | 값 25,000원

자율주의와 진보교육
조엘 스프링 지음 | 심성보 옮김 | 320쪽 | 값 15,000원

민주 시민을 위한 도덕교육
심성보 지음 | 500쪽 | 값 25,000원
2015 세종도서 학술부문

민주화 이후의 공동체 교육
심성보 지음 | 392쪽 | 값 15,000원
2009 문화체육관광부 우수학술도서

교과서 밖에서 배우는 인문학 공부
정은교 지음 | 280쪽 | 값 13,000원

갈등을 넘어 협력 사회로
이창언·오수길·유문종·신윤관 지음 | 280쪽 | 값 15,000원

오래된 미래교육
정재걸 지음 | 392쪽 | 값 18,000원

동양사상과 마음교육
정재걸 외 지음 | 356쪽 | 값 16,000원
2015 세종도서 학술부문

대한민국 의료혁명
전국보건의료산업노동조합 엮음 | 548쪽 | 값 25,000원

교과서 밖에서 배우는 철학 공부
정은교 지음 | 280쪽 | 값 14,000원

교과서 밖에서 배우는 고전 공부
정은교 지음 | 288쪽 | 값 14,000원

교과서 밖에서 배우는 사회 공부
정은교 지음 | 304쪽 | 값 15,000원

전체 안의 전체 사고 속의 사고
김우창의 인문학을 읽다
현광일 지음 | 320쪽 | 값 15,000원

교과서 밖에서 배우는 윤리 공부
정은교 지음 | 292쪽 | 값 15,000원

▶ **살림터 참교육 문예 시리즈**
영혼이 있는 삶을 가르치는 온 선생님을 만나다!

꽃보다 귀한 우리 아이는
조재도 지음 | 244쪽 | 값 12,000원

선생님이 먼저 때렸는데요
강병철 지음 | 248쪽 | 값 12,000원

성깔 있는 나무들
최은숙 지음 | 244쪽 | 값 12,000원

서울 여자, 시골 선생님 되다
조경선 지음 | 252쪽 | 값 12,000원

아이들에게 세상을 배웠네
명혜정 지음 | 240쪽 | 값 12,000원

행복한 창의 교육
최창의 지음 | 328쪽 | 값 15,000원

밥상에서 세상으로
김흥숙 지음 | 280쪽 | 값 13,000원

북유럽 교육 기행
정애경 외 14인 지음 | 288쪽 | 값 14,000원

▶ **남북이 하나 되는 두물머리 평화교육**
분단 극복을 위한 치열한 배움과 실천을 만나다

 10년 후 통일
정동영·지승호 지음 | 328쪽 | 값 15,000원

 선생님, 통일이 뭐예요?
정경호 지음 | 252쪽 | 값 13,000원

분단시대의 통일교육
성래운 지음 | 428쪽 | 값 18,000원

 김창환 교수의 DMZ 지리 이야기
김창환 지음 | 264쪽 | 값 15,000원

▶ **출간 예정**

| 근간 | **한글혁명**
김슬옹 지음

| 근간 | **세계 교육개혁의 빛과 그림자**
프랭크 애덤슨 외 지음 | 심성보 외 옮김

| 근간 | **서울 마을교육공동체 만들기**
박동국 외 지음

| 근간 | **민·관·학 협치 시대를 여는
마을교육공동체 만들기**
김태정 지음

| 근간 | **학교를 개선하는 교장**
마이클 풀란 지음 | 서동연·정효준 옮김

| 근간 | **혁신학교 사전**
송순재 외 지음

| 근간 | **민주시민을 위한 역사교육**
황현정 지음

| 근간 | **미국의 진보주의 교육 운동사**
윌리엄 헤이스 지음 | 심성보 외 옮김

| 근간 | **왜 학교인가**
마스켈라인 J. & 시몬 M. 지음 | 윤선인 옮김

| 근간 | **경기의 기억을 걷다**
경기남부역사교사모임 지음

| 근간 | **핀란드 교육의 기적은 어떻게 만들어지나**
Hannele Niemi 외 지음 | 장수명 외 옮김

| 근간 | **함께 만들어가는 강명초 이야기**
이부영 외 지음

| 근간 | **역사 교사로 산다는 것은**
신용균 지음

| 근간 | **민주주의와 교육**
Pilar Ocadiz, Pia Wong, Carlos Torres 지음 | 유성상 옮김

| 근간 | **고쳐 쓴 갈래별 글쓰기 1**
(시·소설·수필·희곡 쓰기 문예 편)
박안수 지음(개정 증보판)

| 근간 | **고쳐 쓴 갈래별 글쓰기 2**
(논술·논설문·자기소개서·자서전·독서비평·
설명문·보고서 쓰기 등 실용 고교용)
박안수 지음(개정 증보판)

| 근간 | **어린이와 시 읽기**
오인태 지음

참된 삶과 교육에 관한 생각 줍기